高等院校经济管理类专业
经济数学基础系列教材
总 主 编 赵新泉

微 积 分

（第二版）

杨 皓 主 编
罗捍东 副主编

中国财政经济出版社

图书在版编目(CIP)数据

微积分/杨皓主编．—2版．—北京：中国财政经济出版社，2013.2(2023.7重印)
高等院校经济管理类专业经济数学基础系列教材/赵新泉总主编
ISBN 978-7-5095-4258-3

Ⅰ.①微…　Ⅱ.①杨…　Ⅲ.①微积分-高等学校-教材　Ⅳ.①0172

中国版本图书馆CIP数据核字（2013）第022713号

责任编辑：赵　力　　　　责任校对：杨瑞琦
封面设计：思梵星尚

中国财政经济出版社 出版

URL：http：//www.cfeph.cn
E-mail：cfeph@cfeph.cn

社址：北京市海淀区阜成路甲28号　邮政编码：100142
营销中心电话：88191537　北京财经书店电话：64033436　84041336
北京中兴印刷有限公司印刷　各地新华书店经销
787×1092毫米　16开　20.25印张　493 000字
2013年5月第2版　2023年7月北京第9次印刷
定价：40.00元
ISBN 978-7-5095-4258-3/O·0039
（图书出现印装问题，本社负责调换）
本社质量投诉电话：010-88190744

序

Preface

数学作为自然科学的重要分支在经济学与管理学领域得到日益广泛的应用。判断现代学科成熟与否在很大程度上要考察其对数学知识的应用程度。经济学与管理学学科的成熟发展，得益于数学工具、数学模型在这两门学科上的深入应用，因此，培养经济学、管理学与数学相结合的复合型人才已成为经济全球化和知识经济时代的一种趋势。为了探索和建立我国高等院校经济管理类数学课程教学内容和课程体系，在中国财政经济出版社大力支持下，我们承担了湖北省教育厅和中国财政经济出版社的数学研究课题《经济管理类数学实践课教学创新研究》和《经济管理类数学课程教材改革探索与建设》。该课题的建设目标是：紧密配合《高等数学教学质量与数学改革工程精品课程建设工作》，深入研究探索在现代教育技术的平台上，建成适应经济管理类专业创新人才培养需要的数学课程体系和立体化教材体系。

在教学研究课题的研究过程中，我们始终围绕着以上建设目标，从我国财经类院校经济管理数学教学现状的调查研究与分析入手，不断拓宽专业视野、加强应用和实践环节，使得课题成果之一的经济数学基础系列教材具有以下特点：

1. 教材在现有经济管理类数学教学基本要求的基础上，略有拓宽与加深，以满足近年来高校部分新增专业对数学更高要求的需要。

2. 教材内容叙述深入浅出，言简意赅，可读性强，便于学生自学，能够启发和培养学生的自学能力。

3. 考虑到经济管理类专业数学的目标与特点，在保证数学的严谨性、逻辑性的前提下，教材删除了一些不必要的推理论证过程，突出了理论的应用，强化了理论与实际的结合。

4. 教材由主、辅两部分组成：主教材由《微积分》、《线性代数》和《概率论与数理统计》三个分册组成；辅教材为上述三个分册的同步辅导书，它们将以释疑解惑并帮助理解概念和理论、掌握典型例题解法和技巧为目标编写，并将在主教材出版后出版，便于不同的读者使用。

5. 将本套教材中有应用部分的内容置于书末，以方便教师根据不同专业的需要选用。

6. 为了使读者更好地理解和掌握教材中介绍的基本原理和方法，教材中除选编相当数量的典型例题外，还选配了一定数量的习题，并附有习题参考答案。

本套教材既考虑到了教学内容的深度与广度以及经济、管理类各专业对数学课程的教学基本要求，又考虑到了与教育部颁布的研究生入学考试数学三的考试大纲中的内容相衔接，符合经济、管理类各专业对数学要求越来越高的趋势。全套教材的编写注重适当渗透现代数学思想，加强对学生应用数学方法解决经济问题的能力的培养，以适应新时代对经济、管理人才的培养要求。本套教材既保持了数学学科本身的系统性、逻辑性、严密性和科学性，又有利于培养学生的逻辑思维及解决问题的能力，而且适当降低了一些纯数学的理论要求，加强了经济学、管理学后继课程中的应用内容，以便能较好地满足经济管理学科对数学的要求。

本套高等院校经济管理类专业经济数学基础系列教材由赵新泉任总主编，在2007年第一版的基础上进行了全面的改版。这次改版，改正了原版本中的一些错误与不妥之处，并根据教材的使用效果和师生的意见对部分章节内容做了一些增减，但基本保持原书的风格和体系。通过改版，读者使用起来会更方便和适用。全套教材分为《微积分》、《线性代数》和《概率论与数理统计》三个分册。《微积分》分册由杨皓主编，罗捍东副主编，编写分工为：李玲侠编写第一、第二、第三章；杨皓编写第四章；罗捍东编写第五章；阎国光编写第六、第七章；熊波编写第八章；贺胜柏编写第九、第十章。《线性代数》分册由刘康泽主编，李政兴副主编，编写分工为：姚毅编写第一、第六章；高潮编写第二章；李政兴编写第三、第四章；刘康泽编写第五、第七章。《概率论与数理统计》分册由王明华主编，汪家义副主编，编写分工为：汪家义编写第一章；第二、第三章和附录；陈幸龄编写第四、第五章；赵焰编写第七章；王明华编写第六、第八和第九章。本套教材的出版得到了中南财经政法大学、中国财政经济出版社各方领导的大力支持，中国财政经济出版社赵力编辑及其他工作人员在整个组稿过程中做了大量的工作，我们在此对他们表示衷心的感谢！

虽然我们尽了很大的努力，但由于水平有限和时间仓促，教材中仍会存在错误和问题，恳请使用本教材的师生多提宝贵意见，以便我们再版时改进。

编 者

2012年11月

目录

Contents

第 1 章　函数 …… (1)
§1.1　实数 …… (1)
§1.2　函数的概念 …… (3)
§1.3　函数的性质 …… (7)
§1.4　反函数与复合函数 …… (11)
§1.5　初等函数 …… (13)
习题一 …… (17)

第 2 章　极限与连续 …… (20)
§2.1　数列的极限 …… (20)
§2.2　函数的极限 …… (23)
§2.3　无穷小量与无穷大量 …… (29)
§2.4　极限的性质与运算法则 …… (32)
§2.5　极限存在性定理与两个重要极限 …… (37)
§2.6　函数的连续性 …… (43)
习题二 …… (50)

第 3 章　导数与微分 …… (55)
§3.1　导数的概念 …… (55)
§3.2　求导法则与求导公式 …… (61)
§3.3　隐函数的导数、高阶导数 …… (68)
§3.4　微分 …… (70)
§3.5　导数在经济问题中的应用 …… (75)
习题三 …… (80)

第 4 章　中值定理与导数的应用 …… (84)
§4.1　中值定理 …… (84)

§4.2 洛必达（L'Hospital）法则 …… (89)
§4.3 函数单调性及其判别法 …… (93)
§4.4 函数的极值、最值及其应用 …… (96)
§4.5 曲线的凸性、拐点与渐近线 …… (104)
§4.6 函数作图 …… (109)
习题四 …… (111)

第5章 不定积分 …… (115)
§5.1 不定积分的概念与性质 …… (115)
§5.2 基本积分表 …… (118)
§5.3 换元积分法 …… (120)
§5.4 分部积分法 …… (130)
§5.5 有理函数的积分 …… (133)
习题五 …… (137)

第6章 定积分 …… (140)
§6.1 定积分的概念与性质 …… (140)
§6.2 微积分学基本定理 …… (149)
§6.3 定积分的计算 …… (154)
§6.4 定积分的几何应用 …… (159)
§6.5 定积分的经济应用 …… (165)
§6.6 广义积分初步 …… (168)
习题六 …… (177)

第7章 无穷级数 …… (181)
§7.1 数项级数的概念与性质 …… (181)
§7.2 正项级数敛散性的判别 …… (187)
§7.3 任意项级数敛散性的判别 …… (192)
§7.4 幂级数 …… (197)
§7.5 函数的幂级数展开 …… (204)
习题七 …… (211)

第8章 多元函数微积分学 …… (215)
§8.1 预备知识 …… (215)
§8.2 多元函数的概念 …… (221)
§8.3 偏导数 …… (224)
§8.4 全微分及其应用 …… (229)
§8.5 多元复合函数的求导法则 …… (233)
§8.6 多元函数的极值与最值 …… (239)

§8.7　二重积分 …… (244)
§8.8　二元函数的泰勒公式 …… (259)
习题八 …… (261)

第9章　微分方程初步 …… (266)
§9.1　微分方程的基本概念 …… (266)
§9.2　一阶微分方程 …… (268)
§9.3　高阶线性微分方程 …… (275)
§9.4　微分方程的应用 …… (281)
习题九 …… (283)

第10章　差分方程 …… (286)
§10.1　差分方程的基本概念 …… (286)
§10.2　一阶常系数线性差分方程 …… (289)
§10.3　二阶常系数线性差分方程 …… (293)
习题十 …… (295)

习题参考答案 …… (298)

第1章 函 数

在微积分中主要研究函数的极限、连续、导数、微分和积分，函数是微积分的一个重要基本概念，是微积分研究的对象。本章将介绍函数的概念与性质以及初等函数的概念。

§1.1 实数

微积分中的函数是在实数范围内进行讨论的，因此先简单介绍与实数有关的基本知识。

1.1.1 实数与绝对值

有理数和无理数统称为实数。有理数包括正负整数、正负分数和零。有理数可写成$\frac{p}{q}$的形式（其中p、q为整数，且$q\neq 0$），也可表示为整数、有限小数和无限循环小数。而无理数只能表示为无限不循环小数。数轴是一条有原点、正方向和长度单位的直线，数轴上的点和实数具有一一对应关系。

设x是一实数，则x的绝对值为

$$|x|=\begin{cases} x, & x\geqslant 0, \\ -x, & x<0 \end{cases}$$

绝对值$|x|$表示点x到原点o的距离，而$|x-y|$表示点x与y之间的距离。绝对值具有下列基本性质：

（1）$|x|\geqslant 0$；

（2）$|-x|=|x|$；

（3）$-|x|\leqslant x\leqslant |x|$；

（4）$|x\pm y|\leqslant |x|+|y|$；

（5）$\big||x|-|y|\big|\leqslant |x-y|$；

（6）$|xy|=|x||y|$；

（7）$\left|\frac{x}{y}\right|=\frac{|x|}{|y|}$，$y\neq 0$。

1.1.2 区 间

一些常用的实数集合可用特定的符号表示，如 R 表示实数集，N 表示非负整数集，Z 表示整数集，此外，区间也有固定的表示方法。

定义 1.1 介于某两实数之间的全体实数构成的集合称为一个有限区间，这两个实数叫区间的端点。对于给定的 $a,b\in R$，且 $a<b$，数集 $\{x\mid a<x<b\}$ 称为开区间，记作 (a,b)；数集 $\{x\mid a\leqslant x\leqslant b\}$ 称为闭区间，记作 $[a,b]$；数集 $\{x\mid a\leqslant x<b\}$ 称为半开半闭区间，记作 $[a,b)$，数集 $\{x\mid a<x\leqslant b\}$ 也称为半开半闭区间，记作 $(a,b]$。

数集 $\{x\mid x\geqslant a,a\in R\}$ 记作 $[a,+\infty)$，数集 $\{x\mid x>a,a\in R\}$ 记作 $(a,+\infty)$，数集 $\{x\mid x\leqslant a\quad a\in R\}$ 记作 $(-\infty,a]$，数集 $\{x\mid x<a,a\in R\}$ 记作 $(-\infty,a)$，这些数集以及数集 $(-\infty,+\infty)=R$ 均称为无穷区间。

1.1.3 邻 域

在微积分学中，一些理论需要用一类特殊的区间，即邻域来描述，为此给出邻域的定义。

定义 1.2 如果 x_0，δ 为实数，数集

$$\{x\mid |x-x_0|<\delta,\delta>0\},$$

即开区间 $(x_0-\delta,x_0+\delta)$，称为以 x_0 为中心，以 δ 为半径的邻域，简称为点 x_0 的 δ 邻域，表示为 $U(x_0,\delta)$。

在数轴上可以画出邻域，如图 1－1 所示。

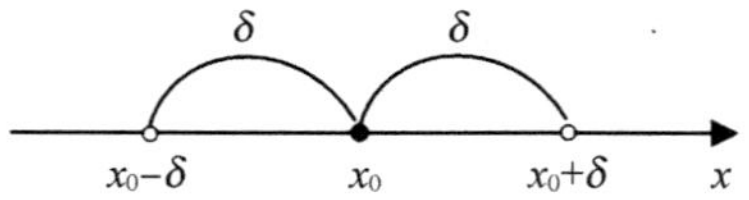

图 1－1

称数集 $\{x\mid 0<|x-x_0|<\delta,\delta>0\}=(x_0-\delta,x_0)\cup(x_0,x_0+\delta)$ 为点 x_0 的空心邻域，表示为 $U^0(x_0,\delta)$。其中 $(x_0-\delta,x_0)$，$(x_0,x_0+\delta)$ 分别称为 x_0 的左邻域和右邻域。

例如，数集 $\left\{x\,\middle|\,|x-2|<\frac{1}{4}\right\}=\left(\frac{7}{4},\frac{9}{4}\right)$ 是以 $x_0=2$ 为中心，以 $\frac{1}{4}$ 为半径的邻域；数集 $\left\{x\,\middle|\,0<|x-2|<\frac{1}{4}\right\}=\left(\frac{7}{4},2\right)\cup\left(2,\frac{9}{4}\right)$ 是以 $x_0=2$ 为中心，以 $\frac{1}{4}$ 为半径的空心邻域，如图 1－2 所示。

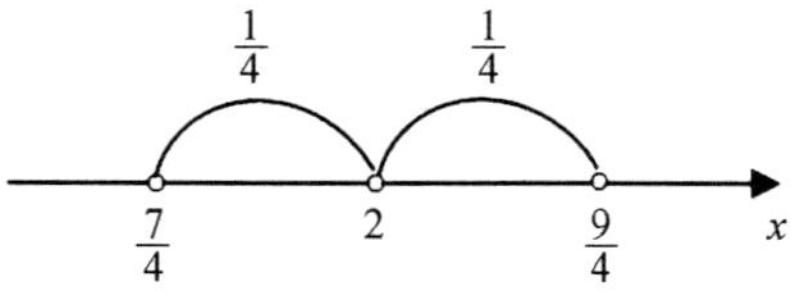

图 1－2

1.1.4 有界集

定义 1.3 设 S 是实数集 R 上的一个子集。如果对于 S 中的任意一个实数 x，总有 $x \leq M$ 成立，则称 S 是有上界的集合，M 就是 S 的一个上界；如果对于 S 中的任意一个实数 x 总有 $x \geq M$ 成立，则称 S 是有下界的集合，M 就是 S 的一个下界；如果 S 既有上界也有上界，则称 S 是有界集合，简称为有界集。

任何有限区间都是有界集，无限区间都是无界集；由有限个数组成的数集是有界集；如果 S 有上（下）界，则有无穷多个上（下）界。

§1.2 函数的概念

1.2.1 变量与函数

实际应用中的变量很多，如某产品的成本、平均成本随产量的变化而变化，成本、平均成本以及产量都是变量；某生产商的总收益随其产品价格和销售量的变化而变化，总收益、产品的价格以及销售量都是变量；某运动物体所运动的路程 s 和速度 v 随时间变化的变化关系为 $s=\frac{1}{2}gt^2$，$v=gt$，则路程、速度和时间也是变量。变量是指在某一变化过程中不断变化的量；在某一变化过程中始终保持不变的量称为常量。

任何变量的变化不仅有一定的变化范围，其变化范围一般是实数集 R 的一个子集，而且有些变量的变化是连续不断的，有些变量的变化则具有跳跃性，其取值是离散的。

在某物体运动的过程中，如果运动的路程 s 和时间 t 之间有关系 $s=\frac{1}{2}gt^2$，其中的 s 和 t 都是变量，t 在其变化范围（或所在的集合）内连续变化，通过 t 与 s 之间的对应关系（也叫对应规则），对于 t 的每一个取值，s 都有唯一确定的值与 t 相对应，变量 s 就是 t 的函数。也就是说，在某变化过程中，如果有两个变量 x 与 y，对变量 x 在取值范围内的每一个取值 x，通过对应法则都有一个确定的 y 值与之相对应，则称 y 是 x 的函数，表示为 $y=f(x)$。其中 x 是自变量，y 是因变量。下面将用集合语言给出函数的准确定义。

1.2.2 函数的概念

定义 1.4 设 D 是一个非空实数集，如果存在一个对应规则 f，使得对于每一个 $x \in D$，通过对应规则 f 总有唯一确定的 $y \in R$ 与之相对应，则称对应规则 f 为定义在 D 上的一个函数，或称 y 是 x 的函数，表示为 $y=f(x)$。其中 x 是自变量，y 是因变量，D 为函数 $f(x)$ 的定义域，函数的定义域也可记为 D_f。

对于 D 中的每一个 x_0，因变量 y 的相应取值 $y_0=f(x_0)$，称为 x_0 所对应的函数值，记作 $y_0=f(x_0)$。函数值的全体所构成的集合 $Z=Z_f=\{y \mid y=f(x),\ x \in D_f\}$ 称为函数的值域，值域是由定义域和对应规则确定的。

习惯上用字母 f、g、φ、F 等表示函数，用 x 表示自变量，y、z 表示因变量，函数与表示函数关系所采用的字母无关。

注：在函数的定义中要求每一个 x 只能有唯一确定的 y 与之相对应，如果对每一个 x 不是有唯一确定的 y 与之相对应，按照函数的定义，该对应关系不是函数关系。

1.2.3 函数的表示法

常用的函数表示方法有三种：图示法、列表法和公式法，举例如下。

例 1.1 气象站的自动记录仪把一天的气温变化描述在记录纸上，一天 24 小时内气温与时间的函数关系用图示法表示，如图 1－3 所示。

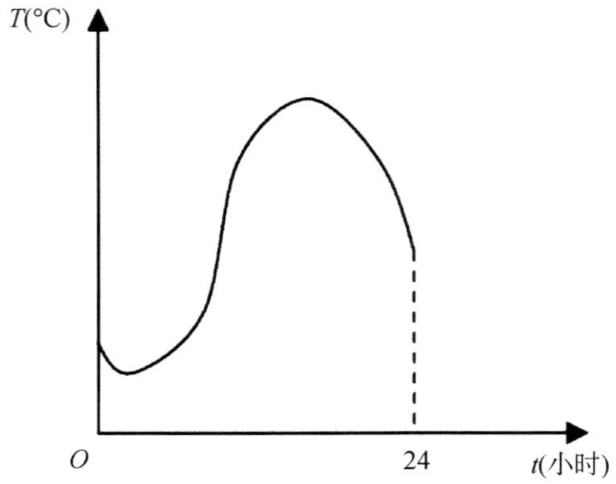

图 1－3

例 1.2 据统计，某地区城镇居民的人均收入情况如表 1.1 所示：

表 1.1

时　　间	1989 年	1991 年	1993 年	1995 年	1997 年	1999 年	2001 年	2003 年
城镇居民人均收入（元）	1374	2024	2965	3876	5160	5846	6860	8500

此表表示城镇居民人均收入与时间之间的函数关系。

例 1.3 设某超市购进牛肉 2000 千克，按每千克 28 元的价格出售。当售出的数量为 x 千克时，其收益 R 可按公式

$$R=28x,\ x\in[0,2000]$$

此公式表示收益与销售量之间的函数关系。

图示法是用平面直角坐标系中的曲线，描述自变量与因变量函数关系的表示方法；列表法是利用表格的形式反映自变量与因变量之间函数关系的表示方法，在经济和管理问题中，常用图示法或列表法表示变量与变量之间的函数关系；公式法是借助于数学表达式给出自变量与因变量之间函数关系的方法。用这三种方法表示函数各有优点，如图示法直观、列表法具体，在进行理论研究时公式法运算和分析更方便。而有些函数，需要将这三种表示方法和其他方法结合使用才能给予表示，这里不再举例。

例 1.4 判断关系式 $y<x$ 是否为函数关系？

解：在关系式 $y<x$ 中，由于对于每一个 x 按照这个对应规则有无数个 y 值与之相对应，

所以该关系式不是函数关系。

定义域和对应法则是确定函数的两个要素，判断两个函数关系是否为同一函数关系以及一个关系是否是函数关系可用这两个要素去判断。

例 1.5 下列两对函数关系是否为同一函数关系？

(1) $y=x$ 和 $y=\frac{x^2}{x}$；　(2) $y=x$ 和 $y=\sqrt{x^2}$。

解：(1) 由于函数关系 $y=x$ 和 $y=\frac{x^2}{x}$的定义域不同，所以它们不是同一函数关系；

(2) 函数关系 $y=x$ 和 $y=\sqrt{x^2}$的对应法则不同，它们也不是同一函数关系。

1.2.4 分段函数

在函数定义域的不同部分，分别用不同的关系式表达的函数称为分段函数。如下的几个函数都是分段函数。

绝对值函数 $y=|x|=\begin{cases}x, & x\geqslant 0\\ -x, & x<0\end{cases}$，其定义域为 R，值域为 $[0,+\infty)$，图形如图 1－4 所示：

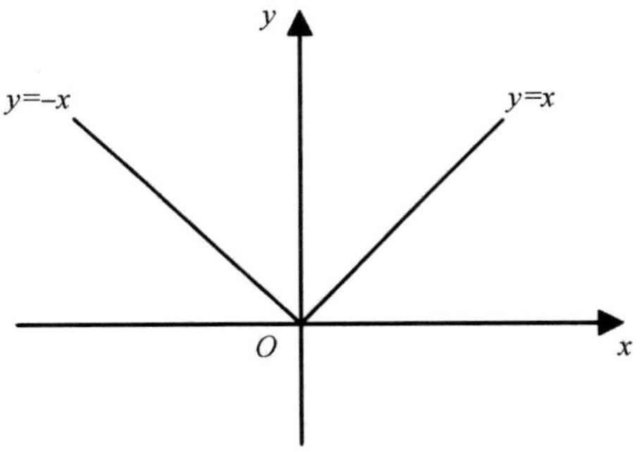

图 1－4

符号函数 $y=\operatorname{sgn}x=\begin{cases}1, & x>0\\ 0, & x=0\\ -1, & x<0\end{cases}$，其定义域为 R，值域为集合 $\{-1,0,1\}$，图形如图 1－5 所示。

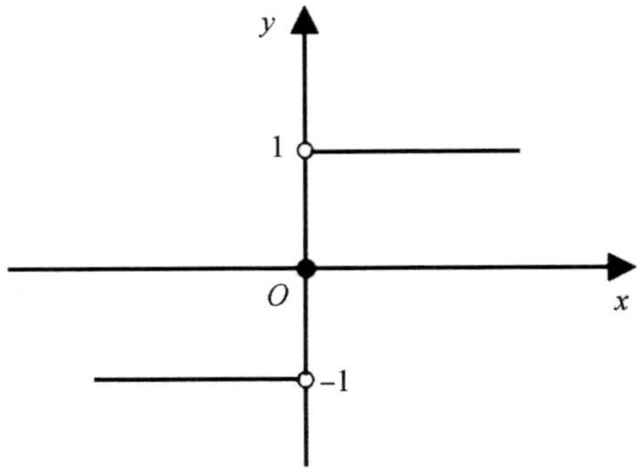

图 1－5

分段函数 $f(x)=\begin{cases}2x-1, & x>0\\ x^2-1, & x\leqslant 0\end{cases}$，其图形如图 1－6 所示。

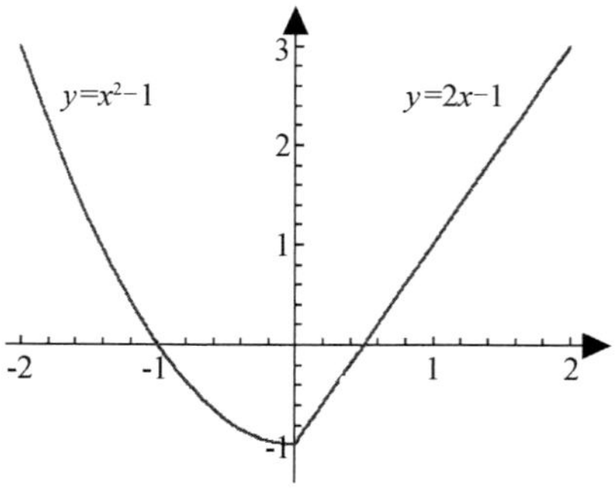

图 1－6

如取整函数表示为

$$y=[x],$$

$[x]$表示不超过 x 的最大整数，若 $x=n+r$，n 为整数，$0\leqslant r<1$，则 $y=[x]=n$。例如当 $x=2.4$ 时，取整函数 $y=2$；当 $x=-3.1$ 时，取整函数 $y=-4$。该函数的定义域是实数集，值域是整数集，$[x]\leqslant x<[x]+1$，其图形如图 1－7 所示。

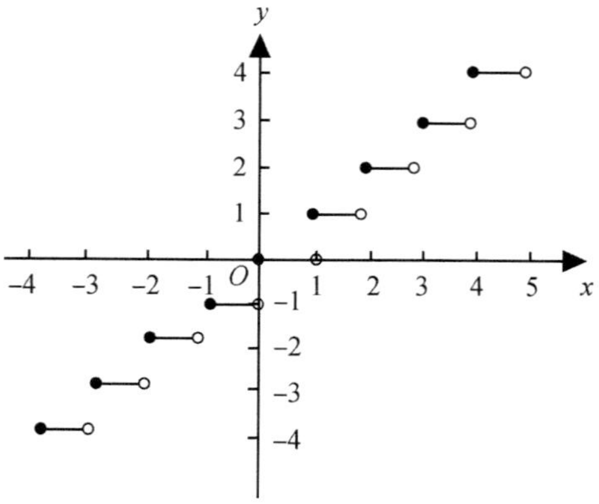

图 1－7

再如狄利克莱（*Dirichlet*）函数，表示为

$$y=D(x)=\begin{cases}1, & \text{当 } x \text{ 为有理数时},\\ 0, & \text{当 } x \text{ 为无理数时}。\end{cases}$$

1.2.5 函数定义域的求法

如果函数关系式具有一定的实际背景，其定义域应是使实际问题有意义的自变量的取值范围；如果函数关系并未赋予任何实际意义，则定义域应是使函数关系式有意义的自变量的取值范围。

例 1.6 求函数 $y=\sqrt{\lg\frac{5x-x^2}{4}}$的定义域。

解：注意到所给对数的底数大于 1，其真数部分满足

$$\frac{5x-x^2}{4}\geqslant 1，即(x-4)(x-1)\leqslant 0,$$

由此得到定义域为 $1\leqslant x\leqslant 4$。

例 1.7 设 $y=f(x)=\begin{cases}x+2, & 0\leqslant x\leqslant 2 \text{ 时}\\ x^2, & 2<x\leqslant 4 \text{ 时}\end{cases}$，求分段函数 $y=f(x-1)$及其定义域。

解：因为 $y=f(x)=\begin{cases}x+2, & 0\leqslant x\leqslant 2\\ x^2, & 2<x\leqslant 4\end{cases}$

所以

$$f(x-1)=\begin{cases}(x-1)+2, & 0\leqslant x-1\leqslant 2\\ (x-1)^2, & 2<x-1\leqslant 4\end{cases}$$

即

$$f(x-1)=\begin{cases}x+1, & 1\leqslant x\leqslant 3\\ (x-1)^2, & 3<x\leqslant 5\end{cases}$$

故定义域 $D=[1,5]$。

§1.3 函数的性质

1.3.1 有界性

定义 1.5 设 $f(x)$的定义域为 D，区间 I 是 D 的一个子集。如果存在数 A（或 B），使得对一切的 $x\in I$，都有

$$f(x)\leqslant A\ (\text{或 } f(x)\geqslant B),$$

则称函数 $f(x)$在区间 I 上有上界（或有下界）。

定义 1.6 设 $f(x)$的定义域为 D，区间 I 是 D 的一个子集。如果存在正数 M，使得对一切的 $x\in I$，都有

$$|f(x)|\leqslant M,$$

则称 $f(x)$是区间 I 上的有界函数，如图 1－8 所示。

若不存在这样的 M，则称 $f(x)$在区间 I 上无界。$f(x)$在区间 I 上无界是指对于任意给定的正数 M，无论 M 有多大，总存在某个 $x_0\in I$，使得$|f(x_0)|>M$ 成立，如图 1－9 所示。

例如，$y=\cos x$ 在$(-\infty,+\infty)$内有界，因为$|\cos x|\leqslant 1$；而 $y=x^2$ 在$(-\infty,+\infty)$内有下界，但无上界，因此 $y=x^2$ 在$(-\infty,+\infty)$内是无界函数，然而该函数在区间$[-2,2]$上是有界函数。

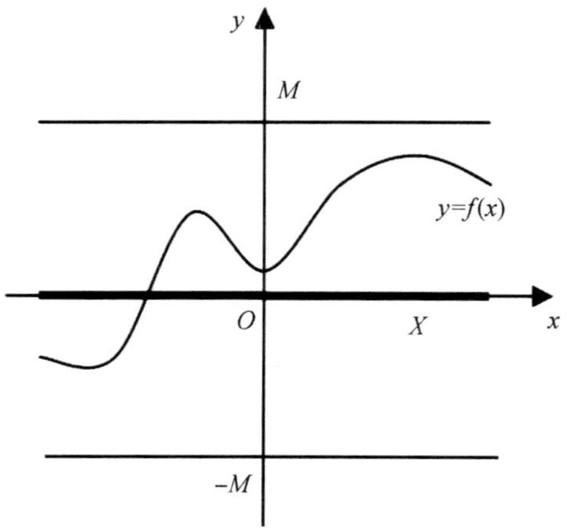

图 1－8

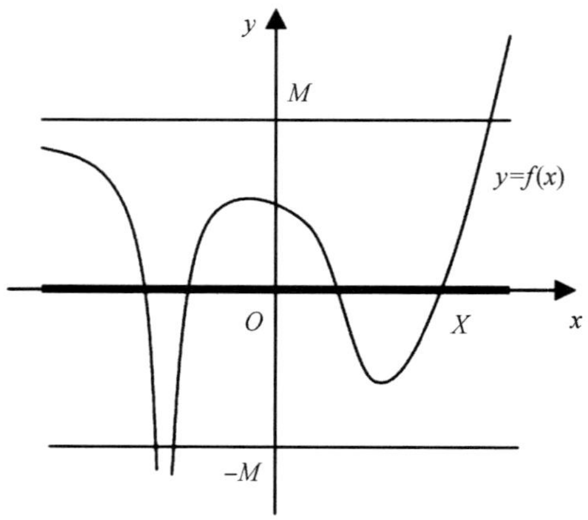

图 1－9

由定义 1.5 和 1.6 可知，有界函数必有上界和下界；函数的有界性是相对于某个区间而言的。

例 1.8 证明函数 $f(x)=\dfrac{x}{1+x^2}$在其定义域内为有界函数。

证 函数 $f(x)$的定义域为$(-\infty,+\infty)$，因为 $1+x^2\geqslant 2|x|$，所以

$$|f(x)|=\left|\frac{x}{1+x^2}\right|=\frac{|x|}{1+x^2}\leqslant\frac{1}{2},$$

由函数有界的定义知 $f(x)=\dfrac{x}{1+x^2}$在其定义域内有界。

例 1.9 证明函数 $f(x)=\dfrac{1}{x}$在区间$(0,1)$内无界。

证 对于任意给定的 $M>0$，由于总存在这样的 $x_0=\dfrac{1}{M+1}\in(0,1)$，使 $f(x_0)=M+1>M$ 成立，由函数无界的定义知 $f(x)=\dfrac{1}{x}$在区间（0，1）内无界。

1.3.2 单调性

定义 1.7 设 $y=f(x)$的定义域是 D，区间 $I\subset D$，如果对于 I 上任意的两点 x_1 和 x_2，当 $x_1<x_2$ 时，恒有

$$f(x_1)<f(x_2),$$

则称函数 $f(x)$在区间 I 上是单调递增函数；如果对于区间 I 上任意的 x_1 和 x_2，当 $x_1<x_2$ 时，恒有

$$f(x_1)>f(x_2),$$

则称函数 $f(x)$在区间 I 上是单调递减函数。

当 $f(x)$是区间 I 上单调递增（或单调递减）函数时，区间 I 称为函数的单调递增（或单调递减）区间；单调递增函数和单调递减函数统称为单调函数。

单调递增函数的图像沿 x 轴正向上升，单调递减函数的图像沿 x 轴正向下降。

例 1.10 设$f(x)$在$(0,+\infty)$上有定义，利用函数单调性的定义证明：若$\frac{f(x)}{x}$单调递减，则$f(x_1+x_2)<f(x_1)+f(x_2)$。

证 当$x_2>x_1>0$时，因为$\frac{f(x)}{x}$单调递减，由单调性的定义可得

$$\frac{f(x_2)}{x_2}<\frac{f(x_1)}{x_1},$$

即

$$x_1f(x_2)<x_2f(x_1), \tag{1.1}$$

因为$x_1+x_2>x_2$，所以

$$\frac{f(x_1+x_2)}{x_1+x_2}<\frac{f(x_2)}{x_2},$$

即

$$x_2f(x_1+x_2)<x_1f(x_2)+x_2f(x_2) \tag{1.2}$$

将（1.1）代入（1.2）式，得

$$f(x_1+x_2)<f(x_1)+f(x_2)。$$

1.3.3 奇偶性

定义 1.8 设D为$f(x)$的定义域，且D关于原点对称，如果对于任意的$x\in D$，总有

$$f(-x)=f(x)$$

成立，则称$f(x)$为偶函数；如果对于任意的$x\in D$，总有

$$f(-x)=-f(x)$$

成立，则称$f(x)$为奇函数。对于奇函数总有$f(x)+f(-x)=0$成立。

函数的奇偶性具有下述性质：

（1）有限个奇函数的和为奇函数，有限个偶函数的和为偶函数；

（2）偶数个奇函数的积为偶函数，奇数个奇函数的积为奇函数；

（3）偶函数的图像关于y轴对称；奇函数的图像关于坐标原点对称。

例 1.11 判断$f(x)=F(x)\left(\frac{1}{a^x-1}+\frac{1}{2}\right)$是否为奇函数。其中$F(x)$是奇函数，$a>0$且$a\neq1$。

解：设$g(x)=\frac{1}{a^x-1}+\frac{1}{2}$，则

$$g(-x)=\frac{1}{a^{-x}-1}+\frac{1}{2}=\frac{a^x}{1-a^x}+\frac{1}{2}=-\frac{a^x}{a^x-1}+\frac{1}{2}$$

由

$$g(x)+g(-x)=\frac{1}{a^x-1}+\frac{1}{2}-\frac{a^x}{a^x-1}+\frac{1}{2}=0$$

知$g(x)$为奇函数。因为$f(x)$为两个奇函数的乘积，所以$f(x)$为偶函数。

例 1.12 判断分段函数 $f(x)=\begin{cases}1-e^{-x}, & x\leqslant 0\\ e^{x}-1, & x>0\end{cases}$，是奇函数还是偶函数？

解：对于任意的实数 x，有

$$f(-x)=\begin{cases}1-e^{-(-x)}, & -x\leqslant 0\\ e^{-x}-1, & -x>0\end{cases}=\begin{cases}1-e^{x}, & x\geqslant 0\\ e^{-x}-1, & x<0\end{cases}$$

$$=\begin{cases}-(1-e^{-x}), & x\leqslant 0\\ -(e^{x}-1), & x>0\end{cases}=-f(x)$$

故 $f(x)$ 是实数集上的奇函数。

1.3.4 周期性

定义 1.9 设 D 为 $f(x)$ 的定义域。如果存在一个实数 $T>0$，对于任意的 $x\in D$，$x+T\in D$，总有

$$f(x+T)=f(x)$$

成立，则称 $f(x)$ 为周期函数。T 称为 $f(x)$ 的周期，通常所说周期函数的周期是指最小正数周期。

例如，三角函数 $y=\sin x$ 和 $y=\cos x$ 是以 2π 为周期的周期函数；$y=\tan x$ 和 $y=\cot x$ 是以 π 为周期的周期函数。

并非每个周期函数都具有最小正周期，如函数 $y=c$ 为周期函数，但它没有最小正周期。

若 $f(x)$ 是周期为 T 的周期函数，则在每个长度为 T 的区间上，函数图形具有相同的形状，如图 1－10 所示。

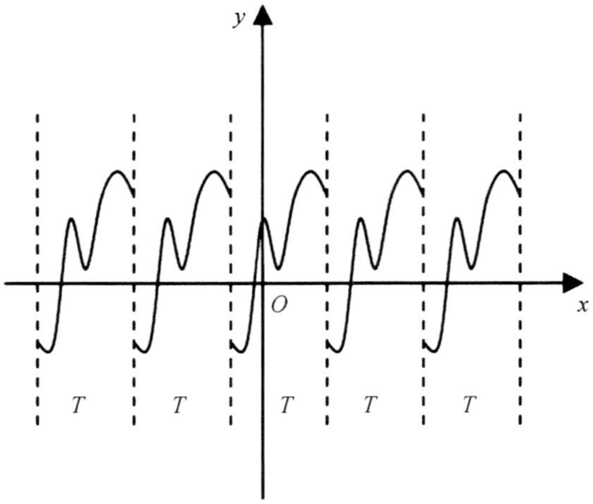

图 1－10

§1.4 反函数与复合函数

1.4.1 反函数

定义 1.10 设函数 $y=f(x)$ 的定义域为 D_f，值域为 Z_f，即对于每一个 $x\in D_f$，都有唯一确定的 $y\in Z_f$ 与之相对应，且满足关系 $y=f(x)$。如果对于每一个 $y\in Z_f$，都有唯一确定的 $x\in D_f$ 与之相对应，且满足关系 $y=f(x)$，则称 $x=f^{-1}(y)$ 是定义在 Z_f 上，以 y 为自变量的函数，并称其为函数 $y=f(x)$ 的反函数。

由于 $x=f^{-1}(y)$ 与 $y=f^{-1}(x)$ 有相同的对应法则和定义域，所以是相同的函数关系，按照习惯将 $x=f^{-1}(y)$ 中的自变量和因变量分别改为 x 和 y，得 $y=f^{-1}(x)$，$y=f^{-1}(x)$ 是 $y=f(x)$ 的反函数，且反函数 $y=f^{-1}(x)$ 的对应法则为 f^{-1}。

显然，$y=f^{-1}(x)$ 与 $y=f(x)$ 互为反函数，其图像以直线 $y=x$ 为对称轴，如图 1－11 所示。$y=f(x)$ 的定义域是 $y=f^{-1}(x)$ 的值域，$y=f(x)$ 的值域是 $y=f^{-1}(x)$ 的定义域。

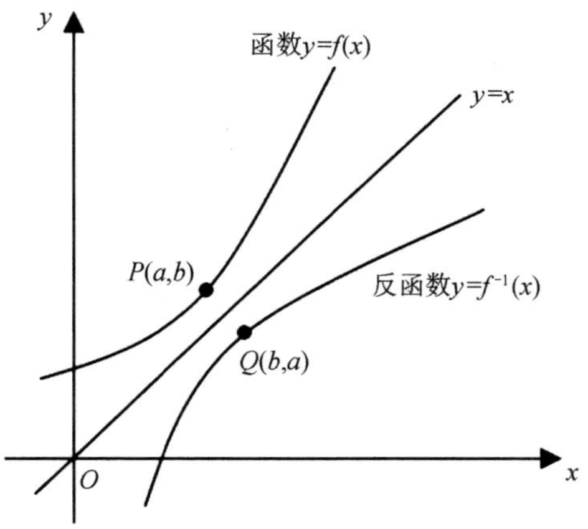

图 1－11

注：对于函数 $y=f(x)$ 来说，只有当其对应法则 f 是一一对应的关系时才有反函数。

例 1.13 设 $y=f(x)=\begin{cases} x & -\infty<x<1 \\ x^2 & 1\leqslant x\leqslant 4 \\ 2^x & 4<x<+\infty \end{cases}$，求该分段函数的反函数 $y=f^{-1}(x)$。

解：在求分段函数的反函数时，只需要分别求出各区间段上函数的反函数及定义域即可。由 $y=x$ 的定义域为 $-\infty<x<1$，值域为 $-\infty<y<1$，得反函数 $x=y$ 的定义域为 $-\infty<y<1$；由 $y=x^2$ 的定义域为 $1\leqslant x\leqslant 4$，值域为 $1\leqslant y\leqslant 16$，得反函数 $x=\sqrt{y}$ 的定义域为 $1\leqslant y\leqslant 16$；由 $y=2^x$ 的定义域为 $4<x<+\infty$，值域为 $16<y<+\infty$，得反函数 $x=\log_2 y$ 的定义域为 $16<y<+\infty$。综上所述，得分段函数 $y=f(x)$ 的反函数为

$$y=f^{-1}(x)=\begin{cases} x, & -\infty<x<1 \\ \sqrt{x}, & 1\leqslant x\leqslant 16 \\ \log_2 x, & 16<x<+\infty \end{cases}$$

1.4.2 复合函数

定义 1.11 设函数 $y=f(u)$ 的定义域为 D_f，函数 $u=g(x)$ 的值域为 Z_g，若

$$D_f\cap Z_g\neq\phi,$$

则函数 $y=f(g(x))$ 称为 $y=f(u)$ 和 $u=g(x)$ 的复合函数，其中 u 为中间变量，x 是自变量。该复合函数的定义域为 $D_F=\{x\,|\,u=g(x)\in D_f\}$

由复合函数的定义可知，并不是任何两个函数写到了一起就可以成为复合函数，只有当 $D_f\cap Z_g\neq\phi$ 时，$y=f(u)$ 和 $u=g(x)$ 才能复合成复合函数 $y=f(g(x))$

例如函数 $y=\arcsin u$ 和 $u=3+x^2$，第一个函数的定义域为 $u\in D_f=[-1,1]$，第二个函数的值域为 $u\in Z_g=[3,+\infty)$，由于 $D_f\cap Z_g=\phi$，故这两个函数不能构成复合函数。

又如 $y=f(u)=\sqrt{u}$，$u\in D_f=[0,+\infty)$

$u=g(x)=\tan x$，$x\in D_g=\left(k\pi-\dfrac{\pi}{2},k\pi+\dfrac{\pi}{2}\right)$，$k$ 取整数，$u\in Z_g=(-\infty,+\infty)$，

由于 $D_f\cap Z_g\neq\phi$，故可构成复合函数 $y=f(g(x))=\sqrt{\tan x}$，该复合函数的定义域为 $\left[k\pi,k\pi+\dfrac{\pi}{2}\right)$。此例说明，只要 $D_f\cap Z_g\neq\phi$，适当控制 x 的取值范围，f 与 g 就能构成复合函数。

例 1.14 设 $y=f(u)=1-u^2$，$u=g(x)=\lg(1-x^2)$，求 $y=f[g(x)]$ 及其定义域。

解：由于 $D_f\cap Z_g\neq\phi$，故得复合函数 $y=f[g(x)]=1-[\lg(1-x^2)]^2$，其定义域为 $(-1,1)$。

例 1.15 设分段函数 $f(x)=\begin{cases} e^x, & x<1 \\ x, & x\geqslant 1 \end{cases}$，$\varphi(x)=\begin{cases} x+2, & x<0 \\ x^2-1, & x\geqslant 0 \end{cases}$，求 $f(\varphi(x))$。

解：由 $f(x)=\begin{cases} e^x, & x<1 \\ x, & x\geqslant 1 \end{cases}$ 可得 $f(\varphi(x))=\begin{cases} e^{\varphi(x)}, & \varphi(x)<1 \\ \varphi(x), & \varphi(x)\geqslant 1 \end{cases}$

（1）当 $\varphi(x)<1$ 时，

$$\begin{cases} \text{对 } x<0\text{，有 } \varphi(x)=x+2<1\text{，有 } x<-1, \\ \text{对 } x\geqslant 0\text{，有 } \varphi(x)=x^2-1<1\text{，有 } 0\leqslant x<\sqrt{2}, \end{cases}$$

因此当 $\varphi(x)<1$ 时，有

$$f(\varphi(x))=\begin{cases} e^{x+2}, & x<-1 \\ e^{x^2-1}, & 0\leqslant x<\sqrt{2} \end{cases}$$

（2）当 $\varphi(x)\geqslant 1$ 时，

$$\begin{cases} \text{对 } x<0\text{，有 } \varphi(x)=x+2\geqslant 1\text{，得 } -1\leqslant x<0 \\ \text{对 } x\geqslant 0\text{，有 } \varphi(x)=x^2-1\geqslant 1\text{，得 } x\geqslant\sqrt{2} \end{cases}$$

因此当 $\varphi(x)\geqslant 1$ 时，有

$$f(\varphi(x))=\begin{cases} x+2, & -1\leqslant x<0 \\ x^2-1, & x\geqslant\sqrt{2} \end{cases}$$

所以

$$f(\varphi(x))=\begin{cases} e^{x+2}, & x<-1 \\ x+2, & -1\leqslant x<0 \\ e^{x^2-1}, & 0\leqslant x<\sqrt{2} \\ x^2-1, & x\geqslant\sqrt{2} \end{cases}$$

例 1.16 已知复合函数 $f(g(x))=1+\cos x$，$u=g(x)=\sin\dfrac{x}{2}$，求 $f(x)$。

解： 因为

$$f(u)=f(g(x))=1+\cos x=2\cos^2\frac{x}{2}=2(1-\sin^2\frac{x}{2})=2[1-u^2]$$

所以 $f(x)=2[1-x^2]$。

§1.5 初等函数

1.5.1 基本初等函数

定义 1.12 我们将常量函数、幂函数、指数函数、对数函数、三角函数、反三角函数这六类函数统称为基本初等函数。

下面简单介绍这些函数的表达式、定义域和图形。

（1）常量函数　$y=C$，C 为常数，其定义域为$(-\infty,+\infty)$，图形如图 1－12 所示，是一条平行于 x 轴的直线。

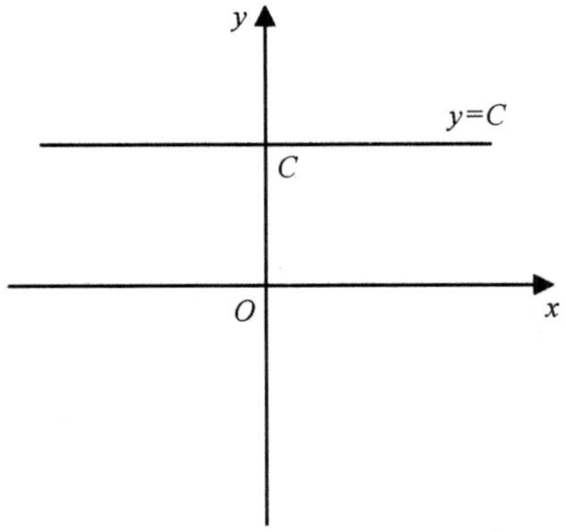

图 1－12

（2）幂函数 $y=x^{\alpha}$，α 为常数，其定义域随 α 的不同而不同，但不论 α 取何值，$y=x^{\alpha}$ 总在$(0,+\infty)$内有定义，并且图形均经过$(1,1)$点，其图形如图 1－13 所示。

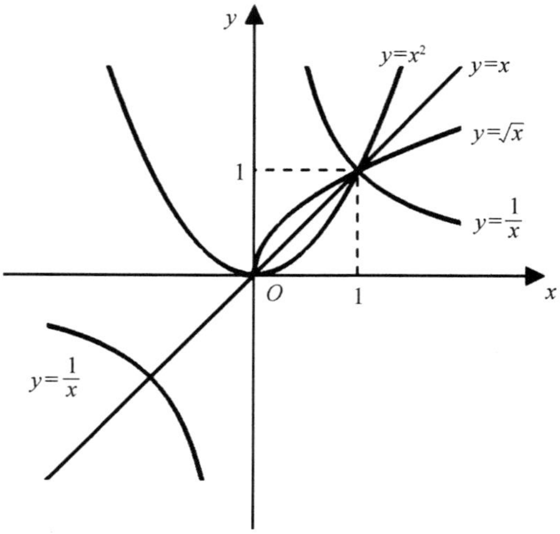

图 1 – 13

（3）指数函数 $y=a^x$，其中 a 为常数，且 $a>0, a\neq 1$，其定义域为 $(-\infty, +\infty)$，值域为 $(0, +\infty)$；当 $0<a<1$ 时，$y=a^x$ 为单调递减函数；当 $a>1$ 时，$y=a^x$ 为单调递增函数；由于 $a^0=1$，所以指数函数的图形经过 $(0,1)$ 点，且位于 x 轴上方，其图形如图 1 – 14 所示。

在实际中，常出现以 e 为底数的指数函数 $y=e^x$，其中 $e=2.718281828459045\cdots$，是一个无理数。

（4）对数函数 $y=\log_a x$，其中 a 为常数，且 $a>0, a\neq 1$，它与指数函数 $y=a^x$ 互为反函数。其定义域为 $(0, +\infty)$，值域为 $(-\infty, +\infty)$。当 $a>1$ 时，$y=a^x$ 为单调递增函数；当 $0<a<1$ 时，$y=a^x$ 为单调递减函数，由于 $\log_a 1=0$，所以对数函数的图形经过 $(1,0)$ 点，且位于 y 轴以右，其图形如图 1 – 15 所示。

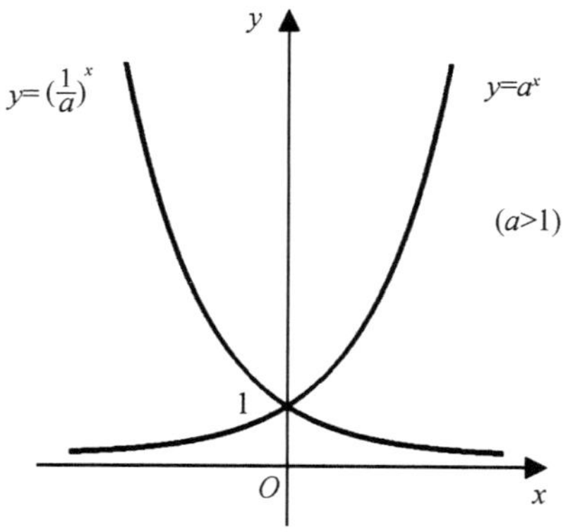

图 1 – 14

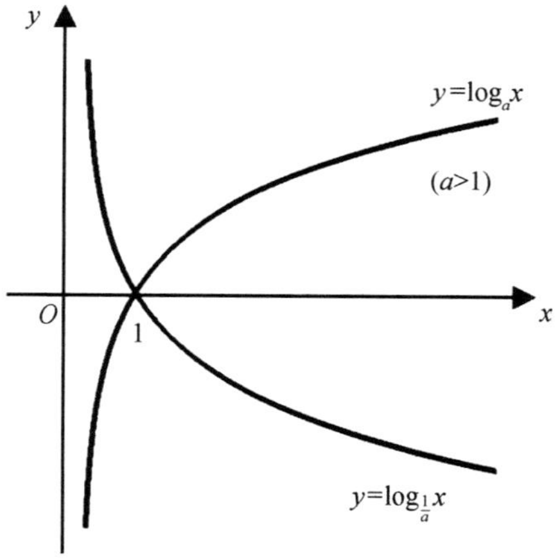

图 1 – 15

以 e 为底数的对数函数记为 $y=\ln x$，称为自然对数；以 10 为底的对数记为 $y=\lg x$，称为常用对数。

$$a^x=e^{x\ln a},\ \log_a x=\frac{\ln x}{\ln a}。$$

（5）三角函数　正弦函数 $y=\sin x$、余弦函数 $y=\cos x$、正切函数 $y=\tan x$、余切函数 $y=\cot x$、正割函数 $y=\sec x$ 和余割函数 $y=\csc x$ 等。

正弦函数和余弦函数的定义域为实数，值域为区间 $[-1,1]$；正切函数的定义域为 $\left\{x\,\middle|\,x\neq k\pi+\frac{\pi}{2},k\in Z\right\}$，值域为实数域 R；余切函数的定义域为 $\{x\,|\,x\neq k\pi,k\in Z\}$，值域为实数域 R。

正弦函数和余弦函数的周期为 2π，正切和余切函数的周期为 π。

正弦函数、余弦函数、正切函数和余切函数的图形如图 1－16、图 1－17、图 1－18 和图 1－19 所示。

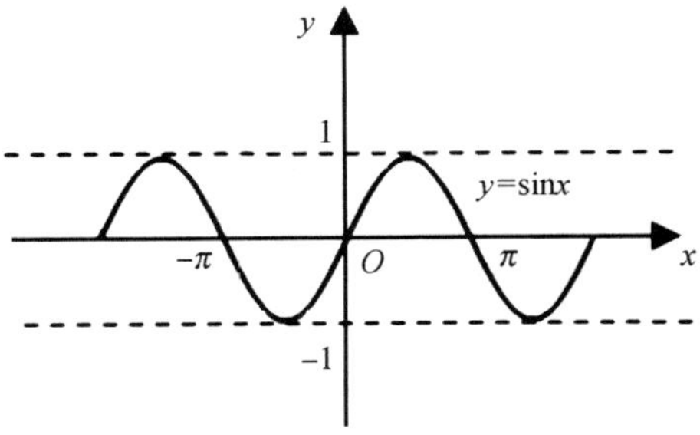

图 1－16

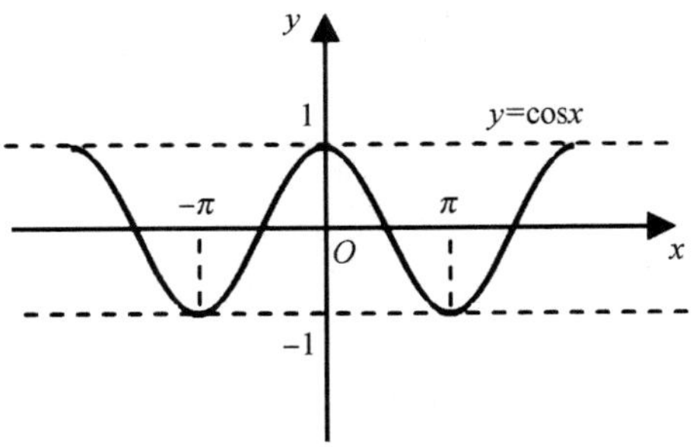

图 1－17

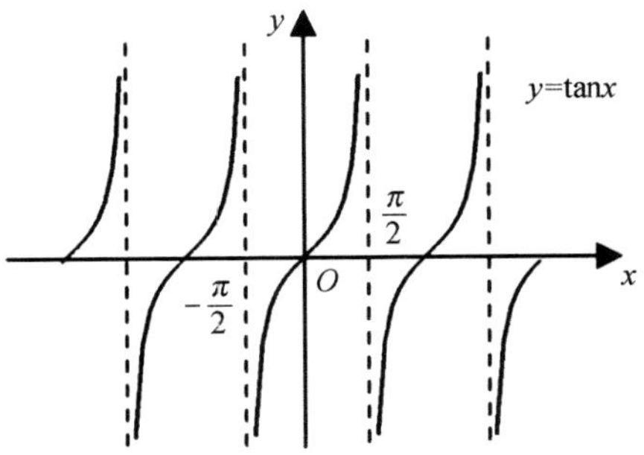

图 1－18

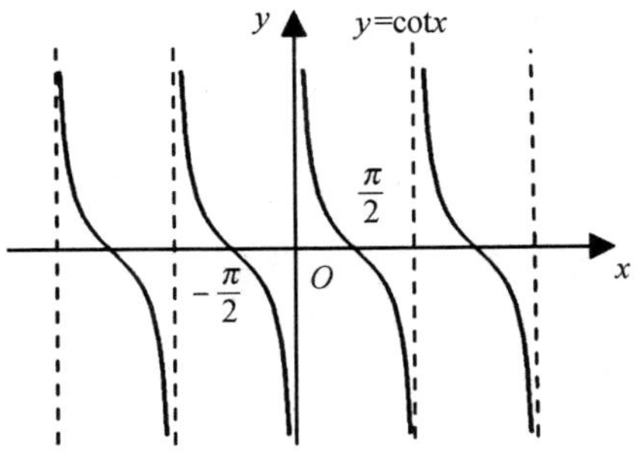

图 1－19

正割函数是余弦函数的倒数 $\sec x=\frac{1}{\cos x}$，余割函数是正弦函数的倒数 $\csc x=\frac{1}{\sin x}$。

（6）反三角函数　由于三角函数均为周期函数，对于每一个 y 值有无穷多个 x 值与之相对应，在其定义域和值域范围内不是一一对应的函数关系，所以在整个定义域上没有反函数，但可以考虑在某一个子区间上的反函数。

对于正弦函数 $y=\sin x$ 和余弦函数 $y=\cos x$ 来说，分别定义在 $y\in\left[-\frac{\pi}{2},\frac{\pi}{2}\right]$ 和 $y\in[0,\pi]$ 上的反函数称为反正弦和反余弦函数，记为 $y=\arcsin x$ 和 $y=\arccos x$，区间 $\left[-\frac{\pi}{2},\frac{\pi}{2}\right]$ 和

$[0,\pi]$为反正弦和反余弦函数的主值区间。

反正弦函数和反余弦函数的定义域为区间$[-1,1]$，值域分别为$\left[-\dfrac{\pi}{2},\dfrac{\pi}{2}\right]$、$[0,\pi]$；在$[-1,1]$上，$y=\arcsin x$ 单调递增；在$[-1,1]$上，$y=\arccos x$ 单调递减。它们的图形如图 1-20、图 1-21 所示。

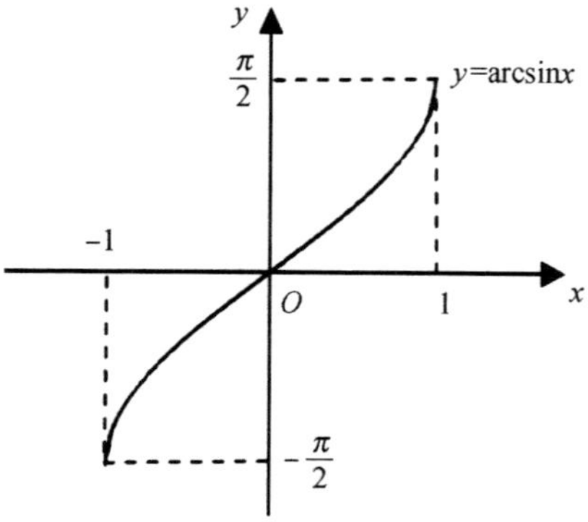

图 1-20

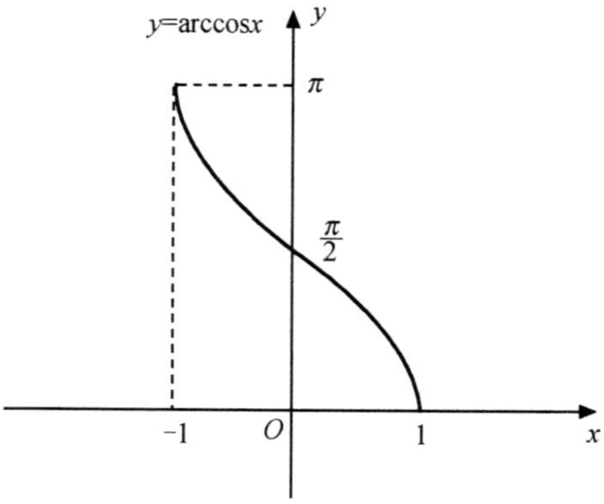

图 1-21

由于正切函数 $y=\tan x$ 的定义域为$\left\{x\,\middle|\,x\neq k\pi+\dfrac{\pi}{2},k\in Z\right\}$，余切函数 $y=\cot x$ 的定义域为$\{x\,|\,x\neq k\pi,k\in Z\}$，在通常情况下，正切函数 $y=\tan x$ 和余切函数 $y=\cot x$ 定义在$\left(-\dfrac{\pi}{2},\dfrac{\pi}{2}\right)$和$(0,\pi)$上的反函数称为反正切函数和反余切函数，记为 $y=\arctan x$ 和 $y=\mathrm{arccot}\,x$，区间$\left(-\dfrac{\pi}{2},\dfrac{\pi}{2}\right)$和$(0,\pi)$为反正切函数和反余切函数的主值区间。

$y=\arctan x$ 在区间$(-\infty,+\infty)$内单调递增；$y=\mathrm{arccot}\,x$ 在区间$(-\infty,+\infty)$上单调递减。在 $y=\arctan x$ 的图形上，当 x 无限远离原点时，图形与 $y=-\dfrac{\pi}{2}$或 $y=\dfrac{\pi}{2}$无限接近。在 $y=\mathrm{arccot}\,x$ 的图形上，当 x 无限远离原点时，图形与直线 $y=\pi$或 $y=0$ 无限接近。它们的图形如图 1-22、图 1-23 所示。

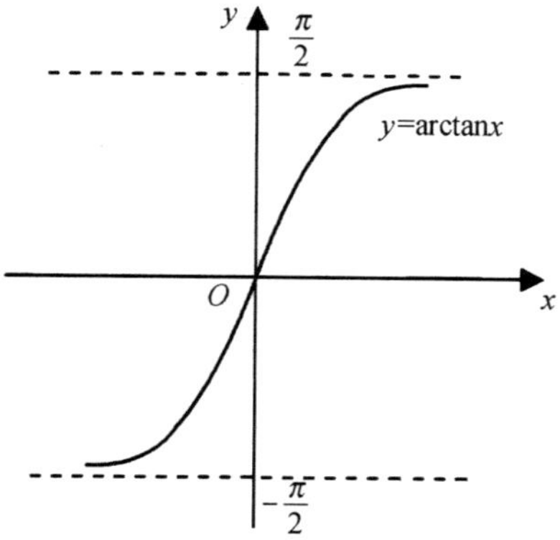

图 1-22

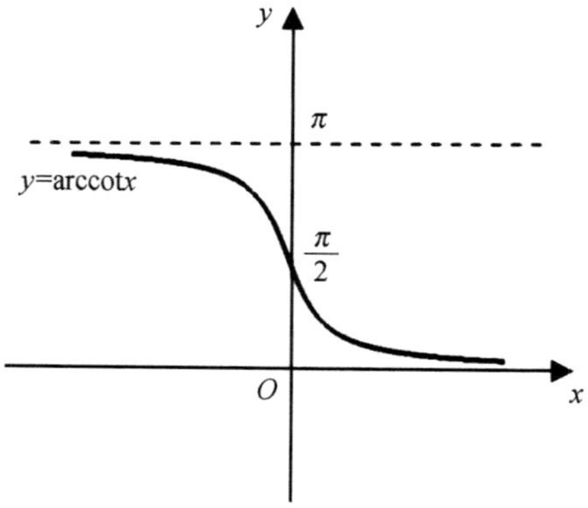

图 1-23

1.5.2 初等函数

定义 1.13 基本初等函数经过有限次的四则运算和有限次的复合，得到的函数统称为初等函数。例如

$$y=\tan(x^2+\ln x),\quad y=\ln[x-e^{\sin x}+\tan(x^2-3x)]$$

都是初等函数。

初等函数是微积分学的主要研究对象。注意，分段函数一般不是初等函数。但由于在其定义域的各个子区间上都由初等函数表示，所以仍可通过初等函数来研究它们。

习题一

1. 用区间表示下列不等式的解集：

(1) $|x+4|<3$； (2) $|x-1|\geqslant 5$； (3) $|2x+1|>|x-1|$；

(4) $|x+1|+|x-1|\leqslant 4$； (5) $0<|ax+b|<\delta$，a,b,δ 均为正常数。

2. 判断下列函数是否为同一函数，并说明理由：

(1) $y=x$ 与 $y=\sin(\arcsin x)$； (2) $y=1$ 与 $y=\sin^2x+\cos^2x$；

(3) $y=\sqrt{2}\cos x$ 与 $y=\sqrt{1+\cos 2x}$； (4) $y=\sqrt{x(x+2)}$ 与 $y=\sqrt{x}\sqrt{x+2}$；

(5) $y=\sqrt[3]{x^4-x^3}$ 与 $y=x\sqrt[3]{x-1}$。

3. 求下列函数的定义域，并用区间表示：

(1) $y=\dfrac{\sqrt{x+2}}{|x|-x}$； (2) $y=\ln(x-1)+\dfrac{2}{\sqrt{x+1}}$；

(3) $y=\dfrac{1}{x}+\sqrt{1-x^2}$； (4) $y=3^{\frac{1}{x}}+\arcsin\ln\sqrt{1-x}$；

(5) $y=\arccos\dfrac{1}{x-1}$； (6) $y=\dfrac{1}{\sqrt{\sin x}}+\lg(25-x^2)$。

4. 作出下列分段函数的图形，并求函数值 $f(-1),f(0),f\left(\dfrac{1}{2}\right),f(3)$。

(1) $f(x)=\begin{cases}\dfrac{1}{x} & x<0,\\ e^x & 0\leqslant x\leqslant 6,\\ \sin x & x>6;\end{cases}$ (2) $f(x)=\begin{cases}x+1 & x\leqslant -1,\\ \sqrt{1-x^2} & |x|<1,\\ \ln x & x\geqslant 1。\end{cases}$

5. 设 $f(x)=\begin{cases}|\sin x| & |x|<\dfrac{\pi}{3}\\ 0 & |x|\geqslant\dfrac{\pi}{3}\end{cases}$，求 $f\left(\dfrac{\pi}{6}\right)$、$f\left(\dfrac{\pi}{4}\right)$、$f\left(-\dfrac{\pi}{4}\right)$、$f(-2)$，并作图。

6. 确定 $y=\begin{cases}\sqrt{4-x^2} & |x|\leqslant 2\\ x-2 & 2<|x|<3\end{cases}$ 的定义域，并画图。

7. 设 $f(x)=\begin{cases}2x & x<1\\ x^2-1 & x\geqslant 1\end{cases}$，求 $f(x+2)$ 和 $f(-x)$。

8. 设对于一切实数 $f(x)$ 均满足 $2f(x)+f(1-x)=x^2$，求 $f(x)$。

9. 已知 $f\left(\frac{1}{x}\right)=x+\sqrt{1+x^2},x>0$，求 $f(e^x)$。

10. 证明函数 $y=\frac{1}{x^2}$ 在 $(0,1)$ 内无界。

11. 证明函数 $y=\frac{1}{x}\sin\frac{1}{x}$ 在 $(0,+\infty)$ 内无界。

12. 在区间 (a,b) 内，函数 $f(x)$ 和 $g(x)$ 分别单调递增，证明函数 $\varphi(x)=\max\{f(x),g(x)\}$ 与 $\psi(x)=\min\{f(x),g(x)\}$ 也在区间 (a,b) 内单调递增。

13. 设 $f(x)$ 为定义在 $(-l,l)$ 内的奇函数，若 $f(x)$ 在 $(0,l)$ 内单调增加，证明 $f(x)$ 在 $(-l,0)$ 内也单调增加。

14. 判断下列函数的奇偶性：

(1) $f(x)=\frac{a^x-1}{a^x+1}$；

(2) $f(x)=\log_a\left(x+\sqrt{1+x^2}\right)$；

(3) $f(x)=x^2+\cos x$；

(4) $f(x)=\begin{cases}2+x, & -2\leqslant x<-1,\\ 1, & -1\leqslant x\leqslant 1,\\ -2+x, & 1<x\leqslant 2;\end{cases}$

(5) $f(x)=x^n-x^{-n}$，n 为正整数。

15. 设 $f(x)$ 为定义在 $(-\infty,\infty)$ 上的任意函数，证明 $g(x)=f(x)-f(-x)$ 为奇函数，$h(x)=f(x)+f(-x)$ 为偶函数。

16. 下列函数中哪些是周期函数，若是周期函数，请指出其周期：

(1) $y=x\cos x$；

(2) $y=\sin^2 x$；

(3) $y=2\tan 3x$；

(4) $y=1+|\sin 2x|$；

(5) $y=\cos 2x+\tan\frac{x}{2}$。

17. 讨论狄利克雷函数 $f(x)=\begin{cases}1, & x\text{ 为有理数}\\ 0, & x\text{ 为无理数}\end{cases}$ 的周期性和有界性。

18. 已知 $f(x)$ 是以 2 为周期的函数，在 $[0,2)$ 内有 $f(x)=x^2$，求 $f(x)$ 在 $[0,6)$ 内的表达式。

19. 设函数 $y=f(x)$，$x\in R$ 的图像与 $x=a,x=b$ 均对称，且 $a\neq b$。求证 $y=f(x)$ 是周期函数，并求其周期。

20. 求下列函数的反函数以及反函数的定义域：

(1) $y=\frac{x+2}{x-2}$；

(2) $y=\ln(1-2x)$；

(3) $y=\sqrt{9-x}$；

(4) $y=\begin{cases}1+x^2, & x>0,\\ 0, & x=0,\\ -1-x^2, & x<0。\end{cases}$

(5) $y=\begin{cases} 2x-1, & 0<x\leqslant 1, \\ 2-(x-2)^2, & 1<x\leqslant 2。\end{cases}$

21. 设函数 $y=\cos x$ 在 $[-2\pi, -\pi]$ 上有定义，试求其反函数。

22. 在下列各题中，求由给定的函数复合而成的函数：

(1) $y=3^u$，$u=x^2+2x+3$；　　(2) $y=\arctan u$，$u=e^v$，$v=\sqrt{x}$。

23. 下列各复合函数是由哪些初等函数复合而成的？

(1) $y=\sin\sqrt{2x-1}$；　　(2) $y=\ln[(\tan x)^2+1]$；

(3) $y=[\ln\frac{x}{3}]^2$；　　(4) $y=\arcsin(2^{\sqrt{x}}-1)$。

24. 下列各组函数能否复合成复合函数 $y=f(\varphi(x))$，为什么？

(1) $y=\sqrt{u}, u=x-x^2$；　　(2) $y=\arcsin u, u=\frac{x}{x^2+1}$；

(3) $y=\sqrt{u}, u=\ln\frac{1}{1+x^2}$；　　(4) $y=\ln u, u=\sin x-1$。

25. 已知 $f(x)=\sin x$, $f(\varphi(x))=1-x^2$，求 $\varphi(x)$ 的定义域。

26. 已知 $f(x)=e^{x^2}$，$f[g(x)]=1-x$，且 $g(x)\geqslant 0$，求 $g(x)$ 的定义域。

27. 设 $f(x)=\begin{cases} 1+x & x<0 \\ 1 & x\geqslant 0 \end{cases}$，求 $f(f(x))$。

28. 设 $f(x)=\begin{cases} 1 & |x|\leqslant 1 \\ 0 & |x|>1 \end{cases}$，$g(x)=\begin{cases} 2-x^2 & |x|\leqslant 1 \\ 2 & |x|>1 \end{cases}$，求 $f(g(x))$。

29. (1) 已知 $f\left(x-\frac{1}{x}\right)=\frac{x^2}{1+x^4}$，求 $f(x)$；

(2) 已知 $f(x^2-1)=\ln\frac{x^2}{x^2-2}$，且 $f[\varphi(x)]=\ln x$，求 $\varphi(x)$。

30. 设 $f(x)$ 是定义在 $(-\infty, +\infty)$ 上的函数，证明 $|f(x)|=f(x)\operatorname{sgn}[f(x)]$。

31. 设 $f(x)$ 是定义在 $(-\infty, +\infty)$ 上的函数，证明 $f(x)$ 等于一个奇函数与偶函数的和。

第2章
极限与连续

极限理论是微积分的基础，微积分中的基本概念都是借助极限方法描述的。连续是与极限密切相关的概念，连续函数是实际中使用最为广泛的函数。本章将介绍数列极限与函数极限的定义、性质及基本计算方法，并讨论函数的连续性。

§2.1 数列的极限

2.1.1 数列的定义

在日常生活和生产实践中，人们经常会遇到一连串按一定顺序排列起来的无穷多个数。例如春秋战国时期的《庄子·天下篇》中载有：“一尺之棰，日截其半，万世不竭”。有一把长度为一尺的尺子，每天取其长度的$\frac{1}{2}$，则每天取走的长度为下列一串数：

$$\frac{1}{2},\frac{1}{4},\frac{1}{8},\cdots,\frac{1}{2^n},\cdots$$

又如设有一半径已知的圆，首先作内接正六边形，其面积记为 S_1；平分正六边形各边所对应的弧，再作内接正十二边形，其面积记为 S_2；依此类推，将内接正 $6\times 2^{n-1}$边形的面积记为 $S_n, n\in N$。这样，就得到一系列圆内接正多边形的面积

$$S_1,S_2,\cdots,S_n,\cdots$$

类似这样的数有两个特点：有次序，无穷多个，我们将具有这些特点的一串数称为数列。

定义 2.1 按一定次序排列起来的无穷多个数

$$a_1,a_2,\cdots,a_n,\cdots$$

称为数列，其中 a_n 称为数列的通项或一般项，正整数 n 称为 a_n 的下标，数列可用其通项简记为$\{a_n\}$。

例 2.1 数列 $1,2,3,\cdots,n,\cdots$，其通项 $a_n=n$，可记为$\{n\}$。

例 2.2　数列$\frac{1}{2},\frac{2}{3},\cdots,\frac{n}{n+1},\cdots$，其通项 $a_n=\frac{n}{n+1}$，可记为$\left\{\frac{n}{n+1}\right\}$。

例 2.3　数列$\frac{1}{2},\frac{1}{4},\frac{1}{8}\cdots,\frac{1}{2^n},\cdots$，其通项 $a_n=\frac{1}{2^n}$，可记为$\left\{\frac{1}{2^n}\right\}$。

例 2.4　数列 $1,-1,1\cdots,(-1)^{n-1},\cdots$，其通项 $a_n=(-1)^{n-1}$，可记为$\{(-1)^{n-1}\}$。

例 2.5　数列 $2,\frac{1}{2},\frac{4}{3},\cdots,\frac{n+(-1)^{n-1}}{n},\cdots$，其通项 $a_n=\frac{n+(-1)^{n-1}}{n}$，可记为$\left\{\frac{n+(-1)^{n-1}}{n}\right\}$。

在几何上，数列$\{a_n\}$可以看作数轴上的一个动点，它依次取数轴上的点 $a_1,a_2,\cdots,a_n,\cdots$，如图 2－1 所示。

图 2－1

数列$\{a_n\}$可看作自变量为正整数 n 的函数，即

$$a_n=f(n),n\in N;$$

并称为下标函数，如例 2.1，例 2.2 中的下标函数分别为 $f(n)=n,f(n)=\frac{n}{n+1}$。

2.1.2　数列的极限

观察例 2.1 至例 2.5 发现，当下标 n 无限增大时，数列各项取值的变化趋势大致可分为两类：一类是当 $n\to\infty$时，a_n 无限趋近于某个确定的常数，如例 2.3 中的 a_n 无限趋近 0，记为 $a_n\to0$，例 2.2 和例 2.5 中 $a_n\to1$，在引例 2 中的 $S_n\to S$，S 为圆面积；另一类则无此特点，即当 $n\to\infty$时，a_n 不趋近于确定常数，如例 2.1、例 2.4 等。

研究当 $n\to\infty$时，a_n 是否无限趋近于某个常数，就是数列极限的思想。我国古代数学家刘徽（公元 3 世纪）利用圆内接正多边形面积 S_n 来推算圆面积 S 的方法——割圆术，其实就是极限思想在几何学上的应用。不论 n 取值如何大，S_n 终究只是多边形的面积，而不是圆的面积。设想当 $n\to\infty$时，即圆内接正多边形的边数无限增加，在这个过程中，内接正多边形无限接近于圆，同时其面积 S_n 也无限接近于某一确定的数值 S，这个确定的数值 S 就应理解为圆的面积，这个确定的数值在数学上称为数列$\{S_n\}$当 $n\to\infty$时的极限。从以上对求圆面积问题的分析中我们体会到，正是数列的极限才精确地表达了圆的面积，同时也使我们从直观上认识了数列极限的理论思想。

设$\{a_n\}$是一个数列，如果存在常数 A，使得当 n 无限增大时，a_n 无限趋近于 A，则称 A 是数列$\{a_n\}$的极限，记为

$$\lim_{n\to\infty}a_n=A，或 a_n\to A,(n\to\infty)$$

此时，也称数列$\{a_n\}$收敛于 A。否则，如果不存在这样的常数 A，则称数列$\{a_n\}$发散。

例 2.2，例 2.3，例 2.5 中的数列$\{a_n\}$有极限，因为

$$\lim_{n\to\infty}\frac{n}{n+1}=1,\ \lim_{n\to\infty}\frac{1}{2^n}=0,\ \lim_{n\to\infty}\frac{n+(-1)^{n-1}}{n}=1$$

所以它们是收敛的。而例 2.1，例 2.4 中的数列$\{a_n\}$没有极限，它们是发散的。

对于通项简单的数列，我们可以观察出数列的极限。例如

$$\lim_{n\to\infty}\frac{1}{n^2}=0,\ \lim_{n\to\infty}\frac{1}{\ln n}=0,\ \lim_{n\to\infty}e^{-n}=0,\ \lim_{n\to\infty}\left(1+\frac{1}{n^3}\right)=1$$

上面只是数列极限的直观定义，那么$\lim\limits_{n\to\infty}a_n=A$严格的数学定义是什么呢？为此，我们对数列 $a_n=\frac{1}{n}$进行分析。

直观上，随着 n 的不断增大，数列 $a_n=\frac{1}{n}$将无限趋近于 0，在数学上表现为数轴上的动点 a_n 与定点 0 之间的距离越来越小。我们知道数学上用两数之差的绝对值来表示数轴上两点间的距离，由于

$$|a_n-0|=\frac{1}{n}$$

由此可见，当 n 越来越大时，$\frac{1}{n}$越来越小，从而 a_n 就越来越接近于 0，即只要 n 足够大，$|a_n-0|=\frac{1}{n}$就可以任意小，小于我们事先任给的正数，如果事先任给正数 0.1，欲使$|a_n-0|=\frac{1}{n}<0.1$，只要 $n>10$ 就足够了，即从第 11 项起，都能使不等式

$$|a_n-0|<0.1$$

成立。如果事先任给正数 0.001，则从第 1001 项起，都能使不等式

$$|a_n-0|<0.001$$

成立。进一步地，不论事先任给多么小的正数 ε，总存在一个正整数 $N=\left[\frac{1}{\varepsilon}\right]$，使得当$n>N$时总有不等式

$$|a_n-0|<\varepsilon$$

成立。这表明当 $n\to\infty$时，数列$\left\{\frac{1}{n}\right\}$的通项$\frac{1}{n}$无限趋近于 0。

一般地，有如下数列极限的分析定义。

定义 2.2 设有数列$\{a_n\}$和常数 A。如果对于任意给定的 $\varepsilon>0$，存在正整数 N，使得当 $n>N$ 时，总有不等式

$$|a_n-A|<\varepsilon \tag{2.1}$$

成立，则称常数 A 为数列$\{a_n\}$的极限。

定义 2.2 也称为 $\varepsilon-N$ 定义，其中的 ε 描述 $f(n)$ 与 A 接近的程度，ε 是给定的任意小的正数；N 描述 n 充分大的程度，N 随 ε 的变化而变化，N 不唯一；ε 越小，N 越大。

由定义 2.2 可知，若数列$\{a_n\}$以常数 A 为极限，则对于任给的正数 ε，一定可以找到一个 N，从 N 项以后的所有项均落在点 A 的 ε 邻域$(A-\varepsilon,A+\varepsilon)$内，最多有 N 个项 $a_1,a_2,\cdots,a_N$ 落在该邻域之外，如图 2-2 所示，这是数列极限分析定义的几何解释。

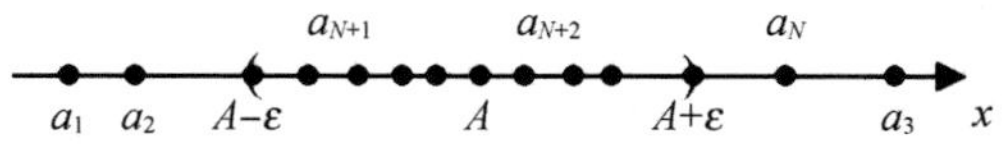

图 2-2

为了表达方便，引入记号“∀”表示“对于任意给定的”或“对于每一个”，记号“∃”表示“存在”，于是数列极限的分析定义还可以表达为：

$\lim\limits_{n\to\infty}a_n=A$ 等价于 $\forall\varepsilon>0$，$\exists$ 正整数 N，当 $n>N$ 时，有 $|a_n-A|<\varepsilon$。

数列极限的分析定义并没有提供直接计算数列极限的方法，但利用该定义可以证明一个数列极限的正确性。应用此定义证明数列极限正确性的关键在于，需要判断对于 $\forall\varepsilon>0$，能否找到（有时只用判断确实存在）正整数 N，且当 $n>N$ 时，一定有 $|a_n-A|<\varepsilon$ 成立。

例 2.6　证明 $\lim\limits_{n\to\infty}\dfrac{n+(-1)^{n-1}}{n}=1$

证：为了使 $|a_n-A|=\left|\dfrac{n+(-1)^{n-1}}{n}-1\right|=\dfrac{1}{n}$ 小于任意给定的正数 ε，只要

$$\frac{1}{n}<\varepsilon,\text{ 即 } n>\frac{1}{\varepsilon}$$

所以，对于 $\forall\varepsilon>0$，取 $N=\left[\dfrac{1}{\varepsilon}\right]$，则当 $n>N$ 时，总有

$$\left|\frac{n+(-1)^{n-1}}{n}-1\right|<\varepsilon$$

成立，即

$$\lim_{n\to\infty}\frac{n+(-1)^{n-1}}{n}=1。$$

§2.2　函数的极限

上节介绍了数列极限的概念，若将数列 $\{a_n\}$ 看作自变量 n 的函数 $a_n=f(n),n\in N$，其定义域为正整数，那么数列 $\{a_n\}$ 的极限为 A 可以理解为：当自变量 n 取正整数且无限增大（即当 $n\to\infty$）时，对应的函数值 $f(n)$ 无限接近于常数 A。本节将介绍一般函数的极限概念。

2.2.1　$x\to x_0$ 时函数 $f(x)$ 的极限

在 x 趋于 x_0（记 $x\to x_0$）的过程中，如果对应的函数值 $f(x)$ 无限接近于常数 A，那么称 A 为函数 $y=f(x)$ 当 $x\to x_0$ 时的极限，记为 $\lim\limits_{x\to x_0}f(x)=A$。

例如，函数 $f(x)=3(x+1)$，经观察，当 $x\to1$ 时，函数值 $f(x)$ 无限接近于 6，所以 $\lim\limits_{x\to1}(3x+3)=6$。再如 $\lim\limits_{x\to1}(2x+7)=9$，$\lim\limits_{x\to1}\dfrac{1}{x+1}=\dfrac{1}{2}$。以上所举例子中，各函数在 $x=1$ 处均有定义。

再考虑当 $x\to1$ 时，函数 $f(x)=\dfrac{x^2-1}{x-1}$ 的极限。由于该函数在 $x=1$ 处没有定义，故 $x\to1$ 且 $x\neq1$ 时，就只能考虑 x 在点 1 的空心邻域内的值，在此空心邻域内有

$$f(x)=\frac{x^2-1}{x-1}=x+1$$

从而

$$\lim_{x\to1}\frac{x^2-1}{x-1}=\lim_{x\to1}(x+1)=2$$

由该例可以看出，当 $x\to x_0$ 时函数 $f(x)$ 的极限值，与函数 $y=f(x)$ 在 x_0 点有无定义无关。为统一起见，凡是考虑 $x\to x_0$ 时函数 $f(x)$ 的趋势，都规定 $x\neq x_0$。

为了得到 $x\to x_0$ 时函数 $f(x)$ 极限的分析定义，以极限 $\lim\limits_{x\to1}\dfrac{x^2-1}{x-1}=2$ 为例作具体分析。从直观上看，当 $x\to1$（且 $x\neq1$）时，$f(x)=\dfrac{x^2-1}{x-1}$ 无限接近于 2，是指

$$|f(x)-2|=\left|\frac{x^2-1}{x-1}-2\right|=|x-1| \tag{2.2}$$

可以任意小。即不论正数 ε 如何小，只要取那些在点 1 的空心邻域内且充分接近于 1 的值，都必能使 $|f(x)-2|<\varepsilon$ 成立。怎样用数学语言描述“无限接近”呢？由式（2.2）知，“无限接近”是指对于一个任给的正数 δ，即只要 x 取点 1 空心邻域内与 1 的距离小于 δ 的值，也就是满足不等式 $0<|x-1|<\delta$ 的 x，都能使不等式 $|f(x)-2|=\left|\dfrac{x^2-1}{x-1}-2\right|=|x-1|<\varepsilon$ 成立。

通过对 $\lim\limits_{x\to1}\dfrac{x^2-1}{x-1}=2$ 的具体分析，可以得到当 $x\to x_0$ 时，函数 $y=f(x)$ 以 A 为极限的分析定义如下。

定义 2.3 设有函数 $y=f(x)$ 和常数 A，如果对于任意给定的 $\varepsilon>0$，存在 $\delta>0$，使得当 $0<|x-x_0|<\delta$ 时，总有不等式

$$|f(x)-A|<\varepsilon \tag{2.3}$$

成立，则称常数 A 为当 $x\to x_0$ 时，函数 $f(x)$ 的极限，记为

$$\lim_{x\to x_0}f(x)=A，\text{或 } f(x)\to A(x\to x_0)。$$

从定义中可以看出，$\lim\limits_{x\to x_0}f(x)=A$ 仅要求函数 $f(x)$ 在 x_0 的某空心邻域内有定义，至于 $f(x)$ 在 x_0 处是否有定义，或者 $f(x)$ 在 x_0 处有定义时，函数值 $f(x_0)$ 的大小等都与极限 $\lim\limits_{x\to x_0}f(x)$ 是否存在，或极限存在时极限值的大小无关。

上述定义还可以简单地描述为：

$\lim\limits_{x\to x_0}f(x)=A$ 等价于 $\forall\varepsilon>0,\exists\delta>0$，当 $0<|x-x_0|<\delta$ 时，有 $|f(x)-A|<\varepsilon$ 成立。

当 $x\to x_0$ 时，函数 $y=f(x)$ 以 A 为极限的几何意义为：对于任给的 $\varepsilon>0$，一定存在正数 δ，只要变量 x 进入 x_0 的空心邻域 $(x_0-\delta,x_0)\cup(x_0,x_0+\delta)$ 之内，曲线 $y=f(x)$ 上的相应值必落在由两直线 $y=A-\varepsilon$ 与 $y=A+\varepsilon$ 所形成的带形区域内，如图 2-3 所示。

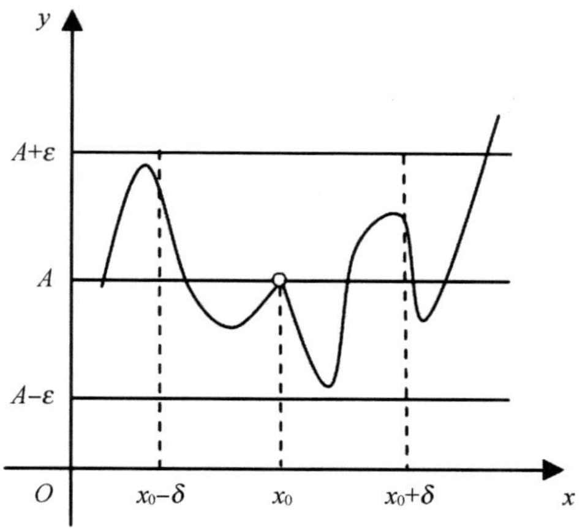

图 2-3

用定义 2.3 可以证明函数 $y=f(x)$ 在点 x_0 处的极限值是否等于 A，证明时关键在于“对于任给的正数 ε，能否找到一个正数 δ”。

例 2.7　用定义证明 $\lim\limits_{x\to 3}(3x-1)=8$。

分析　对任给的 $\varepsilon>0$，要使 $|3x-1-8|<\varepsilon$，即 $|x-3|<\dfrac{\varepsilon}{3}$，则需取 $\delta=\dfrac{\varepsilon}{3}$。

证　对于任给的正数 ε，一定存在一个 $\delta=\dfrac{\varepsilon}{3}$，使得当 $|x-3|<\delta$ 时，总有 $|3x-1-8|<\varepsilon$ 成立，所以 $\lim\limits_{x\to 3}(3x-1)=8$。

在上述当 $x\to x_0$ 时函数 $f(x)$ 的极限概念中，x 既可以从 x_0 的左侧趋向于 x_0，又可以从 x_0 的右侧趋向于 x_0，并且在这两种自变量的不同变化方式中，$f(x)$ 都与一个确定的常数 A 无限地接近。但在某些情况下，当 x 从 x_0 的左侧趋于 x_0（记作当 $x\to x_0^-$）时，$f(x)$ 与某一个确定的数 A_1 无限接近，而当 x 从 x_0 的右侧趋于 x_0（记作当 $x\to x_0^+$）时，$f(x)$ 却与另一个确定的数 A_2 无限接近。例如，符号函数

$$y=\operatorname{sgn}x=\begin{cases}1, & x>0,\\ 0, & x=0,\\ -1, & x<0。\end{cases}$$

当 x 从 0 的左侧趋于 0 时，即当 $x\to 0^-$ 时，$f(x)$ 与 -1 无限接近，而当 x 从 0 的右侧趋于 0 时，即当 $x\to 0^+$ 时，$f(x)$ 与 1 无限接近。

定义 2.4　如果 x 从 x_0 的左侧趋向于 x_0 时，$f(x)\to A_1$，则 A_1 称为 $f(x)$ 在 x_0 处的左极限，可表示为

$$\lim_{x\to x_0^-}f(x)=A_1，\text{或 } f(x_0-0)=A_1。$$

用分析方法描述上述定义为：对于任给的 $\varepsilon>0$，一定存在一个 $\delta>0$，使得当 $x_0-\delta<x<x_0$ 时，总有

$$|f(x)-A_1|<\varepsilon$$

成立。

如果 x 从 x_0 的右侧趋向于 x_0 时，$f(x)\to A_2$，则 A_2 称为 $f(x)$ 在 x_0 处的右极限，可表示为

$$\lim_{x \to x_0^+} f(x) = A_2，或 f(x_0+0) = A_2。$$

用分析方法描述上述定义为：对于任给的 $\varepsilon > 0$，一定存在一个 $\delta > 0$，使得当 $x_0 < x < x_0 + \delta$ 时，总有

$$|f(x) - A_2| < \varepsilon$$

成立。

左极限和右极限统称为单侧极限，单侧极限与极限不同，它们之间存在下列关系：

定理 2.1 $\lim\limits_{x \to x_0} f(x) = A$ 的充分必要条件为 $\lim\limits_{x \to x_0^-} f(x) = \lim\limits_{x \to x_0^+} f(x) = A$。

此定理可由定义 2.3 和 2.4 给予证明，留作读者自己证明。

例 2.8 已知函数

$$f(x) = \begin{cases} x-1, & x<0, \\ 0, & x=0, \\ x+1, & x>0。 \end{cases}$$

求 $\lim\limits_{x \to 0} f(x)$。

解：$x=0$ 点是此函数的分段点，在分段点左右两侧函数表达式不同，必须先考虑左右极限再求极限，由于

$$f(0+0) = \lim_{x \to 0^+} f(x) = \lim_{x \to 0^+} (x+1) = 1。$$

$$f(0-0) = \lim_{x \to 0^-} f(x) = \lim_{x \to 0^-} (x-1) = -1。$$

因为点 $x=0$ 处的左右极限存在不相等，所以 $\lim\limits_{x \to 0} f(x)$ 不存在，如图 2－4 所示。

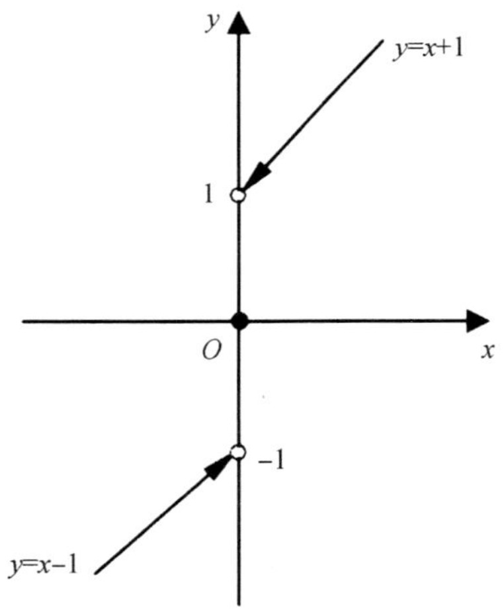

图 2－4

2.2.2 $x \to \infty$ 时函数 $f(x)$ 的极限

观察函数 $f(x) = \dfrac{1}{x}$ 的图像如图 2－5 所示可知，当 $|x|$ 无限增大（记作 $x \to \infty$）时，$f(x) = \dfrac{1}{x}$ 的值无限接近于 0，记为 $\lim\limits_{x \to \infty} \dfrac{1}{x} = 0$。

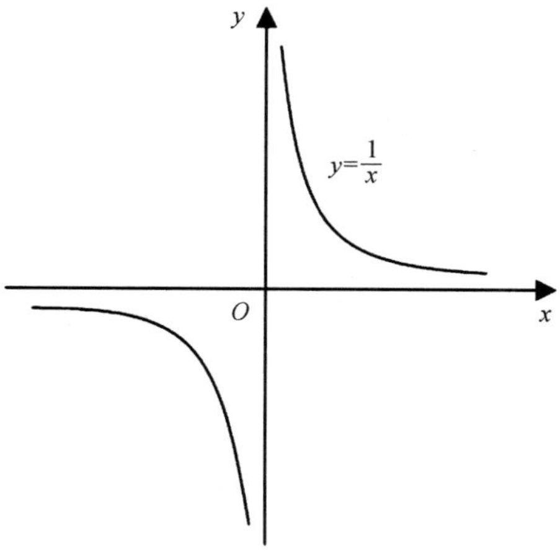

图 2－5

如果在 $x\to\infty$ 过程中，对应的函数值 $f(x)$ 无限地接近于确定的常数 A，那么称常数 A 为当 $x\to\infty$ 时，函数 $f(x)$ 的极限，记为

$$\lim_{x\to\infty} f(x)=A，\text{或 } f(x)\to A(x\to\infty)。$$

直观上，$\lim\limits_{x\to\infty} f(x)=A$ 意味着当 $|x|$ 充分大时，可使 $|f(x)-A|$ 任意小。由此得到分析定义如下：

定义 2.5　设有函数 $f(x)$ 和常数 A，若对于任给的 $\varepsilon>0$，一定存在 $X>0$，使得当 $|x|>X$ 时，总有

$$|f(x)-A|<\varepsilon$$

成立，则称常数 A 为当 $x\to\infty$ 时函数 $f(x)$ 的极限，记为

$$\lim_{x\to\infty} f(x)=A，\text{或 } f(x)\to A(x\to\infty)。$$

定义 2.5 也叫 $\varepsilon-X$ 定义可简单地描述为：

$$\forall\varepsilon>0,\exists X>0,\text{当 } |x|>X \text{ 时，有 } |f(x)-A|<\varepsilon。$$

定义 2.5 的几何意义是：对于任给的正数 ε，在平面直角坐标系中确定了两条直线 $y=A-\varepsilon$，$y=A+\varepsilon$，两直线形成了一个带形区域，不论 ε 多么小，总存在一个正数 X，当 $|x|$ 取比 X 大的数值，即当 $|x|>X$ 时，$f(x)$ 的值一定在该带形区域内，如图 2－6 所示。

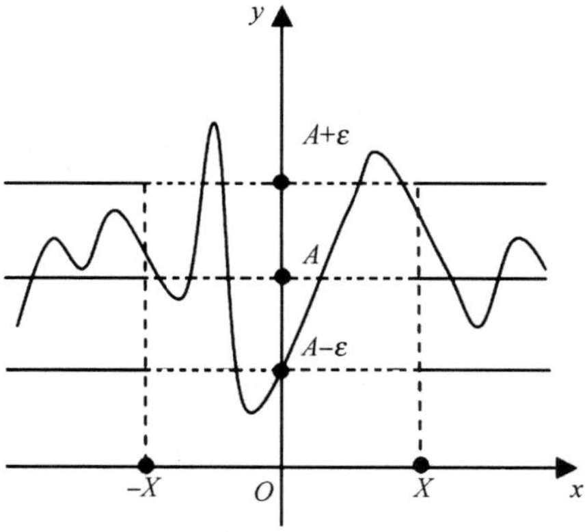

图 2－6

例 2.9 用定义证明$\lim\limits_{x\to\infty}\frac{\sin x}{x}=0$

分析 对于任给的$\varepsilon>0$，要使$\left|\frac{\sin x}{x}-0\right|<\varepsilon$，由

$$\left|\frac{\sin x}{x}-0\right|=\left|\frac{\sin x}{x}\right|\leqslant\frac{1}{|x|}$$

知，只要$\frac{1}{|x|}<\varepsilon$即当$|x|>\frac{1}{\varepsilon}$时，总有$\left|\frac{\sin x}{x}-0\right|<\varepsilon$，所以可取$X=\frac{1}{\varepsilon}$。

证：对于任给的$\varepsilon>0$，一定存在$X=\frac{1}{\varepsilon}$，使得当$|x|>X$时，总有

$$\left|\frac{\sin x}{x}-0\right|=\left|\frac{\sin x}{x}\right|\leqslant\frac{1}{|x|}<\varepsilon$$

成立，所以$\lim\limits_{x\to\infty}\frac{\sin x}{x}=0$。

如果当$x>0$且无限增大（记作当$x\to+\infty$）时，函数$f(x)$无限接近于常数A，则称常数A为当$x\to+\infty$时，$f(x)$的极限，记为

$$\lim_{x\to+\infty}f(x)=A，或f(x)\to A(x\to+\infty)。$$

相应地，如果$x<0$且$|x|$无限增大（记作$x\to-\infty$）时，函数$f(x)$无限接近于常数A，则称常数A为$x\to-\infty$时$f(x)$的极限，记为

$$\lim_{x\to-\infty}f(x)=A，或f(x)\to A(x\to-\infty)。$$

对于$\lim\limits_{x\to\infty}f(x)$，$\lim\limits_{x\to+\infty}f(x)$和$\lim\limits_{x\to-\infty}f(x)$这三个极限，也有类似于定理 2.1 的结论。

定理 2.2 $\lim\limits_{x\to\infty}f(x)=A$的充分必要条件为$\lim\limits_{x\to+\infty}f(x)=\lim\limits_{x\to-\infty}f(x)=A$。

例 2.10 求极限（1）$\lim\limits_{x\to+\infty}e^{-x}$；（2）$\lim\limits_{x\to-\infty}e^{-x}$；（3）$\lim\limits_{x\to\infty}e^{-x}$。

解：从$y=e^{-x}$的图像观察可知$\lim\limits_{x\to+\infty}e^{-x}=0$，当$x\to-\infty$时，$y=e^{-x}$不趋于任何常数，所以$\lim\limits_{x\to-\infty}e^{-x}$不存在，因此$\lim\limits_{x\to\infty}e^{-x}$不存在。

以上介绍了六种类型函数的极限：极限过程为$x\to x_0$时，函数极限$\lim\limits_{x\to x_0}f(x)=A$；极限过程为$x\to x_0^-$和$x\to x_0^+$时，函数极限$\lim\limits_{x\to x_0^-}f(x)=A$和$\lim\limits_{x\to x_0^+}f(x)=A$。极限过程为$x\to\infty$，函数极限$\lim\limits_{x\to\infty}f(x)=A$；极限过程为$x\to+\infty$或$x\to-\infty$时，函数极限$\lim\limits_{x\to+\infty}f(x)=A$或$\lim\limits_{x\to-\infty}f(x)=A$。极限过程即自变量的变化过程。极限概念的直观意义简单易懂，但要清楚描述极限概念并不容易，需要读者将极限分析定义中的δ,X与ε的依赖关系弄清楚，并真正理解领会极限的理论思想和精神实质，极限概念才能确切给予描述。

在函数极限的六种情形中，以$\lim\limits_{x\to x_0}f(x)$和$\lim\limits_{x\to\infty}f(x)$为重点，理解了这两种情况，其他四种极限就容易理解了。为了表达和论述函数极限的共有性质和运算规则，今后将再不特别指出，将用$\lim f(x)$泛指函数极限的任何一种形式。若需要证明某些性质时，只对一种情形，比如$x\to x_0$的情形加以证明，其他情形的证明可类似得到。

§2.3　无穷小量与无穷大量

2.3.1　无穷小量

定义 2.6　在某极限过程中极限为零的变量，称为该极限过程中的无穷小量。

由于$\lim\limits_{x\to\infty}\frac{1}{x}=0$，根据无穷小量的定义可得$\frac{1}{x}$是当 $x\to\infty$时的无穷小量，再如$\lim\limits_{x\to 0}\sin x=0$，则 $\sin x$ 是当 $x\to 0$ 时的无穷小量。

在理解和使用无穷小量定义时应注意：

（1）不能将无穷小量与很小的数混为一谈。无穷小量是自变量在某变化过程中极限为零的变量，不是常数。

（2）无穷小量是相对于极限过程而言的，一个变量在某个极限过程中是无穷小量，而在另一个极限过程中却不一定是无穷小量。例如当 $x\to-\infty$时，e^x 是无穷小量，而当 $x\to 0$ 时，e^x 却不是无穷小量。

（3）数零是无穷小量，而无穷小量不一定是零。

定理 2.3　$\lim f(x)=A$ 的充分必要条件为 $f(x)=A+\alpha$，其中 α 为同一极限过程中的无穷小量。

证　仅对当 $x\to x_0$ 的进行证明，其他极限过程类似可证。

必要性　若$\lim\limits_{x\to x_0}f(x)=A$，即对于任给的 $\varepsilon>0$，存在 $\delta>0$，使得当 $0<|x-x_0|<\delta$ 时，总有

$$|f(x)-A|<\varepsilon,$$

即

$$|f(x)-A-0|<\varepsilon。$$

所以 $f(x)-A$ 是一个无穷小量，如果设

$$f(x)-A=\alpha,$$

则

$$f(x)=A+\alpha。$$

充分性　若 $f(x)=A+\alpha$，$\alpha=f(x)-A$，其中 α 为当 $x\to x_0$ 时的无穷小量，则对于任给的 $\varepsilon>0$，一定存在 $\delta>0$，使得当 $0<|x-x_0|<\delta$ 时，总有

$$|\alpha-0|=|f(x)-A-0|=|f(x)-A|<\varepsilon$$

成立，由极限定义可得$\lim\limits_{x\to x_0}f(x)=A$。

2.3.2　无穷小量的运算性质

定理 2.4　（1）有限个无穷小量的和、差仍为无穷小量；

（2）有限个无穷小量之积仍为无穷小量；

（3）无穷小量与有界变量之积仍为无穷小量；

（4）无穷小量除以极限存在且不为零的变量，其商仍为无穷小量。

证 （3）设 $f(x)$ 是有界变量，根据有界变量的定义得，存在 $M>0$，使得

$$|f(x)|\leqslant M。\tag{2.4}$$

设 α 是 $x\to x_0$ 时的无穷小量，根据无穷小量的定义得，对于任给的 $\varepsilon>0$，存在 $\delta>0$，使得当 $0<|x-x_0|<\delta$ 时，总有

$$|\alpha|<\frac{\varepsilon}{M}。\tag{2.5}$$

综合（2.4）和（2.5）式得，对于任给的 $\varepsilon>0$，存在 $\delta>0$，当 $0<|x-x_0|<\delta$ 时，总有

$$|\alpha f(x)-0|=|f(x)||\alpha|<M\frac{\varepsilon}{M}=\varepsilon,$$

故 $\lim\limits_{x\to x_0}\alpha f(x)=0$，$\alpha f(x)$ 是当 $x\to x_0$ 时的无穷小量。

（4）设 $\lim\limits_{x\to x_0}\alpha=0$，$\lim\limits_{x\to x_0}f(x)=A\neq0$，不妨假设 $A>0$，则对于任给的 $\varepsilon>0$（不妨取 $\varepsilon<\frac{A}{2}$），一定存在 $\delta_1>0$，使得当 $0<|x-x_0|<\delta_1$ 时，有

$$A-\varepsilon<f(x)<A+\varepsilon,$$

于是有

$$f(x)>A-\varepsilon>A-\frac{A}{2}=\frac{A}{2}。\tag{2.6}$$

由 $\lim\limits_{x\to x_0}\alpha=0$，则对于上面所给的 $\varepsilon>0$，一定存在 $\delta_2>0$，使得当 $0<|x-x_0|<\delta_2$ 时，有

$$|\alpha|<\frac{A}{2}\varepsilon$$

取 δ_1,δ_2 中较小者为 δ，即 $\delta=\min\{\delta_1,\delta_2\}$，则当 $0<|x-x_0|<\delta$ 时，有

$$\left|\frac{\alpha}{f(x)}-0\right|=\frac{|\alpha|}{|f(x)|}<\frac{\frac{A}{2}\varepsilon}{\frac{A}{2}}=\varepsilon$$

于是 $\lim\limits_{x\to x_0}\frac{\alpha}{f(x)}=0$，即 $\frac{\alpha}{f(x)}$ 是当 $x\to x_0$ 时的无穷小量。

其他极限过程性质（3）（4）类似可证，性质（1）、（2）留给读者自己证明。

例 2.11 求极限 $\lim\limits_{x\to\infty}\frac{1}{x}\sin x$。

解：因为 $\sin x$ 是有界变量，当 $x\to\infty$ 时 $\frac{1}{x}$ 是无穷小量，由无穷小量的性质（3）可知

$$\lim_{x\to\infty}\frac{1}{x}\sin x=0$$

2.3.3 无穷小量的比较

由无穷小量的运算性质可知，两个无穷小量的和、差、积仍是无穷小量，那么两个无穷小量的比仍是无穷小量吗？先看如下的例子：当 $x\to0$ 时，$2x,3x,2x-x^2,x^2$ 分别都是无穷小

量，而其比的极限如下：

$$\lim_{x\to 0}\frac{2x-x^2}{2x}=1,\lim_{x\to 0}\frac{x^2}{3x}=0。$$

以上各例说明无穷小量的比不一定是无穷小量。两个无穷小量比的极限的不同，反映了各无穷小量在同一极限过程中趋于零的“快慢”程度的不同，因此在同一极限过程中，按照无穷小量比的极限不同，可将无穷小量的关系定义为下面几种：

定义 2.7　设 α 和 β 是在同一个极限过程中的两个无穷小量，$\lim\frac{\alpha}{\beta}=A$

（1）当 $A=0$ 时，称 α 是比 β 高阶的无穷小量，记作 $\alpha=o(\beta)$；

（2）当 $A\neq 0$ 时，称 α 与 β 是同阶无穷小量；特别地，当 $A=1$ 时，称 α 与 β 是等价无穷小量，记作 $\alpha\sim\beta$。

因为 $\lim\limits_{x\to 0}\frac{2x-x^2}{2x}=1,\lim\limits_{x\to 0}\frac{x^2}{3x}=0,\lim\limits_{x\to 0}\frac{3x}{2x}=\frac{3}{2}$，根据定义 2.7 得当 $x\to 0$ 时，有 $2x-x^2\sim 2x$，$x^2=o(3x)$，$3x$ 和 $2x$ 是同阶无穷小量。

2.3.4　无穷大量

在极限不存在的情形中有一种特殊的情形，例如，当 $x\to 0$ 时，函数 $\frac{1}{x^3}$ 的绝对值无限增大；再如当 $x\to 0^+$ 时，函数 $\ln x$ 恒为负，其绝对值无限增大；当 $x\to+\infty$ 时，函数 e^x 也无限增大，极限均不存在是以上所述三个函数的一个共同点，此外还有一个共同的特点那就是函数的绝对值无限增大，此处可以借用函数极限的记法，将上面三种情形的例子分别记为

$$\lim_{x\to 0}\frac{1}{x^3}=\infty,\lim_{x\to 0^+}\ln x=-\infty,\lim_{x\to+\infty}e^x=+\infty。$$

定义 2.8　如果函数 $f(x)$ 在某个极限过程中的绝对值是无限增大的，则称此函数为该极限过程中的无穷大量，记为

$$\lim f(x)=\infty，\text{或} f(x)\to\infty。$$

例如 $a_n=(-1)^n n$，是当 $n\to\infty$ 时的无穷大量，记为 $\lim\limits_{n\to\infty}(-1)^n n=\infty$；再如 $y=\frac{1}{x-1}$，是当 $x\to 1$ 时的无穷大量，记为 $\lim\limits_{x\to 1}\frac{1}{x-1}=\infty$。

无穷大量是一个变量，并不是很大的数，它不能作为实数运用实数的运算法则参与运算；无穷大量可以记为 $\lim f(x)=\infty$，但切勿认为 ∞ 是 $f(x)$ 的极限。

定理 2.5（无穷大量与无穷小量的关系）　当极限过程不变时，若 $u(x)$ 为无穷大量，则 $\frac{1}{u(x)}$ 是无穷小量；若 $v(x)\neq 0$ 是无穷小量，则 $\frac{1}{v(x)}$ 是无穷大量。

证：若 $u(x)$ 为无穷大量，即 $\lim\limits_{x\to x_0}u(x)=\infty$，由无穷大量的定义得，对于任给的 $M=\frac{1}{\varepsilon}>0$，一定存在 $\delta>0$，使得当 $0<|x-x_0|<\delta$ 时，总有

$$|u(x)|>M=\frac{1}{\varepsilon},$$

由于 $u(x)\neq 0$，故有

$$\left|\frac{1}{u(x)}-0\right|<\varepsilon$$

所以当 $x\to x_0$ 时，$\frac{1}{u(x)}$为无穷小量。

若 $v(x)\neq 0$ 是无穷小量，即$\lim\limits_{x\to x_0}v(x)=0$，则对于给定的 $\varepsilon=\frac{1}{M}>0$，一定存在 $\delta>0$，使得当 $0<|x-x_0|<\delta$ 时，总有

$$|v(x)-0|<\varepsilon=\frac{1}{M}$$

由于 $v(x)\neq 0$，故有

$$\left|\frac{1}{v(x)}\right|>M$$

所以当 $x\to x_0$ 时，$\frac{1}{v(x)}$为无穷大量。

其他极限过程可类似证明。

由于无穷大量与无穷小量是互为倒数关系，因此，由无穷小量的某些结论和性质可以推得无穷大量的某些结论。

§2.4 极限的性质与运算法则

2.4.1 极限的性质

本节介绍极限的性质，所有性质都仅对 $x\to x_0$ 时的情形叙述和证明，其他情形的极限也有类似的性质。

定理 2.6（局部有界性） 如果$\lim\limits_{x\to x_0}f(x)=A$，则存在 $\delta>0$，当 $0<|x-x_0|<\delta$ 时，函数 $f(x)$有界。

证： 因为$\lim\limits_{x\to x_0}f(x)=A$，即对于任给的 $\varepsilon>0$，一定存在 $\delta>0$，使得当 $0<|x-x_0|<\delta$ 时，总有$|f(x)-A|<\varepsilon$ 成立，即 $A-\varepsilon<f(x)<A+\varepsilon$，所以函数 $f(x)$在 x_0 点的空心邻域 $(x_0-\delta,x_0)\cup(x_0,x_0+\delta)$内有界。

定理 2.7（唯一性） 如果$\lim\limits_{x\to x_0}f(x)=A$，则极限 A 唯一。

证： 设 A,B 都是 $x\to x_0$ 时函数 $f(x)$的极限，即

$$\lim_{x\to x_0}f(x)=A，且\lim_{x\to x_0}f(x)=B。$$

由$\lim\limits_{x\to x_0}f(x)=A$ 得，对任给的 $\varepsilon>0$，一定存在 $\delta_1>0$，使得当 $0<|x-x_0|<\delta_1$ 时，总有

$$|f(x)-A|<\frac{\varepsilon}{2} \tag{2.7}$$

由$\lim\limits_{x\to x_0}f(x)=B$得，对上述$\varepsilon>0$，一定存在$\delta_2>0$，使得当$0<|x-x_0|<\delta_2$时，总有

$$|f(x)-B|<\frac{\varepsilon}{2} \tag{2.8}$$

取$\delta=\min\{\delta_1,\delta_2\}$，则当$0<|x-x_0|<\delta$时，一定有（2.7）和（2.8）同时成立，于是对任给的$\varepsilon>0$，一定存在$\delta>0$，使得当$0<|x-x_0|<\delta$时，一定有

$$\begin{aligned}|A-B|&=|f(x)+A-f(x)-B|\\&\leqslant|f(x)-A|+|f(x)-B|<\frac{\varepsilon}{2}+\frac{\varepsilon}{2}=\varepsilon\end{aligned}$$

成立，所以$A=B$。

定理2.8（局部保号性） 如果$\lim\limits_{x\to x_0}f(x)=A$，且$A>0$（或$A<0$），则一定存在$\delta>0$，使得当$0<|x-x_0|<\delta$时，总有$f(x)>0$（或$f(x)<0$）。

证：设$A>0$，由$\lim\limits_{x\to x_0}f(x)=A$可得，对于给定的$\varepsilon=\frac{A}{3}>0$，一定存在$\delta>0$，使得当$0<|x-x_0|<\delta$时，总有$|f(x)-A|<\varepsilon$，即

$$f(x)>A-\varepsilon=A-\frac{A}{3}=\frac{2}{3}A>0$$

成立。

推论　如果$\lim\limits_{x\to x_0}f(x)=A$，且$f(x)\geqslant0$（或$f(x)\leqslant0$），则$A\geqslant0$（或$A\leqslant0$）。

证：用反证法证明$f(x)\geqslant0$的情况，$f(x)\leqslant0$的情况类似可证。

假设$A<0$，由定理2.8知，一定存在$\delta>0$，使得当$0<|x-x_0|<\delta$时，总有$f(x)<0$，此结论与已知$f(x)\geqslant0$相矛盾，所以$A\geqslant0$。

定理2.9（不等式性质）　如果$\lim\limits_{x\to x_0}f(x)=A$，$\lim\limits_{x\to x_0}g(x)=B$且$f(x)\leqslant g(x)$，则$A\leqslant B$。

证：用反证法证明。假设$A>B$，由$\lim\limits_{x\to x_0}f(x)=A$得，对于任给的$\varepsilon=\frac{A-B}{2}>0$，一定存在$\delta_1>0$，使得当$0<|x-x_0|<\delta_1$时，总有$|f(x)-A|<\varepsilon$成立，即

$$A-\varepsilon<f(x)<A+\varepsilon,$$

所以

$$\frac{A+B}{2}<f(x)<\frac{3A-B}{2}。\tag{2.9}$$

由$\lim\limits_{x\to x_0}g(x)=B$得，对上述$\varepsilon=\frac{A-B}{2}>0$，一定存在$\delta_2>0$，使得当$0<|x-x_0|<\delta_2$时，总有$|f(x)-B|<\varepsilon$成立，即

$$B-\varepsilon<g(x)<B+\varepsilon$$

所以

$$\frac{3B-A}{2}<g(x)<\frac{A+B}{2}。\tag{2.10}$$

取$\delta=\min\{\delta_1,\delta_2\}$，则当$0<|x-x_0|<\delta$时，一定有（2.9）和（2.10）同时成立，于是有

$$g(x)<\frac{A+B}{2}<f(x)$$

成立，与题设相矛盾，故原结论成立。

2.4.2 极限的四则运算法则

定理 2.10（极限的四则运算法则） 设$\lim\limits_{x\to x_0} f(x)=A$，$\lim\limits_{x\to x_0} g(x)=B$，则

（1）$\lim\limits_{x\to x_0}[f(x)\pm g(x)]=A\pm B$；（2）$\lim\limits_{x\to x_0} f(x)g(x)=A\cdot B$；

（3）$\lim\limits_{x\to x_0}\dfrac{f(x)}{g(x)}=\dfrac{A}{B}$，$B\neq 0$；（4）$\lim\limits_{x\to x_0} kf(x)=kA$，$k$ 是常数；

（5）$\lim\limits_{x\to x_0}[f(x)]^n=A^n$，$n$ 为正整数。

证： 因为$\lim\limits_{x\to x_0} f(x)=A$，$\lim\limits_{x\to x_0} g(x)=B$，由定理 2.3 可得

$$f(x)=A+\alpha,\ g(x)=B+\beta,$$

其中，α,β 为当 $x\to x_0$ 时的无穷小量，于是

（1）$f(x)\pm g(x)=(A\pm B)+(\alpha\pm\beta)$，根据无穷小量的运算性质得，$\alpha\pm\beta$ 仍为无穷小量，再由定理 2.3 可得

$$\lim_{x\to x_0}[f(x)\pm g(x)]=A\pm B=\lim_{x\to x_0} f(x)\pm\lim_{x\to x_0} g(x)$$

故（1）式成立。

（2）$f(x)g(x)=(A+\alpha)(B+\beta)=A\cdot B+(A\beta+B\alpha+\alpha\beta)$，根据无穷小量的运算性质得 $A\beta+B\alpha+\alpha\beta$ 仍为无穷小量，再由定理 2.3 可得

$$\lim_{x\to x_0}[f(x)g(x)]=AB=\lim_{x\to x_0} f(x)\lim_{x\to x_0} g(x)$$

故（2）式成立。

（3）$\dfrac{f(x)}{g(x)}=\dfrac{A}{B}+\left(\dfrac{A+\alpha}{B+\beta}-\dfrac{A}{B}\right)=\dfrac{A}{B}+\dfrac{B\alpha-A\beta}{B(B+\beta)}$，根据无穷小量的运算性质，其中 $B\alpha-A\beta$ 仍是无穷小量，$B(B+\beta)$是极限不为零的变量，再由定理 2.3 可得

$$\lim_{x\to x_0}\frac{f(x)}{g(x)}=\frac{A}{B}=\frac{\lim\limits_{x\to x_0} f(x)}{\lim\limits_{x\to x_0} g(x)},B\neq 0$$

故（3）式成立。

（4）（5）可类似证明。对于其他的极限过程，以上结论也成立。

利用极限的四则运算法则求极限时必须注意：求极限的函数为有限个；每个函数的极限都必须存在；求商的极限时，分母的极限不为零。

例 2.12 求$\lim\limits_{x\to 1}(2x-1)$。

解： 直接利用极限的四则运算法则，得，$\lim\limits_{x\to 1}(2x-1)=\lim\limits_{x\to 1}2x-\lim\limits_{x\to 1}1=2\lim\limits_{x\to 1}x-1=1$。

例 2.13 设有多项式 $P_n(x)=a_0x^n+a_1x^{n-1}+\cdots+a_n$，求$\lim\limits_{x\to x_0}P_n(x)$。

解： 直接利用极限的四则运算法则，得

$$\begin{aligned}\lim_{x\to x_0}P_n(x)&=a_0\lim_{x\to x_0}x^n+a_1\lim_{x\to x_0}x^{n-1}+\cdots+\lim_{x\to x_0}a_n\\&=a_0(\lim_{x\to x_0}x)^n+a_1(\lim_{x\to x_0}x)^{n-1}+\cdots+a_n=a_0x_0^n+a_1x_0^{n-1}+\cdots+a_n=P_n(x_0)\end{aligned}$$

例 2.14 求$\lim\limits_{x\to 2}\dfrac{x^3-1}{x^2-5x+3}$。

解：由例 2.13 可知

$$\lim_{x\to 2}(x^3-1)=2^3-1=7,\ \lim_{x\to 2}(x^2-5x+3)=-3\neq 0$$

所以

$$\lim_{x\to 2}\frac{x^3-1}{x^2-5x+3}=-\frac{7}{3}。$$

事实上，设 $F(x)=\dfrac{P(x)}{Q(x)}$，其中 $P(x)$，$Q(x)$都是多项式，直接利用极限的四则运算法则，得，

$$\lim_{x\to x_0}P(x)=P(x_0),\ \lim_{x\to x_0}Q(x)=Q(x_0)。$$

如果 $Q(x_0)\neq 0$，则

$$\lim_{x\to x_0}F(x)=\lim_{x\to x_0}\frac{P(x)}{Q(x)}=\frac{\lim\limits_{x\to x_0}P(x)}{\lim\limits_{x\to x_0}Q(x)}=\frac{P(x_0)}{Q(x_0)}=F(x_0)。$$

如果 $Q(x_0)=0$，则关于商的极限运算法则不适用，需利用其他方法求极限。

例 2.15　求$\lim\limits_{x\to 2}\dfrac{x-2}{x^2-4}$。

解：当 $x\to 2$ 时，分子、分母的极限都为零，于是分子、分母不能分别取极限，而分子、分母有公因式 $x-2$，可约去零因式 $x-2$，得

$$\lim_{x\to 2}\frac{x-2}{x^2-4}=\lim_{x\to 2}\frac{1}{x+2}=\frac{1}{4}。$$

例 2.16　求$\lim\limits_{x\to 2}\dfrac{x+3}{x^2-4x+4}$。

解：$\lim\limits_{x\to 2}(x^2-4x+4)=0$，不能直接应用商的极限法则，但

$$\lim_{x\to 2}\frac{x^2-4x+4}{x+3}=\frac{0}{5}=0,$$

根据无穷小量与无穷大量的关系，知，

$$\lim_{x\to 2}\frac{x+3}{x^2-4x+4}=\infty,$$

极限不存在。

例 2.17　求$\lim\limits_{x\to 0}\dfrac{\sqrt{x^2+9}-3}{\sqrt{x^2+1}-1}$。

解：分子和分母的极限都为零，将分子、分母分别有理化得

$$\lim_{x\to 0}\frac{\sqrt{x^2+9}-3}{\sqrt{x^2+1}-1}=\lim_{x\to 0}\frac{x^2\left(\sqrt{x^2+1}+1\right)}{x^2\left(\sqrt{x^2+9}+3\right)}$$

$$=\lim_{x\to 0}\frac{\sqrt{x^2+1}+1}{\sqrt{x^2+9}+3}=\frac{1}{3}$$

以上各例题中分母的极限均为零，我们采用了约去零因子法、分子和分母有理化法而求得了极限，约去零因子法、有理化法这两种求极限方法在求极限时经常用到。

例 2.18 求$\lim\limits_{x\to\infty}\dfrac{3x^3+5x^2+3}{2x^3+3x^2}$。

解：$\lim\limits_{x\to\infty}\dfrac{3x^3+5x^2+3}{2x^3+3x^2}=\lim\limits_{x\to\infty}\dfrac{3+\dfrac{5}{x}+\dfrac{3}{x^2}}{2+\dfrac{3}{x}}=\dfrac{3}{2}$

例 2.19 求$\lim\limits_{x\to\infty}\dfrac{2x^4+5x^2+3}{2x^3+3x^2+2x+1}$。

解：由于$\lim\limits_{x\to\infty}\dfrac{2x^3+3x^2+2x+1}{2x^4+5x^2+3}$

$$=\lim_{x\to\infty}\frac{2\left(\dfrac{1}{x}\right)+3\left(\dfrac{1}{x^2}\right)+2\left(\dfrac{1}{x^3}\right)+\left(\dfrac{1}{x^4}\right)}{2+5\left(\dfrac{1}{x^2}\right)+3\left(\dfrac{1}{x^4}\right)}=0$$

所以$\lim\limits_{x\to\infty}\dfrac{2x^4+5x^2+3}{2x^3+3x^2+2x+1}=\infty$，极限不存在。

由例 2.18 和例 2.19 可得到下列一般性的结论：

$$\lim_{x\to\infty}\frac{a_0x^n+a_1x^{n-1}+\cdots+a_n}{b_0x^m+b_1x^{m-1}+\cdots+b_m}=\begin{cases}\dfrac{a_0}{b_0}, & m=n,\\ 0, & m>n,\\ \infty, & m<n\end{cases},a_0\neq0,b_0\neq0 \tag{2.11}$$

例 2.20 求$\lim\limits_{x\to1}\left(\dfrac{3}{1-x^3}-\dfrac{1}{1-x}\right)$。

解：当 $x\to1$ 时，$\dfrac{3}{1-x^3}\to\infty$，$\dfrac{1}{1-x}\to\infty$，应先通分再求极限，于是，

$$\lim_{x\to1}\left(\frac{3}{1-x^3}-\frac{1}{1-x}\right)=\lim_{x\to1}\frac{(1-x)(x+2)}{1-x^3}$$

$$=\lim_{x\to1}\frac{x+2}{1+x+x^2}=1$$

例 2.21 设 $f(x)=\begin{cases}x-3, & |x|\leqslant1\\ |x-1|, & |x|>1\end{cases}$，当 $x\to1$ 时的极限是否存在，若存在则求其值。

解：原分段函数可写为

$$f(x)=\begin{cases}1-x, & x<-1\\ x-3, & -1\leqslant x\leqslant1\\ x-1, & x>1\end{cases}$$

$x=1$ 为分段点，由于

$$\lim_{x\to1^-}f(x)=\lim_{x\to1^-}(x-3)=-2,\quad \lim_{x\to1^+}f(x)=\lim_{x\to1^+}(x-1)=0,$$

$x=1$ 点处左右极限不等，故$\lim\limits_{x\to1}f(x)$不存在。

§2.5　极限存在性定理与两个重要极限

本节先介绍两个极限存在性定理，在此基础上证明两个重要极限。

2.5.1　极限存在性定理

定理 2.11（夹逼定理） 如果$\lim\limits_{x\to x_0}f(x)=\lim\limits_{x\to x_0}g(x)=A$，当$x\in(x_0-\delta_1,x_0)\cup(x_0,x_0+\delta_1)$时，有$f(x)\leqslant h(x)\leqslant g(x)$，则$\lim\limits_{x\to x_0}h(x)=A$。

证： $\lim\limits_{x\to x_0}f(x)=A$，即对于任给的$\varepsilon>0$，一定存在$\delta_2>0$，使得当$0<|x-x_0|<\delta_2$时，总有

$$A-\varepsilon<f(x)<A+\varepsilon \tag{2.12}$$

成立。又$\lim\limits_{x\to x_0}g(x)=A$，则对于上述$\varepsilon>0$，一定存在$\delta_3>0$，使得当$0<|x-x_0|<\delta_3$时，总有

$$A-\varepsilon<g(x)<A+\varepsilon \tag{2.13}$$

成立。取$\delta=\min\{\delta_1,\delta_2,\delta_3\}$，则当$0<|x-x_0|<\delta$时，一定有（2.12），（2.13）和$f(x)\leqslant h(x)\leqslant g(x)$同时成立。于是，对于任给的$\varepsilon>0$，一定存在$\delta>0$，使得当$0<|x-x_0|<\delta$时，总有

$$A-\varepsilon<f(x)\leqslant h(x)\leqslant g(x)<A+\varepsilon$$

成立。由极限的定义可得$\lim\limits_{x\to x_0}h(x)=A$。

对于其他的极限过程，该结论也成立。特别地，对于数列极限有如下夹逼定理：

定理 2.12　如果存在正整数N，使得当$n\geqslant N$时，恒有

$$y_n\leqslant x_n\leqslant z_n$$

且$\lim\limits_{n\to\infty}y_n=\lim\limits_{n\to\infty}z_n=A$，则

$$\lim_{n\to\infty}x_n=A$$

利用定理 2.12 求x_n极限的极限时，需根据x_n建立不等式$y_n\leqslant x_n\leqslant z_n$，其中$y_n$与$z_n$是$x_n$经过适当的放缩而得到的。

例 2.22　求$\lim\limits_{n\to\infty}\left(\dfrac{1}{n^2+n+1}+\dfrac{2}{n^2+n+2}+\cdots+\dfrac{n}{n^2+n+n}\right)$。

解： 因为

$$\frac{1+2+\cdots+n}{n^2+n+n}\leqslant\left(\frac{1}{n^2+n+1}+\frac{2}{n^2+n+2}+\cdots+\frac{n}{n^2+n+n}\right)\leqslant\frac{1+2+\cdots+n}{n^2+n+1}$$

$$\frac{\frac{n}{2}(1+n)}{n^2+2n}\leqslant\left(\frac{1}{n^2+n+1}+\frac{2}{n^2+n+2}+\cdots+\frac{n}{n^2+n+n}\right)\leqslant\frac{\frac{n}{2}(1+n)}{n^2+n+1}$$

而

$$\lim_{n\to\infty}\frac{\frac{n}{2}(1+n)}{n^2+2n}=\frac{1}{2},\ \lim_{n\to\infty}\frac{\frac{n}{2}(1+n)}{n^2+n+1}=\frac{1}{2}$$

由定理 2.12 得

$$\lim_{n\to\infty}\left(\frac{1}{n^2+n+1}+\frac{2}{n^2+n+2}+\cdots+\frac{n}{n^2+n+n}\right)=\frac{1}{2}。$$

例 2.23 求$\lim\limits_{x\to 0}x\left[\frac{1}{x}\right]$。

解：由取整函数可得 $x-1<[x]\leqslant x$，故当 $x\neq 0$ 时，有

$$\frac{1}{x}-1<\left[\frac{1}{x}\right]\leqslant\frac{1}{x}$$

则当 $x>0$ 时，有

$$1-x<x\left[\frac{1}{x}\right]\leqslant 1$$

由定理 2.11 得，$\lim\limits_{x\to 0^+}x\left[\frac{1}{x}\right]=1$

当 $x<0$ 时，有

$$1\leqslant x\left[\frac{1}{x}\right]<1-x$$

由定理 2.11 得，$\lim\limits_{x\to 0^-}x\left[\frac{1}{x}\right]=1$

所以

$$\lim_{x\to 0}x\left[\frac{1}{x}\right]=1$$

数列作为特殊的函数——下标函数也应具有单调性和有界性，具体定义如下：

定义 2.9 设有数列$\{a_n\}$，如果

（1）$|a_n|\leqslant M, n\in N, M>0$，则称数列$\{a_n\}$有界；

（2）$a_n\leqslant a_{n+1}, n\in N$，则称数列$\{a_n\}$单调递增；

（3）$a_n\geqslant a_{n+1}, n\in N$，则称数列$\{a_n\}$单调递减。

定理 2.13（单调有界定理） 单调有界数列必有极限。

在数轴上对定理 2.13 可作如下直观分析：作为数轴上的动点 a_n，当$\{a_n\}$是单调递增的数列时，它持续向右移动，当$\{a_n\}$为单调递减数列时，它持续向左移动，若$\{a_n\}$不趋近于数轴上的某个定点，则它必无限地远离原点，这显然与$\{a_n\}$有界相矛盾。

例 2.24 设 $x_1=\sqrt{3}$，$x_2=\sqrt{3+\sqrt{3}}$，…，$x_{n+1}=\sqrt{3+x_n}$，…，证明$\lim\limits_{n\to\infty}x_n$ 存在。

证：先用数学归纳法证明$\{x_n\}$单调递增。由于 $x_1=\sqrt{3}$，$x_2=\sqrt{3+\sqrt{3}}$，

$$x_2>x_1$$

假设当 $n=k$ 时，有 $x_{k+1}>x_k$。两边同时加 3 后有 $x_{k+1}+3>x_k+3$，即

$$x_{k+2}>x_{k+1}$$

于是 $n=k+1$ 时结论也成立，由数学归纳法可知$\{x_n\}$单调递增。

再用数学归纳法证明$\{x_n\}$有上界。由于

$$x_1=\sqrt{3}<\sqrt{3}+1$$

假设 $n=k-1$ 时，有 $x_{k-1}=\sqrt{3+x_{k-2}}<\sqrt{3}+1$，则

$$x_k=\sqrt{x_{k-1}+3}<\sqrt{\sqrt{3}+1+3}<\sqrt{3}+1$$

于是 $n=k$ 时结论也成立。由数学归纳法$\{x_n\}$有上界$\sqrt{3}+1$。

由定理 2.13 得$\lim\limits_{n\to\infty}x_n$ 存在，此时，可设$\lim\limits_{n\to\infty}x_n=A$，则$\lim\limits_{n\to\infty}x_n=\lim\limits_{n\to\infty}\sqrt{3+x_{n-1}}$，即 $A=\sqrt{3+A}$，故 $A=\dfrac{1+\sqrt{13}}{2}$，$A=\dfrac{1-\sqrt{13}}{2}$（舍去）。

2.5.2　两个重要极限

重要极限一：$\lim\limits_{x\to 0}\dfrac{\sin x}{x}=1$。

证： 如图 2-7 所示，当 $0<x<\dfrac{\pi}{2}$时，设单位圆的圆心角 $\angle AOB=x$，AD 是圆的切线，$AD\perp OA$，比较图形的面积可得到：

$$S_{\Delta AOB}<S_{\text{扇形}AOB}<S_{\Delta AOD}$$

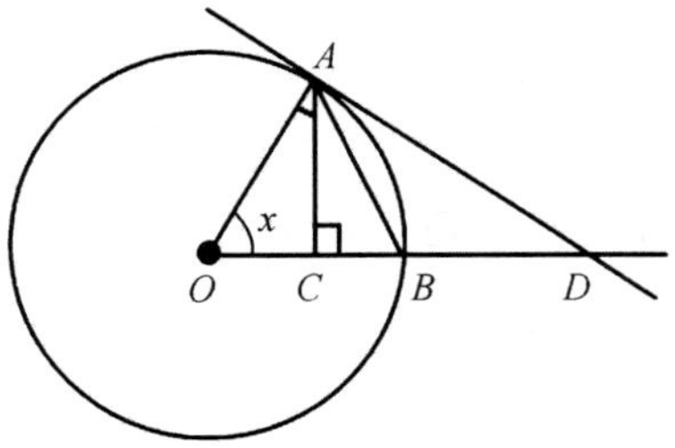

图 2-7

于是有

$$\sin x<x<\tan x \tag{2.14}$$

当 $-\dfrac{\pi}{2}<x<0$ 时，有 $0<-x<\dfrac{\pi}{2}$，由（2.14）得

$$-\sin x=\sin(-x)<-x<\tan(-x)=-\tan x$$

即

$$-\sin x<-x<-\tan x \tag{2.15}$$

所以，当 $0<|x|<\dfrac{\pi}{2}$时，由（2.14）和（2.15）可得

$$|\sin x|<|x|<|\tan x| \tag{2.16}$$

则

$$|\cos x|<\left|\frac{\sin x}{x}\right|<1$$

当 $0<|x|<\frac{\pi}{2}$时，有 $\cos x>0,\frac{\sin x}{x}>0$，所以

$$\cos x<\frac{\sin x}{x}<1,$$

因$\lim\limits_{x\to0}\cos x=1$，由定理 2.11 得$\lim\limits_{x\to0}\frac{\sin x}{x}=1$。

例 2.25 求$\lim\limits_{x\to0}\sin x$。

解： 由不等式（2.16）有 $-|x|\leqslant\sin x\leqslant|x|$，而

$$\lim_{x\to0}|x|=0$$

由定理 2.11，有

$$\lim_{x\to0}\sin x=0$$

$\lim\limits_{x\to0}\frac{\sin x}{x}=1$ 是一个很重要的极限，在求其他极限时经常用到。由于$\lim\limits_{x\to0}\sin x=0$，$\lim\limits_{x\to0}x=0$，故当 $x\to0$ 时，有

$$\sin x\sim x,\sin ax\sim ax,a\neq0。$$

例 2.26 求$\lim\limits_{x\to0}\frac{\tan3x}{x}$。

解： $\lim\limits_{x\to0}\frac{\tan3x}{x}=\lim\limits_{x\to0}\frac{\sin3x}{x\cos3x}=\lim\limits_{x\to0}\frac{\sin3x}{3x}\cdot\frac{3}{\cos3x}=3$。

由此可见，

$$\tan x\sim x,\tan ax\sim ax,a\neq0(x\to0)$$

利用等价无穷小量可以简化求极限过程，有如下定理：

定理 2.14 **（等价无穷小量替换定理）** 设 $\alpha,\alpha',\beta,\beta'$是某极限过程中的无穷小量，$\alpha\sim\alpha',\beta\sim\beta'$，若$\lim\frac{\alpha}{\beta}$存在，则 $\lim\frac{\alpha'}{\beta'}$存在，并有

$$\lim\frac{\alpha}{\beta}=\lim\frac{\alpha'}{\beta'}。$$

证： 由于$\lim\frac{\alpha}{\beta}=\lim\left(\frac{\alpha'}{\beta'}\ \frac{\beta'}{\beta}\ \frac{\alpha}{\alpha'}\right)$

$$=\lim\left(\frac{\alpha'}{\beta'}\right)\lim\left(\frac{\beta'}{\beta}\right)\lim\left(\frac{\alpha}{\alpha'}\right)=\lim\frac{\alpha'}{\beta'}$$

例 2.27 求$\lim\limits_{x\to0}\frac{1-\cos x}{\frac{1}{2}x^2}$。

解： 由于当 $x\to0$ 时，$1-\cos x=2\sin^2\frac{x}{2}\sim2\left(\frac{x}{2}\right)^2=\frac{x^2}{2}$，所以

$$\lim_{x\to0}\frac{1-\cos x}{\frac{1}{2}x^2}=1$$

故

$$1-\cos x\sim\frac{1}{2}x^2(x\to0)$$

例 2.28　求$\lim\limits_{x\to 1}\dfrac{\sin(x^3-1)}{x-1}$。

解：当 $x\to 1$ 时，$\sin(x^3-1)\sim x^3-1$，所以

$$\lim_{x\to 1}\frac{\sin(x^3-1)}{x-1}=\lim_{x\to 1}\frac{x^3-1}{x-1}=\lim_{x\to 1}(x^2+x+1)=3$$

重要极限二：$\lim\limits_{x\to\infty}\left(1+\dfrac{1}{x}\right)^x=e$。

证：(1) 先证$\lim\limits_{n\to\infty}\left(1+\dfrac{1}{n}\right)^n$的存在性。

设 $y_n=\left(1+\dfrac{1}{n}\right)^n$，则 $y_{n+1}=\left(1+\dfrac{1}{n+1}\right)^{n+1}$，由 $1-x^n=(1-x)(1+x+x^2+\cdots+x^{n-1})$得

$$1-\left(1-\frac{1}{(n+1)^2}\right)^n\leqslant\frac{n}{(n+1)^2}$$

$$\left(1-\frac{1}{(n+1)^2}\right)^n\geqslant 1-\frac{n}{(n+1)^2}$$

故

$$\frac{y_{n+1}}{y_n}=\frac{[n(n+2)]^n}{[(n+1)^2]^n}\cdot\frac{n+2}{n+1}=\left[1-\frac{1}{(n+1)^2}\right]^n\cdot\frac{n+2}{n+1}$$

$$\geqslant\left[1-\frac{n}{(n+1)^2}\right]\cdot\frac{n+2}{n+1}=\frac{n^3+3n^2+3n+2}{(n+1)^3}>1$$

所以 $y_n=\left(1+\dfrac{1}{n}\right)^n$ 单调递增。

再由二项式定理得

$$\begin{aligned}y_n&=1+\frac{n}{1!}\cdot\frac{1}{n}+\frac{n(n-1)}{2!}\frac{1}{n^2}+\frac{n(n-1)(n-2)}{3!}\frac{1}{n^3}\\&\quad+\cdots+\frac{n(n-1)(n-2)\cdots(n-n+1)}{n!}\frac{1}{n^n}\\&=1+\frac{1}{1!}+\frac{1}{2!}\left(1-\frac{1}{n}\right)+\frac{1}{3!}\left(1-\frac{1}{n}\right)\left(1-\frac{2}{n}\right)+\cdots+\frac{1}{n!}\left(1-\frac{1}{n}\right)\left(1-\frac{2}{n}\right)\cdots\left(1-\frac{n-1}{n}\right)\\&<1+\frac{1}{1!}+\frac{1}{2!}+\cdots+\frac{1}{n!}<1+1+\frac{1}{2\times 1}+\cdots+\frac{1}{n(n+1)}\\&=1+1+\left(1-\frac{1}{2}\right)+\left(\frac{1}{2}-\frac{1}{3}\right)+\cdots+\left(\frac{1}{n-1}-\frac{1}{n}\right)=3-\frac{1}{n}<3,\end{aligned}$$

所以 y_n 有上界，由定理 2.12 可得$\lim\limits_{n\to\infty}\left(1+\dfrac{1}{n}\right)^n$一定存在，记此极限值为 e，即

$$\lim_{n\to\infty}\left(1+\frac{1}{n}\right)^n=e,$$

这里 e 为一无理数，其近似值为 $e\approx 2.718281828459045\cdots\cdots$。

(2) 再证 $\lim\limits_{x\to+\infty}\left(1+\dfrac{1}{x}\right)^x=e$。

用$[x]$表示不超过 x 的最大正整数，于是$[x]\leqslant x<[x]+1$，令 $n=[x]$，则

$$n\leqslant x<n+1,$$

$$1+\frac{1}{n+1}<1+\frac{1}{x}\leqslant 1+\frac{1}{n},$$

即

$$\left(1+\frac{1}{n+1}\right)^{n}<\left(1+\frac{1}{x}\right)^{x}<\left(1+\frac{1}{n}\right)^{n+1}$$

由于

$$\lim_{n\to\infty}\left(1+\frac{1}{n+1}\right)^{n}=\lim_{n\to\infty}\left(1+\frac{1}{n+1}\right)^{n+1}\left(1+\frac{1}{n+1}\right)^{-1}=e,$$

$$\lim_{n\to\infty}\left(1+\frac{1}{n}\right)^{n+1}=\lim_{n\to\infty}\left(1+\frac{1}{n}\right)^{n}\left(1+\frac{1}{n}\right)=e$$

当 $n\to\infty$ 时，有 $x\to+\infty$，由定理 2.11 可得 $\lim\limits_{x\to+\infty}\left(1+\frac{1}{x}\right)^{x}=e$。

（3）再证 $\lim\limits_{x\to-\infty}\left(1+\frac{1}{x}\right)^{x}=e$。

设 $t=-(x+1)$，则 $x=-(t+1)$，当 $x\to-\infty$ 时，$t\to+\infty$，于是

$$\lim_{x\to-\infty}\left(1+\frac{1}{x}\right)^{x}=\lim_{t\to+\infty}\left(1-\frac{1}{t+1}\right)^{-(t+1)}=\lim_{t\to+\infty}\left(1+\frac{1}{t}\right)^{t+1}=e;$$

综上所述

$$\lim_{x\to\infty}\left(1+\frac{1}{x}\right)^{x}=e$$

如果设 $t=\frac{1}{x}$，则当 $x\to0$ 时，有 $t\to\infty$，于是

$$\lim_{x\to0}(1+x)^{\frac{1}{x}}=\lim_{t\to\infty}\left(1+\frac{1}{t}\right)^{t}=e$$

所以

$$\lim_{x\to0}(1+x)^{\frac{1}{x}}=e$$

例 2.29 求 $\lim\limits_{x\to\infty}\left(1+\frac{k}{x}\right)^{x}$，$k$ 是常量。

解： 由重要极限二得 $\lim\limits_{x\to\infty}\left(1+\frac{k}{x}\right)^{x}=\left[\lim\limits_{x\to\infty}\left(1+\frac{k}{x}\right)^{\frac{x}{k}}\right]^{k}=e^{k}$

例 2.30 求 $\lim\limits_{x\to\infty}\left(\frac{x^2}{x^2-1}\right)^{x}$。

解：

$$\begin{aligned}\lim_{x\to\infty}\left(\frac{x^2}{x^2-1}\right)^{x}&=\lim_{x\to\infty}\left(\frac{x}{x-1}\right)^{x}\left(\frac{x}{x+1}\right)^{x}\\&=\lim_{x\to\infty}\left(1-\frac{1}{x}\right)^{-x}\lim_{x\to\infty}\left(1+\frac{1}{x}\right)^{-x}\\&=e\cdot\frac{1}{e}=1\end{aligned}$$

例 2.31 求 $\lim\limits_{x\to0}\sqrt[x]{1-2x}$。

解： $\lim\limits_{x\to0}\sqrt[x]{1-2x}=\lim\limits_{x\to0}(1-2x)^{\frac{1}{x}}$

$$=\left[\lim_{x\to 0}(1-2x)^{-\frac{1}{2x}}\right]^{-2}=e^{-2}$$

例 2.32　连续复利问题

设银行的年利率为 r，某储户存入 A_0 本金后到一年末结算，其本利和为

$$A_1=A_0+rA_0=A_0(1+r)。$$

如果储户一年分两次结算两次计息，每期的利率为$\frac{r}{2}$，并且前一期的本利和作为后一期的本金，则一年末的本利和为

$$A_2=A_0\left(1+\frac{r}{2}\right)+A_0\left(1+\frac{r}{2}\right)\frac{r}{2}=A_0\left(1+\frac{r}{2}\right)^2$$

如果一年分 n 次结算 n 次计息，每期的利率为$\frac{r}{n}$，并且前一期的本利和作为后一期的本金，则一年末的本利和为

$$A_n=A_0\left(1+\frac{r}{n}\right)^n$$

于是到了 t 年末共计复利 nt 次，其本利和为

$$A_n(t)=A_0\left(1+\frac{r}{n}\right)^{nt}$$

令 $n\to\infty$，利息随时计入本金，则 t 年末的本利和为

$$\lim_{n\to\infty}A_n(t)=\lim_{n\to\infty}A_0\left(1+\frac{r}{n}\right)^{nt}=A_0e^{rt}$$

这是一个连续复利的问题，在此问题中如果本金为 A_0，年利率为 r，则一年后的本利和为

$$A(r)=A_0e^r$$

t 年后的本利和为

$$A_t(r)=A_0e^{tr}$$

其中，A_0 称为 A_0e^{tr}的现值。

在研究人口增长、林木繁殖、物体的冷却、放射性元素的衰变等问题时都会遇到此类数学模型，其在实际中应用非常广泛。

§2.6　函数的连续性

自然界中有许多现象，如气温的变化，河水的流动，植物的生长等等，都是连续地变化，这种现象反映在函数关系上就是函数的连续性。下面将给出连续的概念、连续函数的运算性质、闭区间上连续函数的性质等。

2.6.1　函数的连续性

定义 2.10　设变量 u 从初值 u_0 变到终值 u_1 时，终值与初值之差 u_1-u_0，称为变量 u 的

改变量，记为 $\Delta u = u_1 - u_0$，变量的改变量也称为变量的增量。

设函数 $y = f(x)$ 在 x_0 的某邻域内有定义，对于 x_0 点的某邻域内的任意一点 x，$\Delta x = x - x_0$ 称为自变量在 x_0 处的改变量，$\Delta y = f(x) - f(x_0)$ 称为函数在 x_0 处相应于 Δx 的改变量（或增量）。Δx 与 Δy 可正、可负，也可以是零。

定义 2.11 （连续的增量定义法）设 $y = f(x)$ 在 x_0 的某邻域内有定义，如果当自变量在 x_0 点的改变量 Δx 趋向于零时，函数相应的改变量 Δy 也趋向于零，即

$$\lim_{\Delta x \to 0} \Delta y = \lim_{\Delta x \to 0} [f(x_0 + \Delta x) - f(x_0)] = 0$$

则称函数 $y = f(x)$ 在 x_0 处连续，x_0 为函数 $y = f(x)$ 的连续点。

在上述定义中，$x = x_0 + \Delta x$，则 $\Delta x \to 0$ 等价于 $x \to x_0$，$\Delta y = f(x_0 + \Delta x) - f(x_0) \to 0$ 等价于 $f(x) \to f(x_0)$，于是函数 $y = f(x)$ 在 x_0 处连续还可以叙述如下：

定义 2.12（连续的极限定义法）设 $y = f(x)$ 在 x_0 处的某邻域内有定义，如果有

$$\lim_{x \to x_0} f(x) = f(x_0)$$

成立，即 $f(x)$ 在 x_0 处的极限等于在该点的函数值 $f(x_0)$，则称 $y = f(x)$ 在 x_0 处连续。

由定义 2.12 可得，若 $y = f(x)$ 在 x_0 处连续，则有

$$\lim_{x \to x_0} f(x) = f(\lim_{x \to x_0} x) \tag{2.17}$$

即极限号和函数符号可以互换，极限值等于函数值。

例 2.33 试证函数 $y = f(x) = \begin{cases} x^2 \sin \dfrac{1}{x} & x \neq 0 \\ 0 & x = 0 \end{cases}$ 在 $x = 0$ 处连续。

证：因为

$$\lim_{x \to 0} x^2 \sin \frac{1}{x} = 0 = f(0)$$

所以该函数在 $x = 0$ 处连续。

与单侧极限相对应，如下给出单侧连续的定义：

定义 2.13 若 $y = f(x)$ 在某区间 $(x_0 - \delta, x_0]$ 内有定义，且

$$\lim_{x \to x_0^-} f(x) = f(x_0)$$

则称 $y = f(x)$ 在 x_0 处左连续；若 $y = f(x)$ 在某区间 $[x_0, x_0 + \delta)$ 内有定义，且

$$\lim_{x \to x_0^+} f(x) = f(x_0)$$

则称 $y = f(x)$ 在 x_0 右连续。

显然，函数 $y = f(x)$ 在 x_0 处连续的充分必要条件是函数 $y = f(x)$ 在 x_0 处既左连续又右连续，因此对于分段函数来说，只有当在分段点处既是左连续又是右连续时，分段函数才在分段点处连续。

例 2.34 讨论函数 $f(x) = \begin{cases} 1 + \dfrac{x}{2}, & x \leqslant 0 \\ 1 + x^2, & 0 < x \leqslant 1 \\ 4 - x, & x > 1 \end{cases}$ 在点 $x = 0$ 和 $x = 1$ 处的连续性。

解：因为 $f(0) = 1$，

$$\lim_{x\to 0^-} f(x) = \lim_{x\to 0^-}\left(1+\frac{x}{2}\right) = 1$$

$$\lim_{x\to 0^+} f(x) = \lim_{x\to 0^+}(1+x^2) = 1$$

所以 $f(x)$ 在 $x=0$ 点连续。

又因为 $f(1)=2$，

$$\lim_{x\to 1^-} f(x) = \lim_{x\to 1^-}(1+x^2) = 2 \neq \lim_{x\to 1^+} f(x) = \lim_{x\to 1^+}(4-x) = 3$$

可见 $\lim\limits_{x\to 1} f(x)$ 不存在，所以 $f(x)$ 在 $x=1$ 处不连续，但 $f(x)$ 在 $x=1$ 处左连续。

定义 2.14　如果 $y=f(x)$ 在开区间 (a,b) 内的每一点都连续，则称 $y=f(x)$ 是该开区间内的连续函数；如果 $\lim\limits_{x\to a^+} f(x) = f(a)$，$\lim\limits_{x\to b^-} f(x) = f(b)$，则称 $y=f(x)$ 是闭区间 $[a,b]$ 上的连续函数。

连续函数的图像是一条连续不断的曲线。

例 2.35　证明函数 $y=\cos x$ 在其定义域 $(-\infty,+\infty)$ 内是连续函数。

证：只要证明 $y=\cos x$ 在其定义域 $(-\infty,+\infty)$ 内的任意一点处都是连续的即可。设 x_0 是 $(-\infty,+\infty)$ 内的任意一点，在 x_0 处当自变量 x 的改变量为 $\Delta x = x - x_0$ 时，相应地函数也有一个改变量

$$\begin{aligned}\Delta y &= f(x) - f(x_0) = \cos x - \cos x_0\\ &= \cos(x_0+\Delta x) - \cos x_0\\ &= -2\sin\left(x_0+\frac{\Delta x}{2}\right)\sin\frac{\Delta x}{2}\end{aligned}$$

则

$$\lim_{\Delta x\to 0}\Delta y = -2\lim_{\Delta x\to 0}\sin\left(x_0+\frac{\Delta x}{2}\right)\sin\frac{\Delta x}{2}$$

由于 $\lim\limits_{\Delta x\to 0}\sin\dfrac{\Delta x}{2} = 0$，$\sin\left(x_0+\dfrac{\Delta x}{2}\right)$ 有界，所以 $\lim\limits_{\Delta x\to 0}\Delta y = 0$，因此 $y=\cos x$ 在 x_0 处连续，由 x_0 的任意性可得 $y=\cos x$ 在 $(-\infty,+\infty)$ 内连续。

2.6.2　函数的间断点

定义 2.15　函数的不连续点称为函数的间断点。

根据连续的定义，函数 $y=f(x)$ 在 x_0 处连续必须满足三个条件：(1) 在 x_0 处有定义，(2) 极限 $\lim\limits_{x\to x_0} f(x)$ 存在，(3) 极限值等于 x_0 处的函数值。

如果这三个条件中至少有一个不成立，则点 x_0 为 $y=f(x)$ 的间断点。在例 2.34 中，$x=0$ 是 $y=f(x)$ 连续点，$x=1$ 是 $y=f(x)$ 间断点。

间断点分为两类：第一类和第二类间断点。左、右极限都存在的间断点称为第一类间断点。第一类间断点包括跳跃间断点和可去间断点。

若点 x_0 是 $y=f(x)$ 的间断点，且

$$\lim_{x\to x_0^-} f(x) \neq \lim_{x\to x_0^+} f(x)$$

则称点 x_0 为跳跃间断点；跳跃间断点处函数的极限不存在。

若点 x_0 是 $y=f(x)$ 的间断点，且

$$\lim_{x\to x_0^-} f(x) = \lim_{x\to x_0^+} f(x)$$

则称点 x_0 为可去间断点。

可去间断点处函数的极限存在；可通过补充或修改可去间断点处的函数值，而使间断点变为连续点。

例如函数 $f_1(x) = x^2\sin\frac{1}{x}(x\neq 0)$，在 $x=0$ 点处没有定义，但

$$\lim_{x\to 0}x^2\sin\frac{1}{x} = \lim_{x\to 0^+}x^2\sin\frac{1}{x} = \lim_{x\to 0^-}x^2\sin\frac{1}{x} = 0,$$

因此点 $x=0$ 是可去间断点。

补充 $x=0$ 点的函数值为极限值 0，于是得到新函数

$$f(x) = \begin{cases} x^2\sin\frac{1}{x}, & x\neq 0 \\ 0, & x=0 \end{cases}$$

该函数在 $x=0$ 点连续。

左右极限中至少有一个不存在的间断点 x_0，称为第二类间断点。当左右极限至少有一个是无穷大时，x_0 点称为无穷间断点，例如 $x=1$ 是 $y=\frac{1}{x-1}$的无穷间断点；而 $x=0$ 点却是 $y=\sin\frac{1}{x}$的非无穷间断点。

例 2.36 判断 $x=0$ 是 $f(x)=\frac{x-2}{\ln|x-1|}$的何种间断点?

解：当 $x=0$ 时，该函数没定义，且

$$\lim_{x\to 0}\frac{x-2}{\ln|x-1|} = \lim_{x\to 0}\frac{x-2}{\ln(1-x)} = \infty$$

故 $x=0$ 是 $f(x)$的无穷间断点。

2.6.3 连续函数的运算性质

函数连续性的概念是建立在极限理论基础上的，因而利用函数极限的运算性质可以得到连续函数的如下性质：

定理 2.15（连续函数的四则运算） 若 $f(x)$，$g(x)$在 x_0 处连续，则 $f(x)\pm g(x)$，$f(x)g(x)$，$\frac{f(x)}{g(x)}$，$g(x_0)\neq 0$ 在 x_0 处也连续。

该定理可由极限的四则运算法则证得。

定理 2.16（反函数的连续性） 若 $f(x)$在$[a,b]$上单调递增（递减）并连续，且 $f(a)=\alpha$，$f(b)=\beta$，则其反函数 $y=f^{-1}(x)$在相应的区间$[\alpha,\beta]$（或$[\beta,\alpha]$）上也单调并连续。

证明略。

因为三角函数 $y=\sin x$ 在$\left[-\frac{\pi}{2},\frac{\pi}{2}\right]$上是单调、连续的，由定理 2.16 得其反函数 $y=\arcsin x$，在$[-1,1]$上也是单调连续的。

定理 2.17（复合函数的连续性） 若 $y=f(u)$在 u_0 处连续，$u=\varphi(x)$在 x_0 点连续，且

$u_0=\varphi(x_0)$，x_0 为复合函数 $y=f(\varphi(x))$ 定义域内的一点，则复合函数 $y=f(\varphi(x))$ 在 x_0 处连续。

证　$y=f(u)$ 在 u_0 点处连续，有

$$\lim_{u\to u_0} f(u)=f(u_0)$$

故对于任给的 $\varepsilon>0$，一定存在 $\delta_1>0$，使得当 $|u-u_0|<\delta_1$ 时，总有 $|f(u)-f(u_0)|<\varepsilon$ 成立。又由 $u=\varphi(x)$ 在 x_0 点连续，有

$$\lim_{x\to x_0}\varphi(x)=\varphi(x_0)$$

故对于上述的 $\delta_1>0$，一定存在 $\delta>0$，使得当 $|x-x_0|<\delta$ 时，总有

$$|\varphi(x)-\varphi(x_0)|=|u-u_0|<\delta_1$$

成立。于是，对于任给的 $\varepsilon>0$，一定存在 $\delta>0$，使得当 $|x-x_0|<\delta$ 时，总有

$$|f(u)-f(u_0)|=|f(\varphi(x))-f(\varphi(x_0))|<\varepsilon$$

成立。所以，$\lim\limits_{x\to x_0} f[\varphi(x)]=f[\varphi(x_0)]$，即复合函数 $y=f(\varphi(x))$ 在 x_0 处连续。

由定义 2.11 和定理 2.15 可证明常量函数、三角函数、对数函数在其定义域内是连续的；由定理 2.16 可证明反三角函数、指数函数也是连续的。由于幂函数可以写成 $y=x^\alpha=e^{\alpha\ln x}$，它由两个基本初等函数复合而成，由定理 2.17 可证得幂函数也是连续的，故得如下定理：

定理 2.18（初等函数的连续性） 初等函数在其定义区间内是连续的。

若 x_0 是初等函数 $y=f(x)$ 定义区间内的一点，由定理 2.18 可得

$$\lim_{x\to x_0} f(x)=f(x_0)$$

例 2.37　求 $\lim\limits_{x\to 0}\ln\dfrac{\tan x\sin x}{x^2}$。

解：因为对数函数在其定义内是连续的，且当 $x\to 0$ 时，$x\sim\sin x, x\sim\tan x$，所以

$$\lim_{x\to 0}\ln\frac{\tan x\sin x}{x^2}=\ln\lim_{x\to 0}\frac{\tan x\sin x}{x^2}=\ln\lim_{x\to 0}\frac{x^2}{x^2}=0。$$

例 2.38　求 $\lim\limits_{x\to 0}\dfrac{\ln(1+x)}{x}$。

解：由 $\lim\limits_{x\to 0}(1+x)^{\frac{1}{x}}=e$ 和对数函数的连续性，有

$$\lim_{x\to 0}\frac{\ln(1+x)}{x}=\lim_{x\to 0}\ln(1+x)^{\frac{1}{x}}=\ln\lim_{x\to 0}(1+x)^{\frac{1}{x}}=\ln e=1$$

例 2.39　求 $\lim\limits_{x\to 0}\dfrac{\arctan x}{x}$。

解：令 $u=\arctan x$，则 $x=\tan u$，由 $u=\arctan x$ 的连续性知，当 $x\to 0$ 时，$u\to 0$，于是

$$\lim_{x\to 0}\frac{\arctan x}{x}=\lim_{u\to 0}\frac{u}{\tan u}=1$$

类似地可以证明 $\lim\limits_{x\to 0}\dfrac{\arcsin x}{x}=1$。

例 2.40　求 $\lim\limits_{x\to 0}\dfrac{a^x-1}{x}$。

解：令 $u=a^x-1$，则 $x=\log_a(u+1)$，由 $u=a^x-1$ 的连续性知，当 $x\to0$ 时，$u\to0$，于是

$$\lim_{x\to0}\frac{a^x-1}{x}=\lim_{u\to0}\left[\frac{\log_a(1+u)}{u}\right]^{-1}=\lim_{u\to0}\left[\log_a(1+u)^{\frac{1}{u}}\right]^{-1}$$

$$=\left[\log_a\lim_{u\to0}(1+u)^{\frac{1}{u}}\right]^{-1}=(\log_a e)^{-1}=\ln a$$

类似地可以证明 $\lim\limits_{x\to0}\frac{e^x-1}{x}=1$。

通过上述三例可得到当 $x\to0$ 时，下列五对等价的无穷小量

$$\ln(1+x)\sim x,\arcsin x\sim x,\arctan x\sim x,e^x-1\sim x,a^x-1\sim x\ln a。$$

求幂指函数 $y=f(x)^{g(x)}$ 的极限时，可以先将其变形为

$$f(x)^{g(x)}=e^{g(x)\ln f(x)},$$

再利用指数函数和对数函数的连续性求其极限。

例 2.41 求 $\lim\limits_{x\to0}(1+3x)^{x+\frac{1}{x}}$。

解：因为

$$(1+3x)^{x+\frac{1}{x}}=e^{\left(x+\frac{1}{x}\right)\ln(1+3x)}$$

$$=e^{3x\left(x+\frac{1}{x}\right)\ln(1+3x)^{\frac{1}{3x}}}$$

$$=e^{(3x^2+3)\ln(1+3x)^{\frac{1}{3x}}}$$

所以

$$\lim_{x\to0}(1+3x)^{x+\frac{1}{x}}=\lim_{x\to0}e^{(3x^2+3)\ln(1+3x)^{\frac{1}{3x}}}$$

$$=e^{\lim\limits_{x\to0}(3x^2+3)\ln(1+3x)^{\frac{1}{3x}}}=e^{3\ln e}=e^3$$

例 2.42 设 $f(x)=\begin{cases}e^{\frac{1}{x}} & -\infty<x<0\\ 3x & 0<x<1\\ e^{2ax}-e^{ax}+1 & 1\leqslant x<+\infty\end{cases}$ 讨论 $f(x)$ 的连续性，并求当 a 为何值时 $f(x)$ 在 $x=1$ 点处连续。

解：当 $-\infty<x<0$ 时，$f(x)=e^{\frac{1}{x}}$ 为初等函数，在其定义区间 $(-\infty,0)$ 内连续；

当 $0<x<1$ 时，$f(x)=3x$ 为初等函数，在其定义区间 $(0,1)$ 内连续；

当 $1<x<+\infty$ 时，$f(x)=e^{2ax}-e^{ax}+1$ 为初等函数，在其定义区间 $(1,+\infty)$ 内连续。

因

$$f(0-0)=\lim_{x\to0^-}f(x)=\lim_{x\to0^-}e^{\frac{1}{x}}=0$$

$$f(0+0)=\lim_{x\to0^+}f(x)=\lim_{x\to0^+}3x=0$$

从而 $f(0-0)=f(0+0)$，但 $f(x)$ 在 $x=0$ 点无定义，故 $x=0$ 为 $f(x)$ 的可去间断点。

又

$$f(1-0)=\lim_{x\to1^-}f(x)=\lim_{x\to1^-}3x=3$$

$$f(1+0)=\lim_{x\to1^+}f(x)=\lim_{x\to1^+}(e^{2ax}-e^{ax}+1)=e^{2a}-e^a+1$$

当 $f(1-0)=f(1+0)$ 时，$f(x)$ 在 $x=1$ 点处连续，即

$$e^{2a}-e^{a}+1=3\Rightarrow(e^{a}-2)(e^{a}+1)=0\Rightarrow e^{a}=2\Rightarrow a=\ln 2$$

2.6.4　闭区间上连续函数的性质

定理 2.19（最值定理）　若 $f(x)$ 在闭区间 $[a,b]$ 上连续，则 $f(x)$ 在 $[a,b]$ 上一定存在最大值 M 和最小值 m。即在 $[a,b]$ 上至少存在两点 ξ_1 和 ξ_2，使得 $f(\xi_1)=M$，$f(\xi_2)=m$，对于任意的 $x\in[a,b]$，恒有

$$f(\xi_2)\leqslant f(x)\leqslant f(\xi_1)。$$

定理 2.20（有界性定理）　若 $f(x)$ 在闭区间 $[a,b]$ 上连续，则 $f(x)$ 在 $[a,b]$ 上一定有界，且 $f(x)$ 在 $[a,b]$ 上的最大值 M 和最小值 m 分别是 $f(x)$ 在 $[a,b]$ 的一个上界和一个下界。

定理 2.21（零值定理）　若 $f(x)$ 在闭区间 $[a,b]$ 上连续，$f(a)$ 与 $f(b)$ 异号（即 $f(a)f(b)<0$），则至少存在一点 $\xi\in(a,b)$，使得 $f(\xi)=0$，即方程 $f(x)=0$ 在 (a,b) 内至少存在一实根。

零值定理的几何意义为：如果连续曲线 $y=f(x)$ 的两个端点位于 x 轴不同两侧，则曲线与 x 轴至少交于一点，如图 2－8 所示。

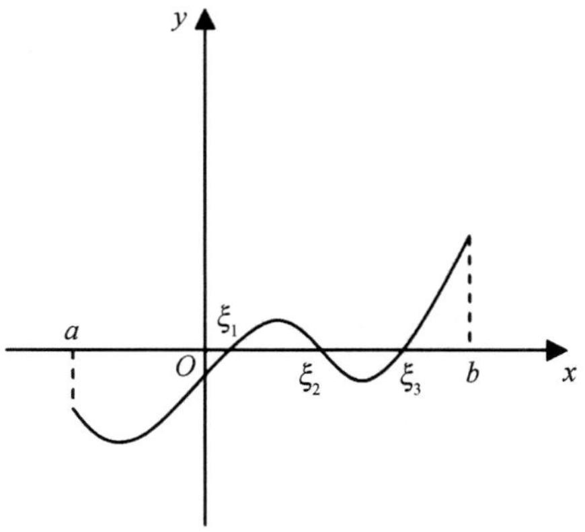

图 2－8

定理 2.22（介值定理）　如果 $f(x)$ 在闭区间 $[a,b]$ 上连续，m 和 M 是其最小值和最大值，则对于 m 和 M 之间的任意常数 c，$m<c<M$，至少存在一点 $\xi\in(a,b)$，使得 $f(\xi)=c$。

介值定理的几何意义如图 2－9 所示。

例 2.43　证明方程 $x=\sin x+\dfrac{1}{2}$ 在开区间 $\left(-\dfrac{\pi}{2},\dfrac{\pi}{2}\right)$ 内至少存在一实根。

证： 设 $f(x)=x-\sin x-\dfrac{1}{2}$，则 $f(x)$ 在 $\left[-\dfrac{\pi}{2},\dfrac{\pi}{2}\right]$ 上连续，且

$$f\left(-\frac{\pi}{2}\right)=-\frac{\pi}{2}-\sin\left(-\frac{\pi}{2}\right)-\frac{1}{2}<0,$$

$$f\left(\frac{\pi}{2}\right)=\frac{\pi}{2}-\sin\left(\frac{\pi}{2}\right)-\frac{1}{2}>0,$$

使得

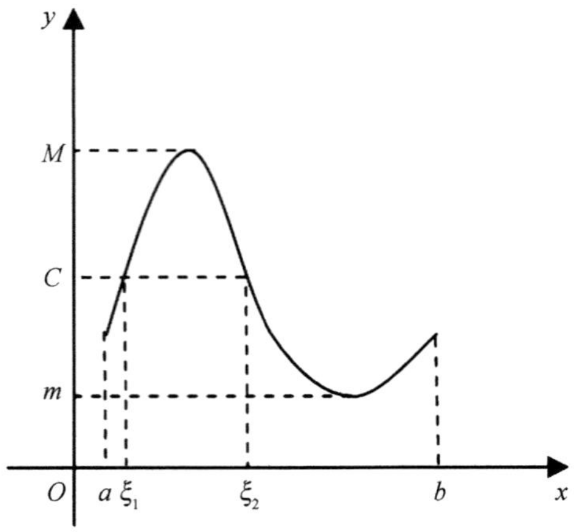

图 2－9

$$f\left(-\frac{\pi}{2}\right)\cdot f\left(\frac{\pi}{2}\right)<0。$$

因此，由定理 2.21 知 $f(x)$ 在开区间 $\left(-\frac{\pi}{2},\frac{\pi}{2}\right)$ 内至少存在一零点，即方程 $x=\sin x+\frac{1}{2}$ 在 $\left(-\frac{\pi}{2},\frac{\pi}{2}\right)$ 内至少存在一实根。

例 2.44 设 $f(x)$ 在 $[0,2a]$ 上连续，且 $f(0)=f(2a)$，证明方程 $f(x)=f(x+a)$ 在闭区间 $[0,a]$ 上至少存在一实根。

证：设 $F(x)=f(x)-f(x+a)$，由 $f(x)$ 在 $[0,2a]$ 上连续，可知 $F(x)=f(x)-f(x+a)$ 在 $[0,a]$ 上连续。由于

$$F(0)=f(0)-f(a)$$
$$F(a)=f(a)-f(2a)=f(a)-f(0)$$

当 $f(0)\neq f(a)$ 时，$F(0)$ 与 $F(a)$ 异号，由定理 2.11 得在 $(0,a)$ 上至少有一点 ξ，使得 $F(\xi)=0$，即 $f(\xi)=f(\xi+a)$；

当 $f(0)=f(a)=f(2a)$ 时，$x=0$ 和 $x=a$ 两点都能使 $f(x)=f(x+a)$

综上所述，方程 $f(x)=f(x+a)$ 在 $[0,a]$ 上至少有一实根。

习 题 二

1．写出下列数列的一般项，并考察 $n\to\infty$ 时的变化趋势。

（1）$0,\frac{3}{2},\frac{2}{3},\frac{5}{4},\frac{4}{5}\cdots$；　　（2）$1,\frac{1}{2},3,\frac{1}{4},5,\frac{1}{6}\cdots$；

（3）$0,\frac{1}{2},0,\frac{1}{4},0,\frac{1}{6}\cdots$；　　（4）$\sin(\pi+x)$，$\sin(2\pi+x)$，$\sin(3\pi+x)\cdots$；

（5）0.9，0.99，0.999，0.9999；　　（6）2，$\frac{5}{2}$，$\frac{10}{3}$，$\frac{17}{4}$，$\frac{26}{5}$…。

2．判断下列数列是否收敛：

（1）$f(n)=\begin{cases}\frac{n}{1+n}, & n\text{ 为奇数},\\ \frac{n}{1-n}, & n\text{ 为偶数};\end{cases}$　　（2）$f(n)=\begin{cases}1+\frac{1}{n}, & n\text{ 为奇数},\\ (-1)^n, & n\text{ 为偶数};\end{cases}$

（3）$f(n)=\begin{cases}\frac{2^n-1}{2^n}, & n\text{ 为奇数},\\ \frac{2^n+1}{2^n}, & n\text{ 为偶数};\end{cases}$　　（4）$f(n)=\begin{cases}\frac{1}{n}, & n\text{ 为奇数},\\ \frac{1}{n+1}, & n\text{ 为偶数};\end{cases}$

（5）$f(n)=(-1)^n\frac{n}{n+1}$；　　（6）$f(n)=\frac{n}{2n+1}$。

3．求下列数列的极限 A，并确定一个 N，使得当 $n>N$ 时，总有 $|f(n)-A|<\varepsilon$；当 $\varepsilon=0.001$ 时，求出 N。

（1）$f(n)=\frac{\sin\frac{n\pi}{2}}{n}$；　　（2）$f(n)=\frac{\sqrt{n^2+1}}{n}$。

4．根据数列极限的定义证明：

（1）$\lim\limits_{n\to\infty}\frac{3n+1}{2n+1}=\frac{3}{2}$；　　（2）$\lim\limits_{n\to\infty}\frac{(-1)^n}{4^n}=0$；

（3）$\lim\limits_{n\to\infty}\frac{1}{\sqrt{n}}=0$；　　（4）$\lim\limits_{n\to\infty}\frac{3^n-1}{3^n}=1$。

5．根据函数极限的定义证明：

（1）$\lim\limits_{x\to\infty}\frac{4x+2}{x}=4$；　　（2）$\lim\limits_{x\to-\infty}e^x=0$；

（3）$\lim\limits_{x\to 2}(3x+1)=7$；　　（4）$\lim\limits_{x\to 3}\frac{x^2-9}{x-3}=6$。

6．设 $f(x)=\begin{cases}-x, & x\leqslant 1,\\ 3+x, & x>1,\end{cases}$ $g(x)=\begin{cases}x^3, & x\leqslant 1,\\ 2x-1, & x>1,\end{cases}$ 试讨论 $f[g(x)]$ 在 $x=1$ 处的极限。

7．研究下列函数在给定点处的左右极限和极限：

（1）$f(x)=\frac{|\sin x|}{x}$，$x=0$；　　（2）$f(x)=[x]$，$x=0$；

（3）$f(x)=\begin{cases}2^x, & x>0,\\ 0, & x=0,\\ \frac{\sin x}{x}, & x<0,\end{cases}$ $x=0$；　　（4）$f(x)=\begin{cases}\sin\frac{1}{x}, & x>0,\\ x\sin\frac{1}{x}, & x<0,\end{cases}$ $x=0$；

（5）$f(x)=\begin{cases}\frac{\ln x}{x-1}, & x>1,\\ \frac{\sqrt{2-x}-\sqrt{x}}{1-x}, & 0<x<1,\end{cases}$ $x=1$；

(6) $f(x)=\begin{cases}2x+1, & x\leqslant 1,\\ x^2-x+3, & 1<x\leqslant 2,\\ x^3-1, & x>2,\end{cases}$ $x=1, x=2$；

(7) $f(x)=\dfrac{\sqrt{x+\sqrt{x^2}}}{x}$，$x=0$。

8．下列变量在哪个极限过程中是无穷大量？在哪个极限过程中是无穷小量？

(1) $\dfrac{2}{\ln(1-x)}$；　　(2) $e^{\frac{1}{3-x}}$；

(3) $\dfrac{x-1}{x^2+1}$；　　(4) $\dfrac{1}{\ln\tan x}$；

(5) $\ln(1-2x)$；　　(6) $\dfrac{1}{\pi+2\arctan x}$。

9．证明　(1) $\lim\limits_{x\to 0^+}\ln x=-\infty$；　　(2) $\lim\limits_{x\to+\infty}e^x=+\infty$。

10．当 $n\to\infty$时，数列 $f(n)=\begin{cases}\dfrac{n^2+\sqrt{n}}{n}, & n\text{ 为奇数},\\ \dfrac{1}{n}, & n\text{ 为偶数}。\end{cases}$ 是无穷大量还是无界变量，为什么？

11．求下列极限：

(1) $\lim\limits_{n\to\infty}\dfrac{n+1}{(n-1)^2}$；　　(2) $\lim\limits_{n\to\infty}\dfrac{n\arctan n}{\sqrt{n^2+n}}$；

(3) $\lim\limits_{n\to\infty}\left(\dfrac{1}{n^2}+\dfrac{2}{n^2}+\dfrac{3}{n^2}+\cdots+\dfrac{n}{n^2}\right)$；　　(4) $\lim\limits_{n\to\infty}(\sqrt{n-1}+\sqrt{n})$；

(5) $\lim\limits_{n\to\infty}\sum\limits_{k=1}^{n}\dfrac{1}{1+2+\cdots+k}$；　　(6) $\lim\limits_{x\to+\infty}x(\sqrt{4x^2-1}-2x)$；

(7) $\lim\limits_{x\to\infty}\left(x+\sqrt[3]{1-x^3}\right)$；　　(8) $\lim\limits_{x\to 4}\dfrac{\sqrt{2x+1}-3}{\sqrt{x-2}-\sqrt{2}}$；

(9) $\lim\limits_{x\to 9}\dfrac{x-2\sqrt{x}-3}{x-9}$；　　(10) $\lim\limits_{x\to 0^+}\dfrac{1-e^{\frac{1}{x}}}{x+e^{\frac{1}{x}}}$；

(11) $\lim\limits_{x\to 1}\dfrac{\sqrt{x}-x^2}{1-\sqrt{x}}$；　　(12) $\lim\limits_{n\to\infty}\left(\dfrac{n+1}{n}\right)^{(-1)^n}$。

12．求下列极限：

(1) $\lim\limits_{x\to 0}\dfrac{x-\sin 3x}{x+\sin 2x}$；　　(2) $\lim\limits_{x\to 1}\dfrac{\sin(x^2-1)}{x-1}$；

(3) $\lim\limits_{x\to 0}\dfrac{1-\cos x^2}{x^2\sin x^2}$；　　(4) $\lim\limits_{x\to+\infty}\left(1-\dfrac{1}{x}\right)^{\sqrt{x}}$；

(5) $\lim\limits_{x\to+\infty}\left(1+\dfrac{1}{x}+\dfrac{1}{x^2}\right)^x$；　　(6) $\lim\limits_{x\to 1}x^{\frac{1}{1-x}}$；

(7) $\lim\limits_{x\to 0}(1-2\sin x)^{\frac{1}{x}}$；　　(8) $\lim\limits_{x\to\infty}x\sin\dfrac{2x}{x^2+1}$。

13. 求$\lim\limits_{n\to\infty}\left(\frac{1}{\sqrt{n^2+1}}+\frac{1}{\sqrt{n^2+2}}+\frac{1}{\sqrt{n^2+3}}+\cdots+\frac{1}{\sqrt{n^2+n}}\right)$的极限。

14. 设$\lim\limits_{n\to\infty}y_n=a>0$，求$\lim\limits_{n\to\infty}\frac{(y_n)^2}{n!}$。

15. 设$a_n=1+\frac{1}{2^2}+\frac{1}{3^2}+\cdots+\frac{1}{n^2}$，试证$\{a_n\}$收敛。

16. 求下列极限：

（1）$\lim\limits_{x\to\frac{\pi}{6}}\frac{1-2\sin x}{\sin\left(x-\frac{\pi}{6}\right)}$；（2）$\lim\limits_{x\to 0}\frac{(\sin x^3)\tan x}{1-\cos x^2}$；

（3）$\lim\limits_{x\to 0}\frac{x\sin x}{\sqrt{1+x^2}-1}$；（4）$\lim\limits_{x\to 0}\frac{\sqrt{1+x\sin x}-1}{e^{x^2}-1}$；

（5）$\lim\limits_{x\to 0}(1+\ln(1+x))^{\frac{2}{x}}$；（6）$\lim\limits_{n\to\infty}\left(\frac{n-2na+1}{n(1-2a)}\right)^n$。

17. 设$f(x)=\begin{cases}\frac{\tan x-\sin x}{3x^3}, & x<0,\\ (1+ax)^{\frac{1}{x}}-\frac{\ln(1+x)}{e^{3x}-1}, & x>0,\end{cases}$，当 a 为何值时，$\lim\limits_{x\to 0}f(x)$存在。

18. 证明下列函数的连续性：

（1）$y=2x^2+1$；（2）$y=a^x+1$，$a>0$ 且 $a\neq 1$。

19. 指出下列函数的间断点以及间断点的类型，如果是可去间断点，将其改写为连续点：

（1）$f(x)=\begin{cases}(x-1)^2, & x\leqslant 1,\\ \ln(x-1), & x>1;\end{cases}$（2）$f(x)=\frac{2^{\frac{1}{x}}-1}{2^{\frac{1}{x}}+1}$；

（3）$f(x)=\frac{e^x-1}{x(x-2)}$；（4）$f(x)=\frac{\ln(1-x^2)}{x(x-1)}$；

（5）$f(x)=\ln(1+kx)^{\frac{m}{x}}$。

20. 判断下列分段函数在分段点处是连续还是间断？如果是间断的，指出间断点的类型：

（1）$f(x)=\begin{cases}e^{\frac{2}{x}}, & x<0,\\ 1, & x=0,\\ \frac{\ln(1+x^2)}{3x}, & x>0;\end{cases}$（2）$f(x)=\begin{cases}\frac{\arctan x}{x}, & -1<x<0,\\ 3-x, & 0\leqslant x<1,\\ (x-1)\cos x-1, & x\geqslant 1;\end{cases}$

（3）$f(x)=\begin{cases}\frac{x}{1-\sqrt{1-x}}, & x<0,\\ x+1, & x\geqslant 0;\end{cases}$（4）$f(x)=\begin{cases}\frac{1-\cos x}{x^2}, & x<0,\\ x^2+1, & x\geqslant 0;\end{cases}$

(5) $f(x)=\begin{cases}\sin\dfrac{1}{2x}, & x<0,\\ \dfrac{\ln(1+2x)}{2x}, & x\geqslant 0;\end{cases}$　　(6) $f(x)=\begin{cases}\dfrac{\sqrt{1+x}-\sqrt{1-x}}{x}, & -1\leqslant x<0,\\ 0, & x=0,\\ \dfrac{\arcsin x}{x}, & x>0。\end{cases}$

21. 设 $f(x)=\begin{cases}x^{\alpha}\sin\dfrac{1}{x}, & x>0,\\ e^{x}-1, & x\leqslant 0,\end{cases}$ 根据 α 的不同情况，讨论 $f(x)$ 在 $x=0$ 处的连续性。

22. 讨论 $f(x)=\lim\limits_{n\to\infty}\dfrac{x^{n}-x^{-n}}{x^{n}+x^{-n}}$ 的连续性。

23. 试确定 a 和 b 的值，使得 $f(x)=\dfrac{e^{x}-b}{(x-a)(x-1)}$ 有无穷间断点 $x=0$，具有可去间断点 $x=1$。

24. 设 $f(x)=\begin{cases}x^{2}, & x\leqslant 1,\\ 2-x, & x>1,\end{cases}$ $g(x)=\begin{cases}x, & x\leqslant 1,\\ x+4, & x>1,\end{cases}$ 研究 $f[g(x)]$ 的连续性。

25. $f(x)$ 在 $[a,+\infty)$ 上连续，且 $\lim\limits_{x\to+\infty}f(x)$ 存在，证明 $f(x)$ 在 $[a,+\infty)$ 上有界。

26. 证明方程 $x^{5}-3x=1$ 在 1 与 2 之间至少存在一个实根。

27. 设 $g(x)$ 在 $[a,b]$ 上连续，且 $g(a)\leqslant a$，$g(b)\geqslant b$，证明在 $[a,b]$ 上至少存在一点 ξ，使得 $g(\xi)=\xi$。

28. 设 $f(x)$ 在 $[0,1]$ 上非负连续，且 $f(0)=f(1)=0$，试证对于任意一个实数 $r(0<r<1)$，必存在实数 ξ, $0<\xi<1$，使得

$$f(\xi)=f(\xi+r)。$$

29. 证明方程 $e^{x}-3x=0$ 在 $(0,1)$ 内至少有一个实根，并求其近似值。

第3章
导数与微分

导数与微分以及它们的应用是微分学的基本内容，是微积分的重要组成部分，它们在自然科学和社会科学中有着广泛的应用。本章主要介绍导数与微分的概念、性质、求导（微分）法则以及导数的应用。

§3.1 导数的概念

为了更好地理解导数的概念，在引入导数概念之前，先看两个具体实例。

3.1.1 引例

（1）变速直线运动的速度

设某物体作变速直线运动，从某时刻（不妨设为零时刻）开始到 t 时刻所经过的路程是时间 t 的函数，表示为 $s=s(t)$，求该物体在 t_0 时刻的瞬时速度 $v(t_0)$。

物体在时刻 t_0 到 $t_0+\Delta t$ 内所经过的路程为 $\Delta s=s(t_0+\Delta t)-s(t_0)$，则物体在时间区间 $[t_0,t_0+\Delta t]$ 内的平均速度为

$$\bar{v}=\frac{\Delta s}{\Delta t}=\frac{s(t_0+\Delta t)-s(t_0)}{\Delta t}。$$

当时间间隔 Δt 很小时，物体在该时间段速度的变化不大，平均速度 $\bar{v}$ 近似等于 t_0 时刻的瞬时速度 $v(t_0)$。Δt 越小，平均速度 $\bar{v}$ 就越接近于瞬时速度 $v(t_0)$，当 $\Delta t\to 0$ 时，平均速度 $\bar{v}$ 趋于瞬时速度 $v(t_0)$，即

$$v(t_0)=\lim_{\Delta t\to 0}\frac{\Delta s}{\Delta t}=\lim_{\Delta t\to 0}\frac{s(t_0+\Delta t)-s(t_0)}{\Delta t}。$$

（2）平面曲线的切线斜率

设平面曲线的方程为 $y=f(x)$，求该曲线在定点 $M(x_0,y_0)$ 处的切线斜率，这里 $y_0=f(x_0)$。

如图 3－1 所示，在曲线上另取一点 $N(x_0+\Delta x, y_0+\Delta y)$，$\Delta x\neq 0$，点 N 是曲线上一动点，其位置取决于 Δx，作割线 MN，其倾角设为 φ，于是割线 MN 的斜率为

$$\tan\varphi=\frac{\Delta y}{\Delta x}=\frac{f(x_0+\Delta x)-f(x_0)}{\Delta x}。$$

当 $\Delta x\to 0$ 时，动点 N 沿曲线趋于定点 M，割线 MN 也随之变动趋于极限位置直线 MT，则称直线 MT 为曲线在定点 M 处的切线。

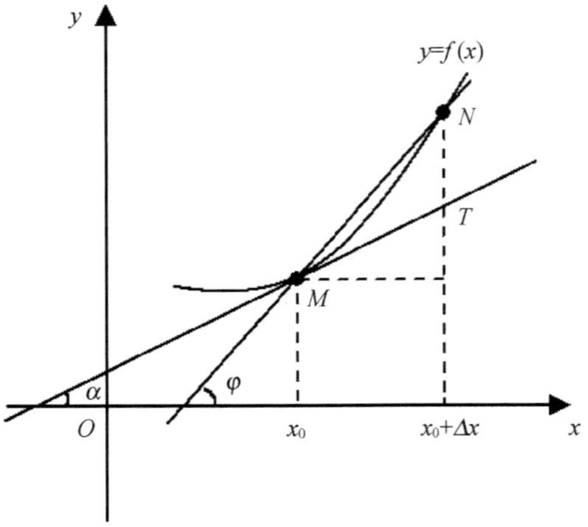

图 3－1

当 $\Delta x\to 0$ 时，割线的倾角 φ 趋于切线的倾角 α，故切线 MT 的斜率为

$$k=\lim_{\Delta x\to 0}\tan\varphi=\lim_{\Delta x\to 0}\frac{\Delta y}{\Delta x}=\lim_{\Delta x\to 0}\frac{f(x_0+\Delta x)-f(x_0)}{\Delta x}。$$

以上两例尽管其实际意义不相同，但从解决问题的数学过程来看，都可归结为求当自变量的增量趋向于零时，函数的增量与自变量增量之比的极限，这种求极限问题就是求函数的变化率——导数的问题。

3.1.2 导数的定义

定义 3.1 设函数 $y=f(x)$ 在点 x_0 的某邻域内有定义，当自变量在点 x_0 处取得增量 $\Delta x\neq 0$，$x_0+\Delta x$ 仍在该邻域内时，相应地函数取得增量 $\Delta y=f(x_0+\Delta x)-f(x_0)$，如果极限

$$\lim_{\Delta x\to 0}\frac{\Delta y}{\Delta x}=\lim_{\Delta x\to 0}\frac{f(x_0+\Delta x)-f(x_0)}{\Delta x}$$

存在，则称 $y=f(x)$ 在点 x_0 处可导，其极限值称为 $y=f(x)$ 在点 x_0 处的导数（或微商），记为

$$f'(x_0),\ y'\Big|_{x=x_0},\ \frac{dy}{dx}\Big|_{x=x_0} 或 \frac{df(x)}{dx}\Big|_{x=x_0}$$

由于 $x=x_0+\Delta x$，当 $\Delta x\to 0$ 时，有 $x\to x_0$，因此导数的定义式也可表示为

$$f'(x_0)=\lim_{x\to x_0}\frac{f(x)-f(x_0)}{x-x_0}。$$

如果该极限不存在，则称 $y=f(x)$ 在点 x_0 处不可导。

例 3.1　求函数 $f(x)=x^3$ 在点 x_0 处的导数。

解：因为

$$\begin{aligned}\Delta y &= f(x_0+\Delta x)-f(x_0)=(x_0+\Delta x)^3-{x_0}^3\\ &=3x_0^2\Delta x+3x_0(\Delta x)^2+(\Delta x)^3\end{aligned}$$

所以

$$\begin{aligned}f'(x_0)&=\lim_{\Delta x\to 0}\frac{\Delta y}{\Delta x}=\lim_{\Delta x\to 0}\frac{f(x_0+\Delta x)-f(x_0)}{\Delta x}\\ &=\lim_{\Delta x\to 0}\frac{3x_0^2\Delta x+3x_0(\Delta x)^2+(\Delta x)^3}{\Delta x}\\ &=\lim_{\Delta x\to 0}(3x_0^2+3x_0\Delta x+(\Delta x)^2)=3x_0^2\end{aligned}$$

例 3.2　讨论函数 $f(x)=\begin{cases}x\sin\dfrac{1}{x}, & x\neq 0,\\ 0, & x=0。\end{cases}$ 在点 $x_0=0$ 处的连续性和可导性。

解：因为

$$\lim_{\Delta x\to 0}\Delta y=\lim_{\Delta x\to 0}\left(\Delta x\sin\frac{1}{\Delta x}-0\right)=0$$

所以，函数 $f(x)$ 在 $x_0=0$ 处连续，而

$$\lim_{\Delta x\to 0}\frac{\Delta y}{\Delta x}=\lim_{\Delta x\to 0}\frac{\Delta x\sin\dfrac{1}{\Delta x}-0}{\Delta x}=\lim_{\Delta x\to 0}\sin\frac{1}{\Delta x}\text{不存在，}$$

所以，函数 $f(x)$ 在点 $x_0=0$ 处不可导。

3.1.3　左导数与右导数

定义 3.2　设函数 $y=f(x)$ 在点 x_0 的某邻域内有定义，如果极限

$$\lim_{\Delta x\to 0^-}\frac{\Delta y}{\Delta x}=\lim_{\Delta x\to 0^-}\frac{f(x_0+\Delta x)-f(x_0)}{\Delta x}=\lim_{x\to x_0^-}\frac{f(x)-f(x_0)}{x-x_0}$$

存在，则称 $y=f(x)$ 在 x_0 处左可导，其极限值称为 $y=f(x)$ 在点 x_0 处的左导数，记为 $f_-'(x_0)$；如果极限

$$\lim_{\Delta x\to 0^+}\frac{\Delta y}{\Delta x}=\lim_{\Delta x\to 0^+}=\frac{f(x_0+\Delta x)-f(x_0)}{\Delta x}=\lim_{x\to x_0^+}\frac{f(x)-f(x_0)}{x-x_0}$$

存在，则称 $y=f(x)$ 在 x_0 处右可导，其极限值称为 $y=f(x)$ 在点 x_0 处的右导数，记为 $f_+'(x_0)$。

左导数、右导数统称为单侧导数。由导数和单侧导数的定义可知：

函数 $y=f(x)$ 在 x_0 处可导的充分必要条件是该函数在 x_0 处的左右导数都存在且相等。

如果 $f(x)$ 在开区间 (a,b) 内的每一点都是可导的，则称 $f(x)$ 在区间 (a,b) 内可导。$f(x)$ 在区间 (a,b) 内可导，是指 $f(x)$ 在 (a,b) 内的任意一点 x 处的 $f'(x)$ 都存在，$f'(x)$ 随 x 的变动而变动，是 x 的函数。通常将 $f'(x)$ 与 x 之间的函数关系称为 $f(x)$ 在区间 (a,b) 内的导函数，简称为导数，记为

$$f'(x)、y'、\frac{dy}{dx}或\frac{df(x)}{dx}。$$

如果已求出 $f(x)$ 在 (a,b) 内的导函数为 $f'(x)$，则 $f(x)$ 在 $x_0 \in (a,b)$ 点的导数 $f'(x_0)$ 就等于 $f'(x)$ 在 x_0 处的函数值，即

$$f'(x_0)=f'(x)\Big|_{x=x_0}。$$

若 $f(x)$ 在开区间 (a,b) 内可导，且 $f(x)$ 在 $x=a$ 处右可导，在 $x=b$ 处左可导，则称 $f(x)$ 在闭区间 $[a,b]$ 上可导。

例 3.3 讨论函数 $f(x)=|x|=\begin{cases} x, & x\geqslant 0 \\ -x, & x<0 \end{cases}$，在点 $x=0$ 处可导性。

解： 因为

$$f_-'(0)=\lim_{x\to 0^-}\frac{f(x)-f(0)}{x}=\lim_{x\to 0^-}\frac{-x-0}{x}=-1,$$

$$f_+'(0)=\lim_{x\to 0^+}\frac{f(x)-f(0)}{x}=\lim_{x\to 0^+}\frac{x-0}{x}=1,$$

则 $f_-'(0)\neq f_+'(0)$，所以 $f(x)$ 在 $x=0$ 处不可导。

例 3.4 求当 a,b 为何值时，函数 $f(x)=\begin{cases} x^2, & x\leqslant 1 \\ ax+b, & x>1 \end{cases}$，在 $x=1$ 处可导。

解： 因为

$$f_-'(1)=\lim_{x\to 1^-}\frac{f(x)-f(1)}{x-1}=\lim_{x\to 1^-}\frac{x^2-1}{x-1}=2,$$

$$f_+'(1)=\lim_{x\to 1^+}\frac{f(x)-f(1)}{x-1}=\lim_{x\to 1^+}\frac{ax+b-1}{x-1},$$

由 $f(x)$ 在 $x=1$ 处可导，得

$$2=f_-'(1)=f_+'(1)=\lim_{x\to 1^+}\frac{ax+b-1}{x-1}\Rightarrow\lim_{x\to 1^+}\frac{ax+b-1}{x-1}=2$$

即

$$\lim_{x\to 1^+}(ax+b-1)=0\Rightarrow a+b-1=0,$$

将 $a+b-1=0$ 代入 $\lim_{x\to 1^+}\frac{ax+b-1}{x-1}=2$ 可得 $a=2$，从而 $b=-1$。

3.1.4 导数的几何意义

若 $y=f(x)$ 在点 x_0 处可导，则其导数 $f'(x_0)$ 表示平面曲线 $y=f(x)$ 在点 $(x_0,f(x_0))$ 处切线的斜率，于是曲线 $y=f(x)$ 在点 $(x_0,f(x_0))$ 处的切线方程为

$$y-f(x_0)=f'(x_0)(x-x_0)。$$

曲线 $f(x)$ 在点 $(x_0,f(x_0))$ 的法线方程为

$$y-f(x_0)=-\frac{1}{f'(x_0)}(x-x_0),f'(x_0)\neq 0。$$

例 3.5 求抛物线 $y=x^3$ 在点 $(1,1)$ 处的切线方程和法线方程。

解： 由例 3.1 可知 $f'(x)=3x^2$，于是 $f'(1)=3$，所以 $y=x^3$ 在点 $(1,1)$ 处的切线方程为

$$y-1=3(x-1)，即 y=3x-2。$$

法线方程为

$$y-1=-\frac{1}{3}(x-1)，即 x+3y=4$$

3.1.5　可导与连续的关系

定理 3.1　如果函数 $y=f(x)$ 在点 x_0 处可导，则在点 x_0 处一定连续。

证：若 $y=f(x)$ 在 x_0 处可导，则 $\lim\limits_{\Delta x\to 0}\frac{\Delta y}{\Delta x}=f'(x_0)$ 一定成立，故

$$\lim_{\Delta x\to 0}\Delta y=\lim_{\Delta x\to 0}\frac{\Delta y}{\Delta x}\cdot\Delta x=f'(x_0)\cdot\lim_{\Delta x\to 0}\Delta x=0$$

由连续的增量定义可知 $y=f(x)$ 在 x_0 处连续。

该命题的逆命题不一定成立，反例可参考例 3.2 和例 3.3. 因此，函数连续是可导的必要条件，但不是充分条件。

3.1.6　利用导数定义求导数

根据定义 3.1，可知

$$f'(x)=\lim_{\Delta x\to 0}\frac{\Delta y}{\Delta x}=\lim_{\Delta x\to 0}\frac{f(x+\Delta x)-f(x)}{\Delta x}。$$

由此可以求出一些基本初等函数在其定义域内的导数。

例 3.6　求 $y=C$ 的导数，C 为常数。

解：因为 $\Delta y=0$，所以

$$\lim_{\Delta x\to 0}\frac{\Delta y}{\Delta x}=\lim_{\Delta x\to 0}0=0$$

于是常量函数的导数为 $(C)'\equiv 0$。

例 3.7　求 $y=x^n$（n 为正整数）在其定义域内的导数。

解：由二项式定理得

$$\begin{aligned}\Delta y&=(x+\Delta x)^n-x^n\\&=x^n+nx^{n-1}\Delta x+\frac{n(n-1)}{2!}x^{n-2}(\Delta x)^2+\cdots+\frac{n(n-1)\cdots(n-n+1)}{n!}(\Delta x)^n-x^n\\&=nx^{n-1}\Delta x+\frac{n(n-1)}{2!}x^{n-2}(\Delta x)^2+\cdots+(\Delta x)^n,\end{aligned}$$

于是

$$\begin{aligned}\frac{\Delta y}{\Delta x}&=\frac{nx^{n-1}\Delta x+\frac{n(n-1)}{2!}x^{n-2}(\Delta x)^2+\cdots+(\Delta x)^n}{\Delta x}\\&=nx^{n-1}+\frac{n(n-1)}{2!}x^{n-2}\cdot\Delta x+\cdots+(\Delta x)^{n-1},\end{aligned}$$

所以

$$y'=(x^n)'=\lim_{\Delta x\to 0}\frac{\Delta y}{\Delta x}=\lim_{\Delta x\to 0}\left[nx^{n-1}+\frac{n(n-1)}{2!}x^{n-2}\Delta x+\cdots+(\Delta x)^{n-1}\right]=nx^{n-1}$$

故

$$(x^n)' = nx^{n-1}。$$

后面还会证明（见例 3.21），将正整数 n 换为任意实数 a，可得幂函数的导数公式为

$$(x^a)' = ax^{a-1}。$$

由该式可得

$$\left(\frac{1}{x}\right)' = (x^{-1})' = -x^{-2} = -\frac{1}{x^2}$$

$$(\sqrt{x})' = (x^{\frac{1}{2}})' = \frac{1}{2}x^{-\frac{1}{2}} = \frac{1}{2\sqrt{x}}$$

例 3.8 求 $y=\sin x$ 在其定义域内的导数。

解：因为 $\Delta y = \sin(x+\Delta x) - \sin x = 2\cos\left(x+\frac{\Delta x}{2}\right)\sin\frac{\Delta x}{2}$，所以

$$y' = (\sin x)' = \lim_{\Delta x\to 0}\frac{\Delta y}{\Delta x} = \lim_{\Delta x\to 0}\frac{2\cos\left(x+\frac{\Delta x}{2}\right)\sin\frac{\Delta x}{2}}{\Delta x}$$

$$= \lim_{\Delta x\to 0}\cos\left(x+\frac{\Delta x}{2}\right)\cdot\frac{\sin\frac{\Delta x}{2}}{\frac{\Delta x}{2}} = \cos x$$

于是，正弦函数的导数公式为

$$(\sin x)' = \cos x$$

类似可得余弦函数的导数公式为

$$(\cos x)' = -\sin x$$

例 3.9 求对数函数 $y=\log_a x\,(a>0, a\neq 1)$ 在其定义域内的导数。

解：因为

$$\Delta y = \log_a(x+\Delta x) - \log_a x = \log_a\left(1+\frac{\Delta x}{x}\right)$$

所以

$$y' = (\log_a x)' = \lim_{\Delta x\to 0}\frac{\Delta y}{\Delta x} = \lim_{\Delta x\to 0}\frac{1}{\Delta x}\log_a\left(1+\frac{\Delta x}{x}\right) = \frac{1}{x}\lim_{\Delta x\to 0}\log_a\left(1+\frac{\Delta x}{x}\right)^{\frac{x}{\Delta x}}$$

$$= \frac{1}{x}\log_a\lim_{\Delta x\to 0}\left(1+\frac{\Delta x}{x}\right)^{\frac{x}{\Delta x}} = \frac{1}{x}\log_a e = \frac{1}{x\ln a}$$

于是，对数函数的导数公式为

$$(\log_a x)' = \frac{1}{x\ln a}\quad(a>0, a\neq 1)$$

特别地，当 $a=e$ 时，有

$$(\ln x)' = \frac{1}{x}$$

例 3.10 求指数函数 $y=a^x\,(a>0, a\neq 1)$ 在其定义域内的导数。

解：因为

$$\Delta y=a^{x+\Delta x}-a^{x}=a^{x}(a^{\Delta x}-1)$$

所以

$$y'=(a^{x})'=\lim_{\Delta x\to 0}\frac{\Delta y}{\Delta x}=\lim_{\Delta x\to 0}\frac{a^{x}(a^{\Delta x}-1)}{\Delta x}=a^{x}\lim_{\Delta x\to 0}\frac{\Delta x\ln a}{\Delta x}=a^{x}\ln a$$

于是，指数函数的导数公式为

$$(a^{x})'=a^{x}\ln a$$

特别地，当 $a=e$ 时，有

$$(e^{x})'=e^{x}$$

§3.2　求导法则与求导公式

上一节引进了导数的定义，并利用导数定义计算了几个基本初等函数的导数，如果函数都利用导数的定义求导数将会非常麻烦，本节将介绍一些求导公式和求导法则，并借助它们简化求导数的运算。

3.2.1　函数线性组合的求导法则

定理3.2　若 $u(x)$、$v(x)$ 在点 x 处可导，则 $u(x)$ 与 $v(x)$ 的线性组合函数 $y=au(x)+bv(x)$，（a,b 为常数）在点 x 处也可导，且有

$$y'=[au(x)+bv(x)]'=au'(x)+bv'(x)$$

证：当自变量取得改变量 Δx 时，相应地函数 $u(x)$ 和 $v(x)$ 取得增量为

$$\Delta u=u(x+\Delta x)-u(x),\quad \Delta v=v(x+\Delta x)-v(x),$$

于是，函数 $y=au(x)+bv(x)$ 的增量为

$$\begin{aligned}\Delta y&=[au(x+\Delta x)+bv(x+\Delta x)]-[au(x)+bv(x)]\\&=a[u(x+\Delta u)-u(x)]+b[v(x+\Delta u)-v(x)]=a\Delta u+b\Delta v\end{aligned}$$

所以

$$y'=[au(x)+bv(x)]'=\lim_{\Delta x\to 0}\frac{\Delta y}{\Delta x}=\lim_{\Delta x\to 0}\left(a\frac{\Delta u}{\Delta x}+b\frac{\Delta v}{\Delta x}\right)=au'(x)+bv'(x)$$

特别地，当 $a=1,b=1(-1)$ 时，得代数和的求导公式

$$[u(x)\pm v(x)]'=u'(x)\pm v'(x)$$

定理3.2可推广到有限个函数线性组合的情形：设函数 $u_1(x),\cdots,u_n(x)$ 均可导，则有

$$[a_1u_1(x)+\cdots+a_nu_n(x)]'=a_1u_1'(x)+\cdots+a_nu_n'(x)。$$

这里 $a_1,\cdots,a_n$ 为常数。

例3.11　求 $f(x)=x^4+2^x-\sin x$ 的导数。

解：

$$\begin{aligned}f'(x)&=(x^4)'+(2^x)'-(\sin x)'\\&=4x^3+2^x\ln 2-\cos x\end{aligned}$$

3.2.2　函数积的求导法则

定理3.3　若函数 $u(x)$、$v(x)$ 在点 x 处可导，则函数 $y=u(x)v(x)$ 也在点 x 处可导，并

且有

$$[u(x)\cdot v(x)]'=u'(x)v(x)+u(x)v'(x)。$$

证：当自变量取得增量 Δx 时，相应地函数 $y=u(x)v(x)$ 也取得增量为

$$\begin{aligned}\Delta y&=u(x+\Delta x)v(x+\Delta x)-u(x)v(x)\\&=[u(x)+\Delta u][v(x)+\Delta v]-u(x)v(x)\\&=(\Delta u)v(x)+u(x)(\Delta v)+(\Delta u)(\Delta v),\end{aligned}$$

所以

$$\frac{\Delta y}{\Delta x}=(\frac{\Delta u}{\Delta x})v(x)+u(x)(\frac{\Delta v}{\Delta x})+(\Delta u)\frac{\Delta v}{\Delta x},$$

由于 $u(x)$ 和 $v(x)$ 在点 x 处可导，从而 $u(x)$ 在点 x 处连续，则

$$\begin{aligned}[u(x)\cdot v(x)]'&=\lim_{\Delta x\to 0}\frac{\Delta y}{\Delta x}\\&=(\lim_{\Delta x\to 0}\frac{\Delta u}{\Delta x})v(x)+u(x)(\lim_{\Delta x\to 0}\frac{\Delta v}{\Delta x})+(\lim_{\Delta x\to 0}\Delta u)(\lim_{\Delta x\to 0}\frac{\Delta v}{\Delta x})\\&=u'(x)v(x)+u(x)v'(x)\end{aligned}$$

推论　$[cv(x)]'=cv'(x)$。

函数积的求导法则可推广到有限多个函数乘积的情形。若函数 $u(x)$、$v(x)$、$w(x)$ 均可导，则函数 $y=u(x)\cdot v(x)\cdot w(x)$ 也可导，且

$$[u(x)\cdot v(x)\cdot w(x)]'=u'(x)\cdot v(x)\cdot w(x)+u(x)\cdot v'(x)\cdot w(x)+u(x)\cdot v(x)\cdot w'(x)$$

例 3.12　求 $y=\sqrt{x}\cdot\log_a x$ 的导数，并求 $y'|_{x=1}$。

解：由定理 3.3，得

$$\begin{aligned}y'&=(\log_a x)'\cdot\sqrt{x}+\log_a x\cdot(\sqrt{x})'\\&=\frac{1}{x\ln a}\cdot\sqrt{x}+\log_a x\cdot\frac{1}{2\sqrt{x}}\\&=\frac{\sqrt{x}}{x\ln a}+\frac{\log_a x}{2\sqrt{x}},\end{aligned}$$

且有

$$y'|_{x=1}=\frac{1}{\ln a}。$$

3.2.3　函数商的求导法则

定理 3.4　若函数 $u(x)$、$v(x)$ 在点 x 处可导，且 $v(x)\neq 0$，则 $\frac{u(x)}{v(x)}$ 在点 x 处也可导，并且有

$$\left(\frac{u(x)}{v(x)}\right)'=\frac{u'(x)v(x)-u(x)v'(x)}{v^2(x)}$$

证：当自变量取得增量 Δx 时，相应地函数 $y=\frac{u(x)}{v(x)}$ 也取得增量为

$$\Delta y=\frac{u(x+\Delta x)}{v(x+\Delta x)}-\frac{u(x)}{v(x)}=\frac{u(x+\Delta x)v(x)-u(x)v(x+\Delta x)}{v(x+\Delta x)v(x)}$$

$$=\frac{[u(x)+\Delta u]v(x)-u(x)[v(x)+\Delta v]}{v(x+\Delta x)v(x)}=\frac{v(x)\Delta u-u(x)\Delta v}{v(x+\Delta x)v(x)},$$

所以

$$\frac{\Delta y}{\Delta x}=\frac{v(x)\frac{\Delta u}{\Delta x}-u(x)\frac{\Delta v}{\Delta x}}{v(x+\Delta x)v(x)},$$

由于 $u(x)$ 和 $v(x)$ 在点 x 处可导，从而 $v(x)$ 在点 x 处连续，则

$$\left[\frac{u(x)}{v(x)}\right]'=\lim_{\Delta x\to 0}\frac{\Delta y}{\Delta x}=\frac{\lim\limits_{\Delta x\to 0}\left[\frac{\Delta u}{\Delta x}v(x)-u(x)\frac{\Delta v}{\Delta x}\right]}{\lim\limits_{\Delta x\to 0}v(x+\Delta x)v(x)}=\frac{u'(x)v(x)-u(x)v'(x)}{v^2(x)}$$

推论 当 $u(x)=1$ 时，$\left(\frac{1}{v(x)}\right)'=-\frac{v'(x)}{v^2(x)}$。

例 3.13 求 $y=\tan x$ 的导数 $\frac{dy}{dx}$。

解：

$$y'=\frac{dy}{dx}=(\tan x)'=\left(\frac{\sin x}{\cos x}\right)'$$

$$=\frac{(\sin x)'\cos x-\sin x(\cos x)'}{\cos^2 x}$$

$$=\frac{\cos^2 x+\sin^2 x}{\cos^2 x}=\sec^2 x$$

于是，正切函数的导数公式为

$$(\tan x)'=\sec^2 x$$

同理可得，余切函数的导数公式为

$$(\cot x)'=-\csc^2 x。$$

例 3.14 求 $y=\csc x$ 的导数。

解：

$$y'=(\csc x)'=\left(\frac{1}{\sin x}\right)'$$

$$=\frac{-(\sin x)'}{\sin^2 x}=\frac{-\cos x}{\sin^2 x}=-\cot x\cdot\csc x$$

于是，余割函数的导数公式为

$$(\csc x)'=-\cot x\cdot\csc x。$$

同理可得，正割函数的导数公式为

$$(\sec x)'=\tan x\cdot\sec x$$

例 3.15 求 $f(x)=e^x\cos x-\frac{\ln x}{x}$ 的导数。

解：

$$f'(x)=(e^x\cos x)'-\left(\frac{\ln x}{x}\right)'$$

$$=(e^x)'\cdot\cos x+e^x\cdot(\cos x)'-\frac{(\ln x)'\cdot x-\ln x\cdot(x)'}{x^2}$$

$$=e^x(\cos x-\sin x)-\frac{1-\ln x}{x^2}$$

3.2.4 反函数求导法则

定理 3.5 设函数 $x=\varphi(y)$ 在某区间内单调、连续，且在该区间内的点 y_0 处有导数 $\varphi'(y_0)\neq 0$，则其反函数 $y=f(x)$ 在 y_0 的对应点 $x_0(x_0=\varphi(y_0))$ 处可导，且有导数

$$f'(x_0)=\frac{1}{\varphi'(y_0)}$$

证：由于函数 $x=\varphi(y)$ 在某区间内单调、连续，由反函数的连续性可知，其反函数 $y=f(x)$ 在相应区间内也单调、连续。

如果反函数 $y=f(x)$ 在点 x_0 处取增量 Δx，当 $\Delta x\neq 0$ 时，由 $y=f(x)$ 的单调性，用反证法可以证明

$$\Delta y=f(x_0+\Delta x)-f(x_0)\neq 0$$

由于 $y=f(x)$ 连续，故当 $\Delta x\to 0$ 时，$\Delta y\to 0$，则

$$f'(x_0)=\lim_{\Delta x\to 0}\frac{\Delta y}{\Delta x}=\frac{1}{\lim\limits_{\Delta y\to 0}\dfrac{\Delta x}{\Delta y}}=\frac{1}{\varphi'(y_0)}$$

$$\text{即 } f'(x_0)=\frac{1}{\varphi'(y_0)}$$

例 3.16 求 $y=\arcsin x$ 的导数。

解：函数 $y=\arcsin x$ 在区间 $(-1,1)$ 内的反函数为 $x=\sin y$，而 $x=\sin y$ 在其定义域 $y\in\left(-\frac{\pi}{2},\frac{\pi}{2}\right)$ 内单调、连续，且 $(\sin y)_y'=\cos y\neq 0$，由反函数求导法则，得

$$y'=(\arcsin x)'=\frac{1}{\cos y}=\frac{1}{\sqrt{1-\sin^2 y}}=\frac{1}{\sqrt{1-x^2}}$$

所以，反正弦函数的导数公式为

$$(\arcsin x)'=\frac{1}{\sqrt{1-x^2}},\quad x\in(-1,1)$$

同理可得，反余弦函数的导数公式为

$$(\arccos x)'=-\frac{1}{\sqrt{1-x^2}},\quad x\in(-1,1)$$

例 3.17 求 $y=\arctan x$ 的导数。

解：函数 $y=\arctan x$ 在区间 $(-\infty,\infty)$ 内的反函数为 $x=\tan y$，而 $x=\tan y$ 在其定义域 $y\in\left(-\frac{\pi}{2},\frac{\pi}{2}\right)$ 内单调、连续，且 $(\tan y)_y'=\sec^2 y\neq 0$，由反函数求导法则，得

$$y'=(\arctan x)'=\frac{1}{\sec^2 y}=\frac{1}{1+\tan^2 y}=\frac{1}{1+x^2}$$

所以，反正切函数的导数公式为

$$(\arctan x)'=\frac{1}{1+x^2},\quad x\in(-\infty,+\infty)$$

同理可得，反余切函数的导数公式为

$$(\operatorname{arccot} x)' = -\frac{1}{1+x^2},\quad x\in(-\infty,+\infty)。$$

3.2.5 复合函数求导法则

定理 3.6 设函数 $u=\varphi(x)$ 在点 x_0 处有导数 $\varphi'(x_0)$，函数 $y=f(u)$ 在点 $u_0=\varphi(x_0)$ 处有导数 $f'(u_0)$，则复合函数 $y=f[\varphi(x)]$ 在点 x_0 处可导，且

$$\{f[\varphi(x)]\}'\big|_{x=x_0}=f'(u_0)\varphi'(x_0)。$$

证：设复合函数 $y=f[\varphi(x)]$ 的自变量在点 x_0 处取增量 $\Delta x\neq 0$，相应地中间变量 u 在点 u_0 处取增量

$$\Delta u=\varphi(x_0+\Delta x)-\varphi(x_0),$$

从而函数 $y=f[\varphi(x)]$ 取得增量

$$\Delta y=f(\varphi(x_0+\Delta x))-f(\varphi(x_0))=f(u_0+\Delta u)-f(u_0)$$

由于 $y=f(u)$ 在点 u_0 处有导数 $f'(u_0)$，故当 $\Delta u\to 0$ 时，有

$$\lim_{\Delta u\to 0}\frac{\Delta y}{\Delta u}=f'(u_0),$$

由极限与无穷小量的关系，可得

$$\frac{\Delta y}{\Delta u}=f'(u_0)+\alpha(\Delta u),\Delta u\neq 0,$$

其中 $\alpha(\Delta u)\to 0(\Delta u\to 0)$。补充定义，$\alpha(0)=0$，则 $\alpha(\Delta u)$ 在 $\Delta u=0$ 处连续。故无论 Δu 是否为零，均有

$$\Delta y=f'(u_0)\Delta u+\alpha(\Delta u)\Delta u,$$

于是

$$\frac{\Delta y}{\Delta x}=f'(u_0)\frac{\Delta u}{\Delta x}+\alpha(\Delta u)\frac{\Delta u}{\Delta x},\Delta x\neq 0,$$

由于函数 $u=\varphi(x)$ 在点 x_0 处可导，则当 $\Delta x\to 0$ 时 $\Delta u\to 0$，得

$$\begin{aligned}\{f[\varphi(x)]\}'\big|_{x=x_0}&=\lim_{\Delta x\to 0}\frac{\Delta y}{\Delta x}=\lim_{\Delta x\to 0}\left[f'(u_0)\frac{\Delta u}{\Delta x}+\alpha(\Delta u)\frac{\Delta u}{\Delta x}\right]\\&=f'(u_0)\lim_{\Delta x\to 0}\frac{\Delta u}{\Delta x}+\lim_{\Delta u\to 0}\alpha(\Delta u)\cdot\lim_{\Delta x\to 0}\frac{\Delta u}{\Delta x}\\&=f'(u_0)\varphi'(x_0)\end{aligned}$$

一般地，若函数 $y=f(u),u=\varphi(x)$ 可导，则复合函数 $y=f[\varphi(x)]$ 也可导，且

$$\frac{dy}{dx}=\frac{dy}{du}\cdot\frac{du}{dx}=f'(u)\cdot\varphi'(x)$$

上式称为复合函数求导的链式法则，它表明复合函数的导数等于复合函数对中间变量的导数乘以中间变量对自变量的导数。

例 3.18 求 $y=(x^2+1)^{100}$ 的导数。

解：令 $y=u^{100}$，$u=x^2+1$，于是有

$$\begin{aligned}\frac{dy}{dx}&=(u^{100})'_u\cdot(x^2+1)'\\&=100u^{99}\cdot 2x=100\,(x^2+1)^{999}\cdot 2x\end{aligned}$$

$$=200x(x^2+1)^{99}$$

例 3.19 求 $y=\sqrt{x^2-a^2}$的导数。

解： 令 $y=\sqrt{u}$，$u=x^2-a^2$，则有

$$y'=(\sqrt{u})'_u(x^2-a^2)_x'=\frac{1}{2\sqrt{u}}\cdot 2x=\frac{x}{\sqrt{x^2-a^2}}$$

当能熟练运用复合函数求导的链式法则以后，中间变量可以不写出，直接利用链式法则求导，例 3.17 和例 3.18 的求解过程也可以简化写成：

$$[(x^2+1)^{100}]'=100(x^2+1)^{99}\cdot(x^2+1)'=100(x^2+1)^{99}\cdot 2x=200x(x^2+1)^{99}$$

$$\left(\sqrt{x^2-a^2}\right)'=\frac{1}{2\sqrt{x^2-a^2}}\cdot(x^2-a^2)'=\frac{1}{2\sqrt{x^2-a^2}}\cdot 2x=\frac{x}{\sqrt{x^2-a^2}}$$

例 3.20 求 $f(x)=x^\alpha$ 的导数（α 为实数）。

解： 因为 $f(x)=x^\alpha=e^{\ln x^\alpha}=e^{\alpha\ln x}$，所以

$$f'(x)=(e^{\alpha\ln x})'=e^{\alpha\ln x}\cdot(\alpha\ln x)'$$
$$=x^\alpha\cdot\alpha\cdot\frac{1}{x}=\alpha x^{\alpha-1}$$

应注意，前面已经指出了此结论（见例 3.7）。

复合函数求导的链式法则对三个以上函数复合的求导运算也适用。设函数 $y=f(u)$，$u=\varphi(v)$，$v=\psi(x)$都在点 u,v,x 处可导，则它们的复合函数 $y=f\{\varphi[\psi(x)]\}$也在点 x 处可导，且有

$$\frac{dy}{dx}=\frac{dy}{du}\cdot\frac{du}{dv}\cdot\frac{dv}{dx}=f'\{\varphi[\psi(x)]\}\cdot\varphi'[\psi(x)]\cdot\psi'(x)$$

在求多重复合函数的导数时，首先要将复合函数一层一层地分解为基本初等函数，或分解为由基本初等函数经四则运算后所得函数，然后利用复合函数求导法则由外向里一层一层地求导。

例 3.21 求 $y=\ln\tan\frac{x}{2}$的导数

解： 令 $y=\ln u$，$u=\tan v$，$v=\frac{x}{2}$，于是

$$y'=\left(\ln\tan\frac{x}{2}\right)'=\frac{1}{\tan\frac{x}{2}}\cdot\left(\tan\frac{x}{2}\right)'$$

$$=\frac{1}{\tan\frac{x}{2}}\cdot\sec^2\frac{x}{2}\cdot\left(\frac{x}{2}\right)'=\csc x。$$

例 3.22 求 $y=\ln\left(x+\sqrt{x^2+a^2}\right)$的导数。

解：

$$\frac{dy}{dx}=\left[\ln\left(x+\sqrt{x^2+a^2}\right)\right]'$$

$$=\frac{1}{x+\sqrt{x^2+a^2}}\cdot\left(x+\sqrt{x^2+a^2}\right)'$$

$$=\frac{1}{x+\sqrt{x^2+a^2}}\cdot\left(1+\frac{1}{2\sqrt{x^2+a^2}}\cdot 2x\right)$$

$$=\frac{1}{\sqrt{x^2+a^2}}\text{。}$$

例 3.23　设 $y=f(\ln x)e^{f(x)}$，其中 $f(x)$ 可导，求 $\frac{dy}{dx}$。

解：

$$\frac{dy}{dx}=[f(\ln x)e^{f(x)}]'$$

$$=[f(\ln x)]'e^{f(x)}+f(\ln x)[e^{f(x)}]'$$

$$=f'(\ln x)\cdot(\ln x)'\cdot e^{f(x)}+f(\ln x)\cdot e^{f(x)}\cdot[f(x)]'$$

$$=\left[\frac{f'(\ln x)}{x}+f(\ln x)\cdot f'(x)\right]e^{f(x)}$$

3.2.6　对数求导法

利用四则运算和复合函数求导法则可以求出许多初等函数的导数，但对包含乘除、乘方、开方项的函数，或幂指函数的求导问题，若直接利用四则运算和复合函数求导法则非常繁琐，对于这类问题可采用对数求导数法来解决。下面通过具体例子介绍对数求导数法。

例 3.24　设 $y=x^x$，求 y'。

解：对 $y=x^x$ 的两边取对数，得

$$\ln y=\ln x^x=x\cdot\ln x$$

将上式两边对 x 求导，得

$$(\ln y)'=(x\cdot\ln x)'$$

即

$$\frac{1}{y}y'=\ln x+x\cdot\frac{1}{x}$$

所以

$$y'=y(\ln x+1)=x^x(\ln x+1)$$

例 3.25　设 $f(x)=\sqrt{\frac{(x-1)(x+2)}{(x-3)(x+4)}}$，求 $f'(x)$。

解：对 $f(x)=\sqrt{\frac{(x-1)(x+2)}{(x-3)(x+4)}}$ 的两边取对数，得

$$\ln f(x)=\ln\sqrt{\frac{(x-1)(x+2)}{(x-3)(x+4)}}$$

$$=\frac{1}{2}[\ln(x-1)+\ln(x+2)-\ln(x-3)-\ln(x+4)]$$

将上式两边对 x 求导，得

$$\frac{f'(x)}{f(x)}=\frac{1}{2}\left[\frac{1}{x-1}+\frac{1}{x+2}-\frac{1}{x-3}-\frac{1}{x+4}\right]$$

所以

$$f'(x)=\frac{f(x)}{2}\left[\frac{1}{x-1}+\frac{1}{x+2}-\frac{1}{x-3}-\frac{1}{x+4}\right]$$

$$=\frac{1}{2}\sqrt{\frac{(x-1)(x+2)}{(x-3)(x+4)}}\left[\frac{1}{x-1}+\frac{1}{x+2}-\frac{1}{x-3}-\frac{1}{x+4}\right]$$

3.2.7 基本导数公式

利用导数的定义和求导法则，已求出了所有基本初等函数的导数，为了查找和记忆方便起见，将基本初等函数的导数列举如下。

(1) $(C)'=0$；(2) $(x^{\alpha})'=\alpha x^{\alpha-1}$；

(3) $(a^x)'=a^x\cdot\ln a$；(4) $(e^x)'=e^x$；

(5) $(\log_a x)'=\dfrac{1}{x\cdot\ln a}$；(6) $(\ln x)'=\dfrac{1}{x}$；

(7) $(\sin x)'=\cos x$；(8) $(\cos x)'=-\sin x$；

(9) $(\tan x)'=\sec^2 x$；(10) $(\cot x)'=-\csc^2 x$；

(11) $(\sec x)'=\sec x\cdot\tan x$；(12) $(\csc x)'=-\csc x\cdot\cot x$；

(13) $(\arcsin x)'=\dfrac{1}{\sqrt{1-x^2}}$；(14) $(\arccos x)'=-\dfrac{1}{\sqrt{1-x^2}}$；

(15) $(\arctan x)'=\dfrac{1}{1+x^2}$；(16) $(\text{arccot}\, x)'=-\dfrac{1}{1+x^2}$。

§3.3 隐函数的导数、高阶导数

3.3.1 隐函数导数

设方程 $F(x,y)=0$ 为含有两个未知量 x 和 y 的方程，如果存在函数 $y=f(x)$ 将其代入上述方程，使方程变为恒等式 $F(x,f(x))\equiv 0$，则称 $y=f(x)$是由方程 $F(x,y)=0$ 所确定的隐函数。

需要求隐函数 $y=f(x)$的导数时，首先将方程 $F(x,y)=0$ 两边对 x 求导，在求导过程中把 y 看作 x 的函数，然后从所得方程中解出 y'。

例 3.26 求由方程 $x^2+y^2=a^2$ 所确定的隐函数 $y=y(x)$的导数，并求曲线 $y=y(x)$过点 $\left(\dfrac{a}{\sqrt{2}},\dfrac{a}{\sqrt{2}}\right)$的切线方程。

解：方程两边分别对 x 求导，得

$$(x^2)'+(y^2)'=(a^2)'\Rightarrow 2x+2y\cdot y'=0,$$

所以

$$y'=-\frac{x}{y}。$$

由于曲线 $y=y(x)$ 在点 $\left(\frac{a}{\sqrt{2}},\frac{a}{\sqrt{2}}\right)$ 的切线斜率为

$$y'\Big|_{\left(\frac{a}{\sqrt{2}},\frac{a}{\sqrt{2}}\right)}=-1$$

故所求切线方程为

$$y-\frac{a}{\sqrt{2}}=-\left(x-\frac{a}{\sqrt{2}}\right)$$

即

$$x+y=\sqrt{2}a。$$

例 3.27 求由方程 $\arctan\frac{y}{x}=\ln\sqrt{x^2+y^2}$ 所确定的隐函数 $y=y(x)$ 的导数。

解：方程两边分别对 x 求导，得

$$\frac{1}{1+\left(\frac{y}{x}\right)^2}\cdot\left(\frac{y}{x}\right)'=\frac{1}{2}\cdot\frac{1}{x^2+y^2}\cdot(x^2+y^2)'$$

即

$$\frac{x^2}{x^2+y^2}\cdot\frac{x\cdot y'-y\cdot 1}{x^2}=\frac{1}{2}\cdot\frac{1}{x^2+y^2}\cdot(2x+2y\cdot y')$$

所以

$$y'=\frac{x+y}{x-y}$$

3.3.2 高阶导数

在变速直线运动中，物体运动的路程是时间 t 的函数 $f(t)$，运动的瞬时速度是路程函数的导数 $f'(t)$，加速度是瞬时速度的变化率，即瞬时速度的导数 $(f'(t))'$，由此可见加速度是路程函数 $f(t)$ 的导数的导数。函数 $f(t)$ 的导数的导数称为 $f(t)$ 的二阶导数，在实际问题中，还存在许多二阶导数甚至更高阶导数的例子。

一般的，如果函数 $y=f(x)$ 的导函数 $f'(x)$ 在点 x_0 处可导，则称其导数为 $y=f(x)$ 在点 x_0 处的二阶导数，记为

$$y''\Big|_{x=x_0},\ f''(x_0),\ \frac{d^2y}{dx^2}\Big|_{x=x_0}\text{或}\frac{d^2f(x)}{dx^2}\Big|_{x=x_0}$$

相应地，函数 $y=f(x)$ 的二阶导函数记为

$$y'',\ f''(x),\ \frac{d^2y}{dx^2}\text{或}\frac{d^2f(x)}{dx^2}$$

根据导数的定义，有

$$f''(x)=\lim_{\Delta x\to 0}\frac{f'(x+\Delta x)-f'(x)}{\Delta x}$$

类似地，可以定义 $y=f(x)$ 的 n 阶导数。如果函数 $y=f(x)$ 的 $n-1$ 阶导数存在并可导，则 $y=f(x)$ 的 $n-1$ 阶导数的导数称为 $y=f(x)$ 的 n 阶导数，记为

$$y^{(n)},\ f^{(n)}(x),\ \frac{d^ny}{dx^n}\text{或}\frac{d^nf(x)}{dx^n}$$

n 阶导数在点 x_0 处的值记为

$$y^{(n)}\Big|_{x=x_0},\ f^{(n)}(x_0),\ \frac{d^n y}{dx^n}\Big|_{x=x_0}\text{或}\frac{d^n f(x)}{dx^n}\Big|_{x=x_0}$$

二阶及二阶以上的导数统称为高阶导数。由上述定义可知，高阶导数的计算应该是求导方法的反复运用。

例 3.28 设 $f(x)=\arctan x$，求 $f''(0)$ 和 $f'''(0)$。

解：

$$f'(x)=\frac{1}{1+x^2},$$

$$f''(x)=\left(\frac{1}{1+x^2}\right)'=\frac{-2x}{(1+x^2)^2},$$

$$f'''(x)=\left[\frac{-2x}{(1+x^2)^2}\right]'=\frac{2(3x^2-1)}{(1+x^2)^3}$$

所以

$$f''(0)=\frac{-2x}{(1+x^2)^2}\Big|_{x=0}=0,\ f'''(0)=\frac{2(3x^2-1)}{(1+x^2)^3}\Big|_{x=0}=-2$$

例 3.29 设 $y=\ln(1+x)$，求 $y^{(n)}$。

解：

$$y'=\frac{1}{1+x},$$

$$y''=-\frac{1}{(1+x)^2},\ y'''=\frac{2!}{(1+x)^3},\ \cdots。$$

一般地，有

$$y^{(n)}=(-1)^{n-1}\frac{(n-1)!}{(1+x)^n},n\geqslant 1$$

例 3.30 求 $y=\sin x$ 的 n 阶导数。

解：

$$y'=\cos x=\sin(x+\frac{\pi}{2}),$$

$$y''=\cos(x+\frac{\pi}{2})=\sin(x+2\cdot\frac{\pi}{2}),$$

$$y'''=\cos(x+2\cdot\frac{\pi}{2})=\sin(x+3\cdot\frac{\pi}{2}),$$

$$\cdots\cdots。$$

一般地，有

$$y^{(n)}=(\sin x)^{(n)}=\sin(x+n\cdot\frac{\pi}{2}),\ n=1,2,3,\cdots$$

§3.4 微　　分

3.4.1 微分的概念

由前述可知，导数可以用来描述函数随自变量变化快慢的程度，导数是函数的变化率。

此外，我们还需要研究当自变量 x 取得一个微小增量时，函数 y 相应增量的大小，由此引出微分学中另一个基本概念——函数的微分。

先看一个具体实例。

正方形的面积 S 是其边长 x 的函数，即 $S=x^2$。当边长由 x_0 变到 $x_0+\Delta x$ 时，其面积的增量如图 3－2 所示。

$$\Delta S=(x_0+\Delta x)^2-x_0^2=2x_0\Delta x+(\Delta x)^2$$

上述面积的增量 ΔS 由两部分组成，其中一部分为$(\Delta x)^2$（即图中右上方小正方形的面积）是 Δx 的高阶无穷小量，当 Δx 很微小时，其值也很微小（相对于另一部分可以忽略不计）；另第一部分为 $2x_0\Delta x$（即图中两阴影部分面积的和），是 Δx 的线性函数，当 Δx 很微小时，是 ΔS 的主要部分，称为 ΔS 的线性主部，当 Δx 很微小时，面积的增量 ΔS 可以用该线性主部近似代替，即

$$\Delta S\approx 2x_0\Delta x$$

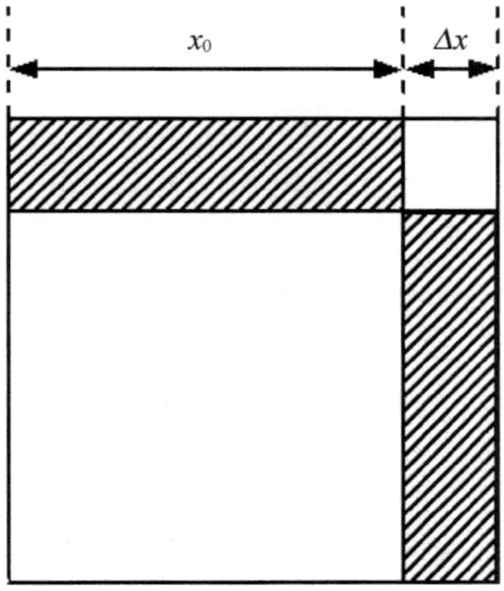

图 3－2

一般地，当自变量 x 取得增量 Δx 时，函数 $f(x)$相应取得增量 Δy，若 Δy 可以表示成两部分的和，其中一部分为 Δx 的线性主部 $A\Delta x$（A 与 Δx 无关），另一部分为 Δx 的高阶无穷小量项。当 Δx 很微小时，Δx 的高阶无穷小量项可以舍去，便有近似公式 $\Delta y\approx A\Delta x$。有关函数这样的结论在理论分析和实际应用中都有着重要的意义，因此本节专门给予研究。

定义 3.3　设函数 $y=f(x)$，对于在点 x_0 处自变量的增量 Δx，相应地函数在点 $y_0=f(x_0)$处的增量 $\Delta y=f(x_0+\Delta x)-f(x_0)$可以表示成

$$\Delta y=A\Delta x+o(\Delta x),$$

其中 A 与 Δx 无关，则称 $y=f(x)$在点 x_0 处可微。并称 Δy 的表达式中 $A\Delta x$ 为 $y=f(x)$在点 x_0 处的微分，记为

$$dy=A\Delta x,\ \text{或}\ dy\big|_{x=x_0}=A\Delta x$$

通常称 $dy=A\Delta x$ 为 Δy 的线性主部。若 $A\neq 0$，有

$$\lim_{\Delta x\to 0}\frac{\Delta y}{dy}=\lim_{\Delta x\to 0}\left(1+\frac{o(\Delta x)}{A\Delta x}\right)=1$$

即当 $\Delta x\to 0$ 时，Δy 与 dy 是等价无穷小量。

若 $y=f(x)$ 在点 x_0 处可微，则

$$\Delta y=A\Delta x+o(\Delta x),\ 即\ \Delta y-dy=o(\Delta x),$$

于是 Δy 与 dy 的差是 $o(\Delta x)$ 比 Δx 更高阶的无穷小量，当 $\Delta x\to 0$ 时，有近似公式 $\Delta y\approx dy$。

那么满足什么条件的函数 $y=f(x)$ 才可微呢？

定理 3.7 函数 $y=f(x)$ 在点 x_0 处可微的充分必要条件是 $y=f(x)$ 在点 x_0 处可导。

证：必要性 若 $y=f(x)$ 在点 x_0 处可微，由微分的定义得 $\Delta y=A\Delta x+o(\Delta x)$，其中，$A$ 与 Δx 无关，且当 $\Delta x\to 0$ 时，$o(\Delta x)$ 比 Δx 更高阶的无穷小量。于是

$$\lim_{\Delta x\to 0}\frac{\Delta y}{\Delta x}=\lim_{\Delta x\to 0}\left(A+\frac{o(\Delta x)}{\Delta x}\right)=A,$$

故 $y=f(x)$ 在点 x_0 处可导，且有 $f'(x_0)=A$。

充分性 若 $y=f(x)$ 在点 x_0 处可导，则 $\lim\limits_{\Delta x\to 0}\frac{\Delta y}{\Delta x}=f'(x_0)$ 成立，由极限与无穷小量的关系，得

$$\frac{\Delta y}{\Delta x}=f'(x_0)+\alpha,$$

其中当 $\Delta x\to 0$ 时，$\alpha\to 0$，$f'(x_0)$ 为常数，所以 Δy 可表示为

$$\Delta y=f'(x_0)\Delta x+\alpha\Delta x,$$

即 $y=f(x)$ 的增量 Δy 可以写成两部分之和的形式，其中第一部分 $f'(x_0)\Delta x$ 是 Δx 的线性函数，第二部分 $\alpha\Delta x=o(\Delta x)$ 是 Δx 的更高阶无穷小量（当 $\Delta x\to 0$ 时）。由可微的定义得 $y=f(x)$ 在点 x_0 处可微，且有

$$dy=f'(x_0)\Delta x$$

由定理 3.7 可得，函数 $y=x$ 的微分为

$$dy=(x)'\cdot\Delta x=\Delta x=dx,$$

由此可见，自变量的微分等于自变量的增量。于是，函数 $y=f(x)$ 的微分可以表示为

$$dy=f'(x)dx,$$

形式，即函数 $y=f(x)$ 的微分 dy 就是其导数乘以自变量的微分 dx；若 $f(x)$ 可微，则

$$\frac{dy}{dx}=f'(x),$$

故导数便是函数的微分 dy 与自变量的微分 dx 的商，因此，导数又称为微商。

例 3.31 求函数 $y=x^3$，当 $x=2,\Delta x=0.02$ 时的微分。

解：因为 $dy=(x^3)'\cdot\Delta x=3x^2\cdot\Delta x$，所以

$$dy\Big|_{\substack{x=2\\ \Delta x=0.02}}=3x^2\Delta x\Big|_{\substack{x=2\\ \Delta x=0.02}}=0.24$$

3.4.2 微分的几何意义

在直角坐标系中可微函数 $y=f(x)$ 的图形，如图 3－3 所示。曲线 $y=f(x)$ 在点 $M(x_0,y_0)$ 处的切线 MT 的斜率为

$$f'(x_0)=\tan\alpha,$$

当自变量在 x_0 点处取得增量 Δx 时，可得到曲线上另一点 $N(x_0+\Delta x,y_0+\Delta y)$，从图上可以看出，$MP=\Delta x$，$NP=\Delta y$，

$$TP = \tan\alpha \cdot \Delta x = f'(x_0)dx = dy,$$

由此可见线段 TP 的长度就是函数 $y = f(x)$ 在点 x_0 处的微分。

线段 $NT = NP - TP = \Delta y - dy$，当 Δx 很小时，它是比 Δx 更高价的无穷小量，故两线段 TP 和 NP 的长度可近似相等，NP 可近似代替 TP。同时也表明在点 M 附近，曲线弧段 $\widehat{MN}$ 可用切线段 $\overline{MT}$ 近似代替。

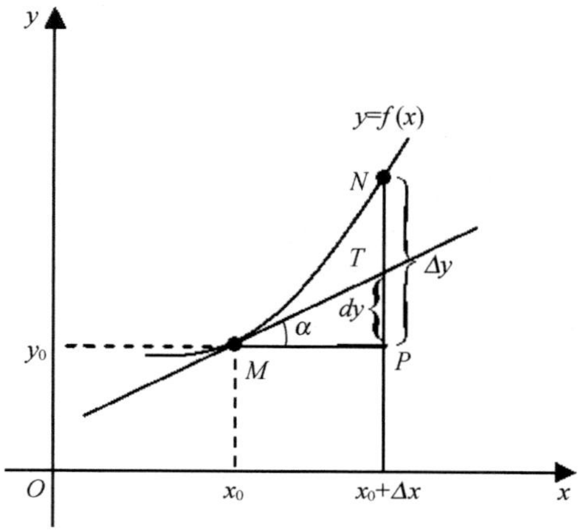

图 3 - 3

3.4.3 微分基本公式与运算法则

由微分和导数的关系 $dy = f'(x)dx$，根据基本初等函数的求导公式与运算法则，可得到基本初等函数的微分公式与微分法则。

(1) 微分基本公式

① $d(C) = 0$; ② $d(x^\alpha) = \alpha x^{\alpha-1}dx$;

③ $d(a^x) = a^x \ln a dx$; ④ $d(e^x) = e^x dx$;

⑤ $d(\log_a x) = \dfrac{1}{x\ln a}dx$; ⑥ $d(\ln x) = \dfrac{1}{x}dx$;

⑦ $d(\sin x) = \cos x dx$; ⑧ $d(\cos x) = -\sin x dx$;

⑨ $d(\tan x) = \sec^2 x dx$; ⑩ $d(\cot x) = -\csc^2 x dx$;

⑪ $d(\sec x) = \sec x \cdot \tan x dx$; ⑫ $d(\csc x) = -\csc x \cdot \cot x dx$;

⑬ $d(\arcsin x) = \dfrac{1}{\sqrt{1-x^2}}dx$; ⑭ $d(\arccos x) = -\dfrac{1}{\sqrt{1-x^2}}dx$;

⑮ $d(\arctan x) = \dfrac{1}{1+x^2}dx$; ⑯ $d(\mathrm{arccot} x) = -\dfrac{1}{1+x^2}dx$ 。

(2) 基本运算法则

设函数 $u = u(x)$、$v = v(x)$ 均可微，则有

① $d(u \pm v) = du \pm dv$; ② $d(uv) = vdu + udv$;

③ $d\left(\dfrac{u}{v}\right) = \dfrac{vdu - udv}{v^2}(v \neq 0)$ 。

证：$d\left(\dfrac{u}{v}\right)=\left(\dfrac{u}{v}\right)'dx=\dfrac{u'v-vu'}{v^2}dx=\dfrac{(u'dx)v-u(v'dx)}{v^2}=\dfrac{vdu-udv}{v^2}$，

法则（3）得证。法则（1）和（2）类似可证。

3.4.4 微分形式的不变性

如果函数 $y=f(u)$ 可微，当 u 是自变量时，其微分为

$$dy=f'(u)du$$

当 u 是中间变量且是 x 的可微函数时，即 $u=\varphi(x)$，$du=\varphi'(x)dx$，则 y 是 x 的复合函数，由复合函数的链式求导法则可得

$$dy=[f(\varphi(x))]'dx=f'(u)\varphi'(x)dx=f'(u)du$$

由此可见，对于函数 $y=f(u)$，不论 u 是自变量还是中间变量，函数 $y=f(u)$ 都有相同的微分形式 $dy=f'(u)du$，这一性质称为微分形式的不变性。

例 3.32 求函数 $y=e^x\cos x$ 的微分 dy。

解：
$$\begin{aligned}dy=d(e^x\cos x)&=\cos x\cdot d(e^x)+e^x\cdot d(\cos x)\\&=\cos x\cdot e^x dx+e^x\cdot(-\sin x)dx\\&=e^x(\cos x-\sin x)dx\end{aligned}$$

例 3.33 求函数 $y=\arctan\dfrac{2x}{1-x^2}$ 的微分 dy。

解：
$$\begin{aligned}dy&=d(\arctan\frac{2x}{1-x^2})\\&=\frac{1}{1+(\frac{2x}{1-x^2})^2}\cdot d(\frac{2x}{1-x^2})\\&=\frac{(1-x^2)^2}{(1-x^2)^2+(2x)^2}\cdot\frac{2(1-x^2)-2x\cdot(-2x)}{(1-x^2)^2}dx\\&=\frac{2}{1+x^2}dx\end{aligned}$$

例 3.34 求由方程 $x^y=y^x$ 所确定的隐函数 $y=f(x)$ 的微分 dy。

解：方程两边取对数后得：$y\ln x=x\ln y$，

两边分别微分后得：$d(y\ln x)=d(x\ln y)$，

即 $\ln x dy+yd(\ln x)=\ln y dx+xd(\ln y)$，

则 $\ln x dy+y\dfrac{1}{x}dx=\ln y dx+x\dfrac{1}{y}dy$，

所以

$$dy=\frac{y^2(1-\ln x)}{x^2(1-\ln y)}dx$$

3.4.5 微分在近似计算中的应用

设函数 $y=f(x)$ 在点 x_0 处可微，由微分的定义可知，当 $\Delta x\to 0$ 时，微分 dy 是函数增量 Δy 的线性主部。因此，当 $|\Delta x|$ 很微小时，可用 dy 近似代替 Δy，从而得到如下两个微分近

似公式：

$$\Delta y = f(x_0 + \Delta x) - f(x_0) \approx f'(x_0)\Delta x$$
$$f(x_0 + \Delta x) \approx f(x_0) + f'(x_0)\Delta x$$

例 3.35　证明当 $|x|$ 很微小时，$\sqrt[n]{1+x} \approx 1 + \frac{x}{n}$

证　设 $f(t) = \sqrt[n]{1+t}$，则 $f'(t) = \frac{1}{n}(1+t)^{\frac{1}{n}-1}$，于是 $f(0)=1$，$f'(0) = \frac{1}{n}$。令 $t_0 = 0$，$\Delta t = x$，当 $|x|$ 很微小时，由微分近似公式，有

$$\sqrt[n]{1+x} = f(t_0 + \Delta t) \approx f(t_0) + f'(t_0)\Delta t$$
$$= f(0) + f'(0) \cdot x = 1 + \frac{x}{n}$$

所以

$$\sqrt[n]{1+x} \approx 1 + \frac{x}{n}$$

当 $|x|$ 很微小时，利用本例的证明方法也可证明如下常用的近似公式

$$\ln(1+x) \approx x, \quad e^x \approx 1 + x, \quad \sin x \approx x, \ \tan x \approx x。$$

例 3.36　求 $\sqrt[4]{0.98}$ 的近似值。

解：设 $f(x) = \sqrt[4]{1+x}$，则 $f'(x) = \frac{1}{4}(1+x)^{-\frac{3}{4}}$，于是 $f(0)=1$，$f'(0) = \frac{1}{4}$。

令　$x_0 = 0, \Delta x = -0.02$，这里可认为 $|\Delta x|$ 很微小，由微分近似公式，有

$$\sqrt[4]{0.98} = \sqrt[4]{1+(-0.02)} = f(x_0 + \Delta x) \approx f(x_0) + f'(x_0)\Delta x$$
$$= 1 + \frac{1}{4} \cdot (-0.02) = 0.995$$

例 3.37　当半径为 10 厘米的金属圆片加热后半径增加了 0.05 厘米，问金属圆的面积近似增加了多少？

解：设金属圆片的半径为 r，故面积为 $s = \pi r^2$。取 $r = 10, \Delta r = 0.5$，则面积增加的部分为：

$$\Delta s = s(r_0 + \Delta r) - s(r_0) \approx ds = s'(r_0) \cdot \Delta r$$
$$= 2\pi r \cdot \Delta r = 2\pi \times 10 \times 0.05 \approx 3.14 \text{（平方厘米）}$$

故金属圆的面积近似增加了 3.14 平方厘米。

§3.5　导数在经济问题中的应用

3.5.1　边际与边际分析

边际是经济和管理问题中的一个重要概念，边际通常是指经济函数的变化率。利用函数的变化率研究变量变化规律的方法称为边际分析。

定义 3.4　设某经济函数 $y = f(x)$ 在点 x_0 处可导，则 $f(x)$ 在 $(x_0, x_0 + \Delta x)$ 内的平均变化

率为$\frac{\Delta y}{\Delta x}$，在点 $x=x_0$ 处的瞬时变化率为

$$f'(x_0)=\lim_{\Delta x\to 0}\frac{f(x_0+\Delta x)-f(x_0)}{\Delta x},$$

在经济和管理问题中常称$f'(x_0)$为 $y=f(x)$在点 x_0 处的边际。

在点 $x=x_0$ 处，如果自变量取得增量 Δx，当 Δx 相对微小并且为一个单位（即 $\Delta x=1$）时，函数 y 相应的增量 Δy 的准确值应为 $\Delta y\big|_{\substack{x=x_0\\ \Delta x=1}}$。由微分近似公式，知

$$\Delta y\big|_{\substack{x=x_0\\ \Delta x=1}}=f(x_0+1)-f(x_0)\approx dy=f'(x)\Delta x\big|_{\substack{x=x_0\\ \Delta x=1}}=f'(x_0),$$

当 $\Delta x=-1$ 时，标志着自变量 x 从 x_0 减少一个单位，且

$$\Delta y\big|_{\substack{x=x_0\\ \Delta x=-1}}\approx dy=f'(x)\Delta x\big|_{\substack{x=x_0\\ \Delta x=-1}}=-f'(x_0)$$

由此可知经济函数的边际$f'(x_0)$表示的应该是在点 x_0 处，当自变量 x 变化一个微小单位（在 x_0 点左右附近变化）时，函数 y 相应变化的近似单位数。

故我们得到$f'(x_0)$的经济意义是：经济函数 $y=f(x)$，在点 x_0 处当自变量 x 变化一个单位时，函数 y 应变化$f'(x_0)$个单位。应注意，在实际问题中解释边际值$f'(x_0)$的经济意义时，往往略去了“近似”二字。

例 3.38 设函数 $y=x^2$，求该函数在 $x=5$ 时的边际。

解： 因为 $y'=2x$，所以$y'\big|_{x=5}=10$。

若函数 $y=x^2$ 具有经济意义，则$y'\big|_{x=5}=10$ 表明：当 $x=5$ 时，x 每变化一个单位，y 将相应变化十个单位。

（1）总成本函数与边际成本

成本是市场经济中重要的概念之一。某产品的总成本是指生产一定数量的产品所需的全部资源投入与费用的总和，它由固定成本与可变成本组成。

平均成本是指生产一定数量的产品，平均每单位产品的成本。边际成本是指总成本的变化率。总成本、平均成本和边际成本都是产量的函数。

设某产品的产量为 x，$C(x)$称为总成本函数。产量 $x=0$ 时的成本 $C_0=C(0)$为固定成本，$C_1(x)=C(x)-C_0$ 为可变成本。如果总成本函数可导，则

$$C'(x)=\lim_{\Delta x\to 0}\frac{\Delta C}{\Delta x}=\lim_{\Delta x\to 0}\frac{C(x+\Delta x)-C(x)}{\Delta x}$$

称为边际成本函数。$C'(x_0)$表示产量为 x_0 时的边际成本，其经济意义是：当产量为 x_0 时，每增加（减少）一个单位产量，总成本将增加（减少）$C'(x_0)$个单位。由边际成本 $C'(x)=(C_0+C_1(x))'=C_1'(x)$可知，边际成本仅与可变成本有关。

$\overline{C}(x)=\frac{C(x)}{x}$称为平均成本函数。

$\overline{C}'(x)=\left[\frac{C(x)}{x}\right]'=\frac{xC'(x)-C(x)}{x^2}$称为边际平均成本函数。

例 3.39 设某产品的成本函数为 $C(x)=100+10x+x^2$，当生产量为 $x=10$ 时的平均成本和边际成本分别为多少，并说明边际成本的经济意义。

解： 平均成本函数为

$$\overline{C}(x)=\frac{C(x)}{x}=\frac{100}{x}+10+x$$

则当 $x=10$ 时的平均成本为

$$\overline{C}(10)=30$$

又边际成本函数为

$$C'(x)=10+2x$$

则当 $x=10$ 时的边际成本为

$$C'(10)=30$$

边际成本的经济意义是：当产量为 10 时，每多生产或少生产一个单位的产品，总成本将增加或减少 30 个单位。

（2）总收益函数与边际收益

总收益（收入）是指生产者出售一定数量的产品所获得的全部收入。平均收益是指生产者出售一定数量的产品，平均每售出单位产品所获得的收入，也就是单位产品的平均售价。边际收益是指总收益的变化率。总收益、平均收益和边际收益都是销售量的函数。

设 x 为产品的销售量，$P(x)$ 为销售价格，则

$$R=R(x)=x\cdot P(x)$$

称为总收益函数。若总收益函数可导

$$R'(x)=\lim_{\Delta x\to 0}\frac{\Delta R}{\Delta x}=\lim_{\Delta x\to 0}\frac{R(x+\Delta x)-R(x)}{\Delta x}$$

称为边际收益函数。$R'(x_0)$ 表示销售量为 x_0 时的边际收益，其经济意义是：当销售量为 x_0 时，每增加（减少）一个单位的销售量，总收益将增加（减少）$R'(x_0)$ 个单位。

例 3.40 某商品的销售量 x 与价格 P 之间的函数的关系为 $P=10-0.01x$。求当销售量分别为 400，500，600 时的总收益和边际收益，并说明边际收益的经济意义。

解：因为总收益函数为

$$R(x)=x\cdot P(x)=10x-0.01x^2,$$

所以，当销售量 $x=400,500,600$ 时的总收益分别为

$$R(400)=2400,\quad R(500)=2500,\quad R(600)=2400。$$

又由于边际收益函数为

$$R'(x)=10-0.02x,$$

所以当销售量 $x=400,500,600$ 时的边际收益分别为

$$R'(400)=2,\ R'(500)=0,\ R'(600)=-2。$$

边际收益的经济意义是：当销售量分别为 400，500，600 时，每增加（减少）一个单位销售量，总收益将增加（减少）2、0、−2 个单位。

（3）利润函数与边际利润

利润是指出售一定数量的产品所获得的净收入。一般情况下，利润函数 $L(x)$ 等于总收益函数 $R(x)$ 与总成本函数 $C(x)$ 的差，边际利润是指利润的变化率。

$L(x)=R(x)-C(x)$ 称为利润函数。若利润函数可导，则

$$L'(x)=\lim_{\Delta x\to 0}\frac{\Delta L}{\Delta x}=\lim_{\Delta x\to 0}\frac{L(x+\Delta x)-L(x)}{\Delta x}$$

称为边际利润函数。$L'(x_0)$表示产量为 x_0 时的边际利润，其经济意义是：当销售量为 x_0 时每增加（减少）一个单位的销售量，利润将增加（减少）$L'(x_0)$个单位。

由 $L'(x)=R'(x)-C'(x)$知，边际利润由边际收益与边际成本决定，当 $R'(x)>C'(x)$时，$L'(x)>0$；当 $R'(x)=C'(x)$时，$L'(x)=0$；当 $R'(x)<C'(x)$时，$L'(x)<0$。

例 3.41 某产品的总成本函数 $C(x)=500+2x$，总收益函数 $R(x)=10x-0.01x^2$，求当产量分别为 400，500 时的总利润和边际利润，并说明边际利润的经济意义。

解：由于利润函数为

$$L(x)=R(x)-C(x)=8x-0.01x^2-500,$$

所以当产量 $x=400,500$ 时的利润分别为

$$L(400)=1100,\ L(500)=1000$$

又由于边际利润函数为

$$L'(x)=8-0.02x$$

所以当产量 $x=400,500$ 时的边际利润分别为

$$L'(400)=0,\ L'(500)=-2$$

边际利润的经济意义是：当产量分别为 400，500 时，每增加（减少）一个销售量，利润将增加（减少）0、-2 个单位。

3.5.2 弹 性

弹性是经济和管理问题中另一个重要概念，弹性反映的是一个变量相对于另一个变量变化的大小程度，利用函数与自变量的相对增量之比研究实际问题的方法称为弹性分析。

定义 3.5 设 $y=f(x)$在点 $x_0\neq 0$ 处可导，$\dfrac{\Delta x}{x_0}$为自变量的相对增量，$\dfrac{\Delta y}{y_0}=\dfrac{f(x_0+\Delta x)-f(x_0)}{f(x_0)}$为函数的相对增量，则函数的相对增量与自变量的相对增量之比

$$\overline{E}(x_0,x_0+\Delta x)=\frac{\dfrac{\Delta y}{y_0}}{\dfrac{\Delta x}{x_0}}=\frac{\Delta y}{\Delta x}\cdot\frac{x_0}{y_0},$$

称为函数 $y=f(x)$在区间$(x_0,x_0+\Delta x)$内的平均相对变化率或称弧弹性；当 $\Delta x\to 0$ 时，$\overline{E}(x_0,x_0+\Delta x)$的极限

$$\frac{Ey}{Ex}\Big|_{x=x_0}=\lim_{\Delta x\to 0}\frac{\Delta y}{\Delta x}\cdot\frac{x_0}{y_0}=f'(x_0)\cdot\frac{x_0}{y_0},$$

称为函数 $y=f(x)$在点 x_0 处的相对变化率，或相对导数，或弹性。

由此可见，弹性$\dfrac{Ey}{Ex}\Big|_{x=x_0}$的经济意义是：经济函数$f(x)$在点 x_0 处当自变量 x 改变 1% 时，$y=f(x)$的函数值所改变的百分数。

一般地，若函数 $y=f(x)$在区间(a,b)内可导，且$f(x)\neq 0$，则称

$$\frac{Ey}{Ex}=\lim_{\Delta x\to 0}\frac{\Delta y}{\Delta x}\cdot\frac{x}{y}=f'(x)\cdot\frac{x}{y},$$

为函数 $y=f(x)$在区间(a,b)内的相对变化率或弹性函数。

例 3.42 求 $y=100e^{3x}$ 的弹性函数 $\frac{Ey}{Ex}$ 以及弹性 $\frac{Ey}{Ex}\Big|_{x=2}$。

解：因为 $y'=300e^{3x}$，于是弹性函数为

$$\frac{Ey}{Ex}=300e^{3x}\cdot\frac{x}{100e^{3x}}=3x,$$

所以

$$\frac{Ey}{Ex}\Big|_{x=2}=6$$

弹性 $\frac{Ey}{Ex}\Big|_{x=2}=6$ 的经济意义是：在 $x=2$ 处当自变量改变 1% 时，$y=f(x)$ 的函数值应改变 6%。

弹性在经济学中常应用于研究需求量与价格之间的变化关系。

需求即需求量是指在一定价格条件下，消费者愿意购买并且有支付能力购买的商品量。商品的需求量与价格密切相关，描述需求量与价格关系的函数称为需求函数。

设 P 表示某商品的价格，Q 表示某商品的市场需求量，则需求函数表示为 $Q=f(P)$。若需求函数 $Q=f(P)$ 可导，则称

$$\frac{EQ}{Ep}=f'(P)\cdot\frac{P}{f(P)}$$

为该商品的需求价格弹性，简称需求弹性，记为 ε_p。

通常需求函数是单调递减函数，即 $f'(P)<0$，因此需求弹性 ε_p 一般为负值。价格为 p_0 时需求弹性 $\varepsilon\big|_{p=p_0}$ 的经济意义是：当该商品的价格为 p_0 时，价格每上涨（下降）1%，需求量将下降（上涨）$|\varepsilon_{p_0}|$ 个百分点。

由需求弹性的定义知：

（1）当 $\varepsilon_{p_0}=-1$（即 $|\varepsilon_{p_0}|=1$）时，称为单位弹性，此时商品需求量变化的幅度等于价格变化的幅度。

（2）当 $\varepsilon_{p_0}<-1$（即 $|\varepsilon_{p_0}|>1$）时，称为高弹性，此时商品需求量变化的幅度大于价格变化的幅度，价格的变动对需求量影响较大。

（3）当 $-1<\varepsilon_{p_0}<0$（即 $|\varepsilon_{p_0}|<1$）时，称为低弹性，此时商品需求量变化的幅度小于价格变化的幅度，价格的变动对需求量影响不大。

在市场经济中，商品经营者也非常关注涨价或降价对总收益的影响，利用需求价格弹性，可以解释价格变化对总收益的影响。

设某商品的需求函数 $Q=f(P)$ 可导，总收益函数为 $R=P\cdot f(P)$，则

$$\begin{aligned}\frac{dR}{dP}&=f(P)+P\cdot f'(P)\\&=f(P)\left[1+f'(P)\cdot\frac{P}{f(P)}\right]\\&=f(P)(1-|\varepsilon_p|)\end{aligned}$$

于是：

（1）当 $|\varepsilon_{p_0}|<1$ 时，边际收益 $\frac{dR}{dP}>0$，此时商品的价格上涨可使总收益增加，价格下降

可使总收益减少。

（2）当$|\varepsilon_{p_0}|>1$时，边际收益$\frac{dR}{dP}<0$，此时商品的价格上涨可使总收益减少，价格下降可使总收益增加。

（3）当$|\varepsilon_{p_0}|=1$时，边际收益$\frac{dR}{dP}=0$，此时商品涨价或降价对总收益没有明显影响。

例 3.43 设某商品的需求函数为$Q=1000-100P$，求$P=4,5,6$时的需求价格弹性，并说明其经济意义。

解：由于需求弹性函数为

$$\varepsilon_p=f'(P)\cdot\frac{P}{Q}=-\frac{P}{10-P},$$

且

$$\varepsilon_{p=4}=-\frac{2}{3}>-1,\ \varepsilon_{p=5}=-1,\ \varepsilon_{p=6}=-\frac{3}{2}<-1$$

当$P=4$时，$|\varepsilon_{p=4}|=0.667<1$，为低弹性，此时，商品的价格上涨1%，需求量将下降0.667%，价格上涨对需求量的下降影响较小，因此降价销售将使总收益减少，涨价销售将使总收益增加。

当$P=5$时，$|\varepsilon_{p=5}|=1$，为单位弹性，此时，商品的价格上涨1%，需求量将同步下降1%，涨价或降价对总收益没有明显的影响。

当$P=6$时，$|\varepsilon_{p=6}|=1.5>1$，为高弹性，此时，商品的价格上涨1%，需求量将下降1.5%，价格上涨对需求量下降影响较大，因此涨价销售将使总收益减少，而降价销售则可增加总收益。

习 题 三

1. 根据导数的定义求下列函数的导数：

（1）$y=\frac{1}{x}$；　　　　（2）$y=\sqrt[3]{x^2}$。

2. 求抛物线$y=ax^2+bx+c$上具有水平切线的点。

3. 求曲线$y=2\sin x+x^2$上横坐标为$x=0$点处的切线方程和法线方程。

4. 设α为实数，在什么条件下，分段函数$f(x)=\begin{cases}x^\alpha\sin\frac{1}{x}, & x\neq0,\\ 0, & x=0,\end{cases}$

（1）在$x=0$点连续；（2）在$x=0$点可导；（3）在$x=0$点处导函数连续。

5. a,b为何值时$f(x)=\begin{cases}e^x-1, & x<0\\ x+a, & 0\leqslant x<1\\ b\sin(x-1)+1, & x\geqslant1\end{cases}$，在$x=0,x=1$点处可导。

6. 设 $f(x)$ 在 $x=0$ 点连续，且 $\lim_{x\to 0}\frac{f(x)-1}{x}=-1$，求 $f(0)$，并判断 $f(x)$ 在点 $x=0$ 处是否可导？

7. 如果 $f(x)$ 为偶函数，且 $f'(0)$ 存在，证明 $f'(0)=0$。

8. 设 $f(x)$ 是可导的奇函数，试证 $f'(x)$ 为偶函数。

9. 若 $f(x)$ 是奇函数，且 $f_+'(0)$ 存在，试判断 $f_-'(0)$ 是否存在？如果存在，$f_+'(0)$ 与 $f_-'(0)$ 有何关系？

10. 求下列函数的导数：

(1) $y=2^x\cdot 3^x$；　(2) $y=x^3+4x^2+2x+3$；

(3) $y=e^x\cdot x^e$；　(4) $y=x^2\operatorname{arccot}x$；

(5) $y=4^x\log_3 x$；　(6) $y=(3x+1)\sec x$；

(7) $y=\left(2\sqrt{x}+5\right)\tan x$；　(8) $y=\frac{\csc x}{x}$；

(9) $y=\frac{1}{1+\sqrt{x}}+\frac{1}{1-\sqrt{x}}$；　(10) $y=\frac{1-\sin x}{1+\cos x}$；

(11) $y=\frac{\cos 2x}{\sin x+\cos x}$；　(12) $y=\frac{\pi}{\csc x+\cot x}$；

(13) $y=\frac{\arctan x+\operatorname{arccot} x}{4x^3}$；　(14) $y=x^3\cdot\tan x\cdot\ln x$；

(15) $y=\frac{3x^2-x-5}{x+4}$；　(16) $y=\frac{x^4\cot x}{4\arcsin x}$。

11. 求下列函数的导数：

(1) $y=\ln\sqrt{x}+\sqrt{\ln x}$；　(2) $y=\ln(\sec x+\tan x)$；

(3) $y=\ln\left(x+\sqrt{x^2-a^2}\right)$；　(4) $y=\log_a(x^2+x+1)$；

(5) $y=\cos^{3n+1}x$；　(6) $y=\tan x^n$；

(7) $y=(3x+\sin 4x)^5$；　(8) $y=\arcsin\frac{1}{x^2}$；

(9) $y=e^{\arctan\sqrt{x}}$；　(10) $y=\arcsin\sqrt{\frac{1-x}{1+x}}$；

(11) $y=\frac{\arccos x}{\sqrt{1-x^2}}$；　(12) $y=\sec^2\frac{x}{a}+\csc^2\frac{x}{a}$；

(13) $y=\ln(2^{-x}+x^{-3}+4^x)$；　(14) $y=[\tan(\sqrt{1-2x})]^2$。

12. 求下列函数的导数：

(1) $y=\frac{x^2}{1-x}\sqrt{\frac{3-x}{(3+x)^2}}$；　(2) $y=\left(1-\frac{1}{1-x^2}\right)^x$；

(3) $y=x^{\frac{1}{x}}$；　(4) $y=(\sin x)^{\cos x}$。

13. 设函数 $f(x)$ 可导，求下列导数：

(1) $y=f(e^x)e^{f(x)}$；　(2) $y=f\left(\arcsin\frac{1}{x}\right)$；

（3） $y=f(\sin^2 x)+f(\cos^2 x)$；（4） $y=[xf(x^2)]^2$；

（5） $y=\ln[1+f^2(x)]$。

14. 求由下列方程确定的隐函数 $y=y(x)$ 的导数：

（1） $\ln(x^2+y^2)=x+y-1$；（2） $xy+\ln y=2$；

（3） $e^{xy}+y^2=\cos x$；（4） $x+2y-\cos y=0$。

15. 设方程 $x+2y-\cos y=0$ 确定隐函数 $y=y(x)$，求 y''

16. 设方程 $xy-\sin(\pi y^2)=0$ 确定隐函数 $y=y(x)$，求 $y'\Big|_{\substack{x=0\\y=-1}}$ 和 $y''\Big|_{\substack{x=0\\y=-1}}$。

17. 求下列函数的 n 阶导数：

（1） $y=\ln x$；（2） $y=\dfrac{1}{x}$；

（3） $y=xe^x$；（4） $y=x^m$；

（5） $y=a^{-x}$其中 $a>0,a\neq 1$。

18. 设函数 $y=\dfrac{1}{2x+3}$，求 $y^{(n)}(0)$。

19. 设 $f(x)$在 $x=2$ 的某邻域内可导，且 $f'(x)=e^{f(x)}$，$f(2)=1$，求 $f'''(2)$。

20. 求下列函数的微分：

（1） $y=\arcsin\sqrt{x}$；（2） $y^y=x$；

（3） $\tan y=x+y$；（4） $y=f(\ln x)e^{f(x)}$，其中 $f(x)$可微。

21. 求下列微分关系式中的未知函数 $f(x)$：

（1） $\dfrac{dx}{x}=df(x)$；（2） $xe^{x^2}dx=df(x)$；

（3） $\dfrac{xdx}{1+x^2}=df(x)$；（4） $\sqrt{x+1}dx=df(x)$。

22. 求下列各式的近似值：

（1） $\sqrt[5]{0.95}$；（2） $\ln 1.01$；（3） $\sin 29^\circ$；

（4） $e^{-0.1}$；（5） $\arctan 0.98$。

23. 设正方体的棱长 $x=10$ 米，如果棱长增加 0.1 米，求此正立方体体积增加的精确值和近似值。

24. 某电器上的一个插头为圆柱形，其截面半径 r 为 0.15 厘米，长度为 4 厘米，为了提高它的导电性能，必须在此圆柱形插头的侧面镀一层厚为 0.001 厘米的纯铜，问大约需要多少克纯铜（铜的比重为 8.9 克/立方厘米）？

25. 某保险公司开展养老保险业务，当存入 A 元时，t 年后可得到养老金 $R(t)=Ae^{at}$元，另外，银行存款的年利率为 r，按连续复利计算，问 t 年后的养老金的现在的价值是多少？

26. 设某商品的需求函数为 $q=37-5p$，供给函数为 $q=4p+10$，试求此种商品的均衡价格（需求和供给相等时的价格）；如果每销售一单位的商品，政府要收一元税款，均衡价格又将如何变化？

27. 某厂的生产能力最高为 1000 吨，每日产品的总成本是日产量 x 的函数

$$C(x)=1000+7x+50\sqrt{x},\qquad x\in[0,1000]。$$

（1） 求平均成本函数和边际成本函数；

（2）求当日产量为 100 吨时总成本，平均成本和边际成本；

（3）求日产量从 90 吨到 100 吨时总成本的平均变化率。

28. 某产品的需求函数为 $p=10-\frac{q}{5}$，求：

（1）总收益。平均收益和边际收益函数；

（2）需求量为 20 时的总收益。平均收益和边际收益，并说明经济意义。

29. 某产品的需求函数为 $q=1600\left(\frac{1}{4}\right)^{p}$，求：

（1）需求弹性函数；

（2）当 $p=4$ 和 $p=5$ 时的需求弹性，并说明经济意义。

30. 某产品的需求函数为 $q=12-\frac{p}{2}$，求：

（1）需求弹性函数；

（2）当 $p=10$ 和 $p=14$ 时的需求弹性，并说明经济意义；

（3）当 $p=10$ 和 $p=14$ 时，如果价格上涨 1%，总收入是增加还是减少，将变化百分之几？

31. 某城市肉类的消费水平 S 与消费者年平均收入 i 之间的关系为

$$S=24\sqrt{\frac{i}{2500}},$$

如果 i 的年增长率为 $\frac{di}{dt}=10\%$，求当 $i=10000$ 时 S 的增长率 $\frac{dS}{dt}\Big|_{i=10000}$。

第 4 章

中值定理与导数的应用

第 3 章引入了导数与微分的概念，并系统地介绍了导数和微分的计算方法及其一些简单的应用。本章介绍微分学中的重要内容之一“微分中值定理”，以及导数对求未定式极限、函数性态研究、函数作图和经济极值与最值问题的应用。

§4.1 中值定理

4.1.1 罗尔（Rolle）定理

定理 4.1（罗尔定理） 如果函数 $f(x)$ 满足，在闭区间 $[a,b]$ 上连续，在开区间 (a,b) 内可导，且在区间端点的函数值相等，即 $f(a)=f(b)$。那么在开区间 (a,b) 内至少存在一点 ξ（$a<\xi<b$），使得函数 $f(x)$ 在该点的导数等于零，即 $f'(\xi)=0$。

罗尔定理的几何解释：如果连续曲线 $y=f(x)$ 在点 $A(a,f(a)),B(b,f(b))$ 处的纵坐标相等（即 $f(a)=f(b)$），那么在曲线弧 $\overset{\frown}{AB}$ 上至少有一点 $C(\xi,f(\xi))$ 使得曲线在该点处的切线是水平的（平行于 x 轴），如图 4－1 所示。

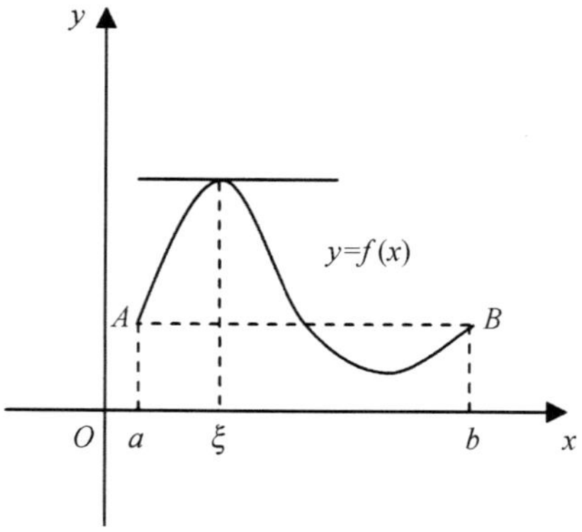

图 4－1

证：由于函数 $f(x)$ 在闭区间 $[a,b]$ 上连续，故由闭区间上连续函数的性质可知，$f(x)$ 在 $[a,b]$ 上必有最大值 M 和最小值 m。下面分两种情况证明：

（1）若 $M=m$，则在开区间 (a,b) 内每一点 x 处都有 $f(x)=M=m$，由此得 $f(x)$ 在 (a,b) 内恒为常数，此时在整个 (a,b) 内，都有 $f'(x)=0$，因此，任取一点 $\xi\in(a,b)$，都有 $f'(\xi)=0$。

（2）若 $M>m$，由 $f(a)=f(b)$ 可知，最值不可能同时在端点取得，不妨设 $M\neq f(a)$，则至少存在一点 $\xi\in(a,b)$，使 $f(\xi)$ 取得最大值 M，即

$$f(\xi)=M\geqslant f(x),\quad x\in[a,b] \tag{4.1}$$

由（4.1）知，$f(\xi+\Delta x)\leqslant f(\xi)$，所以 $f(\xi+\Delta x)-f(\xi)\leqslant 0$，

若 $\Delta x>0$，则有

$$\frac{f(\xi+\Delta x)-f(\xi)}{\Delta x}\leqslant 0;$$

若 $\Delta x<0$，则有

$$\frac{f(\xi+\Delta x)-f(\xi)}{\Delta x}\geqslant 0;$$

所以

$$f'_+(\xi)=\lim_{\Delta x\to 0^+}\frac{f(\xi+\Delta x)-f(\xi)}{\Delta x}\leqslant 0;$$

$$f'_-(\xi)=\lim_{\Delta x\to 0^-}\frac{f(\xi+\Delta x)-f(\xi)}{\Delta x}\geqslant 0。$$

因为 $f'(\xi)$ 存在，故必有 $f'_+(\xi)=f'_-(\xi)=f'(\xi)$，

从而得到　$f'_+(\xi)=f'_-(\xi)=0$，即 $f'(\xi)=0$。

注：（1）从罗尔定理的结论知，至少存在一点 $\xi\in(a,b)$ 使 $f'(\xi)=0$。至于 ξ 在 (a,b) 内的具体位置并不清楚，但这不影响罗尔定理的应用。后面的学习将会看到，罗尔定理在微分学中起着重要的作用。

（2）若罗尔定理的三个条件中有一个不满足，其结论可能不成立。例如，$y=|x|$，$x\in[-2,2]$；在 $[-2,2]$ 上除 $f'(0)$ 不存在外，满足罗尔定理的一切条件，但在 $[-2,2]$ 内找不到一点能使 $f'(x)=0$。

例 4.1　验证函数 $f(x)=\sin 2x$ 在闭区间 $[0,\pi]$ 上满足罗尔定理的条件和结论。

证：（1）函数 $f(x)=\sin 2x$ 在闭区间 $[0,\pi]$ 上连续；

（2）函数 $f(x)=\sin 2x$ 在开区间 $(0,\pi)$ 内可导；

（3）$\sin 0=\sin 2\pi=0$，故函数 $f(x)=\sin 2x$ 在 $(0,\pi)$ 内至少存在一点 ξ，使 $f'(\xi)=2\cos 2\xi=0$。事实上，当 $\xi_1=\dfrac{\pi}{4}$，$\xi_2=\dfrac{3\pi}{4}$ 时，$f'(\xi_1)=f'(\xi_2)=0$。

例 4.2　试证明方程 $x^3+2x+c=0$ 至多有一个实根，其中 c 为任意常数。

证：用反证法证明。假定方程有两个不同的实根 α 和 β，且 $\alpha<\beta$。

设多项式函数 $f(x)=x^3+2x+c$，则 $f(x)$ 在 $[\alpha,\beta]$ 上连续；在 (α,β) 内可导；且由假设可知 $f(\alpha)=f(\beta)=0$；因此 $f(x)$ 在 α,β 之间满足罗尔定理的三个条件。所以在 (α,β) 内至少存在一点 ξ，使得 $f'(\xi)=0$。但 $f'(\xi)=3\xi^2+2>0$，$\xi\in(\alpha,\beta)$ 矛盾，则原方程至多有一个实根。

4.1.2 拉格朗日（Lagrange）中值定理

定理 4.2（拉格朗日中值定理） 如果函数 $f(x)$ 在闭区间 $[a,b]$ 上连续，在开区间 (a,b) 内可导，则在开区间 (a,b) 内至少存在一点 ξ，使得

$$f'(\xi)=\frac{f(b)-f(a)}{b-a},\ \xi\in(a,b) \tag{4.2}$$

拉格朗日中值定理的几何解释：连续曲线 $y=f(x)$ 的弧 $\overparen{AB}$ 上至少有一点 $C(\xi,f(\xi))$ 使得曲线在该点处的切线平行于弦 AB，如图 4－2 所示。

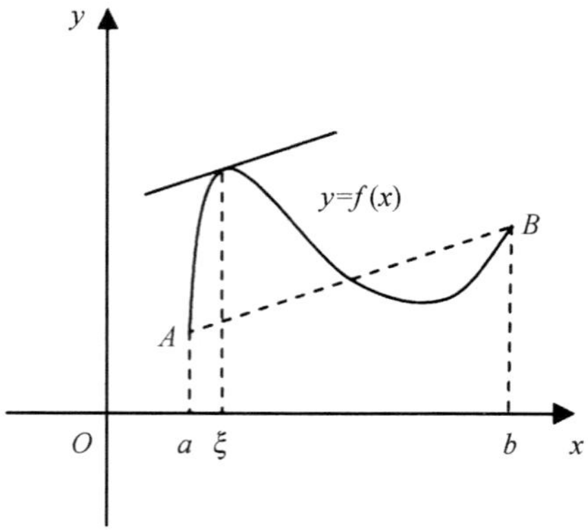

图 4－2

分析：利用罗尔定理来证明拉格朗日中值定理。比较罗尔中值定理和拉格朗日中值定理的条件，发现拉格朗日中值定理的条件中与罗尔中值定理只相差 $f(a)=f(b)$。

如图 4－2 所示，弦 AB 的方程为

$$y=f(a)+\frac{f(b)-f(a)}{b-a}(x-a),$$

由曲线 $f(x)$ 减去弦 AB，所得新曲线在 a,b 两端点的函数值相等。

为此作辅助函数

$$F(x)=f(x)-\left[f(a)+\frac{f(b)-f(a)}{b-a}(x-a)\right], \tag{4.3}$$

这个 $F(x)$ 就是上面所描述的新曲线。显然 $F(x)$ 满足罗尔定理的三个条件。

证：引入辅助函数

$$F(x)=f(x)-\left[f(a)+\frac{f(b)-f(a)}{b-a}(x-a)\right],$$

显然 $F(x)$ 在 $[a,b]$ 上连续，在开区间 (a,b) 内可导，且 $F(a)=F(b)$。所以，$F(x)$ 满足罗尔定理的三个条件，由罗尔定理得，在开区间 (a,b) 内至少存在一点 ξ，使得 $F'(\xi)=0$，即

$$f'(\xi)=\frac{f(b)-f(a)}{b-a},\ \xi\in(a,b)$$

通常，称拉格朗日中值定理为微分中值定理，称（4.2）式为拉格朗日中值公式。（4.2）式可写成如下等价形式：

$$f(b)-f(a)=f'(\xi)(b-a),\ \xi\in(a,b); \tag{4.4}$$

$$f(b)-f(a)=f'[a+\theta(b-a)](b-a),\ 0<\theta<1 \tag{4.5}$$

注意：拉格朗日公式（4.2）精确地表达了函数$f(x)$在一个区间上的增量与函数在这区间内某点处的导数之间的关系。

设$f(x)$在$[a,b]$上连续，在(a,b)内可导，$x_0,x_0+\Delta x\in(a,b)$，则有

$$f(x_0+\Delta x)-f(x_0)=f'(x_0+\theta\Delta x)\cdot\Delta x,\ 0<\theta<1; \tag{4.6}$$

也可写成增量Δy的精确表达式为

$$\Delta y=f'(x_0+\theta\Delta x)\Delta x,\ 0<\theta<1$$

因此，拉格朗日中值公式（4.2）又称有限增量公式，拉格朗日中值定理又称有限增量定理。

推论1　如果函数$f(x)$在区间$[a,b]$上的导数恒为零，那么$f(x)$在区间$[a,b]$上是一个常数函数。即由$f'(x)=0$可推得$f(x)=C$（$x\in[a,b]$，C为某常数）。

证：设x_1，x_2为区间$[a,b]$上的任意两点，$x_1<x_2$，函数$f(x)$在$[x_1,x_2]$上显然满足拉格朗日中值定理的条件，故由（4.4），有

$$f(x_2)-f(x_1)=f'(\xi)(x_2-x_1),\ \xi\in(x_1,x_2)$$

因为在区间$[x_1,x_2]$内$f(x)$的导数恒为零，所以$f'(\xi)=0$，从而$f(x_1)=f(x_2)$。由于任意两点的函数值相等，所以必有$f(x)=C$。

推论2　如果函数$f(x)$与$g(x)$在开区间(a,b)内可导，且恒有$f'(x)=g'(x)$，$x\in(a,b)$，那么$f(x)$与$g(x)$仅相差一个常数，即

$$f(x)=g(x)+C\ (x\in(a,b),\ C\text{为某常数}) \tag{4.7}$$

证：设$F(x)=f(x)-g(x)$，则有$F'(x)=f'(x)-g'(x)=0$，$(x\in(a,b))$，由推论1可知，$F(x)=f(x)-g(x)=C$，由此推得（4.7）式成立。

例4.3　证明当$x>0$时，下列不等式成立。

$$\frac{x}{x+1}<\ln(1+x)<x$$

证：引入辅助函数$f(x)=\ln(1+x)$，$(x>0)$，显然$f(x)$在$[0,x]$上满足拉格朗日中值定理的条件，由公式（4.4），知

$$f(x)-f(0)=f'(\xi)x,\ 0<\xi<x$$

因为$f(0)=0$，$f'(x)=\frac{1}{1+x}$，由上式得$\ln(1+x)=\frac{x}{1+\xi}$，又因为$0<\xi<x$，推得$1<\xi+1<1+x$，于是$\frac{1}{1+x}<\frac{1}{1+\xi}<1$，所以$\frac{x}{1+x}<\frac{x}{1+\xi}<x$，即$\frac{x}{x+1}<\ln(1+x)<x$。

例4.4　证明$\arcsin x+\arccos x=\frac{\pi}{2}$，$x\in[-1,1]$。

证：设$f(x)=\arcsin x+\arccos x$，$x\in[-1,1]$。因为

$$f'(x)=\frac{1}{\sqrt{1-x^2}}+\left(-\frac{1}{\sqrt{1-x^2}}\right)=0,$$

由推论1可知，在$(-1,1)$内恒有$f(x)\equiv C$，又因为令$x=0$，得

$$f(0)=\arcsin 0+\arccos 0=\frac{\pi}{2},$$

即 $C=\frac{\pi}{2}$，从而 $\arcsin x+\arccos x=\frac{\pi}{2}$，$x\in(-1,1)$。又

$$\arcsin 1+\arccos 1=\arcsin(-1)+\arccos(-1)=\frac{\pi}{2},$$

所以

$$\arcsin x+\arccos x=\frac{\pi}{2},\ x\in[-1,1]$$

4.1.3 柯西（Cauchy）中值定理

定理 4.3（柯西中值定理） 如果函数 $f(x)$ 与 $g(x)$ 在闭区间 $[a,b]$ 上连续，在开区间 (a,b) 内可导，且 $g'(x)$ 在 (a,b) 内每一点处均不为零，则在开区间 (a,b) 内至少有一点 ξ，$(a<\xi<b)$，使得

$$\frac{f(b)-f(a)}{g(b)-g(a)}=\frac{f'(\xi)}{g'(\xi)},\ \xi\in(a,b) \tag{4.8}$$

证：显然 $g(b)\neq g(a)$，否则由罗尔定理，有 $\xi_1\in(a,b)$，使 $g'(\xi_1)=0$ 与已知条件矛盾。作辅助函数

$$\varphi(x)=f(x)-f(a)-\frac{f(b)-f(a)}{g(b)-g(a)}(g(x)-g(a)),$$

容易验证，$\varphi(x)$ 在 $[a,b]$ 上满足罗尔定理的全部条件。所以，在开区间 (a,b) 内至少存在一点 ξ，使得 $\varphi'(\xi)=0$。即

$$f'(\xi)-\frac{f(b)-f(a)}{g(b)-g(a)}g'(\xi)=0$$

又由已知条件得：$g'(\xi)\neq 0$，从而（4.8）式成立。定理结论得证。

注：当 $g(x)=x$ 时，$g(b)-g(a)=b-a$，$g'(x)=1$，所以由 $\frac{f(b)-f(a)}{g(b)-g(a)}=\frac{f'(\xi)}{g'(\xi)}$，推得 $\frac{f(b)-f(a)}{b-a}=f'(\xi)$。柯西中值定理转化为拉格朗日中值定理。可见，柯西中值定理是拉格朗日中值定理的推广。

例 4.5 设函数 $f(x)$ 在 $[a,b]$ 上可导，且 $0<a<b$，试证明在 (a,b) 内至少存在一点 ξ，使 $f(b)-f(a)=\xi f'(\xi)\ln\frac{b}{a}$。

证：将结果变形为 $\frac{f(b)-f(a)}{\ln b-\ln a}=\frac{f'(\xi)}{\frac{1}{\xi}}$，从而找到辅助函数 $g(x)=\ln x$。

令 $g(x)=\ln x$，则 $f(x)$，$g(x)$ 在 $[a,b]$ 上满足柯西中值定理的条件，所以，至少存在一点 $\xi\in(a,b)$，使得 $\frac{f(b)-f(a)}{g(b)-g(a)}=\frac{f'(\xi)}{g'(\xi)}$，即

$$\frac{f(b)-f(a)}{\ln b-\ln a}=\frac{f'(\xi)}{\frac{1}{\xi}}=\xi f'(\xi),\ \xi\in(a,b),$$

因此，原命题得证。

例 4.6 设函数 $f(x)$ 在 $[a,b]$ 上连续，在 (a,b) 内可导，且 $f(a)=f(b)=0$。试证明至少存在一点 $\xi\in(a,b)$，使得 $f'(\xi)-2f(\xi)=0$。

证：将上式两端同乘以 $e^{-2\xi}$，可得 $[f'(\xi)-2f(\xi)]e^{-2\xi}=[f(x)e^{-2x}]'|_{x=\xi}=0$，由此找辅助函数 $g(x)$。

令 $g(x)=f(x)e^{-2x}$，验证 $g(x)$ 在 $[a,b]$ 上满足罗尔定理条件，由题意可知 $g(x)$ 在 $[a,b]$ 上连续，在 (a,b) 内可导，

又 $g(a)=g(b)=0$。因此 $g(x)$ 在 $[a,b]$ 上满足罗尔定理的条件，故至少存在一点 $\xi\in(a,b)$，使得 $g'(\xi)=0$，即 $f'(\xi)-2f(\xi)=0$。

例 4.7 设函数 $f(x)$ 在 $[a,b]$ 上连续，在 (a,b) 内二阶可导，且 $f(a)=f(b)=0$，$f(c)>0$ $(a<c<b)$。试证明在 (a,b) 内至少存在一点 ξ，使得 $f''(\xi)<0$。

证：由题意可知 $f(x)$ 在 $[a,c]$，$[c,b]$ 上满足拉格朗日中值定理的条件，故在 $[a,c]$，$[c,b]$ 上分别有

$$f'(\xi_1)=\frac{f(c)-f(a)}{c-a}>0,\ \xi_1\in(a,c)$$

$$f'(\xi_2)=\frac{f(b)-f(c)}{b-c}<0,\ \xi_2\in(c,b)$$

由于 $f(x)$ 在 (a,b) 内二阶可导，故 $f'(x)$ 在 $[\xi_1,\xi_2]$ 上，也满足拉格朗日中值定理的条件，所以，在 (ξ_1,ξ_2) 内至少存在一点 ξ，使

$$f''(\xi)=\frac{f'(\xi_2)-f'(\xi_1)}{\xi_2-\xi_1}<0,\ \xi\in(\xi_1,\xi_2)\subset(a,b)。$$

§4.2 洛必达（L'Hospital）法则

在计算两个无穷小量或无穷大量之比的极限时，不能用商的极限法则进行计算。如果当 $x\to x_0$（或 $x\to\infty$）时，两个函数 $f(x)$ 与 $g(x)$ 都趋于零或都趋于无穷大，那么极限 $\lim\limits_{\substack{x\to x_0\\(x\to\infty)}}\frac{f(x)}{g(x)}$ 可能存在，也可能不存在。通常把这种极限称为 $\frac{0}{0}$ 或 $\frac{\infty}{\infty}$ 型未定式。作为微分中值定理的一个重要应用，下面介绍一种既简单又重要的求这类未定式的极限的方法——洛必达法则。

4.2.1 $\frac{0}{0}$ 型未定式的极限

（1）$x\to x_0$ 时的 $\frac{0}{0}$ 型未定式极限的解法：洛必达法则。

定理 4.4 设函数 $f(x)$ 和 $g(x)$ 满足下述条件：

（1）$\lim\limits_{x\to x_0}f(x)=\lim\limits_{x\to x_0}g(x)=0$；

（2）$f(x)$ 和 $g(x)$ 在 x_0 的某空心邻域内可导，且 $g'(x)\neq0$；

（3）$\lim\limits_{x\to x_0}\frac{f'(x)}{g'(x)}=A$（或为 ∞）；

则有

$$\lim_{x\to x_0}\frac{f(x)}{g(x)}=\lim_{x\to x_0}\frac{f'(x)}{g'(x)}=A\ （或为\infty） \tag{4.9}$$

证：由于极限$\lim\limits_{x\to x_0}\frac{f(x)}{g(x)}$的存在与否，与函数值$f(x_0)$和$g(x_0)$无关，故不妨补充定义$f(x_0)=g(x_0)=0$。设$x$为$x_0$空心邻域内的一点，由已知条件可知，$f(x)$和$g(x)$在$[x,x_0]$或$[x_0,x]$上满足柯西中值定理的条件，所以，在$(x,x_0)$（或$(x_0,x)$）内至少存在一点$\xi$，使得

$$\frac{f(x)}{g(x)}=\frac{f(x)-f(x_0)}{g(x)-g(x_0)}=\frac{f'(\xi)}{g'(\xi)},\ \xi\in(x,x_0)\ （或\ \xi\in(x_0,x)），$$

当$x\to x_0$时，有$\xi\to x_0$，所以对上式取极限，有

$$\lim_{x\to x_0}\frac{f(x)}{g(x)}=\lim_{x\to x_0}\frac{f'(\xi)}{g'(\xi)}=\lim_{\xi\to x_0}\frac{f'(\xi)}{g'(\xi)}$$

即

$$\lim_{x\to x_0}\frac{f(x)}{g(x)}=\lim_{x\to x_0}\frac{f'(x)}{g'(x)}=A\ （或为\infty）$$

定理得证。

定义 4.1 这种在一定条件下通过分子分母分别求导再求极限来确定未定式的值的方法称为洛必达法则。

如果$\frac{f'(x)}{g'(x)}$仍属$\frac{0}{0}$型未定式，且$f'(x),g'(x)$满足定理4.4的条件，可以继续使用洛必达法则，即

$$\lim_{x\to x_0}\frac{f(x)}{g(x)}=\lim_{x\to x_0}\frac{f'(\xi)}{g'(\xi)}=\lim_{x\to x_0}\frac{f''(\xi)}{g''(\xi)}=\cdots$$

例 4.8 求$\lim\limits_{x\to 1}\frac{x^2-3x+2}{x^3+x-2}$（$\frac{0}{0}$型）

解：
$$\lim_{x\to 1}\frac{x^2-3x+2}{x^3+x-2}=\lim_{x\to 1}\frac{(x^2-3x+2)'}{(x^3+x-2)'}$$
$$=\lim_{x\to 1}\frac{2x-3}{3x^2+1}=-\frac{1}{4}$$

例 4.9 求$\lim\limits_{x\to 0}\frac{x-\sin x}{x^3}$（$\frac{0}{0}$型）

解：
$$\lim_{x\to 0}\frac{x-\sin x}{x^3}=\lim_{x\to 0}\frac{1-\cos x}{3x^2}\ （\frac{0}{0}型）$$
$$=\lim_{x\to 0}\frac{\sin x}{6x}\ （\frac{0}{0}型）$$
$$=\lim_{x\to 0}\frac{\cos x}{6}=\frac{1}{6}$$

例 4.10 求$\lim\limits_{x\to 0}\frac{e^x-x-1}{x\sin x}$（$\frac{0}{0}$型）

解：
$$\lim_{x\to 0}\frac{e^x-x-1}{x\sin x}=\lim_{x\to 0}\frac{e^x-1}{\sin x+x\cos x}$$

$$=\lim_{x\to 0}\frac{e^x}{2\cos x - x\sin x}=\frac{1}{2}$$

（2）$x\to\infty$ 时的 $\frac{0}{0}$ 型未定式极限的解法

推论　设函数 $f(x)$ 和 $g(x)$ 满足下述条件：

①$\lim\limits_{x\to\infty}f(x)=\lim\limits_{x\to\infty}g(x)=0$；

②存在正数 M，使当 $|x|>M$ 时，$f(x)$ 和 $g(x)$ 可导，且 $g'(x)\neq 0$；

③$\lim\limits_{x\to\infty}\frac{f'(x)}{g'(x)}=A$（或为∞）；

则有

$$\lim_{x\to x_0}\frac{f(x)}{g(x)}=\lim_{x\to x_0}\frac{f'(x)}{g'(x)}=A\ （或为\infty）\tag{4.10}$$

例 4.11　求 $\lim\limits_{x\to\infty}\frac{e^{\frac{2}{x}}-1}{\arcsin\frac{1}{x}}$（$\frac{0}{0}$ 型）

解：$\lim\limits_{x\to\infty}\frac{e^{\frac{2}{x}}-1}{\arcsin\frac{1}{x}}=\lim\limits_{x\to\infty}\frac{e^{\frac{2}{x}}\left(-\frac{2}{x^2}\right)}{\left(-\frac{1}{x^2}\right)\sqrt{1-\frac{1}{x^2}}}=\lim\limits_{x\to\infty}\frac{2e^{\frac{1}{x}}}{\sqrt{1-\frac{1}{x^2}}}=2$

例 4.12　$\lim\limits_{x\to+\infty}\frac{\frac{\pi}{2}-\arctan x}{\frac{1}{x}}$（$\frac{0}{0}$ 型）

解：$\lim\limits_{x\to+\infty}\frac{\frac{\pi}{2}-\arctan x}{\frac{1}{x}}=\lim\limits_{x\to+\infty}\frac{-\frac{1}{1+x^2}}{-\frac{1}{x^2}}=\lim\limits_{x\to+\infty}\frac{x^2}{1+x^2}=1$

4.2.2　$\frac{\infty}{\infty}$ 型未定式的极限

当 $x\to x_0$ 时的 $\frac{\infty}{\infty}$ 型未定式的洛必达法则为，

定理 4.5　若函数 $f(x)$ 和 $g(x)$ 满足下述条件：

（1）$\lim\limits_{x\to x_0}f(x)=\lim\limits_{x\to x_0}g(x)=\infty$；

（2）$f(x)$ 和 $g(x)$ 在 x_0 的某空心邻域内可导，且 $g'(x)\neq 0$；

（3）$\lim\limits_{x\to x_0}\frac{f'(x)}{g'(x)}=A$（或为∞）；

则有

$$\lim_{x\to x_0}\frac{f(x)}{g(x)}=\lim_{x\to x_0}\frac{f'(x)}{g'(x)}=A\ （或为\infty）\tag{4.11}$$

证明从略。

注意　对于 $x\to\infty$ 时的 $\frac{\infty}{\infty}$ 型未定式，也有相应的洛必达法则，该定理仍成立。

例 4.13 求 $\lim\limits_{x\to 0^+}\dfrac{\ln\sin 2x}{\ln x}$ （$\dfrac{\infty}{\infty}$型）。

解： $$\lim_{x\to 0^+}\frac{\ln\sin 2x}{\ln x}=\lim_{x\to 0^+}\frac{\dfrac{2\cos 2x}{\sin 2x}}{\dfrac{1}{x}}$$

$$=\lim_{x\to 0^+}\frac{1}{\dfrac{\sin 2x}{2x}}\cdot\lim_{x\to 0^+}\cos 2x=1$$

例 4.14 求 $\lim\limits_{x\to+\infty}\dfrac{e^x+2x}{x^3+x-6}$ （$\dfrac{\infty}{\infty}$型）。

解： $$\lim_{x\to+\infty}\frac{e^x+2x}{x^3+x-6}=\lim_{x\to+\infty}\frac{e^x+2}{3x^2+1}=\lim_{x\to+\infty}\frac{e^x}{6x}=\lim_{x\to+\infty}\frac{e^x}{6}=\infty。$$

注意 洛必达法则是求未定式极限的一种有效方法，但有时与其他求极限的方法结合使用，效果更好。

例 4.15 求 $\lim\limits_{x\to 0}\dfrac{\tan x-x}{x^2\tan x}$ （$\dfrac{0}{0}$型）。

解： $$\lim_{x\to 0}\frac{\tan x-x}{x^2\tan x}=\lim_{x\to 0}\frac{\tan x-x}{x^3}=\lim_{x\to 0}\frac{\sec^2 x-1}{3x^2}$$

$$=\lim_{x\to 0}\frac{2\sec^2 x\tan x}{6x}=\frac{1}{3}\lim_{x\to 0}\frac{\tan x}{x}\cdot\frac{1}{\cos^2 x}=\frac{1}{3}$$

4.2.3 其他类型的未定式的极限

除了上述$\dfrac{0}{0}$型和$\dfrac{\infty}{\infty}$型两种类型的未定式，还有 $0\cdot\infty$型、$\infty-\infty$型、0^0 型、1^∞ 型、∞^0型等几种类型的未定式。均可将这些类型的未定式化成$\dfrac{0}{0}$型和$\dfrac{\infty}{\infty}$型，然后再利用洛必达法则或其他方法求极限。下面举例说明：

例 4.16 求 $\lim\limits_{x\to 1^-}(1-x)\tan\dfrac{\pi}{2}x$ （$0\cdot\infty$型）。

解： $$\lim_{x\to 1^-}(1-x)\tan\frac{\pi}{2}x=\lim_{x\to 1^-}\frac{1-x}{\cot\dfrac{\pi}{2}x}=\lim_{x\to 1^-}\frac{-1}{-\dfrac{\pi}{2}\csc^2\dfrac{\pi}{2}x}$$

$$=\lim_{x\to 1^-}\frac{2}{\pi}\sin^2\frac{\pi}{2}x=\frac{2}{\pi}$$

例 4.17 求 $\lim\limits_{x\to 0}\left(\dfrac{x+1}{x}-\dfrac{1}{\ln(1+x)}\right)$ （$\infty-\infty$型）。

解： $$\lim_{x\to 0}\left(\frac{x+1}{x}-\frac{1}{\ln(1+x)}\right)=\lim_{x\to 0}\frac{(x+1)\ln(x+1)-x}{x\ln(1+x)}=\lim_{x\to 0}\frac{\ln(1+x)}{\ln(1+x)+\dfrac{x}{1+x}}$$

$$=\lim_{x\to 0}\frac{(1+x)\ln(1+x)}{(1+x)\ln(1+x)+x}=\lim_{x\to 0}\frac{1+\ln(1+x)}{2+\ln(1+x)}=\frac{1}{2}$$

例 4.18　求$\lim\limits_{x\to0}\left(\frac{1}{x\sin x}-\frac{1}{x^2}\right)$（$\infty-\infty$型）。

解： $\lim\limits_{x\to0}\left(\frac{1}{x\sin x}-\frac{1}{x^2}\right)=\lim\limits_{x\to0}\frac{x-\sin x}{x^2\sin x}=\lim\limits_{x\to0}\frac{x-\sin x}{x^3}$（$\sin x\sim x$）

$$=\lim_{x\to0}\frac{1-\cos x}{3x^2}=\lim_{x\to0}\frac{\sin x}{6x}=\frac{1}{6}$$

例 4.19　求$\lim\limits_{x\to0^+}x^x$（0^0 型）。

解： $\lim\limits_{x\to0^+}x^x=\lim\limits_{x\to0^+}e^{x\ln x}=e^{\lim\limits_{x\to0^+}\frac{\ln x}{\frac{1}{x}}}=e^{\lim\limits_{x\to0^+}\frac{\frac{1}{x}}{-\frac{1}{x^2}}}=e^{\lim\limits_{x\to0^+}(-x)}=e^0=1$

例 4.20　求$\lim\limits_{x\to0^+}\left(\frac{1}{x}\right)^{\tan x}$（$\infty^0$型）。

解： $\lim\limits_{x\to0^+}\left(\frac{1}{x}\right)^{\tan x}=\lim\limits_{x\to0^+}e^{-(\tan x)\ln x}=e^{\lim\limits_{x\to0^+}-\frac{\ln x}{\frac{1}{\tan x}}}=e^{\lim\limits_{x\to0^+}\frac{-\frac{1}{x}}{-\csc^2x}}=e^{\lim\limits_{x\to0^+}\frac{\sin^2x}{x}}=e^0=1$

以上例题说明洛必达法则是求未定式极限的有效方法。但具体应用时必须注意，首先要判别是否为未定式极限，属于哪种类型的未定式，是否满足洛必达法则的条件。特别需要注意的是洛必达法则的条件仅是充分条件，所以不能由$\frac{f'(x)}{g'(x)}$的极限不存在（为∞除外）而得出$\frac{f(x)}{g(x)}$的极限也不存在。

例 4.21　$\lim\limits_{x\to\infty}\frac{x-\sin x}{x+\sin x}$（$\frac{\infty}{\infty}$型）。

解： 因为极限

$$\lim_{x\to\infty}\frac{x-\sin x}{x+\sin x}=\lim_{x\to\infty}\frac{(x-\sin x)'}{(x+\sin x)'}=\lim_{x\to\infty}\frac{1-\cos x}{1+\cos x}$$

不存在也不为∞，所以不能用洛必达法则求此极限，事实上

$$\lim_{x\to\infty}\frac{x-\sin x}{x+\sin x}=\lim_{x\to\infty}\frac{1-\frac{\sin x}{x}}{1+\frac{\sin x}{x}}=1$$

这说明，虽然$\frac{f'(x)}{g'(x)}$的极限不存在，但$\frac{f(x)}{g(x)}$的极限仍可能存在。

§4.3　函数单调性及其判别法

函数在某区间内的单调性是研究函数性质时要考虑的重要问题之一。在第一章中已经给出函数单调性的定义，只是若利用定义来判别函数的单调性往往比较困难。本节将介绍利用导数来判别函数的单调性的有效方法。

4.3.1　单调性的判别法

假设函数 $y=f(x)$ 在$[a,b]$上连续，(a,b)内可导，由图 4－3 所示，可以直观地看出，

如果 $y=f(x)$ 在 $[a,b]$ 上单调增加（单调减少），那么它的图形是一条沿 x 轴正向上升（下降）的曲线，曲线上各点处切线的斜率都是非负的（非正的），即导数 $y'=f'(x)\geqslant 0(\leqslant 0)$。反过来也是成立的，由此可见，函数的单调性与导数的符号有着密切的关系。

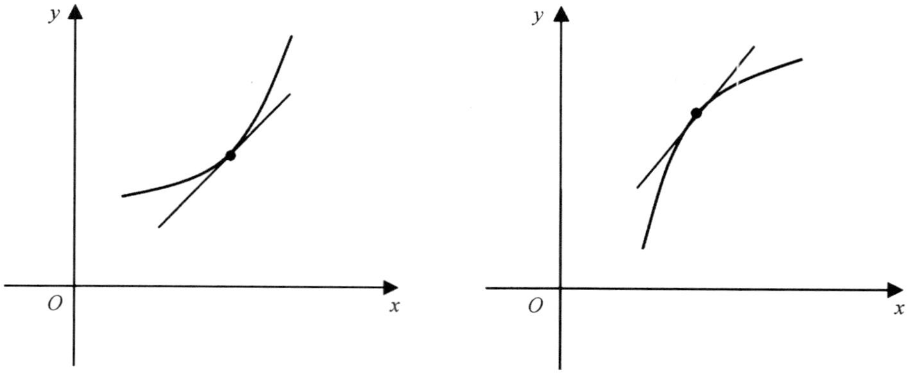

图 4－3

定理 4.6（函数单调性判别法） 设函数 $y=f(x)$ 在 $[a,b]$ 上连续，在 (a,b) 内可导。

（1） 如果在 (a,b) 内恒有 $f'(x)>0$，则 $f(x)$ 在 $[a,b]$ 上单调增加；

（2） 如果在 (a,b) 内恒有 $f'(x)<0$，则 $f(x)$ 在 $[a,b]$ 上单调减少。

证：在 $[a,b]$ 上任取两点 x_1，x_2，不妨设 $x_1<x_2$，则在 $[x_1,x_2]$ 上，$f(x)$ 满足拉格朗日中值定理的条件，所以至少存在一点 $\xi\in(x_1,x_2)$，使得

$$f(x_2)-f(x_1)=f'(\xi)(x_2-x_1)$$

成立。因为 $x_2-x_1>0$，如果在 (a,b) 内恒有 $f'(x)>0$，则 $f'(\xi)>0$，所以 $f(x_2)-f(x_1)>0$，即 $f(x_1)<f(x_2)$，由 x_1，x_2 两点的任意性可知，$y=f(x)$ 在 $[a,b]$ 上单调增加。

同理，如果在 (a,b) 内恒有 $f'(x)<0$，故 $f'(\xi)<0$，所以 $f(x_2)<f(x_1)$。则 $f(x)$ 在 $[a,b]$ 上单调减少。

例 4.22 讨论函数 $y=e^x-x-1$ 的单调性。

解：由于 $y'=e^x-1$，又函数的定义域为 $(-\infty,+\infty)$。于是在 $(-\infty,0)$ 内，$y'<0$，所以函数 $y=e^x-x-1$ 单调减少。在 $(0,+\infty)$ 内，$y'>0$，所以函数 $y=e^x-x-1$ 单调增加。

注意 （1） 函数的单调性是一个区间上的性质，要用导数在这一区间上的符号来判定，而不能用一点处的导数符号来判别一个区间上的单调性。

（2） 如果在 (a,b) 内有 $f'(x)\geqslant 0(\leqslant 0)$，且等号仅在个别点处成立，则 $f(x)$ 在 $[a,b]$ 上单调增加或不减（单调减少或不增）。另外，把判别法中的闭区间换成其他各种区间（包括无穷区间），结论也成立。

4.3.2 单调区间的求法

如例 4.22，函数在定义区间上不是单调的，但在各个部分区间上单调。

定义 4.2 若函数在其定义区间的某个子区间内是单调的，则称该子区间为函数的单调区间。

导数等于零的点和导数不存在的点，可能是单调区间的分界点。

求单调区间的方法：用方程 $f'(x)=0$ 的根及 $f'(x)$ 不存在的点来划分函数 $f(x)$ 的定义区间，然后判断区间内导数的符号，再根据定理 4.6 判断函数 $f(x)$ 在各相应区间上的单调性。

例 4.23　确定函数 $f(x)=2x^3+3x^2-12x+6$ 的单调区间。

解： $f'(x)=6x^2+6x-12=6(x+2)(x-1)$，令 $f'(x)=0$，得 $x_1=-2$，$x_2=1$。这两个根 x_1，x_2 将函数的定义域 $(-\infty,+\infty)$ 分为三个子区间：

$$(-\infty,-2),\ (-2,1),\ (1,+\infty)$$

然后，在这些子区间内分别讨论 $f'(x)$ 的符号和函数 $f(x)$ 的增减性，其结果列于表 4－1。

表 4－1

x	$(-\infty,-2)$	-2	$(-2,1)$	1	$(1,+\infty)$
$f'(x)$	+	0	−	0	+
$f(x)$	↗	26	↘	−1	↗

由表 4－1 可知，$(-\infty,-2)$ 和 $(1,+\infty)$ 为函数 $f(x)$ 的单调增加区间，$(-2,1)$ 为函数 $f(x)$ 的单调减少区间。$f(x)$ 的图形如图 4－4 所示。

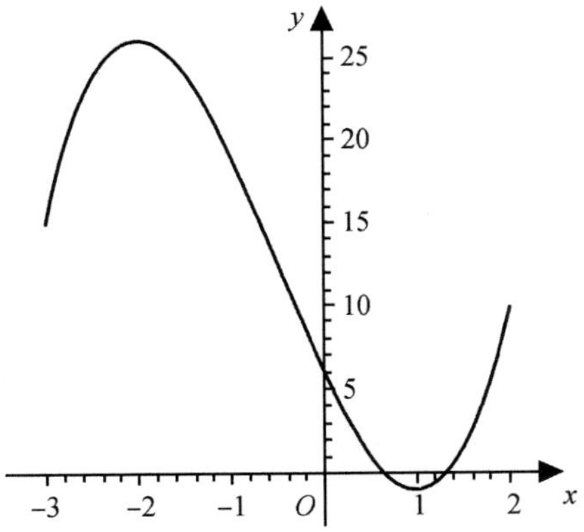

图 4－4

例 4.24　确定函数 $f(x)=x-\frac{3}{2}x^{\frac{2}{3}}+1$ 的单调区间。

解： 由 $f'(x)=1-x^{-\frac{1}{3}}=x^{-\frac{1}{3}}(x^{\frac{1}{3}}-1)$ 可知，当 $x_1=0$ 时，$f'(x)$ 不存在；当 $x_2=1$ 时 $f'(x)=0$。x_1，x_2 将函数的定义域 $(-\infty,+\infty)$ 分为三个子区间：

$$(-\infty,0),\ (0,1),\ (1,+\infty)。$$

然后，在这些子区间内分别讨论 $f'(x)$ 的符号和函数 $f(x)$ 的增减性，其结果列于表 4－2。

表 4－2

x	$(-\infty,0)$	0	$(0,1)$	1	$(1,+\infty)$
$f'(x)$	+	不存在	−	0	+
$f(x)$	↗	1	↘	$\frac{1}{2}$	↗

由表4－2可知，$(-\infty,0)$和$(1,+\infty)$为函数$f(x)$的单调增加区间，$(0,1)$为函数$f(x)$的单调减少区间。

由例4.24可以看出，如果函数在某些点处不可导，则划分函数定义区间的分点，还应包括这些导数不存在的点。

利用函数单调性的判别法证明不等式成立也是不等式证明的常见方法之一。

例4.25 证明 当$x\geqslant 0$时，不等式$\ln(1+x)\leqslant\frac{x}{\sqrt{1+x}}$成立。

证：做辅助函数$f(x)=\ln(1+x)-\frac{x}{\sqrt{1+x}}$，则$f(0)=0$，又

$$f'(x)=\frac{1}{1+x}-\frac{\sqrt{1+x}-\frac{x}{2\sqrt{1+x}}}{1+x}$$

$$=\frac{2\sqrt{1+x}-x-2}{2(1+x)\sqrt{1+x}}=-\frac{(\sqrt{1+x}-1)^2}{2(1+x)\sqrt{1+x}}$$

显然，当$x\in(0,+\infty)$时，$f'(x)<0$，所以$f(x)$在$(0,+\infty)$内单调递减，又函数$f(x)$在$x=0$点连续，则$f(x)\leqslant f(0)=0$，即当$x\geqslant 0$时，有$\ln(1+x)\leqslant\frac{x}{\sqrt{1+x}}$成立。

§4.4 函数的极值、最值及其应用

4.4.1 函数极值的定义

在上节的例4.23中，$x_1=-2$和$x_2=1$是函数$f(x)$单调区间的分界点，从点$x_1=-2$的左侧到右侧，曲线$y=f(x)$（见图4－4）先升后降，这说明在$x_1=-2$处存在一个空心邻域，对该邻域内的任意一点x，均有$f(x)<f(-2)$。则称$f(-2)$为函数$f(x)$的极大值，点$x_1=-2$为$f(x)$的极大值点。

类似地，在$x_2=1$处存在一个空心邻域，对该该邻域内的任意一点x，均有$f(x)>f(1)$。则称$f(1)$为$f(x)$的极小值，点$x_2=1$为$f(x)$的极小值点。

定义4.3 设函数$f(x)$在点x_0的某邻域内有定义。如果对该邻域内的任意点$x(x\neq x_0)$，均有$f(x)<f(x_0)$（或$f(x)>f(x_0)$），则称$f(x_0)$是$f(x)$的极大值（或极小值），称x_0是$f(x)$的极大值点（或极小值点）。

函数的极大值与极小值统称为函数的极值，使函数取得极值的点称为极值点。函数的极值是一个局部的概念，如果$f(x_0)$是$f(x)$的一个极大值，表明仅仅在点x_0的某邻域内$f(x_0)$是最大值，并不能说明$f(x_0)$在整个定义域内是最大值，极小值的情况也类似。

在图4－5中的函数$f(x)$有两个极大值$f(x_1)$、$f(x_3)$和两个极小值$f(x_2)$、$f(x_4)$其中极小值$f(x_4)$比极大值$f(x_1)$还大。在整个定义域$[a,b]$上，只有一个极大值是最大值，而没有一个极小值是最小值。从图中还可以看出，在极值点处，其切线平行于x轴（导数等于零，

如点 x_1, x_2, x_4 处）或垂直于 x 轴（导数不存在，如点 x_3 处）。但是，有水平切线的点不一定是极值点（如点 x_5 处）。

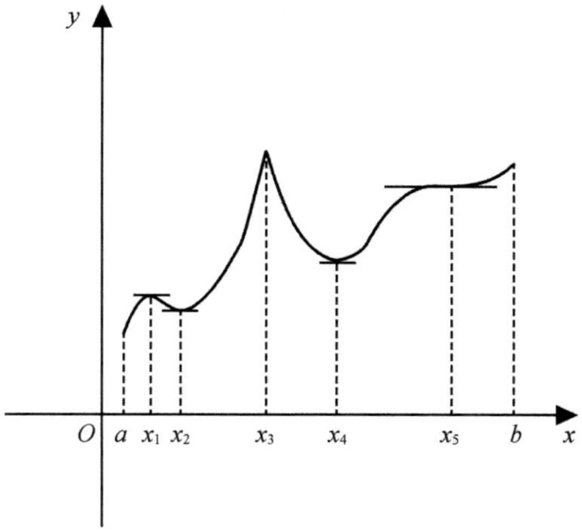

图 4－5

4.4.2　函数极值的求法

在图 4－5 中的函数表明，极值点应在导数为零或导数不存在的点中去寻找。下面给出极值存在的必要条件。

定理 4.7（极值存在的必要条件）　设函数 $f(x)$ 在 x_0 处具有导数，且在 x_0 处取得极值，那么函数 $f(x)$ 在 x_0 点处导数为零，即 $f'(x_0)=0$。

证：假设 $f(x)$ 在点 x_0 处可导，且 x_0 为 $f(x)$ 的极大值点。由定义 4.2 可知，$f(x)$ 在 x_0 的某邻域内有定义，且当 $|\Delta x|$ 很小时，总有

$$\Delta y=f(x_0+\Delta x)-f(x_0)<0$$

则

$$f_+'(x_0)=\lim_{\Delta x\to 0^+}\frac{\Delta y}{\Delta x}\leqslant 0\ ,\ f_-'(x_0)=\lim_{\Delta x\to 0^-}\frac{\Delta y}{\Delta x}\geqslant 0$$

又因为 $f(x)$ 在点 x_0 处可导，故有 $f'(x_0)=f_+'(x_0)=f_-'(x_0)$，所以 $f'(x_0)=0$。

类似可证明，当 x_0 为 $f(x)$ 的极小值点时，也必定有 $f'(x_0)=0$。

定义 4.4　使导数为零的点（即方程 $f'(x)=0$ 的根），称为函数 $f(x)$ 的**驻点**。

注意　函数的极值点必是它的驻点或导数不存在的点。因此，函数极值点应在其驻点和导数不存在的点中去寻找，但函数驻点和导数不存在的点不一定都是极值点。例如，$y=x^3$，$y'|_{x=0}=0$，但点 $x=0$ 不是函数的极值点。

如何判定一个函数的驻点和导数不存在的点是否为极值点，如果是的话，极大值和极小值又如何求得呢？下面给出极值存在的充分条件。

定理 4.8（极值点存在的第一充分条件）　设函数 $f(x)$ 在点 x_0 处连续，且在点 x_0 的某一空心邻域内可导。

（1）如果当 $x\in(x_0-\delta, x_0)$ 时，有 $f'(x)>0$，而当 $x\in(x_0, x_0+\delta)$ 时，有 $f'(x)<0$，则 x_0 是 $f(x)$ 的极大值点，$f(x)$ 在 x_0 处取得极大值；

（2）如果当 $x\in(x_0-\delta,x_0)$ 时，有 $f'(x)<0$，而当 $x\in(x_0,x_0+\delta)$ 时，有 $f'(x)>0$，则 x_0 是 $f(x)$ 的极小值点；$f(x)$ 在 x_0 处取得极小值；

（3）如果在点 x_0 的空心邻域内 $f'(x)$ 恒为正或恒为负，则 x_0 不是 $f(x)$ 的极值点，$f(x)$ 在 x_0 处无极值。

证：（1）根据函数单调性判别法（见定理 4.6）可知，函数 $f(x)$ 在点 x_0 的左邻域内单调增加，在点 x_0 的右邻域内单调减少，而 $f(x)$ 在点 x_0 处又是连续的，故由极大值的定义可知，$f(x_0)$ 是 $f(x)$ 的极大值，即 x_0 是 $f(x)$ 的极大值点。同理可证（2）与（3）。

例 4.26 求函数 $f(x)=x^3(x-1)^2$ 的极值。

解：由求函数的极值的步骤，得

（1）$f'(x)=x^2(5x-3)(x-1)$；

（2）令 $f'(x)=0$，得驻点 $x_1=0,x_2=\dfrac{3}{5},x_3=1$；

（3）分别讨论 $f'(x)$ 在驻点 x_1、x_2、x_3 的左右邻域内的符号变化情况，计算结果列于表 4-3：

表 4-3

区间	$(-\infty,0)$	0	$\left(0,\frac{3}{5}\right)$	$\frac{3}{5}$	$\left(\frac{3}{5},1\right)$	1	$(1,+\infty)$
$f'(x)$	+	0	+	0	-	0	+
$f(x)$	↑	非极值	↑	极大值	↓	极小值	↑

由表 4-3 可知，$x_2=\dfrac{3}{5}$ 和 $x_3=1$ 分别为 $f(x)$ 的极大值点和极小值点。而驻点 $x_1=0$ 不是极值点。函数 $f(x)$ 的极大值和极小值分别为 $f\left(\dfrac{3}{5}\right)=0.03456$ 和 $f(1)=0$。

例 4.27 求函数 $f(x)=2-(x+1)^{\frac{2}{3}}$ 的极值。

解：由求函数的极值的步骤，得

（1）$f'(x)=-\dfrac{2}{3}(x+1)^{-\frac{1}{3}}$；

（2）$f(x)$ 没有驻点，当 $x=-1$ 时，$f'(x)$ 不存在；

（3）检查 $f'(x)$ 在点 $x=-1$ 左右的正负号，当 $x<-1$ 时，$f'(x)>0$；当 $x>-1$ 时，$f'(x)<0$，所以 $x=-1$ 为极大值点；$f(-1)=2$ 为 $f(x)$ 的极大值。

当函数 $f(x)$ 在其驻点处二阶导数存在且不等于零时，有另外的判别极值点的充分条件。

定理 4.9（极值点存在的第二充分条件） 设函数 $f(x)$ 在点 x_0 处具有二阶导数，且 $f'(x_0)=0$，$f''(x_0)\neq 0$。则

（1）当 $f''(x_0)>0$ 时，函数 $f(x)$ 在 x_0 处取得极小值；

（2）当 $f''(x_0)<0$ 时，函数 $f(x)$ 在 x_0 处取得极大值。

证：（1）由二阶导数的定义和 $f'(x_0)=0$，可知

$$f''(x_0)=\lim_{x\to x_0}\frac{f'(x)-f'(x_0)}{x-x_0}=\lim_{x\to x_0}\frac{f'(x)}{x-x_0}$$

当$f''(x_0)>0$时，由极限的局部保号性可知，在x_0的某空心邻域内，有$\frac{f'(x)}{x-x_0}>0$。所以，当$x\in(x_0-\delta,x_0)$时，由于$x-x_0<0$，则有$f'(x)<0$；当$x\in(x_0-\delta,x_0)$时，由于$x-x_0>0$，则有$f'(x)>0$。由定理4.8可知，x_0是$f(x)$的极小值点。同理可证结论（2）。

例4.28　求函数$f(x)=2x^3-6x-8$的极值。

解：由$f'(x)=6x^2-6=6(x+1)(x-1)$，令$f'(x)=0$，得驻点$x_1=-1, x_2=1$；

由$f''(x)=12x$，得$f''(-1)=-12<0$和$f''(1)=12>0$，由判断极值的第二充分条件，分别得$f(-1)=-4$为$f(x)$的极大值和$f(1)=-12$为$f(x)$的极小值。

4.4.3　函数的最值及其应用

在许多理论和实际应用问题中，常常会遇到如何使“利润最大”、“产品最多”、“成本最小”、“用料最少”等等这类问题。这些问题在数学中有时可归结为求某函数（即目标函数）在某区间上的最大值和最小值（统称为最值）的问题。

（1）函数的最大值与最小值

一般地说，函数的最值与极值是两个不同的概念，最值是对整个区间而言的，是全局性的；极值是对极值点的某个邻域而言的，是局部性的。另外，最值可以在区间的端点处取得，而极值只能在区间的内点处取得。

如果目标函数在闭区间上连续，由闭区间上连续函数的性质可知，目标函数在该区间上必有最大值和最小值。函数在闭区间上的最大值点和最小值点在其驻点、导数不存在的点、以及端点处产生。因此，求连续函数$f(x)$在闭区间$[a,b]$上的最值，只需分别计算$f(x)$在其驻点、导数不存在的点以及端点a和b处的函数值，然后再加以比较，其中最大者为$f(x)$在$[a,b]$上的最大值，最小者为$f(x)$在$[a,b]$上的最小值。

例4.29　求函数$f(x)=(x-1)x^{\frac{1}{3}}$在区间$[-1,1]$上的最值。

解：由求最值的步骤，得

（1）$f'(x)=x^{\frac{1}{3}}+\frac{1}{3}x^{-\frac{2}{3}}(x-1)=\frac{4x-1}{3\sqrt[3]{x^2}}$；

（2）求$f'(x)=0$的根，得驻点$x_1=\frac{1}{4}$；又显然，$f(x)$在点$x_2=0$处的导数不存在；

（3）计算$f(x)$在区间$[-1,1]$的端点及点x_1,x_2处的函数值，有

$$f\left(\frac{1}{4}\right)=-\frac{3}{4}\left(\frac{1}{4}\right)^{\frac{1}{3}},\quad f(0)=0,\ f(-1)=2,\quad f(1)=0$$

所以，函数$f(x)$在$[-1,1]$上的最大值为$f(-1)=2$，最小值为$f\left(\frac{1}{4}\right)=-\frac{3}{4}\left(\frac{1}{4}\right)^{\frac{1}{3}}$。

在实际问题中，若函数$f(x)$仅有唯一的驻点，该点往往就是最大值点或最小值点。

定理4.10　设函数$f(x)$在闭区间$[a,b]$上连续，在开区间(a,b)内可导，且x_0是$f(x)$在(a,b)内的唯一驻点，则当x_0为$f(x)$的极大值点（或极小值点）时，x_0必同时为$f(x)$在$[a,b]$上的最大值点（或最小值点）。

注意　若将定理中的闭区间$[a,b]$改为其他形式的区间，定理的结论仍成立，证明从略。

例 4.30 制造一个容积为 V（单位：立方米）的圆柱形密闭容器，问容器的高和底圆半径各为多少，所用材料最省？

解： 依题意，要使所用材料最省就是使该容器的表面积最小。

设容器的高为 h，底圆半径为 r，则该容器的表面积为 $s=2\pi r^2+2\pi rh$；由 $v=\pi r^2 h$，得 $h=\dfrac{v}{\pi r^2}$，再代入上式得

$$s=s(r)=2\pi r^2+2\pi r\cdot\frac{v}{\pi r^2}=2\pi r^2+\frac{2v}{r}$$

求解方程，

$$s'=4\pi r-\frac{2v}{r^2}=0$$

的根，得惟一的驻点为 $r_1=\left(\dfrac{v}{2\pi}\right)^{\frac{1}{3}}$。

因为 $s''=4\pi+\dfrac{4v}{r^3}>0$，由判断极值的第二充分条件可知，$r_1$ 为 $s(r)$ 的极小值点，有根据定理 4.10 可知，r_1 也是 $s(r)$ 的最小值点。所以得容器的高为

$$h=\frac{v}{\pi r_1^2}=2\left(\frac{v}{2\pi}\right)^{\frac{1}{3}}=2r_1$$

这表明，当圆柱形容器的高与底圆直径相等时，所用材料最省。

（2）经济应用问题举例

①最大利润问题。在经济学中，若收入和总成本都可以表示为产量 x 的函数，分别记为 $R(x)$ 和 $C(x)$，则 $L(x)=R(x)-C(x)$ 称为利润函数。为使利润 $L(x)$ 最大，须令其一阶导数 $L'(x)$ 等于零，即

$$L'(x)=R'(x)-C'(x)=0$$

所以 $R'(x)=C'(x)$，其中 $R'(x)$ 表示边际收益，$C'(x)$ 表示边际成本。设 x_0 为 $L'(x)=0$ 的根，显然，为使总利润达到最大，还应有

$$L''(x_0)=R''(x_0)-C''(x_0)<0$$

即

$$R''(x_0)<C''(x_0)$$

可见，对于一般的利润函数，在利润取得最大值的点处的边际收益等于其相应的边际成本。

例 4.31 已知某工厂生产某商品的总成本为 $C(x)=600+4x$，该商品的需求函数为 $x=1500-50p$，其中 p 为该商品的价格。问当 p 为多少时，所获利润最大？并求出最大利润。

解： 该商品的总收入函数为

$$R(p)=xp=(1500-50p)p$$

所以，总利润函数为

$$\begin{aligned}L(p)&=R(p)-C(p)\\&=(1500-50p)p-[600+4(1500-50p)]\\&=-50p^2+1700p-6600\end{aligned}$$

求解方程 $L'(p)=R'(p)-C'(p)=-100p+1700=0$ 的根，得唯一驻点 $p=17$。又由 $L''(p)=-100<0$ 可知，驻点 $p=17$ 是极大值点，同时也是最大值点。因此，当商品的价格为 17 个价格单位时，总利润最大，且最大利润为

$$L(17)=R(17)-C(17)=7850\ (\text{价格单位})$$

可见，当边际收益等于其相应的边际成本时，总利润最大。

②最小平均成本问题。在经济学中，$\overline{C}(x)=\frac{C(x)}{x}$称为平均成本函数。为了使平均成本函数 $\overline{C}(x)$取得最大值，必须

$$\overline{C}'(x)=\frac{xC'(x)-C(x)}{x^2}=\frac{1}{x}(C'(x)-\overline{C}(x))=0$$

即

$$C'(x)=\overline{C}(x)$$

可见，对于一般的成本函数，最小平均成本等于其相应点处的边际成本。

例 4.32　已知某厂生产 x 件产品的成本为 $C(x)=25000+200x+\frac{x^2}{40}$，问要使平均成本最小，应生产多少产品？

解：平均成本函数为

$$\overline{C}(x)=\frac{C(x)}{x}=\frac{25000}{x}+200+\frac{x}{40}$$

由 $\overline{C}'(x)=-\frac{25000}{x^2}+\frac{1}{40}=0$，得驻点 $x_1=1000, x_2=-1000$（依题意应舍去），又由 $\overline{C}''(x_1)=\frac{5}{10^5}>0$可知，驻点 $x_1=1000$ 为极小值点，同时也是最小值点。可见，要使平均成本最小，应生产 1000 件产品，且最小平均成本为

$$\overline{C}(1000)=\frac{25000}{1000}+200+\frac{1000}{40}=250$$

因为边际成本为

$$\overline{C}'(x)=200+\frac{x}{20}$$

故相应点处的边际成本为

$$\overline{C}'(1000)=200+\frac{1000}{20}=250$$

可见，最小平均成本等于其相应的边际成本。

③最大收益问题。在经济应用中，某商品的需求 x 可以表示为价格 p 的函数，记为 $x=x(p)$，则 $R(p)=x(p)p$ 称为收益函数。为使总收益 $R(p)$最大，须令其一阶导数 $R'(p)$等于零，即

$$R'(p)=x(p)+px'(p)=0$$

设 p_0 为 $R'(p)=0$ 的根，显然，为使总收益达到最大，还应有 $R''(p_0)<0$。

例 4.33　设某厂家计划生产一批商品投放市场，已知该商品的需求函数为 $p=p(x)=10e^{-\frac{x}{2}}$，且最大供给量为 6，其中 x 表示供给量，p 为价格，求

（1）该商品的收益函数和边际收益函数；

（2）使收益最大时的产量，最大收益和相应的价格。

解：（1）该商品的收益函数为

$$R(x)=xp(x)=10xe^{-\frac{x}{2}},\qquad (0\leqslant x\leqslant 6)$$

则边际收益函数为

$$R'(x)=5(2-x)e^{-\frac{x}{2}}$$

（2）为使该商品的收益最大，必须收益函数的一阶导数为零，即求 $R'(x)=0$ 的根，由 $R'(x)=0$，得唯一驻点 $x_0=2$，又由 $R''(x_0)=5e^{-\frac{x}{2}}\left[\frac{x-2}{4}\right]\bigg|_{x=2}=-5e^{-1}<0$ 可知，驻点 $x_0=2$ 为极大值点，同时也是最大值点，最大收益为 $R(2)=10e^{-1}$，相应的价格为 $p=10\,e^{-\frac{x}{2}}\big|_{x=2}=10e^{-1}$。

④经济批量问题。在经济应用中，所谓经济批量问题就是确定合理的采购进货的批量和采购次数，使采购费用和库存费用之和最小。

设某种货物的全年需求量为 A 件，全年分 K 批采购进货。假设该货物每批进货的批量 x，因此全年的采购次数为 $K=\frac{A}{x}$。又假设该货物每天的需求量相同，所以平均库存量为最大库存量与最小库存量之和的一半，即为每批进货该货物批量 x 的一半$\frac{x}{2}$，用 B 表示每采购一批货物所需的费用，则全年的采购费用为

$$F_1(x)=BK=B\cdot\frac{A}{x}=\frac{AB}{x}$$

用 C 表示一个单位货物库存一年所需费用，则全年该货物的库存费用为

$$F_2(x)=\frac{Cx}{2}$$

因此，总费用为

$$F(x)=F_1(x)+F_2(x)=\frac{AB}{x}+\frac{Cx}{2}$$

又由于 $x=\frac{K}{A}$，故总费用函数也可表示为 K 的函数

$$F(K)=\frac{AB}{\frac{A}{K}}+\frac{C}{2}\cdot\frac{A}{K}=BK+\frac{AC}{2K}$$

由

$$F'(x)=\frac{C}{2}-\frac{AB}{x^2}=\frac{Cx^2-2AB}{2x^2},x>0$$

令 $F'(x)=0$，得 $F(x)$的唯一驻点 $x_0=\sqrt{\frac{2AB}{C}}$。又由 $F''(x)=\frac{2AB}{x_0^3}>0(A,B,x_0>0)$，得驻点 $x_0=\sqrt{\frac{2AB}{C}}$为极小值点，同时也是最小值点，且最小费用为

$$F(x_0)=\frac{x_0}{2}C+\frac{AB}{x_0}=\frac{C}{2}\sqrt{\frac{2AB}{C}}+AB\sqrt{\frac{C}{2AB}}=\sqrt{2ABC}$$

又由 $x_0=\frac{A}{K}$有 $K=\frac{A}{x_0}=\sqrt{\frac{AC}{2B}}$，所以当全年采购次数 K 取最接近于$\sqrt{\frac{AC}{2B}}$的整数时，使总费用 $F(x)$最小。

注意，由 $F'(x)=\frac{C}{2}-\frac{AB}{x^2}=0$，得

$$\frac{C}{2}=\frac{AB}{x^2}$$

上式两边同乘以 x，得

$$\frac{Cx}{2}=\frac{AB}{x}$$

可见，当全年采购费用和全年库存费用都相同时，且当采购进货批量为 $x_0=\sqrt{\frac{2AB}{C}}$，全年采购次数为最接近于$\sqrt{\frac{AC}{2B}}$的整数时，该货物的全年采购费用与库存费用之和最小。

例 4.34　某厂生产某种产品，全年销售量为 100 万件，每批生产需要增加准备费 1000 元，且每件产品的年库存费为 0.05 元。如果年销售量为平均的，且上批售完后立即生产出下批（即产品的平均库存量为批量的一半），问应分几批生产，能使采购费用及库存费用之和最小？

解：方法一

设每批生产产品的批量为 $x=\frac{A}{K}=\frac{1000000}{K}$,（$K$ 为批次数）；

全年生产准备费为 $BK=B\cdot\frac{A}{x}=1000K$；

每批产品的平均库存量为$\frac{x}{2}=\frac{1000000}{2K}$；

全年产品的库存费为 $C\frac{x}{2}=\frac{1000000}{2K}\times0.05$；

于是，全年总费用为

$$F(K)=1000K+\frac{1000000}{2K}\times0.05=1000K+\frac{2500}{K},K\in(0,+\infty),$$

求方程 $F'(K)=1000-\frac{2500}{K^2}=0$，得 $F(K)$的驻点 $K_1=5$ 或 $K_2=-5$（依题意应舍去）。

由 $F''(K)=\frac{50000}{K^3}>0$ 知，驻点 $K_1=5$ 为最小值点，因此，最佳批次为 5 次，即最佳批量为 $x=\frac{1000000}{5}=20$(万件)。

方法二

由 $F'(x)=\frac{C}{2}-\frac{AB}{x^2}=0$，得$\frac{Cx}{2}=\frac{AB}{x}$，则

$$\frac{x}{2}(0.05)=\frac{1000000\times1000}{x},$$

解得 $x=200000$，即该产品的经济批量为 20 万件。

所以，$K=\frac{A}{x}=\frac{1000000}{200000}=5$。即该产品的最佳批次为 5 次。

§4.5 曲线的凸性、拐点与渐近线

4.5.1 曲线的凸性与拐点

（1）曲线的凹凸性

在研究函数图形变化规律的过程中，仅仅利用一阶导数研究函数的单调性来反映函数的变化规律是不够的。有时还要利用二阶导数研究函数曲线的弯曲方向。如图 4－6 所示的是函数 $y=f(x)$的图形，从图形中可以看出，在(a,b)中虽然$\overset{\frown}{AB}$和$\overset{\frown}{BC}$一直单调上升，但它们的图形却有明显的差别，$\overset{\frown}{AB}$是向上凸的弧（也称为凸弧），而$\overset{\frown}{BC}$是向下凸的弧（也称为凹弧）。

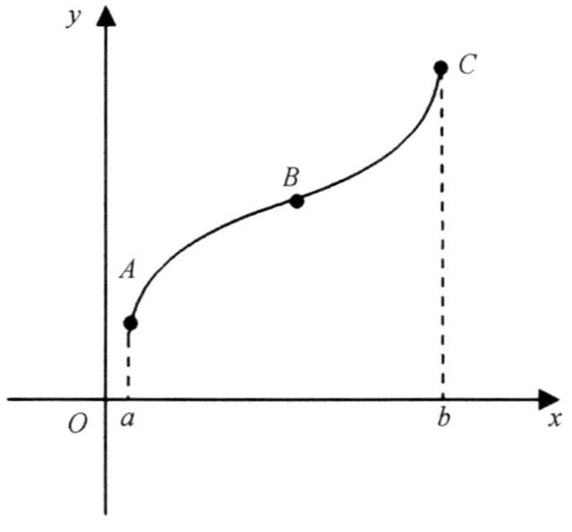

图 4－6

为便于研究函数的凹凸性，下面给出函数凹凸性的定义。

定义 4.5 设函数$f(x)$在区间$[a,b]$上连续，若对于$[a,b]$上任意两点 x_1，x_2 都有不等式$f\left(\frac{x_1+x_2}{2}\right)>\frac{f(x_1)+f(x_2)}{2}$成立，则称函数$f(x)$在区间$[a,b]$上的图形是向上凸的（亦称凸弧）；若对于$[a,b]$上任意两点 x_1，x_2 都有不等式$f\left(\frac{x_1+x_2}{2}\right)<\frac{f(x_1)+f(x_2)}{2}$成立，则称函数$f(x)$在区间$[a,b]$上的图形是向下凸的（亦称凹弧）。

例如，在图 4－7 中，曲线 $y=f(x)$在$[a,b]$上连续，且在(a,b)上是向上凸的，显然，

$f(x)$在$[a,b]$上的图形是凸的，而且对(a,b)内的任意两点 x_1，x_2 有不等式 $f\left(\frac{x_1+x_2}{2}\right)>\frac{f(x_1)+f(x_2)}{2}$成立。同样地，在图 4－8 中，曲线 $y=f(x)$在$[a,b]$上连续，且在(a,b)上是向下凸的，显然，$f(x)$在$[a,b]$上的图形是凹的，而且对(a,b)内的任意两点 x_1，x_2 有不等式 $f\left(\frac{x_1+x_2}{2}\right)<\frac{f(x_1)+f(x_2)}{2}$成立。

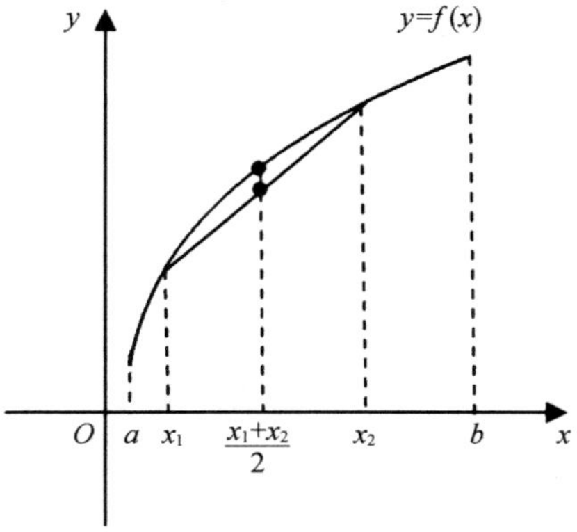

图 4－7

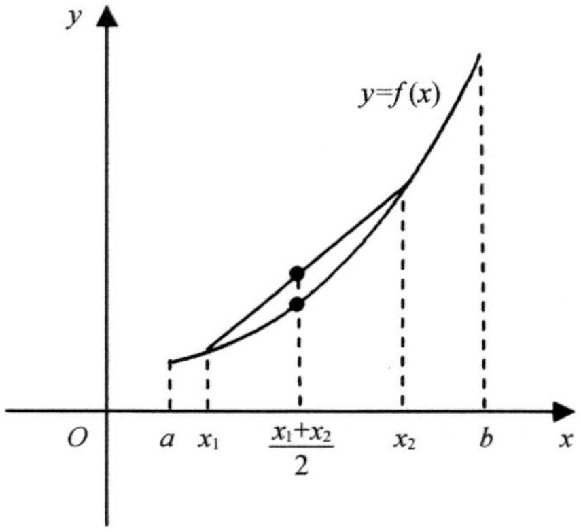

图 4－8

（2） 曲线凹凸性的判定

如图 4－9 所示，当凸弧上的点由左向右运动时，其切线的斜率$f'(x)$将单调减少；如果二阶导数存在，必有$f''(x)<0$，如图 4－10 所示，当凹弧上的点由左向右运动时，其切线的斜率$f'(x)$将单调增加，如果二阶导数存在，必有$f''(x)>0$。下面给出关于函数曲线凹凸性的判别定理。

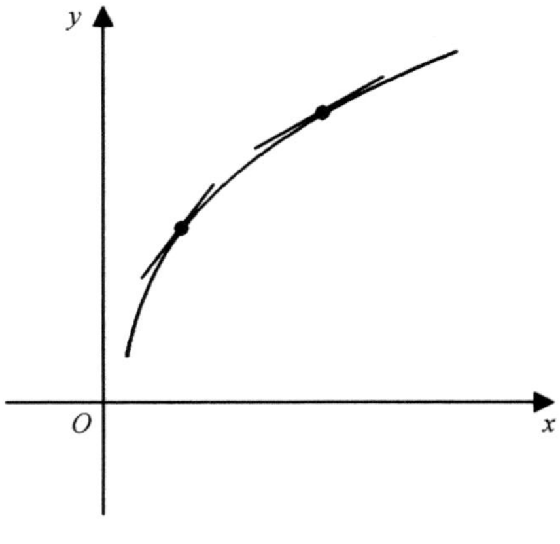

图 4－9

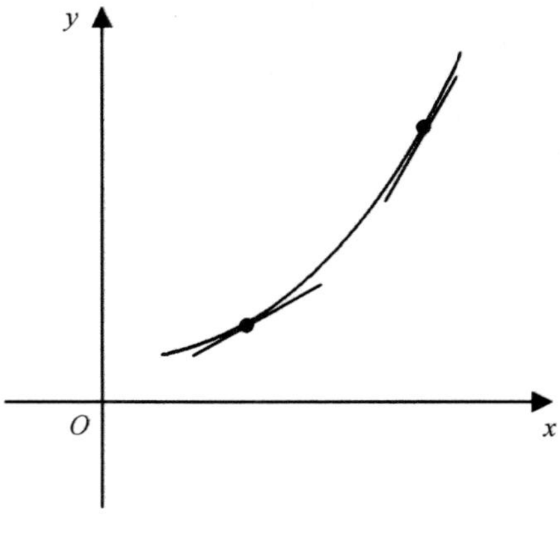

图 4－10

定理 4.11　如果函数$f(x)$在$[a,b]$上连续，在(a,b)内二阶可导，

（1） 若在(a,b)内有$f''(x)>0$，则曲线 $y=f(x)$在$[a,b]$上的图形是凹的；

（2）若在(a,b)内有$f''(x)<0$，则曲线$y=f(x)$在$[a,b]$上的图形是凸的。

证明从略。

例 4.35 判断曲线$y=x^3$的凹凸性。

解：由于$y'=3x^2$，$y''=6x$，当$x<0$时，$y''<0$，所以曲线在$(-\infty,0]$上是凸的，当$x>0$时，$y''>0$，所以曲线在$[0,+\infty)$上是凹的。

注意 点$(0,0)$是曲线由凸变凹的分界点。

（3）曲线的拐点及其求法

定义 4.6 连续曲线上凸弧与凹弧的分界点称为该曲线的拐点。

注意 无论连续曲线由凸变凹，还是由凹变凸，均要经过拐点，拐点处的切线必在拐点处穿过该曲线。由于拐点两侧曲线的凹凸性正好相反，由定理 4.11 知，拐点两侧的二阶导数异号，所以，在拐点处，函数的二阶导数为零或二阶导数不存在。拐点存在的必要条件有结果如下。

定理 4.12 如果$f(x)$在x_0的邻域内二阶可导，且点$(x_0,f(x_0))$是拐点，则$f''(x_0)=0$。

证：由于$f(x)$在x_0的邻域内存在二阶导数，所以$f'(x)$存在且连续，若设$(x_0,f(x_0))$是$f(x)$的拐点，则$f''(x)=(f'(x))'$在点x_0的两边变号，所以$f'(x)$在点x_0处取得极值，由可导函数取得极值的必要条件，得$f''(x_0)=0$。

求连续曲线$y=f(x)$的凹凸性与拐点的一般步骤：

（1）求出使$f''(x)=0$及$f''(x)$不存在的点，并以这些点为分点，将函数$f(x)$的定义域(a,b)划分为若干个子区间；

（2）根据定理 4.11 的结论，利用二阶导数的符号，确定曲线$y=f(x)$在这些子区间上的凹凸性；

（3）判断拐点，设函数$f(x)$在x_0的空心领域内二阶可导，如果$f''(x)$在点x_0的左，右两侧变号，则点$(x_0,f(x_0))$为曲线$y=f(x)$的拐点，若在x_0的两近旁$f''(x)$不变号，则点$(x_0,f(x_0))$不是拐点。

一般地，如果函数$f(x)$在(a,b)内二阶可导，则在拐点$(x_0,f(x_0))$处，$f''(x_0)=0$，但反过来即使$f''(x_0)=0$，也不一定能保证$(x_0,f(x_0))$为该曲线的拐点。

例 4.36 求曲线$y=x^3-3x^2+4x-8$的凸区间、凹区间及拐点。

解：因为曲线的定义域为$(-\infty,+\infty)$，而

$$y'=3x^2-6x+4,\qquad y''=6x-6=6(x-1),$$

令$y''=0$，得$x_0=1$，以$x_0=1$为分点，将函数的定义域$(-\infty,+\infty)$分为$(-\infty,1)$和$(1,+\infty)$两个子区间，根据y''的符号分别讨论曲线在这两个子区间内的凹凸性，其结果见表 4-3：

表 4-3

x	$(-\infty,1)$	1	$(1,+\infty)$
$f''(x)$	−	0	+
$f(x)$	凸的	拐点$(1,-6)$	凹的

由表 4-3 可知，曲线的凸区间为$(-\infty,1)$，凹区间为$(1,+\infty)$，拐点为$(1,-6)$。

例 4.37 求曲线$y=\frac{3}{5}x^{\frac{5}{3}}-\frac{3}{2}x^{\frac{2}{3}}+1$的凸区间、凹区间及拐点。

解：由 $y'=x^{\frac{2}{3}}-x^{-\frac{1}{3}}$，$y''=\frac{2}{3}x^{-\frac{1}{3}}+\frac{1}{3}x^{-\frac{4}{3}}=\frac{1}{3}(2x+1)x^{-\frac{4}{3}}$

令 $y''=0$，得 $x_1=-\frac{1}{2}$；在点 $x_2=0$ 处，二阶导数 y''不存在，以 $x_1=-\frac{1}{2}$和 $x_2=0$ 为分点，划分函数的定义域$(-\infty,+\infty)$为三个子区间，并讨论函数在各子区间的凹凸性，其结果如表 4－4 所示。

表 4－4

x	$\left(-\infty,\frac{1}{2}\right)$	$-\frac{1}{2}$	$\left(-\frac{1}{2},0\right)$	0	$(0,+\infty)$
$f''(x)$	－	0	+	不存在	+
$f(x)$	凸的	拐点 $(-0.5,-0.123)$	凹的	拐点 $(0,0)$	凸的

由表 4－4 可知，曲线的凸区间为$\left(-\infty,-\frac{1}{2}\right)$，凹区间为$\left(-\frac{1}{2},0\right)$和$(0,+\infty)$；拐点为$(-0.5,-0.123)$和$(0,0)$。

4.5.2　曲线的渐近线

为了确定曲线的渐近方向和函数的变化趋势，使描绘函数的图形更准确，有必要讨论曲线的渐近线。

定义 4.7　当曲线 $y=f(x)$上一动点 P 沿曲线移向无穷点时，该曲线无限接近于某直线（即该动点 P 与某直线 L 的距离趋向于零），则称直线 L 为曲线 $y=f(x)$的一条渐近线。

曲线的渐近线可分为水平渐近线、垂直渐近线和斜渐近线三种情形，下面分别利用具体的例子来讨论如何求曲线的渐近线。

（1）水平渐近线（平行于 x 轴的渐近线）

如果 $\lim\limits_{x\to+\infty}f(x)=c$ 或 $\lim\limits_{x\to-\infty}f(x)=c$（$c$ 为常数）。则称直线 $y=c$ 为曲线 $y=f(x)$的一条水平渐近线。

例如，由于$\lim\limits_{x\to\infty}\frac{1}{x}=0$ 所以直线 $y=0$（即 x 轴）为双曲线 $y=\frac{1}{x}$的水平渐近线，如图 4－11所示。

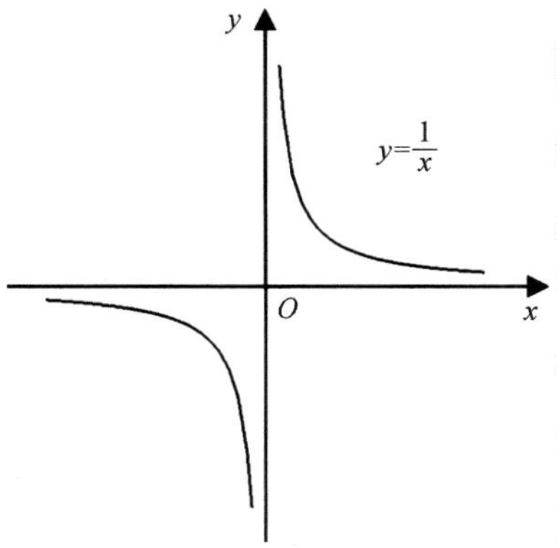

图 4－11

（2）垂直渐近线（垂直于 x 轴的渐近线）。

如果 $\lim\limits_{x\to x_0^-}f(x)=\infty$ 或 $\lim\limits_{x\to x_0^+}f(x)=\infty$，则称直线 $x=x_0$ 为曲线 $y=f(x)$ 的一条垂直渐近线。

例如，由于 $\lim\limits_{x\to 1}\dfrac{1}{x-1}=\infty$，所以直线 $x=1$ 为双曲线 $y=\dfrac{1}{x-1}$ 的垂直渐近线。如图4－12所示。

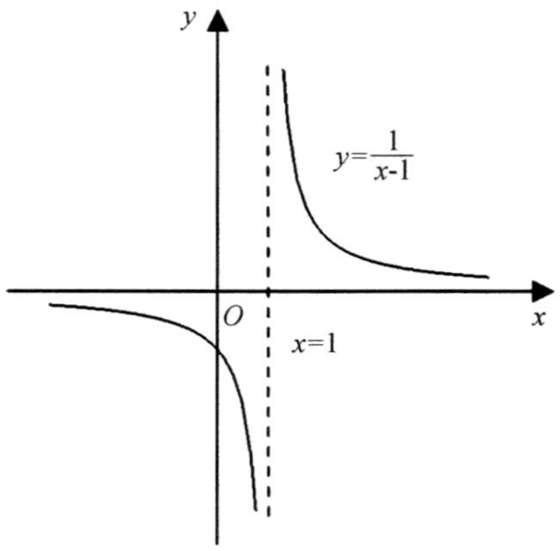

图 4－12

（3）斜渐进线

如果

$$\lim_{x\to+\infty}[f(x)-(ax+b)]=0 \text{ 或 } \lim_{x\to-\infty}[f(x)-(ax+b)]=0 \qquad (4.12)$$

其中 a 和 b 为常数，且 $a\neq 0$，则称直线 $y=ax+b$ 为曲线 $y=f(x)$ 的一条斜渐近线。

如果曲线 $y=f(x)$ 有斜渐近线 $y=ax+b$，则由（4.12）可知，

$$\lim_{x\to+\infty}\left[\frac{f(x)}{x}-a\right]=0 \quad \text{或} \quad \lim_{x\to-\infty}\left[\frac{f(x)}{x}-a\right]=0,$$

以及

$$\lim_{x\to+\infty}[f(x)-ax]=b \quad \text{或} \quad \lim_{x\to-\infty}[f(x)-ax]=b,$$

由此可见，曲线 $y=f(x)$ 的一条斜渐近线 $y=ax+b$ 的求法公式为

$$a=\lim_{x\to+\infty}\frac{f(x)}{x}, \qquad b=\lim_{x\to+\infty}[f(x)-ax] \qquad (4.13)$$

或

$$a=\lim_{x\to-\infty}\frac{f(x)}{x}, \qquad b=\lim_{x\to-\infty}[f(x)-ax] \qquad (4.14)$$

注意　如果 $\lim\limits_{x\to\pm\infty}\dfrac{f(x)}{x}$ 不存在，或若 $\lim\limits_{x\to\pm\infty}\dfrac{f(x)}{x}=a$ 存在，但 $\lim\limits_{x\to\pm\infty}[f(x)-ax]$ 不存在，都可以断定 $y=f(x)$ 不存在斜渐近线。

例 4.38　求曲线 $y=\dfrac{x^2}{3x+2}$ 的渐近线。

解：函数的定义域为 $(-\infty,-\dfrac{2}{3})\cup(-\dfrac{2}{3},+\infty)$，由 $\lim\limits_{x\to\infty}\dfrac{x^2}{3x+2}=\infty$，可知该曲线无水平

渐近线；由 $\lim\limits_{x\to-\frac{2}{3}}\frac{x^2}{3x+2}=\infty$，可知该曲线有垂直渐近线 $x=-\frac{2}{3}$；又由

$$a=\lim_{x\to\infty}\frac{f(x)}{x}=\lim_{x\to\infty}\frac{x^2}{x(3x+2)}=\frac{1}{3},$$

$$b=\lim_{x\to\infty}\left[f(x)-\frac{1}{3}x\right]=\lim_{x\to\infty}\frac{-2x}{3(3x+2)}=-\frac{2}{9},$$

得该曲线有一条斜渐近线

$$y=\frac{1}{3}x-\frac{2}{9}$$

§4.6　函数作图

前面讨论了函数的单调性、极值、曲线的凹凸性、拐点和渐近线，根据这些特性以及函数的定义域，奇偶性和周期性就可以比较准确地画出曲线 $y=f(x)$ 的图形。

归纳起来，函数 $y=f(x)$ 的图形描绘的步骤如下：

第一步：确定函数 $y=f(x)$ 的定义域，讨论其奇偶性与周期性，并求出函数的一阶导数 $f'(x)$ 和二阶导数 $f''(x)$；

第二步：求出方程 $f'(x)=0$ 与 $f''(x)=0$ 在函数定义域内的全部根，以及 $f'(x)$ 与 $f''(x)$ 不存在的点，用这些根与函数的间断点或导数不存在的点把函数的定义域分成若干小区间；

第三步：列表讨论 $f'(x)$ 与 $f''(x)$ 在各子区间内的符号，并由此确定曲线 $y=f(x)$ 在各子区间内的单调性、凹凸性、极值点和拐点；

第四步：确定函数 $y=f(x)$ 的图形的水平、铅直渐近线、斜渐近线及其他的变化趋势；

第五步：描出与方程 $f'(x)=0$ 与 $f''(x)=0$ 的根对应的曲线上的点，以及使 $f'(x)$ 和 $f''(x)$ 不存在的对应的曲线上的点和曲线 $y=f(x)$ 上的几个特殊点，再综合前四步讨论的结果画出函数的图形。

函数作图举例。

例 4.39　作函数 $f(x)=\frac{1}{\sqrt{2\pi}}e^{-\frac{x^2}{2}}$ 的图形。

解：(1) 函数的定义域为 $(-\infty,+\infty)$，且该函数为偶函数，其图形关于 y 轴对称；

(2) 因 $f'(x)=-\frac{x}{\sqrt{2\pi}}e^{-\frac{x^2}{2}}$，$f''(x)=\frac{x^2-1}{\sqrt{2\pi}}e^{-\frac{x^2}{2}}=\frac{(x+1)(x-1)}{\sqrt{2\pi}}e^{-\frac{x^2}{2}}$

令 $f'(x)=0$，得驻点 $x_1=0$；令 $f''(x)=0$，得特殊点 $x_2=-1$，$x_3=1$。

(3) 以 $x_1=0$，$x_2=-1$，$x_3=1$ 为分点，将 $(-\infty,+\infty)$ 划分为 $(-\infty,-1)$，$(-1,0)$，$(0,1)$ 和 $(1,+\infty)$ 四个子区间，并讨论 $f'(x)$ 和 $f''(x)$ 在这四个子区间的符号，列表 4－5 确定函数增减区间，凹凸区间及极值点和拐点等。

表 4-5

x	$(-\infty,-1)$	-1	$(-1,0)$	0	$(0,1)$	1	$(1,+\infty)$
$f'(x)$	+	$\frac{1}{\sqrt{2\pi}}e^{-\frac{1}{2}}$	+	0	−	$\frac{-1}{\sqrt{2\pi}}e^{-\frac{1}{2}}$	−
$f''(x)$	+	0	−	$\frac{1}{\sqrt{2\pi}}$	−	0	+
$f(x)$	↑凹	拐点	↑凸	极大值点	↓凸	拐点	↓凹

极大值点为$\left(0,\frac{1}{\sqrt{2\pi}}\right)$，拐点为$\left(-1,\frac{1}{\sqrt{2\pi e}}\right)$和$\left(1,\frac{1}{\sqrt{2\pi e}}\right)$。

（4）由$\lim\limits_{x\to\infty}f(x)=\lim\limits_{x\to\infty}\frac{1}{\sqrt{2\pi}}e^{-\frac{x^2}{2}}=0$得，$y=0$为曲线的水平渐近线；

（5）描出几个特殊点$\left(-1,\frac{1}{\sqrt{2\pi e}}\right)$、$\left(0,\frac{1}{\sqrt{2\pi}}\right)$、$\left(1,\frac{1}{\sqrt{2\pi e}}\right)$，其中$\frac{1}{\sqrt{2\pi}}\approx 0.4$，$\frac{1}{\sqrt{2\pi e}}\approx 0.24$，并画出曲线在$y$轴右侧的图形，然后按$y$轴对称，画出$y$轴左侧的图形，如图4-13所示。

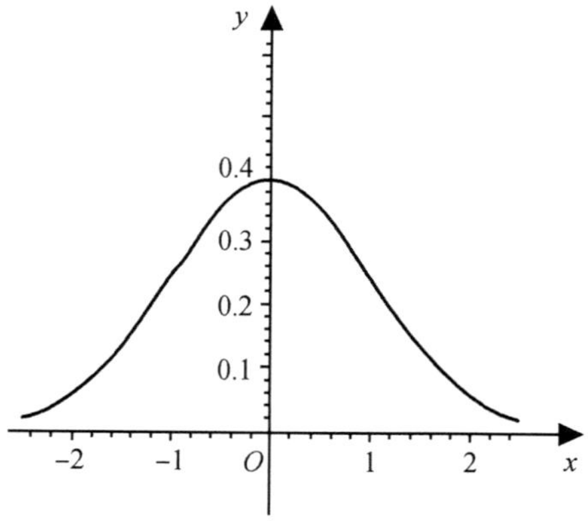

图 4-13

例 4.40 作函数$f(x)=\frac{x^2}{2x+1}$的图形。

解：（1）函数的定义域为$\left(-\infty,-\frac{1}{2}\right)\cup\left(-\frac{1}{2},+\infty\right)$，$x_1=-\frac{1}{2}$为无穷间断点；

（2）因$f'(x)=\frac{2x(x+1)}{(2x+1)^2}$，$f''(x)=\frac{2}{(2x+1)^3}\neq 0\left(x\neq-\frac{1}{2}\right)$

令$f'(x)=0$，得驻点$x_2=-1$和$x_3=0$。

（3）以x_1、x_2、x_3为分点，将函数定义域划分为四个子区间，并讨论y'和y''在各子间内的符号，列表4-7确定函数增减区间，凹凸区间及极值点和拐点等。

表 4－6

x	$(-\infty,-1)$	-1	$\left(-1,-\frac{1}{2}\right)$	$-\frac{1}{2}$	$\left(-\frac{1}{2},0\right)$	0	$(0,+\infty)$
y'	+	0	－	不存在	－	0	+
y''	－	－	－	不存在	+	+	+
$y=f(x)$	↑凸	极大值	↓凸	无定义	↓凹	极小值	↑凹

极大值点为$(-1,1)$，极小值点为$(0,0)$，

（4）由 $\lim\limits_{x\to-\frac{1}{2}}\dfrac{x^2}{2x+1}=\infty$，得该函数的垂直渐近线为 $x=\dfrac{1}{2}$；

又由 $a=\lim\limits_{x\to\infty}\dfrac{\frac{x^2}{2x+1}}{x}=\dfrac{1}{2}$，$b=\lim\limits_{x\to\infty}\dfrac{x^2}{2x+1}-\dfrac{1}{2}x=-\dfrac{1}{4}$，得该函数的斜渐近线为 $y=\dfrac{1}{2}x-\dfrac{1}{4}$。

（5）画出两条渐近线，并描出点$(-1,1)$与$(0,0)$，然后按表 4－6 列出的函数的单调性和曲线的凹凸性作图，如图 4－14 所示。

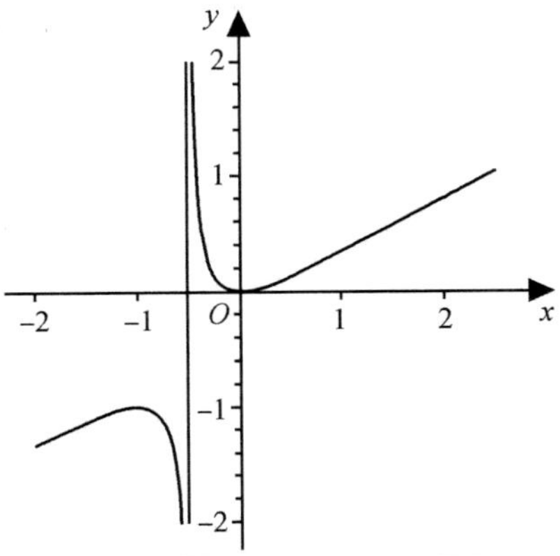

图 4－14

习　题　四

1．验证下列函数在指定区间上是否满足罗尔定理的条件：

（1）$f(x)=\dfrac{x^2}{x-1}$，$[-2,2]$；　　（2）$f(x)=|x\cos x|$，$[-\pi,\pi]$；

（3）$f(x)=x^4+2x^2-3$，$[-1,1]$；　　（4）$f(x)=x(e^x-1)$，$[0,1]$。

2．对函数 $f(x)=x^3-2x+1$ 在$[-1,1]$上验证拉格朗日中值定理。

3．证明方程 $x^3+3x-1=0$ 有且仅有一个正实根。

4．利用中值定理证明下列不等式：

（1）当 $b>a>0$ 时，$\frac{b-a}{b}<\ln\frac{b}{a}<\frac{b-a}{a}$；

（2）当 $b>a$ 时，$\arctan b-\arctan a\leqslant b-a$；

（3）当 $x\geqslant 1$ 时，$e^x\geqslant ex$；

（4）当 $\frac{\pi}{2}>x\geqslant 0$ 时，$\tan x\geqslant x$。

5. 对函数 $f(x)=2x^3$，$g(x)=x^2-1$ 在 $[0,1]$ 上验证柯西中值定理。

6. 设函数 $f(x)$ 在 $[a,b]$ 上连续，在 (a,b) 内可导，且 $f(a)=f(b)=0$。试证明：在 (a,b) 内至少存在一点 ξ，使得 $2f'(\xi)-f(\xi)=0$。

7. 设函数 $f(x)$ 在区间 $[0,1]$ 上连续，在 $(0,1)$ 内可导且 $f(0)=f(1)=0$，$f\left(\frac{1}{2}\right)=1$，求证：

（1）存在 $\eta\in(\frac{1}{2},1)$，使 $f(\eta)=\eta$；

（2）对 $\lambda\in R$，存在 $\xi\in(0,\eta)$，使 $f'(\xi)-\lambda[f(\xi)-\xi]=1$。

8. 已知函数 $f(x)$ 在 $[0,1]$ 上连续，在 $(0,1)$ 内可导，且 $f(0)=0,f(1)=1$，$f(x)$ 是 x 的非线性函数。证明在 $(0,1)$ 内至少存在一点 ξ，使 $f'(\xi)>1$。

9. 求下列函数极限：

（1）$\lim\limits_{x\to 1}\frac{x^n-1}{x^m-1}$；

（2）$\lim\limits_{x\to 0}\frac{e^x-e^{-x}}{x}$；

（3）$\lim\limits_{x\to 0}\frac{x-\sin x}{x^3}$；

（4）$\lim\limits_{x\to 0}\frac{\tan ax}{\sin bx}$；

（5）$\lim\limits_{x\to 0^+}\frac{\ln\tan 3x}{\ln\tan 2x}$；

（6）$\lim\limits_{x\to 0}\frac{a^x-b^x}{x}$；

（7）$\lim\limits_{x\to+\infty}\frac{\ln\left(1-\frac{2}{x}\right)}{\operatorname{arccot}x}$；

（8）$\lim\limits_{x\to+\infty}\frac{e^x+e^{-x}}{e^x-e^{-x}}$；

（9）$\lim\limits_{x\to 0^+}(\tan x)^{\sin x}$；

（10）$\lim\limits_{x\to 0^+}\left(\frac{1}{x}\right)^{\sin x}$；

（11）$\lim\limits_{x\to\infty}(x^2-3)^{\frac{1}{x}}$；

（12）$\lim\limits_{x\to 1}\left(\frac{1}{x-1}-\frac{2}{x^2-1}\right)$；

（13）$\lim\limits_{x\to 1}\left(\frac{1}{x-1}-\frac{1}{\ln x}\right)$；

（14）$\lim\limits_{x\to\infty}x(e^{\frac{1}{x}}-1)$；

（15）$\lim\limits_{x\to\frac{\pi}{2}}\frac{\ln\sin x}{(\pi-2x)^2}$；

（16）$\lim\limits_{x\to 0}\frac{x+\sin 2x}{x-\ln(1-x)}$；

（17）$\lim\limits_{x\to\infty}\frac{x-\sin x}{x+2\cos x}$；

（18）$\lim\limits_{x\to 0}\left[x-x^2\ln\left(1+\frac{1}{x}\right)\right]$。

10. 确定下列函数的单调区间：

（1）$y=2x^3-9x^2+12x-4$；

（2）$y=x-\arctan x$；

（3）$y=x+\sin x$；

（4）$y=x+\frac{1}{x}$；

(5) $y=x+\ln(x+\sqrt{1+x^2})$;　　(6) $y=x^2e^{-x}$;

(7) $y=(x-1)x^{\frac{1}{3}}$;　　(8) $y=x^2-\frac{1}{2}\ln x$。

11. 利用函数的单调性，证明下列不等式：

(1) 当 $x>0$ 时，$e^x>1+x+\frac{x^2}{2}$;

(2) 当 $x>0$ 时，$1+x>\sqrt{1+2x}$;

(3) 当$\frac{\pi}{2}>x>0$ 时，$x>\sin x>\frac{2}{\pi}x$;

(4) 当$\frac{\pi}{2}>x>0$ 时，$\sin x>x-\frac{x^3}{6}$。

12. 证明方程 $\sin x=x$ 有且仅有一个实根。

13. 设 $F(x)=\frac{f(x)-f(a)}{x-a}(x>a)$，其中$f(x)$在$[a,+\infty)$上连续，$f''(x)$在$(a,+\infty)$内存在且大于零，证明 $F(x)$在$(a,+\infty)$内单调递增。

14. 求下列函数的极值：

(1) $y=x^2+6x-4$;　　(2) $y=\frac{2}{3}x^3-5x^2+12x-3$;

(3) $y=x-\ln(1+x)$;　　(4) $y=x+\sqrt{1-2x}$。

15. 求下列函数在所给区间上的最值：

(1) $y=x^3-15x^2+72x+8, x\in[2,5]$;

(2) $y=x^x, x\in(0,+\infty)$;

(3) $y=4\sec^2 x+\cot x, x\in\left(0,\frac{\pi}{2}\right)$;

(4) $y=x^{\beta}\ln x\ (\beta<0), x\in[\frac{1}{2},1]$;

(5) $y=\operatorname{arccot}|x-5|, x\in[2,6]$;

(6) $y=|x^3-3x+2|, x\in[-2,\frac{3}{2}]$。

16. 利用函数的最值证明下列不等式：

(1) $|x^4-4x^2|\leqslant 4, x\in[-\sqrt{2},\sqrt{2}]$;

(2) $x^{\alpha}\geqslant\frac{1}{\alpha}(1+\ln\alpha)+\ln x(0<\alpha<1), x\in(0,+\infty)$

17. 设某公司的利润函数为

$$L(x)=-0.2x^3+3x^2+120x-1000,$$

求使利润最大的产量 x。

18. 某厂每批生产某种产品 x 单位的总成本为

$$C(x)=0.01x^3+68x+2500,$$

问：(1) 每批生产多少单位的产品时，平均成本最小？

(2) 达到最小平均成本时，相应的边际成本为多少，两者有何关系，试解释它的经济现象。

19. 设某种商品的单价为 p 时，售出的商品 Q 可以表示成

$$Q=\frac{a}{p+b}-c,$$

其中 a,b,c 均为正数，且 $a>bc$，求

（1）当 p 在何范围内变化时，其相应销售额增加或减少？

（2）要使销售额最大，商品单价 p 应取何值？最大销售额是多少？

20. 求椭圆 $\frac{x^2}{a^2}+\frac{y^2}{b^2}=1$ 内接矩形的最大面积。

21. 从半径为 R 的圆面上剪下一扇形，并把这扇形卷成一个圆锥面，设这圆锥的体积为 V，问如何剪取能使得圆锥体积 V 最大？

22. 试求方程 $x^2+2xy+y^2=2x$ 所确定的隐函数 $y=y(x)$ 的极值。

23. 设函数 $f(x)$ 满足条件：$af(x)+bf(-x)=c\left(x^2+\frac{1}{x}\right)$，其中 a,b,c 为常数，且 $a^2-b^2>0$，$c>0$。试问 $f(x)$ 是否有极值，若有极值，求出相应极值点。

24. 确定下列曲线的凸凹性区间及拐点：

（1）$y=x^2-x^3$；（2）$y=xe^x$；

（3）$y=x^2\ln x$；（4）$y=\frac{1}{x^2-2x+4}$；

（5）$2+(x-4)^{\frac{1}{3}}$；（6）$y=e^{\arctan x}$。

25. 设 $(1,3)$ 为曲线 $y=ax^3+bx^2+1$ 的拐点，求 a,b。

26. 求下列曲线的渐近线：

（1）$\frac{x^2}{x^2-4}$；（2）$y=\frac{\sin x}{x(x+1)}$；

（3）$y=x-\ln x$；（4）$(1+x)\frac{1}{1-e^{\frac{x}{1-x}}}$。

27. 作出下列函数的图形：

（1）$y=x^3-x^2-x+1$；（2）$y=x-\ln(x+1)$；

（3）$y=\frac{x}{1+x^2}$；（4）$y=\frac{x^3}{(x-1)^2}$；

（5）$y=e^{\frac{1}{x}}$；（6）$y=\frac{7}{6}x^{\frac{6}{7}}$。

第 5 章

不定积分

在微分学中讨论了求某一个已知函数 $F(x)$ 的导数 $F'(x)$（或微分 $dF(x)$）的问题。在科学技术和经济管理的许多实际问题中，常常需要研究与此相反的问题，即对于某一给定函数 $f(x)$，要求出函数 $F(x)$，使得 $F'(x)=f(x)$ 或 $dF(x)=f(x)dx$。这种由已知一个函数的导数或微分，去求原来的函数的问题，是积分学要讨论的问题。本章介绍不定积分的基本概念和性质，以及求不定积分的基本方法。

§5.1 不定积分的概念与性质

5.1.1 原函数与不定积分

首先我们讨论两个实际问题。

例 5.1 如果已知物体运动的速度 v 是时间 t 的函数，即 $v=v(t)$，要求物体在时刻 t 的运动路程 $s=s(t)$。由于物体运动的速度 $v(t)$ 是路程 $s(t)$ 的导数，因此该问题实际上是已知函数 $s(t)$ 的导数 $s'(t)=v(t)$，要求原来的函数 $s(t)$ 的问题。这是一个与微分学中求导数相反的问题。

例 5.2 如果已知某产品的边际成本 MC 是产量 x 的函数 $MC=MC(x)$，要求该产品总成本函数 $C=C(x)$。由于边际成本 $MC(x)$ 是 $C(x)$ 的导数，因此该问题实际上是已知函数 $C(x)$ 的导数 $C'(x)=MC(x)$，要求原来的函数 $C(x)$ 的问题。这也是一个与微分学中求导数相反的问题。

类似的问题在实际中在还有很多。一般地有下面的定义：

定义 5.1 设 $f(x)$ 是定义在某区间 (a,b) 上的已知函数，若存在函数 $F(x)$，使得对于区间 (a,b) 上的任一点，都有

$$F'(x)=f(x) \text{ 或 } dF(x)=f(x)dx$$

成立，则称函数 $F(x)$ 是 $f(x)$ 在区间 (a,b) 上的一个原函数。

例如，因为$(\sin x)'=\cos x$在区间$(-\infty,+\infty)$内恒成立，所以在$(-\infty,+\infty)$内$\sin x$是$\cos x$的一个原函数。

因为$(\sqrt{x})'=(\sqrt{x}+3)'=\frac{1}{2\sqrt{x}}$在区间$(0,+\infty)$内恒成立，所以在$(0,+\infty)$内$\sqrt{x}$与$\sqrt{x}+3$都是$\frac{1}{2\sqrt{x}}$的原函数，而且对任意常数$C$在$(0,+\infty)$内恒有$(\sqrt{x}+C)'=\frac{1}{2\sqrt{x}}$，所以在$(0,+\infty)$内$\sqrt{x}+C'$也是$\frac{1}{2\sqrt{x}}$的原函数。

从上面的例子可以看出，若一个已知函数有一个原函数，则一定还有许多的原函数。一般地，若$F(x)$是$f(x)$在区间(a,b)上的一个原函数，则$F(x)+C$都是$f(x)$在区间(a,b)上的原函数，其中C为任意常数。另一方面，如果$F(x)$，$G(x)$都是$f(x)$的原函数，即$F'(x)=f(x)$和$G'(x)=f(x)$，于是$(G(x)-F(x))'=G'(x)-F'(x)=0$。从而，根据拉格朗日中值定理的推论2（见§4.1）可知$G(x)-F(x)=C$，它们只相差某个常数，即$G(x)=F(x)+C$。因此，如果$F(x)$是$f(x)$在区间(a,b)上的一个原函数，则$F(x)+C$都是$f(x)$在区间(a,b)上的原函数，其中C为任意常数。所有原函数可以表示为

$$F(x)+C$$

定义 5.2 设$F(x)$是$f(x)$的一个原函数，则函数$f(x)$的全部原函数$F(x)+C$（C为任意常数）称为$f(x)$的**不定积分**，记为$\int f(x)dx$，即

$$\int f(x)dx = F(x)+C \tag{5.1}$$

其中$\int$称为积分号，$f(x)$称为被积函数，x称为积分变量，$f(x)dx$称为被积表达式，C称为积分常数，求已知函数$f(x)$的不定积分称为积分$f(x)$。

综上所述，求已知函数的不定积分，归结为求它的某个原函数，再加上任意常数C。研究不定积分必须解决两个重要问题：

①满足什么条件的函数存在原函数？

②若已知某个函数$f(x)$的原函数$F(x)$存在，如何去求$f(x)$的原函数$F(x)$？

下面的定理将解决第一个问题。

定理 5.1 若函数$f(x)$在区间(a,b)上连续，则$f(x)$在区间(a,b)上一定存在原函数$F(x)$。使$F'(x)=f(x)$，$x\in(a,b)$。

该定理的证明将在下一章给出。

由于初等函数在定义域上连续，因此初等函数在定义域上都有原函数。

第二个问题则是本章将要介绍的各种积分方法。

例 5.3 求不定积分$\int x^{\mu}dx$（$\mu\neq-1$）。

解：因为$\left(\frac{x^{\mu+1}}{\mu+1}\right)'=x^{\mu}$，$(\mu\neq-1)$，所以

$$\int x^{\mu}dx = \frac{x^{\mu+1}}{\mu+1}+C,(\mu\neq-1)$$

例 5.4 求不定积分 $\int \frac{1}{x}dx$。

解：当 $x>0$ 时，$(\ln x)'=\frac{1}{x}$，$(x>0)$，于是

$$\int \frac{1}{x}dx = \ln x + C,\ (x>0);$$

当 $x<0$ 时，$[\ln(-x)]'=\frac{1}{-x}\cdot(-1)=\frac{1}{x}$，$(x<0)$，于是

$$\int \frac{1}{x}dx = \ln(-x) + C,\ (x<0);$$

综合上面两式，得到

$$\int \frac{1}{x}dx = \ln|x| + C,\ (x\neq 0)$$

5.1.2 不定积分的几何意义

若 $F(x)$ 是 $f(x)$ 的一个原函数，则 $y=F(x)$ 的图形为坐标平面上的一条曲线，称为 $f(x)$ 的一条积分曲线。$f(x)$ 的任意一条积分曲线 $y=F(x)+C$ 都可由 $y=F(x)$ 的图形上下移动 $|C|$ 个单位而得到。于是，$f(x)$ 的不定积分在几何上就表示 $f(x)$ 的一族积分曲线，这一族曲线称为 $f(x)$ 的积分曲线族。由于不论常数 C 取何值，恒有

$$[F(x)+C]'=F'(x)=f(x)$$

在横坐标相同点处，每条积分曲线上相应点的切线斜率相等且都为 $f(x)$，从而相应点处的各切线相互平行。如图 5－1 所示。

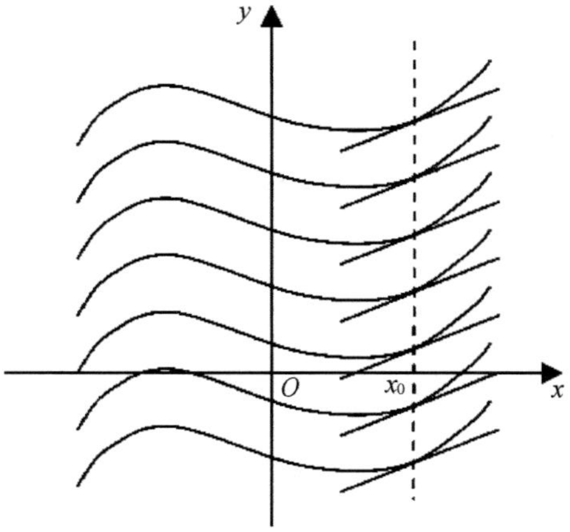

图 5－1

例 5.5 设曲线通过（1，2）点，且其上任一点处的切线斜率等于该点横坐标的两倍，求此曲线方程。

解：设曲线方程为 $y=f(x)$，根据题意可知 $f'(x)=2x$，即 $f(x)$ 是 $2x$ 的一个原函数，由 $\int 2xdx = x^2 + C$，知 $f(x)=x^2+C$，

又因所求曲线通过点（1，2），代入上式可得 $C=1$。

于是，所求曲线方程为 $y=x^2+1$。

5.1.3 不定积分的基本性质

性质 1 求不定积分与求导数或微分互为逆运算

(1) $\frac{d}{dx}\left[\int f(x)dx\right]=f(x)$ 或 $d\left[\int f(x)dx\right]=f(x)dx$。 (5.2)

(2) $\int F'(x)dx = F(x)+C$ 或 $\int dF(x) = F(x)+C$。 (5.3)

由此可见，不定积分的导数（或微分）等于被积函数（或被积表达式）；一个函数的导数（或微分）的不定积分与这个函数相差一个任意常数。

性质 2 非零的常数因子可以移到积分号之前，即

$$\int kf(x)dx = k\int f(x)dx \tag{5.4}$$

其中 k 为非零常数。

证：因为

$$\left[k\int f(x)dx\right]' = k\left[\int f(x)dx\right]' = kf(x),$$

而 $kf(x)$ 恰好是左端 $\int kf(x)dx$ 的被积函数，从而可知，$k\int f(x)dx$ 为 $kf(x)$ 的不定积分。

性质 3 两个函数的代数和的积分，等于函数积分的代数和，即

$$\int[f(x)\pm g(x)]dx = \int f(x)dx \pm \int g(x)dx \tag{5.5}$$

证明与性质 2 类似，读者不难作出证明。

这个性质可以推广到任意有限个函数的代数和的情况。

性质 4 有限个函数线性组合的不定积分等于各函数不定积分的线性组合，即

$$\int[k_1f_1(x)+k_2f_2(x)+\cdots+k_nf_n(x)]dx = k_1\int f_1(x)dx + k_2\int f_2(x)dx+\cdots+k_n\int f_n(x)dx,$$

其中 $k_1,k_2,\cdots,k_n$ 是不全为零的常数。

由性质 2 和性质 3 不难证明此性质。

§5.2 基本积分表

因为求不定积分是求导数的逆运算，所以由第 2 章的基本导数公式，相应地可以得到如下的基本积分公式（式中 C 为任意常数）：

(1) $\int 0dx = C$；

(2) $\int x^{\mu}dx = \frac{x^{\mu+1}}{\mu+1}+C \quad (\mu\neq-1)$；

(3) $\int \frac{dx}{x} = \ln|x| + C$;

(4) $\int a^x dx = \frac{a^x}{\ln a} + C \quad (a > 0, a \neq 1)$;

(5) $\int e^x dx = e^x + C$;

(6) $\int \sin x dx = -\cos x + C$;

(7) $\int \cos x dx = \sin x + C$;

(8) $\int \sec^2 x dx = \tan x + C$;

(9) $\int \csc^2 x dx = -\cot x + C$;

(10) $\int \sec x \tan x dx = \sec x + C$;

(11) $\int \csc x \cot x dx = -\csc x + C$;

(12) $\int \frac{1}{\sqrt{1-x^2}} dx = \arcsin x + C (= -\arccos x + C)$;

(13) $\int \frac{1}{1+x^2} dx = \arctan x + C (= -\operatorname{arccot} x + C)$。

利用基本导数公式很容易验证上述积分公式的正确性。这些基本积分公式要求读者必须熟记，因为其他函数的不定积分经过某些运算变形后，可归结为这些基本积分公式的运算。

直接积分法：

利用不定积分的性质和基本积分公式，可求出一些简单函数的不定积分，此方法称为直接积分法，下面举例说明之。

例 5.6 求不定积分 $\int x^2 \sqrt{x} dx$。

解： $\int x^2 \sqrt{x} dx = \int x^{\frac{5}{2}} dx = \frac{x^{\frac{5}{2}+1}}{\frac{5}{2}+1} + C = \frac{2}{7} x^{\frac{7}{2}} + C = \frac{2}{7} x^3 \sqrt{x} + C$

例 5.7 求不定积分 $\int \left(\frac{5}{1+x^2} - \frac{2}{\sqrt{1-x^2}} \right) dx$。

解：
$$\int \left(\frac{5}{1+x^2} - \frac{2}{\sqrt{1-x^2}} \right) dx = 5\int \frac{1}{1+x^2} dx - 2\int \frac{1}{\sqrt{1-x^2}} dx$$
$$= 5\arctan x - 2\arcsin x + C$$

例 5.8 求不定积分 $\int \frac{1+x+x^2}{x(1+x^2)} dx$。

解：
$$\int \frac{1+x+x^2}{x(1+x^2)} dx = \int \frac{x+(1+x^2)}{x(1+x^2)} dx = \int \left(\frac{1}{1+x^2} + \frac{1}{x} \right) dx$$
$$= \int \frac{1}{1+x^2} dx + \int \frac{1}{x} dx$$

$$= \arctan x + \ln|x| + C$$

例 5.9 求不定积分 $\int \frac{x^4}{1+x^2}dx$。

解：$\int \frac{x^4}{1+x^2}dx = \int \frac{x^4-1+1}{1+x^2}dx = \int\left(x^2 - 1 + \frac{1}{1+x^2}\right)dx$

$$= \frac{1}{3}x^3 - x + \arctan x + C$$

例 5.10 求不定积分 $\int\left(\tan^2 x + \sin^2 \frac{x}{2}\right)dx$。

解：$\int\left(\tan^2 x + \sin^2 \frac{x}{2}\right)dx = \int(\sec^2 x - 1)dx + \frac{1}{2}\int(1 - \cos x)dx$

$$= \tan x - \frac{1}{2}x - \frac{1}{2}\sin x + C$$

例 5.11 求不定积分 $\int \frac{1}{1+\cos 2x}dx$。

解：$\int \frac{1}{1+\cos 2x}dx = \int \frac{1}{1+2\cos^2 x - 1}dx = \frac{1}{2}\int \sec^2 x dx = \frac{1}{2}\tan x + C$

例 5.12 已知曲线 $y=f(x)$ 在点 $(x,f(x))$ 处的切线斜率为 $\sec^2 x + \sin x$，且过点 $(0,5)$，求此曲线。

解：设曲线方程为 $y=f(x)$，依题意可知 $\frac{dy}{dx} = \sec^2 x + \sin x$，于是

$$y = \int(\sec^2 x + \sin x)dx = \tan x - \cos x + C,$$

由于 $y(0)=5$，故解得 $C=6$。因此，所求曲线方程为

$$y = \tan x - \cos x + 6$$

例 5.13 已知某产品的产量 Q 是时间 t 的函数，其变化率的关系为 $Q'(t)=2t+20$，求该产品的产量函数 $Q(t)$？

解：因为 $Q(t)$ 是其变化率 $Q'(t)$ 的原函数，依题意，有

$$Q(t) = \int Q'(t)dt = \int(2t+20)dt = t^2 + 20t + C,$$

又由于 $Q(0)=0$，所解得 $C=0$。因此，该产品的产量函数为

$$Q(t) = t^2 + 20t$$

§ 5.3 换元积分法

利用直接积分法只能计算一些较为简单函数的不定积分，因此，有必要进一步寻求求解不定积分的其他更有效的方法，如果将复合函数的求导法则反过来应用于求不定积分，可得到非常有效的积分方法——换元积分法，换元积分法通常又可分为第一换元法和第二换元法。其基本思想是通过适当的变量替换将某些较难计算的不定积分化为容易计算的积分。

5.3.1 第一换元法（凑微分法）

定理 5.2 设 $f(u)$，$\varphi(x)$，$\varphi'(x)$ 都是连续函数，$F(u)$ 为 $f(u)$ 的一个原函数，则有第一换元积分公式

$$\int f[\varphi(x)]\varphi'(x)dx = F[\varphi(x)] + C \tag{5.6}$$

证：因为 $F(u)$ 为 $f(u)$ 的一个原函数，故有 $F'(u)=f'(u)$，于是由复合函数的求导公式，并令 $\varphi(x)=u$，则有

$$\{F[\varphi(x)]\}'=F'[\varphi(x)]\varphi'(x)=f[\varphi(x)]\varphi'(x),$$

故 $F[\varphi(x)]$ 为 $f[\varphi(x)]\varphi'(x)$ 的一个原函数，从而由定义有

$$\int f[\varphi(x)]\varphi'(x)dx = F[\varphi(x)] + C$$

第一换元法（凑微分法）是计算积分最常用的一种方法之一。利用第一换元积分公式（5.6）的关键在于选择适当的函数 $\varphi(x)$，将被积函数分解成两个部分之积，一部分是已知函数 $\varphi(x)$（可将 $\varphi(x)=u$ 看成是新的积分变量）的复合函数 $f[\varphi(x)]$，另一部分是 $\varphi(x)$ 的导数 $\varphi'(x)$，与 dx 凑成的微分形式 $\varphi'(x)dx=d\varphi(x)$（因此又称第一换元积分法为凑微分法）。

第一换元法的具体求解过程，可用下列等式表示：

$$\begin{aligned}\int f[\varphi(x)]\varphi'(x)dx &= \int f[\varphi(x)]d\varphi(x)\ (\text{令 } \varphi(x) = u)\\ &= \int f(u)du = F(u) + C\\ &= F[\varphi(x)] + C\ (\text{将 } u=\varphi(x) \text{ 代回})\end{aligned}$$

例 5.14 求不定积分 $\int \cos 2x dx$。

解：令 $u=2x$，得 $du=2dx$，于是

$$\begin{aligned}\int \cos 2x dx &= \frac{1}{2}\int \cos u du = \frac{1}{2}\sin u + C\\ &= \frac{1}{2}\sin 2x + C\ (\text{代回原变量})。\end{aligned}$$

另外一种解法为

$$\begin{aligned}\int \cos 2x dx &= \frac{1}{2}\int \cos 2x d(2x)\ (\text{凑微分})\\ &= \frac{1}{2}\sin 2x + C\end{aligned}$$

注意 初学者在运用第一换元法时可将变量替换过程写出来，当运算比较熟练以后，也可不必把中间变量 u 写出来，而直接利用凑微分计算。

例 5.15 求不定积分 $\int (2x+3)^{99}dx$。

解：$\int (2x+3)^{99}dx = \frac{1}{2}\int (2x+3)^{99}d(2x+3) = \frac{1}{2}\cdot\frac{1}{100}(2x+3)^{100} + C$

$$=\frac{1}{200}(2x+3)^{100}+C$$

例 5.16 求不定积分$\int\frac{x}{(x+1)^2}dx$。

解：$\int\frac{x}{(x+1)^2}dx=\int\frac{x+1-1}{(x+1)^2}dx=\int\frac{1}{x+1}dx-\int\frac{1}{(x+1)^2}dx$

$$=\int\frac{1}{x+1}d(x+1)-\int\frac{1}{(x+1)^2}d(x+1)$$

$$=\ln|x+1|+\frac{1}{x+1}+C$$

例 5.17 求不定积分$\int\frac{1}{a^2+x^2}dx$。

解：$\int\frac{1}{a^2+x^2}dx=\frac{1}{a^2}\int\frac{1}{1+\frac{x^2}{a^2}}dx=\frac{1}{a}\int\frac{1}{1+\left(\frac{x}{a}\right)^2}d\left(\frac{x}{a}\right)$

$$=\frac{1}{a}\arctan\frac{x}{a}+C$$

即

$$\int\frac{1}{a^2+x^2}dx=\frac{1}{a}\arctan\frac{x}{a}+C \tag{5.7}$$

例 5.18 求不定积分$\int\frac{1}{\sqrt{a^2-x^2}}dx$。

解：$\int\frac{1}{\sqrt{a^2-x^2}}dx=\int\frac{1}{\sqrt{1-\left(\frac{x}{a}\right)^2}}d\left(\frac{x}{a}\right)=\arcsin\frac{x}{a}+C$

即

$$\int\frac{1}{\sqrt{a^2-x^2}}dx=\arcsin\frac{x}{a}+C \tag{5.8}$$

例 5.19 求不定积分$\int\frac{1}{a^2-x^2}dx$，$(a>0)$。

解：$\int\frac{1}{a^2-x^2}dx=\int\frac{1}{(a+x)(a-x)}dx=\frac{1}{2a}\int\left(\frac{1}{a+x}+\frac{1}{a-x}\right)dx$

$$=\frac{1}{2a}\ln|a+x|-\frac{1}{2a}\ln|a-x|+C$$

$$=\frac{1}{2a}\ln\left|\frac{a+x}{a-x}\right|+C$$

即

$$\int\frac{1}{a^2-x^2}dx=\frac{1}{2a}\ln\left|\frac{a+x}{a-x}\right|+C,\quad(a>0)。 \tag{5.9}$$

由（5.9），可得

$$\int\frac{1}{x^2-a^2}dx=\frac{1}{2a}\ln\left|\frac{x-a}{x+a}\right|+C,\quad(a>0)。 \tag{5.10}$$

例 5.20 求不定积分 $\int \tan x dx$。

解： $\int \tan x dx = \int \frac{\sin x}{\cos x}dx = \int \frac{-1}{\cos x}d\cos x$

$= -\ln|\cos x| + C$

即

$$\int \tan x dx = -\ln|\cos x| + C \tag{5.11}$$

类似，可求得

$$\int \cot x dx = \ln|\sin x| + C \tag{5.12}$$

例 5.21 求不定积分 $\int \csc x dx$。

解： $\int \csc x dx = \int \frac{1}{\sin x}dx = \int \frac{\sin x}{\sin^2 x}dx = -\int \frac{1}{1-\cos^2 x}d\cos x$

$= \frac{1}{2}\ln\left|\frac{1-\cos x}{1+\cos x}\right| + C = \frac{1}{2}\ln\left|\frac{(1-\cos x)^2}{1-\cos^2 x}\right| + C$

$= \ln\left|\frac{1-\cos x}{\sin x}\right| + C = \ln|\csc x - \cot x| + C$

即

$$\int \csc x dx = \ln|\csc x - \cot x| + C \tag{5.13}$$

类似，可求得

$$\int \sec x dx = \ln|\sec x + \tan x| + C \tag{5.14}$$

例 5.22 求不定积分 $\int \frac{1}{\sqrt{x-x^2}}dx$。

解： $\int \frac{1}{\sqrt{x-x^2}}dx = \int \frac{1}{\sqrt{x}\sqrt{1-x}}dx = 2\int \frac{1}{\sqrt{1-(\sqrt{x})^2}}d\sqrt{x}$

$= 2\arcsin\sqrt{x} + C$

另解 $\int \frac{1}{\sqrt{x-x^2}}dx = \int \frac{1}{\sqrt{\frac{1}{4}-\left(x-\frac{1}{2}\right)^2}}dx = \arcsin(2x-1) + C$

例 5.23 求不定积分 $\int \frac{1}{1+e^x}dx$。

解： $\int \frac{1}{1+e^x}dx = \int \frac{1+e^x-e^x}{1+e^x}dx = \int\left(1-\frac{e^x}{1+e^x}\right)dx$

$= \int dx - \int \frac{e^x}{1+e^x}dx = \int dx - \int \frac{1}{1+e^x}d(1+e^x)$

$= x - \ln(1+e^x) + C$

例 5.24 求不定积分 $\int \sin^2 x \cdot \cos^3 x dx$。

解：$\int \sin^2 x \cdot \cos^3 x dx = \int \sin^2 x \cdot \cos^2 x d\sin x$

$$= \int \sin^2 x \cdot (1 - \sin^2 x) d\sin x$$

$$= \int (\sin^2 x - \sin^4 x) d\sin x$$

$$= \frac{1}{3}\sin^3 x - \frac{1}{5}\sin^5 x + C$$

例 5.25 设 $f'(\sin^2 x) = \cos^2 x$，求 $f(x)$。

解：令 $u = \sin^2 x$，则 $\cos^2 x = 1 - \sin^2 x = 1 - u$，于是 $f'(u) = 1 - u$，故

$$f(u) = \int (1 - u) du = u - \frac{1}{2}u^2 + C,$$

所以 $f(x) = x - \frac{1}{2}x^2 + C$。

利用第一换元法求不定积分时，常见的凑微分形式有：

(1) $\int f(ax + b) dx = \frac{1}{a}\int f(ax + b) d(ax + b), a \neq 0$;

(2) $\int x^{n-1} f(x^n) dx = \frac{1}{n}\int f(x^n) d(x^n)$;

(3) $\int \frac{1}{\sqrt{x}} f(\sqrt{x}) dx = 2\int f(\sqrt{x}) d\sqrt{x}$;

(4) $\int \frac{1}{x^2} f\left(\frac{1}{x}\right) dx = -\int f\left(\frac{1}{x}\right) d\left(\frac{1}{x}\right)$;

(5) $\int x^{b-1} f(ax^b) dx = \frac{1}{ab}\int f(ax^b) d(ax^b), ab \neq 0$;

(6) $\int e^x f(e^x) dx = \int f(e^x) de^x$;

(7) $\int \frac{1}{x} f(\ln x) dx = \int f(\ln x) d\ln x$;

(8) $\int \cos x \cdot f(\sin x) dx = \int f(\sin x) d\sin x$;

(9) $\int \sin x \cdot f(\cos x) dx = -\int f(\cos x) d\cos x$;

(10) $\int \sec^2 x \cdot f(\tan x) dx = \int f(\tan x) d\tan x$;

(11) $\int \csc^2 x \cdot f(\cot x) dx = -\int (\cot x) d\cot x$;

(12) $\int \frac{1}{\sqrt{1 - x^2}} f(\arcsin x) dx = \int f(\arcsin x) d\arcsin x$;

(13) $\int \frac{1}{1 + x^2} f(\mathrm{arccot} x) dx = \int f(\mathrm{arccot} x) d\mathrm{arccot} x$。

5.3.2 第二换元法（变量替换法）

定理 5.3 设 $f(x)$、$x = \varphi(t)$、$\varphi'(t)$ 都是连续函数，$x = \varphi(t)$ 的反函数 $t = \varphi^{-1}(x)$ 存在且

可导，并且 $F(t)$ 为函数 $f[\varphi(t)]\varphi'(t)$ 的一个原函数，则有第二换元积分公式

$$\int f(x)dx = F[\varphi^{-1}(x)] + C \tag{5.15}$$

证：因为 $F(t)$ 为 $f[\varphi(t)]\varphi'(t)$ 的一个原函数，于是由复合函数和反函数求导法则，有

$$\begin{aligned}\{F[\varphi^{-1}(x)]\}' &= F'(t)[\varphi^{-1}(x)]' \quad (\text{令 } t=\varphi^{-1}(x))\\ &= \{f[\varphi(t)]\varphi'(t)\}\cdot\frac{1}{\varphi'(t)}\\ &= f[\varphi(t)] = f(x) \quad (\text{用 } x=\varphi(t)\text{代回})\end{aligned}$$

即 $F[\varphi^{-1}(x)]$ 是 $f(x)$ 的一个原函数，故由不定积分的定义，可知（5.15）成立。

第二换元法的具体求解过程，可用下列等式表示：

$$\begin{aligned}\int f(x)dx &= \int f[\varphi(t)]\varphi'(t)dt \quad (\text{令 } x=\varphi(t))\\ &= F(t)+C\\ &= F[\varphi^{-1}(x)]+C \quad (\text{将 } t=\varphi^{-1}(x)\text{代回})\end{aligned}$$

例 5.26　求不定积分 $\int\frac{1}{\sqrt{x}(1+\sqrt[3]{x})}dx$。

解：令 $x=t^6$（$t>0$），则 $t=\sqrt[6]{x}$，$dx=6t^5dt$，于是有

$$\begin{aligned}\int\frac{1}{\sqrt{x}(1+\sqrt[3]{x})}dx &= \int\frac{6t^5}{t^3(1+t^2)}dt = \int\frac{6t^2}{1+t^2}dt = 6\int\frac{t^2+1-1}{1+t^2}dt\\ &= 6\int\left(1-\frac{1}{1+t^2}\right)dt = 6[t-\arctan t]+C\\ &= 6\sqrt[6]{x}-6\arctan\sqrt[6]{x}+C\end{aligned}$$

例 5.27　求不定积分 $\int\sqrt{e^x-1}dx$。

解：令 $t=\sqrt{e^x-1}$，则 $x=\ln(1+t^2),t>0$，$dx=\frac{2tdt}{1+t^2}$，于是有

$$\begin{aligned}\int\sqrt{e^x-1}dx &= \int t\cdot\frac{2t}{1+t^2}dt = 2\int\left(1-\frac{1}{1+t^2}\right)dt\\ &= 2(t-\arctan t)+C\\ &= 2(\sqrt{e^x-1}-\arctan\sqrt{e^x-1})+C\end{aligned}$$

一般地，当不定积分中被积函数为无理函数时，总是先利用变量替换将无理函数化为有理函数，然后再求相应有理函数的不定积分，从而求出待求的不定积分。

例 5.28　求不定积分 $\int\sqrt{a^2-x^2}dx,(a>0)$。

解：令 $x=a\sin t$，则 $dx=a\cos tdt$，$t=\arcsin\frac{x}{a},|t|\leqslant\frac{\pi}{2}$，于是有

$$\begin{aligned}\int\sqrt{a^2-x^2}dx &= \int\sqrt{a^2-a^2\sin^2t}\cdot a\cos tdt\\ &= a^2\int\cos^2tdt = \int\frac{1}{2}a^2(1+\cos 2t)dt\end{aligned}$$

$$= \frac{1}{2}a^2\left(t + \frac{1}{2}\sin 2t\right) + C$$

$$= \frac{1}{2}a^2(t + \sin t\cos t) + C$$

$$= \frac{1}{2}a^2\left(\arcsin\frac{x}{a} + \frac{x}{a}\cdot\frac{\sqrt{a^2 - x^2}}{a}\right) + C \quad \text{（由图 5 - 2）}$$

$$= \frac{1}{2}a^2\arcsin\frac{x}{a} + \frac{x}{2}\sqrt{a^2 - x^2} + C$$

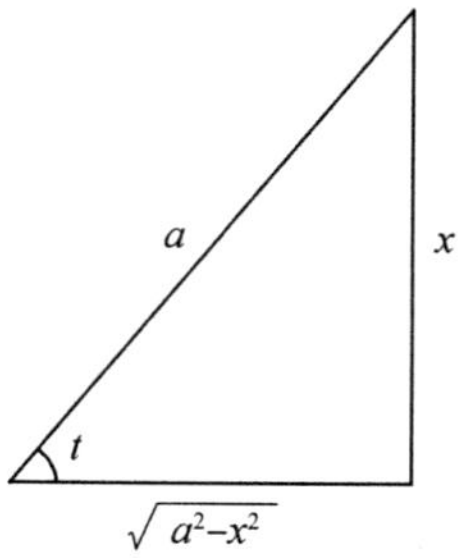

图 5 - 2

即

$$\int\sqrt{a^2 - x^2}dx = \frac{1}{2}a^2\arcsin\frac{x}{a} + \frac{x}{2}\sqrt{a^2 - x^2} + C \quad (a > 0) \tag{5.16}$$

例 5.29 求不定积分 $\int\frac{1}{\sqrt{x^2 + a^2}}dx$，$(a > 0)$。

解：令 $x = a\tan t$，则 $dx = a\sec^2 tdt$，于是有

$$\int\frac{1}{\sqrt{x^2 + a^2}}dx = \int\frac{1}{a\sec t}\cdot a\sec^2 tdt = \int\sec tdt \quad \text{（由（5.14）式）}$$

$$= \ln|\sec t + \tan t| + C_1$$

$$= \ln\left|\frac{x}{a} + \frac{\sqrt{x^2 + a^2}}{a}\right| + C_1 \quad \text{（由图 5 - 3）}$$

$$= \ln\left|x + \sqrt{x^2 + a^2}\right| + C$$

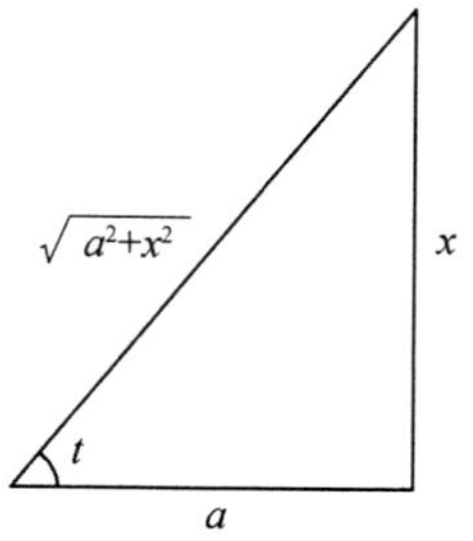

图 5 - 3

即

$$\int \frac{1}{\sqrt{x^2 + a^2}}dx = \ln\left|x + \sqrt{x^2 + a^2}\right| + C \tag{5.17}$$

例 5.30 求不定积分 $\int \frac{1}{\sqrt{x^2 - a^2}}dx$，$(a > 0)$。

解：令 $x = a\sec t$，则 $dx = a\tan t\sec tdt$，于是有

$$\int \frac{1}{\sqrt{a^2 - x^2}}dx = \int \frac{a\sec t \cdot \tan t}{a\tan t}dt = \int \sec tdt$$

$$= \ln\left|\sec t + \tan t\right| + C_1 \quad （由（5.14）式）$$

$$= \ln\left|\frac{x}{a} + \frac{\sqrt{x^2 - a^2}}{a}\right| + C_1 \quad （由图 5-4）$$

$$= \ln\left|x + \sqrt{x^2 - a^2}\right| + C$$

即

$$\int \frac{1}{\sqrt{x^2 - a^2}}dx = \ln\left|x + \sqrt{x^2 - a^2}\right| + C \quad (a > 0) \tag{5.18}$$

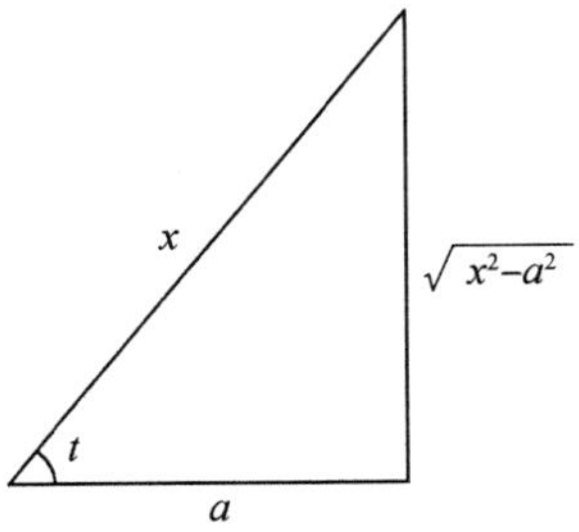

图 5-4

利用三角函数的变量替换于不定积分的被积函数中，其目的是将被积函数中的无理因式化为三角函数的有理因式。

通过前面介绍的几个例子，可以总结出以下几点规律：

（1）若被积函数中含有 $\sqrt{a^2 - x^2}$ 时，作变换 $x = a\sin t$，可去掉根式；

（2）若被积函数中含有 $\sqrt{x^2 + a^2}$ 时，作变换 $x = a\tan t$，可去掉根式；

（3）若被积函数中含有 $\sqrt{x^2 - a^2}$ 时，作变换 $x = a\sec t$，可去掉根式。

当换元后的不定积分求出后，再利用图 5-3 至图 5-5 的直角三角形关系进行变量还原。

例 5.31 求不定积分 $\int x^3 \sqrt{4 - x^2}dx$。

解：令 $x = 2\sin t$，则 $dx = 2\cos tdt$，于是有

$$\int x^3 \sqrt{4 - x^2}dx = \int (2\sin t)^3 \sqrt{4 - 4\sin^2 t} \cdot 2\cos tdt$$

$$= 32\int \sin^3 t\cos^2 tdt = 32\int \sin t(1 - \cos^2 t)\cos^2 tdt$$

$$= -32\int (\cos^2 t - \cos^4 t)d\cos t$$

$$= -32\left(\frac{1}{3}\cos^3 t - \frac{1}{5}\cos^5 t\right) + C$$

$$= \frac{1}{5}(\sqrt{4-x^2})^5 - \frac{4}{3}(\sqrt{4-x^2})^3 + C$$

例 5.32 求不定积分 $\int \frac{dx}{x^2\sqrt{x^2-a^2}}$。

解：令 $x = a\sec t$，则 $dx = a\tan t\sec t dt$，于是有

$$\int \frac{dx}{x^2\sqrt{x^2-a^2}} = \int \frac{1}{a^2\sec^2 t \cdot a\tan t} \cdot a\sec t\tan t dt$$

$$= \frac{1}{a^2}\int \cos t dt = \frac{1}{a^2}\sin t + C$$

$$= \frac{1}{a^2} \cdot \frac{\sqrt{x^2-a^2}}{x} + C$$

例 5.33 求不定积分 $\int \frac{1}{(x^2+1)^2}dx$。

解：令 $x = \tan t$，则 $dx = \sec^2 t dt$，于是有

$$\int \frac{1}{(x^2+1)^2}dx = \int \frac{1}{(\tan^2 t+1)^2} \cdot \sec^2 t dt = \int \cos^2 t dt$$

$$= \int \frac{1}{2}(1+\cos 2t)dt$$

$$= \frac{1}{2}(t + \sin t\cos t) + C$$

$$= \frac{1}{2}\left(\arctan x + \frac{1}{\sqrt{1+x^2}} \cdot \frac{x}{\sqrt{1+x^2}}\right) + C$$

$$= \frac{1}{2}\left(\arctan x + \frac{x}{1+x^2}\right) + C$$

注意 若被积函数中含有 $\sqrt{a^2-x^2}$，$\sqrt{x^2+a^2}$，$\sqrt{x^2-a^2}$ 时，不一定要采用三角代换，有时需根据被积函数的情况来确定变量替换方法。

例 5.34 求不定积分 $\int \frac{x^5}{\sqrt{1+x^2}}dx$。

解：令 $t = \sqrt{1+x^2}$，则 $x^2 = t^2 - 1, xdx = tdt$，于是有

$$\int \frac{x^5}{\sqrt{1+x^2}}dx = \int \frac{(t^2-1)^2}{t}tdt = \int (t^4 - 2t^2 + 1)dt$$

$$= \frac{1}{5}t^5 - \frac{2}{3}t^3 + t + C$$

$$= \frac{1}{15}(8 - 4x^2 + 3x^4)\sqrt{1+x^2} + C$$

例 5.35 求不定积分 $\int \frac{1}{x^4\sqrt{x^2+1}}dx$。

解：令 $x=\frac{1}{t}$，则 $dx=-\frac{1}{t^2}dt$，于是有

$$\int\frac{1}{x^4\sqrt{x^2+1}}dx=\int\frac{1}{\left(\frac{1}{t}\right)^4\sqrt{\left(\frac{1}{t}\right)^2+1}}\left(-\frac{1}{t^2}\right)dx=-\int\frac{t^3}{\sqrt{1+t^2}}dt$$

$$=\int\frac{t}{\sqrt{1+t^2}}dt-\int t\sqrt{1+t^2}dt$$

$$=\frac{1}{2}\int\frac{1}{\sqrt{1+t^2}}d(1+t^2)-\frac{1}{2}\int\sqrt{1+t^2}d(1+t^2)$$

$$=\sqrt{1+t^2}-\frac{1}{3}\left(\sqrt{1+t^2}\right)^3+C$$

$$=\frac{\sqrt{1+x^2}}{x}-\frac{1}{3}\left(\frac{\sqrt{1+x^2}}{x}\right)^3+C$$

$$=\frac{(2x^2-1)\sqrt{1+x^2}}{3x^3}+C$$

为以后求积分时引用方便，将前面例题中计算过的几个常用不定积分补充到基本积分公式中：

(14) $\int\frac{1}{a^2+x^2}dx=\frac{1}{a}\arctan\frac{x}{a}+C$；

(15) $\int\frac{1}{\sqrt{a^2-x^2}}dx=\arcsin\frac{x}{a}+C$；

(16) $\int\frac{1}{a^2-x^2}dx=\frac{1}{2a}\ln\left|\frac{a+x}{a-x}\right|+C$，$(a>0)$；

(17) $\int\frac{1}{x^2-a^2}dx=\frac{1}{2a}\ln\left|\frac{x-a}{x+a}\right|+C$，$(a>0)$；

(18) $\int\tan x dx=-\ln|\cos x|+C$；

(19) $\int\cot x dx=\ln|\sin x|+C$；

(20) $\int\csc x dx=\ln|\csc x-\cot x|+C$；

(21) $\int\sec x dx=\ln|\sec x+\tan x|+C$；

(22) $\int\sqrt{a^2-x^2}dx=\frac{1}{2}a^2\arcsin\frac{x}{a}+\frac{x}{2}\sqrt{a^2-x^2}+C$，$(a>0)$；

(23) $\int\frac{1}{\sqrt{x^2\pm a^2}}dx=\ln\left|x+\sqrt{x^2\pm a^2}\right|+C$，$(a>0)$。

§5.4 分部积分法

利用换元积分法可以求解大量的不定积分问题，但对形如 $\int xe^x dx$ 、$\int x\arcsin x dx$ 、$\int \ln x dx$ 等类型的不定积分，却不适用。为此，本节介绍另一种求解不定积分的有效方法——分部积分法。

定理 5.4 设 $u=u(x)$ 、$v=v(x)$ 均在某区间 I 上可微，则有分部积分公式：

$$\int uv'dx = uv - \int u'vdx, \tag{5.19}$$

或

$$\int udv = uv - \int vdu \tag{5.19'}$$

证：由导数的乘法法则，有 $(uv)'=u'v+uv'$，即 $uv'=(uv)'-u'v$，两边积分，得

$$\int uv'dx = \int (uv)'dx - \int u'vdx,$$

则

$$\int uv'dx = uv - \int u'vdx$$

分部积分公式（5.19）常简写成如下形式：

$$\int udv = uv - \int vdu \tag{5.19'}$$

一般地，当被积函数形如 $u \cdot v'$不易积分，而函数 $v \cdot u'$却相对容易积分时，通常采用分部积分法。

例 5.36 求不定积分 $\int x\cos x dx$。

解：令 $u=x, v'=\cos x=(\sin x)'$，于是有

$$\begin{aligned}\int x\cos x dx &= \int x\ (\sin x)'dx = x\sin x - \int \sin x dx \\ &= x\sin x + \cos x + C\end{aligned}$$

求解过程也可表示为

$$\begin{aligned}\int x\cos x dx &= \int xd\sin x = x\sin x - \int \sin x dx \\ &= x\sin x + \cos x + C\end{aligned}$$

例 5.37 求不定积分 $\int x^2 e^x dx$。

解：$\int x^2 e^x dx = \int x^2 de^x = x^2 e^x - \int e^x dx^2$

$$= x^2 e^x - \int 2xe^x dx = x^2 e^x - 2\int xde^x$$

$$= x^2e^x - 2xe^x + 2\int e^x dx$$

$$= x^2e^x - 2xe^x + 2e^x + C$$

$$= e^x(x^2 - 2x + 2) + C$$

注意 若被积函数是幂函数和指数函数（或三角函数）的乘积，一般设指数函数（或三角函数）为 v'，设幂函数为 u，通过分部积分可使幂函数降幂一次（若幂指数是正整数次幂）。

例 5.38 求不定积分 $\int x\arctan x dx$。

解： $\int x\arctan x dx = \int \arctan x d\left(\frac{1}{2}x^2\right) = \frac{1}{2}x^2\arctan x - \frac{1}{2}\int x^2 d\arctan x$

$$= \frac{1}{2}x^2\arctan x - \frac{1}{2}\int \frac{x^2}{1+x^2}dx$$

$$= \frac{1}{2}x^2\arctan x - \frac{1}{2}\int\left(1 - \frac{1}{1+x^2}\right)dx$$

$$= \frac{1}{2}x^2\arctan x - \frac{1}{2}x + \frac{1}{2}\arctan x + C$$

例 5.39 求不定积分 $\int \frac{\ln x}{x^2}dx$。

解： $\int \frac{\ln x}{x^2}dx = -\int \ln x d\left(\frac{1}{x}\right) = -\frac{1}{x}\ln x + \int \frac{1}{x}d\ln x$

$$= -\frac{1}{x}\ln x + \int \frac{1}{x^2}dx$$

$$= -\frac{1}{x}\ln x - \frac{1}{x} + C = -\frac{\ln x + 1}{x} + C$$

注意 若被积函数是幂函数和对数函数（或反三角函数）的乘积，一般设幂函数为 v'，设对数函数（或反三角函数）为 u，通过分部积分可使对数函数（或反三角函数）转化为幂函数形式。

例 5.40 求不定积分 $\int e^x\sin x dx$。

解： $\int e^x \sin x dx = \int \sin x de^x = e^x\sin x - \int e^x d\sin x$

$$= e^x\sin x - \int e^x\cos x dx$$

$$= e^x\sin x - \int \cos x de^x$$

$$= e^x\sin x - \left(e^x\cos x - \int e^x d\cos x\right)$$

$$= e^x(\sin x - \cos x) - \int e^x\sin x dx$$

所以

$$\int e^x\sin x dx = \frac{e^x}{2}(\sin x - \cos x) + C$$

例 5.41 求不定积分 $\int \arcsin x dx$。

解：令 $u=\arcsin x, dv=dx$，于是有

$$\begin{aligned}\int \arcsin x dx &= x\arcsin x-\int x d(\arcsin x)\\&= x\arcsin x-\int x\cdot\frac{1}{\sqrt{1-x^2}}dx\\&= x\arcsin x+\frac{1}{2}\int\frac{1}{\sqrt{1-x^2}}d(1-x^2)\\&= x\arcsin x+\sqrt{1-x^2}+C\end{aligned}$$

例 5.42 已知 $f(x)$ 的一个原函数是 e^{-x^2}，求 $\int xf'(x)dx$。

解：依题意可知 $(e^{-x^2})'=f(x)$，于是有

$$\begin{aligned}\int xf'(x)dx &= \int xdf(x) = xf(x)-\int f(x)dx\\&=x(e^{-x^2})'-e^{-x^2}+C\\&=-2x^2e^{-x^2}-e^{-x^2}+C\end{aligned}$$

例 5.43 求不定积分 $\int\frac{x\arctan x}{\sqrt{1+x^2}}dx$。

解：因为 $(\sqrt{1+x^2})'=\frac{x}{\sqrt{1+x^2}}$，于是

$$\begin{aligned}\int\frac{x\arctan x}{\sqrt{1+x^2}}dx &= \int \arctan x d\sqrt{1+x^2}\\&=\sqrt{1+x^2}\arctan x-\int\sqrt{1+x^2}d\arctan x\\&=\sqrt{1+x^2}\arctan x-\int\sqrt{1+x^2}\cdot\frac{1}{1+x^2}dx\\&=\sqrt{1+x^2}\arctan x-\int\frac{1}{\sqrt{1+x^2}}dx\\&=\sqrt{1+x^2}\arctan x-\ln(x+\sqrt{1+x^2})+C\end{aligned}$$

例 5.44 求不定积分 $\int\frac{\arcsin\sqrt{x}}{\sqrt{1-x}}dx$。

解：
$$\begin{aligned}\int\frac{\arcsin\sqrt{x}}{\sqrt{1-x}}dx &= -2\int\arcsin\sqrt{x}\cdot d\sqrt{1-x}\\&=-2\sqrt{1-x}\cdot\arcsin\sqrt{x}+2\int\sqrt{1-x}d\arcsin\sqrt{x}\\&=-2\sqrt{1-x}\arcsin\sqrt{x}+2\int\sqrt{1-x}\cdot\frac{1}{\sqrt{1-x}}\cdot\frac{1}{2\sqrt{x}}dx\\&=-2\sqrt{1-x}\arcsin\sqrt{x}+\int\frac{1}{\sqrt{x}}dx\end{aligned}$$

$$= 2\sqrt{x} - 2\sqrt{1-x}\arcsin\sqrt{x} + C$$

例 5.45 求不定积分 $\int \frac{x^2e^x}{(x+2)^2}dx$。

解：$\int \frac{x^2e^x}{(x+2)^2}dx = -\int x^2e^x d\left(\frac{1}{x+2}\right) = -\frac{x^2e^x}{x+2} + \int \frac{1}{x+2}d(x^2e^x)$

$$= -\frac{x^2e^x}{x+2} + \int \frac{2xe^x + x^2e^x}{x+2}dx = -\frac{x^2e^x}{x+2} + \int xe^x dx$$

$$= -\frac{x^2e^x}{x+2} + xe^x - e^x + C$$

例 5.46 求不定积分 $\int \cos(\ln x)dx$。

解：$\int \cos(\ln x)dx = x\cos(\ln x) - \int xd\cos(\ln x)$

$$= x\cos(\ln x) + \int \sin(\ln x)dx$$

$$= x\cos(\ln x) + x\sin(\ln x) - \int xd\sin(\ln x)$$

$$= x\cos(\ln x) + x\sin(\ln x) - \int \cos(\ln x)dx$$

所以

$$\int \cos(\ln x)dx = \frac{1}{2}x[\cos(\ln x) + \sin(\ln x)] + C$$

§5.5 有理函数的积分

若 $P(x)$ 和 $Q(x)$ 是两个实系数多项式，则称它们之比

$$f(x) = \frac{P(x)}{Q(x)} = \frac{a_0x^n + a_1x^{n-1} + \cdots + a_{n-1}x + a_n}{b_0x^m + b_1x^{m-1} + \cdots + b_{m-1}x + b_m} \tag{5.20}$$

为有理函数。其中 m、n 为非负整数；$a_0, a_1, \cdots, a_n$ 和 $b_0, b_1, \cdots, b_m$ 为常数，且 $a_0 \neq 0$，$b_0 \neq 0$。在（5.20）式中，总假定分子与分母没有公因子，当 $n \geq m$（即分子 $P(x)$ 的次数不小于分母 $Q(x)$ 的次数）时，称（5.20）式为假分式，当 $n < m$（即分子 $P(x)$ 的次数小于分母 $Q(x)$ 的次数）时，称（5.20）式为真分式，通过多项式除法总可将一个假分式化为一个多项式与一个真分式之和。而多项式的积分很容易积分，故求有理函数不定积分的关键在于，如何求真分式的不定积分，因此，本节只需要讨论真分式的不定积分问题。

5.5.1 真分式分解为部分分式

由代数学有关理论可知，任何一个实系数的真分式，当其分母 $Q(x)$ 能因式分解为一些因子乘积

$$Q(x) = (x-a)^k \cdots (x-b)^l (x^2 + cx + d)^r \cdots (x^2 + px + q)^s$$

时，它一定能被分解成下列形式的实系数的部分分式之和：

$$\begin{aligned}\frac{P(x)}{Q(x)}&=\frac{a_0x^n+a_1x^{n-1}+\cdots+a_{n-1}x+a_n}{b_0x^m+b_1x^{m-1}+\cdots+b_{m-1}x+b_m}\\&=\frac{A_1}{x-a_1}+\frac{A_2}{(x-a_1)^2}+\cdots+\frac{A_k}{(x-a_1)^k}+\cdots\\&\quad+\frac{B_1}{x-a_2}+\frac{B_2}{(x-a_2)^2}+\cdots+\frac{B_l}{(x-a_2)^l}\\&\quad+\frac{C_1x+D_1}{x^2+cx+d}+\frac{C_2x+D_2}{(x^2+cx+d)^2}+\cdots+\frac{C_rx+D_r}{(x^2+cx+d)^r}+\cdots\\&\quad+\frac{M_1x+N_1}{x^2+px+q}+\frac{M_2x+N_2}{(x^2+px+q)^2}+\cdots+\frac{M_sx+N_s}{(x^2+px+q)^s}\end{aligned}$$

下面通过举例说明将真分式分解为部分分式之和的常用方法——待定系数法。

例 5.47 将真分式$\frac{x+3}{x^2-5x+6}$分解为部分分式之和。

解：因分母 $x^2-5x+6=(x-2)(x-3)$，故设

$$\frac{x+3}{x^2-5x+6}=\frac{x+3}{(x-2)(x-3)}=\frac{A}{x-2}+\frac{B}{x-3},$$

其中 A,B 为待定常数（称为待定系数），等式两边消去分母后整理得

$$x+3=A(x-3)+B(x-2),$$

比较两边多项式系数，可得

$$\begin{cases}A+B=1,\\-(3A+2B)=3,\end{cases}$$

解此方程组，得 $A=-5,B=6$，于是分解式为

$$\frac{x+3}{x^2-5x+6}=\frac{-5}{x-2}+\frac{6}{x-3}$$

例 5.48 将真分式$\frac{2x+1}{x(x-1)^2}$分解为部分分式之和。

解：因为分母已被分解为一个一次式与一个完全平方和之积，故设

$$\frac{2x+1}{x(x-1)^2}=\frac{A}{x}+\frac{B}{(x-1)^2}+\frac{C}{x-1},$$

等式两边消去分母后整理得

$$2x+1=A(x-1)^2+Bx+Cx(x-1)$$

在上式中，分别代入特殊值 $x=0$，$x=1$，$x=2$ 可确定系数 $A=1$，$B=3$，$C=-1$；于是，有

$$\frac{2x+1}{x(x-1)^2}=\frac{1}{x}+\frac{3}{(x-1)^2}-\frac{1}{x-1}$$

例 5.49 将真分式$\frac{3x^2+x}{(x+2)(x^2+1)}$分解为部分分式之和。

解：设 $$\frac{3x^2+x}{(x+2)(x^2+1)}=\frac{A}{x+2}+\frac{Bx+C}{x^2+1},$$

等式两边消去分母后整理得

$$3x^2+x=A(x^2+1)+(Bx+C)(x+2),$$

比较同类项系数，可得

$$\begin{cases}A+B=3,\\2B+C=1,\\A+2C=0。\end{cases}$$

解得 $A=2,B=1,C=-1$；因此，分解式为

$$\frac{3x^2+x}{(x+2)(x^2+1)}=\frac{2}{x+2}+\frac{x-1}{x^2+1}$$

5.5.2 有理函数的积分

由于任何一个真分式都可分解为部分分式之和，因此求真分式的不定积分便转化为求部分分式的不定积分，部分分式的不定积分可归结为如下四种类型函数的不定积分：

（1）$\frac{A}{x-a}$；

（2）$\frac{A}{(x-a)^k}$，$k=2,3,\cdots$；

（3）$\frac{Mx+N}{x^2+px+q}$，$p^2-4q<0$；

（4）$\frac{Mx+N}{(x^2+px+q)^k}$，$p^2-4q<0$，$k=2,3,\cdots$。

类型（1）和（2）的不定积分是很容易求出的，类型（3）和（4）的不定积分比较难求，下面讨论类型（3）的不定积分的求解方法。

因分母 $x^2+px+q=\left(x+\frac{p}{2}\right)^2+q-\frac{p^2}{4}$，若设 $x+\frac{p}{2}=t$，则分母、分子可分别化为 $x^2+px+q=t^2+a^2$，$Mx+N=Mt+b$，其中 $a^2=q-\frac{p^2}{4}$，$b=N-\frac{Mp}{2}$，于是得

$$\frac{Mx+N}{x^2+px+q}=\frac{Mt}{t^2+a^2}+\frac{b}{t^2+a^2}$$

因此

$$\begin{aligned}\int\frac{Mx+N}{x^2+px+q}dx&=\int\frac{Mt}{t^2+a^2}dt+\int\frac{b}{t^2+a^2}dt\\&=\frac{1}{2}\int\frac{M}{t^2+a^2}d(t^2+a^2)+\int\frac{b}{t^2+a^2}dt\\&=\frac{M}{2}\ln(t^2+a^2)+\frac{b}{a}\arctan\frac{t}{a}+C\\&=\frac{M}{2}\ln(x^2+px+q)+\frac{b}{a}\arctan\frac{x+\frac{p}{2}}{a}+C\end{aligned}$$

下面分别举例具体求解以上几种类型的有理函数的不定积分。

例 5.50 求不定积分 $\int\frac{x+3}{x^2-5x+6}dx$。

解：$\int \frac{x+3}{x^2-5x+6}dx = \int\left(\frac{-5}{x-2}+\frac{6}{x-3}\right)dx$

$$= -5\int \frac{1}{x-2}dx + 6\int \frac{1}{x-3}dx$$

$$= 6\ln|x-3| - 5\ln|x-2| + C$$

例 5.51 求不定积分 $\int \frac{2x+1}{x(x-1)^2}dx$。

解：由例 5.48，可知

$$\int \frac{2x+1}{x(x-1)^2}dx = \int\left(\frac{1}{x}+\frac{3}{(x-1)^2}-\frac{1}{x-1}\right)dx$$

$$= \int \frac{1}{x}dx + \int \frac{3}{(x-1)^2}dx - \int \frac{1}{x-1}dx$$

$$= \ln|x| - \frac{3}{x-1} - \ln|x-1| + C$$

$$= \ln\left|\frac{x}{x-1}\right| - \frac{3}{x-1} + C$$

例 5.52 求不定积分 $\int \frac{3x^2+x}{(x+2)(x^2+1)}dx$。

解：由例 5.49，可知

$$\int \frac{3x^2+x}{(x+2)(x^2+1)}dx = \int\left(\frac{2}{x+2}+\frac{x-1}{x^2+1}\right)dx$$

$$= \int \frac{2}{x+2}dx + \int \frac{x-1}{x^2+1}dx$$

$$= 2\ln|x+2| + \frac{1}{2}\int \frac{1}{x^2+1}d(x^2+1) - \int \frac{1}{x^2+1}dx$$

$$= 2\ln|x+2| + \frac{1}{2}\ln|x^2+1| - \arctan x + C$$

例 5.53 求不定积分 $\int \frac{1}{(x^2+1)^2}dx$。

解：$\int \frac{1}{(x^2+1)^2}dx = -\frac{1}{2}\int \frac{1}{x}d\left(\frac{1}{x^2+1}\right)$

$$= -\frac{1}{2}\cdot\frac{1}{x}\cdot\frac{1}{x^2+1} + \frac{1}{2}\int \frac{1}{x^2+1}d\left(\frac{1}{x}\right)$$

$$= -\frac{1}{2x(x^2+1)} - \frac{1}{2}\int \frac{1}{x^2}\cdot\frac{1}{x^2+1}dx$$

$$= -\frac{1}{2x(x^2+1)} - \frac{1}{2}\int\left(\frac{1}{x^2}-\frac{1}{x^2+1}\right)dx$$

$$= -\frac{1}{2x(x^2+1)} + \frac{1}{2}\cdot\frac{1}{x} + \frac{1}{2}\cdot\arctan x + C$$

$$= \frac{1}{2}\left(\frac{x}{1+x^2} + \arctan x\right) + C$$

本题的另一种解法见 §5.3 例 5.33。

习 题 五

1. 已知 $f(x)$ 的一个原函数是 $\frac{1}{x}$，求 $f'(x)$。

2. 设曲线 $y=f(x)$ 上任一点 x 处的切线斜率为 $3x^2$，且曲线通过（1，3）点，求此曲线方程。

3. 已知某产品的总成本 C 是产量 Q 的函数，且边际成本为 $C'(Q)=\sqrt{Q}+2$，固定成本为 100 元，求总成本函数 $C(Q)$?

4. 设 $f'(\cos^2 x)=\sin^2 x$，且 $f(0)=0$，求 $f(x)$。

5. 求下列不定积分：

(1) $\int \frac{x^3-8}{x-2}dx$；　(2) $\int (x+\sqrt{x})^2 dx$；

(3) $\int \sqrt{x\sqrt{x\sqrt{x}}}dx$；　(4) $\int 2^x \cdot 3^{2x} dx$；

(5) $\int \frac{2^x+5^x}{10^x}dx$；　(6) $\int \left(\frac{3}{1+x^2}-\frac{1}{\sqrt{4-4x^2}}\right)dx$；

(7) $\int \sec x(\sec x-\tan x)dx$；　(8) $\int (\cot^2 x+\cos^2 \frac{x}{2})dx$；

(9) $\int \frac{1}{x^2(1+x^2)}dx$；　(10) $\int \frac{(x+1)^2}{x(1+x^2)}dx$；

(11) $\int \left(\frac{e^{2x}-1}{e^x+1}+\frac{\cos 2x}{\sin x+\cos x}\right)dx$

6. 求下列不定积分：

(1) $\int \frac{1}{3-2x}dx$；　(2) $\int (2x-3)^{50} dx$；

(3) $\int x\sqrt{x^2+1}dx$；　(4) $\int \frac{1}{x^2+4x+13}dx$；

(5) $\int \frac{1}{\sqrt{x-x^2}}dx$；　(6) $\int \frac{1}{x^2+2x-3}dx$；

(7) $\int \frac{5x-2}{(x-2)^3}dx$；　(8) $\int \frac{e^x}{1+e^{2x}}dx$；

(9) $\int \frac{1}{\sqrt{x}(1+x)}dx$；　(10) $\int \frac{\sin(\ln x)}{x}dx$；

(11) $\int \cos x \cdot e^{\sin x} dx$；　(12) $\int \frac{\arcsin x}{\sqrt{1-x^2}}dx$；

(13) $\int \frac{1}{(1+x^2)\arctan x}dx$；

(14) $\int \sin^3 x dx$；

(15) $\int \frac{1}{\sqrt{2x+3}+\sqrt{2x-1}}dx$；

(16) $\int \frac{1}{1+3e^{2x}}dx$；

(17) $\int \sin^3 x\cos^2 x dx$；

(18) $\int \cos^2 x\sin^2 x dx$；

(19) $\int \frac{1+x}{\sqrt{9-4x^2}}dx$；

(20) $\int \frac{3x+1}{x^2+2x+3}dx$；

(21) $\int \cos^4 x dx$；

(22) $\int \frac{1}{1+\sin x}dx$；

(23) $\int \frac{\arctan\sqrt{x}}{\sqrt{x}(1+x)}dx$；

(24) $\int \frac{1}{1-x^2}\ln\frac{1+x}{1-x}dx$；

(25) $\int \sqrt{\frac{a-x}{a+x}}dx$；

(26) $\int \frac{\sin x+\cos x}{\sqrt[3]{\sin x-\cos x}}dx$

7. 利用第二换元积分法求下列不定积分：

(1) $\int \frac{1}{1+\sqrt{2x}}dx$；

(2) $\int \frac{1}{\sqrt{x}(1+\sqrt[3]{x})}dx$；

(3) $\int \frac{1}{\sqrt{e^x+1}}dx$；

(4) $\int \frac{\sqrt{a^2-x^2}}{x^4}dx$；

(5) $\int \frac{x^2}{\sqrt{2-x^2}}dx$；

(6) $\int \frac{dx}{\sqrt{(1+x^2)^3}}$；

(7) $\int \frac{dx}{x^2\sqrt{x^2+a^2}}$；

(8) $\int \frac{\sqrt{x^2-9}}{x}dx$；

(9) $\int \frac{(1+x^2)dx}{x\sqrt{1+x^2}}$；

(10) $\int \frac{1}{x+\sqrt{1+x^2}}dx$；

(11) $\int \frac{\sqrt{x+1}+\sqrt{x-1}}{\sqrt{x+1}-\sqrt{x-1}}dx$；

(12) $\int \frac{x^2+1}{x\cdot\sqrt{1+x^4}}dx$

8. 利用分部积分法求下列不定积分：

(1) $\int xe^x dx$；

(2) $\int x^2\sin x dx$；

(3) $\int x^n\ln x dx$；

(4) $\int x\arcsin x dx$；

(5) $\int \frac{\arctan x}{x^3}dx$；

(6) $\int \frac{x}{\cos^2 x}dx$；

(7) $\int \arctan x dx$；

(8) $\int \ln(1+x^2)dx$；

(9) $\int e^{ax}\cos bx dx$；

(10) $\int \sin\sqrt{x}dx$；

(11) $\int \arctan\sqrt{1+2x}dx$；

(12) $\int (x\cos x)^2 dx$；

(13) $\int \sec^3 x dx$;

(14) $\int \sin(\ln x) dx$;

(15) $\int \frac{x^3 e^x}{(x+3)^2} dx$。

9. 求下列不定积分：

(1) $\int \frac{x^3+2x}{x^2-1} dx$;

(2) $\int \frac{3x}{x^2-2x-8} dx$;

(3) $\int \frac{3x^2-x-2}{x^2(x+1)} dx$;

(4) $\int \frac{x+1}{x^2-6x+25} dx$;

(5) $\int \frac{3x}{x^2-2x-8} dx$;

(6) $\int \frac{3x}{x^4-1} dx$;

(7) $\int \frac{1}{x(x^4+1)} dx$;

(8) $\int \frac{x^3}{x^8+1} dx$;

(9) $\int \frac{x^2}{(1+x^2)^2} dx$;

(10) $\int \frac{1}{x(1+x^8)^2} dx$ 。

第 6 章

定　积　分

本章将从实际问题出发，介绍积分学的另一个重要概念——定积分，并研究定积分的相关性质，定积分与不定积分、微分之间的关系，定积分的计算，广义积分以及定积分在几何学与经济学中的应用等内容。

§6.1　定积分的概念与性质

6.1.1　问题的引入

在与经济管理有关的数学问题中，常常需要考虑在已知函数 $y=f(x)$ 时，求当变量 x 从一个值 a 变化到另一个值 b 时相应的变量 y 的累积值。

例如，在将“资本形成（增加给定资本总量的过程）”视为一个连续过程的时候，资本总量可以视为时间的函数 $K(t)$。此时，若 t 时刻的净投资率（资本形成率，资本总量 $K(t)$ 在 t 时刻的瞬时增量）$I(t)$ 是关于 t 的连续函数，则可以考虑如何求从 t_1 时刻到 t_2 时刻之间资本总量的增量 K 的问题。

下面，详细地讨论这个从实际问题中抽象出来的例子。

问题　已知某资本形成过程中 t 时刻的净投资率为 $I(t)$，其中 $I(t)$ 为区间 $[0,T]$ 上的连续函数，求从 t_1 时刻到 t_2 时刻（$0\leqslant t_1<t_2\leqslant T$）之间资本总量的增量 K。

如图 6－1（1）所示，若净投资率 $I(t)$ 恒为常数 I，则意味着资本总量增加的速度是恒定的，在单位时间内的增量始终为 I，从而所求从 t_1 时刻到 t_2 时刻之间资本总量的增量显然为

$$K=I(t_2-t_1)$$

但在实际问题中，净投资率 $I(t)$ 不一定恒为常数（如图 6－1（2）），资本总量在 t 时刻的瞬时增量连续依赖于时刻 t，$I(t)$ 为区间 $[t_1,t_2]$ 上的连续函数，此时如何计算从 t_1 时刻到 t_2 时刻之间资本总量的增量呢？

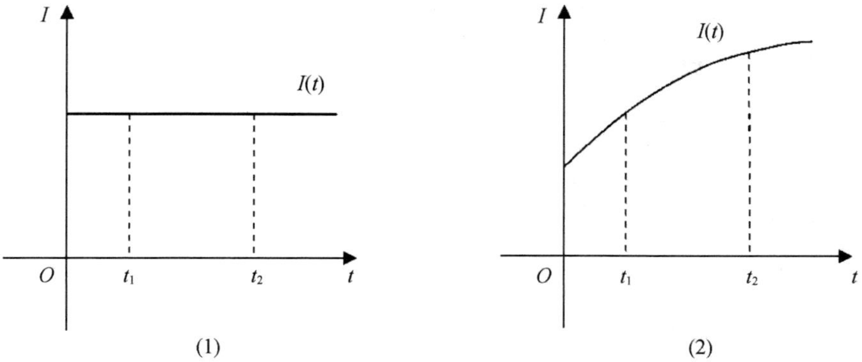

图 6－1

如果区间$[t_1,t_2]$很小，那么由于$I(t)$为区间$[t_1,t_2]$上的连续函数，$I(t)$在区间$[t_1,t_2]$上的变化很小，所以可以近似地将$I(t)$看作是区间$[t_1,t_2]$上的常数$I(t_2)$，这样可以得到K的一个近似值$K \approx I(t_2)(t_2-t_1)$。

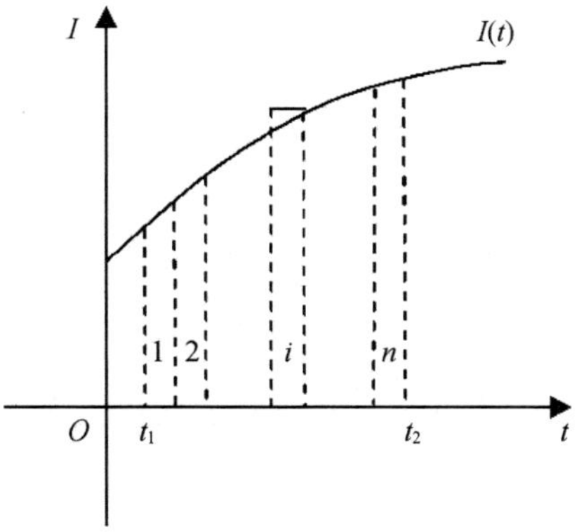

图 6－2

如果$[t_1,t_2]$不是一个小区间，那么可以考虑把它分成一些小区间。一般地，可以将区间$[t_1,t_2]$ n等分（如图6－2所示），则得到n个小区间，只要n足够大，就可以让每个小区间都足够小，从而在每个小区间上都可以将$I(t)$近似地看作一个常数。

此时，由于将$[t_1,t_2]$分成了n个长度相同的小区间，故可以将第i个小区间记为$\left[t_1+\frac{(i-1)(t_2-t_1)}{n},t_1+\frac{i(t_2-t_1)}{n}\right]$ $(1 \leqslant i \leqslant n)$，在这个小区间上，可以近似地将$I(t)$看作常数$I\left(t_1+\frac{i(t_2-t_1)}{n}\right)$，则在该小区间上资本总量的增量的近似值为

$$\Delta K_i \approx \frac{t_2-t_1}{n} I\left(t_1+\frac{i(t_2-t_1)}{n}\right),$$

从而在整个区间$[t_1,t_2]$上资本总量的增量的近似值为

$$K_n \approx \sum_{i=1}^{n} \Delta K_i = \frac{t_2-t_1}{n} \sum_{i=1}^{n} I\left(t_1+\frac{i(t_2-t_1)}{n}\right)$$

显然，当 n 越大时，上面的近似值 K_n 就越精确，从而可由令 $n\to\infty$取极限（可以证明，该极限一定存在）来求得 K 的精确值为

$$K = \lim_{n\to\infty} K_n = \lim_{n\to\infty} \frac{t_2 - t_1}{n} \sum_{i=1}^{n} I\left(t_1 + \frac{i(t_2 - t_1)}{n} \right)$$

这样，通过把区间$[t_1,t_2]$分成 n 个小区间，在每个小区间上取增量的近似值，把所有近似值加起来得到区间$[t_1,t_2]$上增量的近似值，再令 $n\to\infty$取极限这四个步骤给出了从已知净投资率出发，计算出从 t_1 时刻到 t_2 时刻之间资本总量的增量的一般的方法。

6.1.2 曲边梯形的面积

以上从已知净投资率出发，求出资本总量的增量的方法也可以用一个典型的几何问题更好地加以说明。

如图 6－3 所示，由一条连续曲线 $y=f(x)$，直线 $x=a,x=b(a<b)$以及 x 轴所围成的平面区域称为曲边梯形。

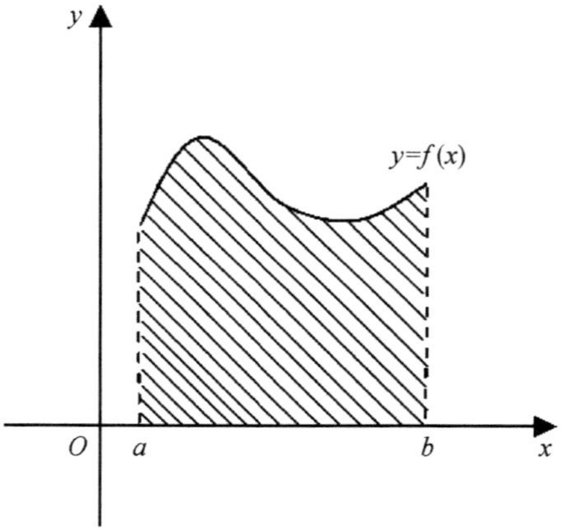

图 6－3

许多复杂的平面图形都可以看作由这类图形拼成的，在几何学中，求复杂图形面积的问题往往可以化为求曲边梯形面积的问题，所以，曲边梯形面积的求法，在几何学中有着重要的意义。

但实际上，在过去学过的几何学中，并没有给出曲边梯形面积的定义。要真正给出曲边梯形面积的定义，需要用到极限的概念。

若 $f(x)\geqslant 0$，则可用跟计算资本总量的增量类似的方法给出曲边梯形 $aABb$ 的面积的严格定义，这个定义过程也可以被分为四个步骤：

（1）分割：如图 6－4 所示，将区间$[a,b]$ n 等分，同时也将曲边梯形 $aABb$ 分成了 n 个小的曲边梯形；

（2）取近似：如图 6－4，对第 i 个小曲边梯形，将其近似看作一个高为 $f\left(a+\frac{i(b-a)}{n}\right)$的矩形，从而其面积的近似值为 $\Delta S_i = \frac{b-a}{n}\cdot f\left(a+\frac{i(b-a)}{n}\right)$；

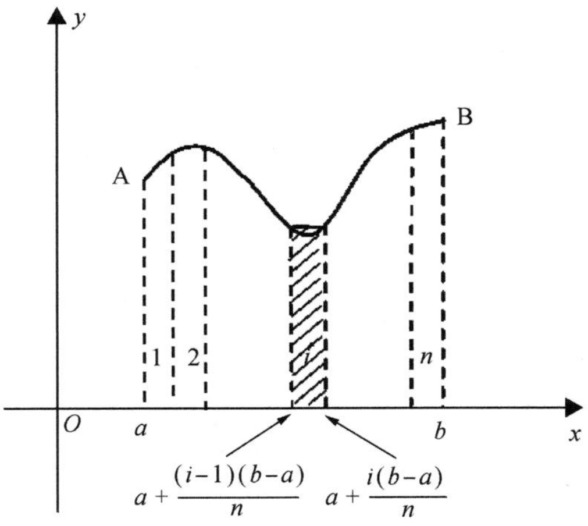

图 6－4

（3）求和：将所有小曲边梯形面积的近似值相加，得到曲边梯形 $aABb$ 面积 S 的近似值为

$$S \approx S_n = \sum_{i=1}^{n} \Delta S_i = \sum_{i=1}^{n} \frac{b-a}{n} \cdot f\left(a + \frac{i(b-a)}{n}\right);$$

（4）取极限：当分点数 n 无限增大，即当 $n \to \infty$ 时，和式 S_n 的极限若存在，即若极限 $\lim\limits_{n\to\infty} S_n$ 存在，则将该极限值定义为曲边梯形 $aABb$ 的面积，即有

$$S = \lim_{n\to\infty} \sum_{i=1}^{n} \frac{b-a}{n} \cdot f\left(a + \frac{i(b-a)}{n}\right)$$

上述四个步骤给出了 $f(x) \geqslant 0$ 时相应的曲边梯形的面积的定义，同时也可以看作是这类曲边梯形的面积的求法。至于一般的曲边梯形的面积的求法，可以参看“定积分的几何意义”一节。

6.1.3 定积分的概念

由资本总量增量的求法和曲边梯形的面积的定义（求法）中，可以抽象出一个一般的概念。若一组分点 $a = x_0 < x_1 < \cdots < x_n = b$ 将闭区间 $[a, b]$ 分为 n 个小区间，则称点集 $\Delta = \{x_0, x_1, \cdots, x_n\}$ 为闭区间 $[a,b]$ 的一个分割。此时，对在区间 $[a,b]$ 上定义的函数 $f(x)$ 有：

定义 6.1 若 $f(x)$ 是在区间 $[a,b]$ 上定义的函数，则对 $[a,b]$ 的任意分割 $\Delta = \{x_0, x_1, \cdots, x_n\}$ 及任意选取的点集 $\xi = \{\xi_1, \xi_2, \cdots \xi_n\}$，$\xi_i \in [x_{i-1}, x_i]$ $(i = 1, 2, \cdots, n)$，可以定义积分和 $S(\Delta, \xi) = \sum\limits_{i=1}^{n} f(\xi_i) \Delta x_i$，其中 $\Delta x_i = x_i - x_{i-1}$ $(i = 1, 2, \cdots, n)$ 为小区间 $[x_{i-1}, x_i]$ 的长度。若当分割 Δ 的模 $\|\Delta\| = \max\limits_{1 \leqslant i \leqslant n} \{\Delta x_i\} \to 0$ 时，积分和 $S(\Delta, \xi)$ 的极限存在，且此极限的值 $\lim\limits_{\|\Delta\| \to 0} \sum\limits_{i=1}^{n} f(\xi_i) \Delta x_i$ 与分割 Δ 和点集 ξ 的选取无关，则称函数 $f(x)$ 在区间 $[a,b]$ 上是可积的，并称此极限的值为函数 $f(x)$ 在区间 $[a,b]$ 上的定积分，记作 $\int_a^b f(x)\,dx$。其中 $f(x)$ 称为被积函数，$[a,b]$ 称为积分区间，a 称为积分下限，b 称为积分上限，x 称为积分变量。

下面对定积分的定义作几点说明：

（1）由区间分割的定义，在求资本总量和曲边梯形的面积时，对区间的 n 等分实际上是区间的一种特殊分割，这种分割方式可以用来定义连续函数的定积分（定理6.2），但为了拓展可积函数的范围，在函数的定积分的定义中，要求对区间作任意的分割。同样地，对照定积分的定义，在求资本总量和曲边梯形的面积时，都选择了每个小区间的右端点作为该小区间上的 ξ_i，这种特殊的 ξ_i 的选择，在定积分的定义中也被取消，代之以也要求 ξ_i 作任意选择。这样，在定积分定义中出现的极限不同于普通的数列极限，具体请参看说明3。

（2）若函数 $f(x)$ 在区间上可积，则它在 $[a,b]$ 上的定积分 $\int_a^b f(x)dx$ 是一个数，这个数仅与区间 $[a,b]$ 和函数 $f(x)$ 有关；作为积分和的极限，它与积分和 $S(\Delta,\xi)$ 中区间的分割 Δ 的选取是无关的；同时，它也与积分变量用什么字母表示无关，即有

$$\int_a^b f(x)dx = \int_a^b f(t)dt = \int_a^b f(u)du = \int_a^b f(y)dy$$

（3）在定积分的定义中提到的"当 $\|\Delta\| = \max\limits_{1\leqslant i\leqslant n}\{\Delta x_i\}\to 0$ 时，积分和 $S(\Delta,\xi)$ 的极限"不是一种严格的说法，要严格地定义这个极限，需要用到"$\varepsilon-\delta$"语言，即：

$\lim\limits_{\|\Delta\|\to 0}\sum\limits_{i=1}^{n} f(\xi_i)\Delta x_i = A$ 的充分必要条件是：对任意的 $\varepsilon>0$，存在 $\delta>0$，使得对区间 $[a,b]$ 的任意分割 Δ 和一个任选的点集 ξ，只要 $\|\Delta\|<\delta$，就有 $\left|\sum\limits_{i=1}^{n} f(\xi_i)\Delta x_i - A\right| < \varepsilon$ 成立。

使用这种方式描述，可以给出严格的定积分的定义。

（4）在定积分的定义中，$[a,b]$ 是一个区间，所以有 $a<b$。为了记号上的方便，引入下面的补充定义：

①若函数 $f(x)$ 在区间 $[a,b]$ 上可积，则 $\int_b^a f(x)dx = -\int_a^b f(x)dx$；

②若函数 $f(x)$ 在点 a 处有定义，则 $\int_a^a f(x)dx = 0$。

这样，定积分 $\int_a^b f(x)dx$ 不仅对区间 $[a,b]$ 有意义，当 $a>b$ 或 $a=b$ 时也有意义。

例 6.1 由定积分的定义易得，对任意区间 $[a,b]$，有 $\int_a^b 1dx = \int_a^b dx = b-a$。

6.1.4 函数的可积性

从定积分的定义可以看出，要严格地说明一个函数在某个区间上可积不是一件简单的事情，需要说明对该区间的任意分割 Δ 和任意的点集 ξ，当 $\|\Delta\|\to 0$ 时相应积分和的极限都存在且相等。为此，给出几个判定函数在区间上可积的重要定理。但这些定理的证明超出了本课程的要求，故从略。

定理 6.1 若函数 $f(x)$ 在区间 $[a,b]$ 上可积，则 $f(x)$ 在区间 $[a,b]$ 上有界。

这个定理给出了函数 $f(x)$ 在区间 $[a,b]$ 上可积的必要条件，它将区间 $[a,b]$ 上的可积函数限定在有界函数之内，由此定理，函数 $y=\dfrac{1}{x}$ 在区间 $[0,1]$ 上不可积。

定理 6.2 若函数 $f(x)$ 在区间 $[a,b]$ 上连续，则 $f(x)$ 在区间 $[a,b]$ 上可积。

由此定理可知，初等函数在其有定义的闭区间上都是可积的。例如，$y=\frac{1}{x}$，$y=e^x$，$y=\ln x$，$y=\sin x$，$y=\arctan x$ 在区间$[1,2]$上均可积。

定理 6.3 若函数$f(x)$在区间$[a,b]$上有界，且在$[a,b]$上只有有限个间断点，则$f(x)$在区间$[a,b]$上可积。

根据定积分的定义，若函数$f(x)$在区间$[a,b]$上可积，则对区间$[a,b]$的某种特殊的分割方式Δ（例如区间的n等分）和特殊的ξ的选取，当$\|\Delta\|\to 0$时，相应积分和的极限应当存在，且等于$f(x)$在区间$[a,b]$上的定积分。这为我们提供了一种利用特殊形式的极限计算可积函数的定积分的方法。

例 6.2 计算定积分$\int_a^b xdx$（a < b）。

解： 函数$y=x$在区间$[a,b]$上连续，从而在区间$[a,b]$上可积。将区间$[a,b]$分成n等分，选取$\xi_i=a+\frac{i(b-a)}{n}, i=1,2,\cdots,n$，作积分和$S_n=\sum_{i=1}^{n}\xi_i\frac{b-a}{n}$。则由定积分的定义可知，有$\lim_{n\to\infty}S_n=\int_a^b xdx$，从而

$$\int_a^b xdx=\lim_{n\to\infty}S_n=\lim_{n\to\infty}\frac{b-a}{n}\sum_{i=1}^{n}\left[a+\frac{i(b-a)}{n}\right]$$

$$=\lim_{n\to\infty}\frac{b-a}{n}\cdot\frac{(n+1)b+(n-1)a}{2}=\frac{1}{2}(b^2-a^2)$$

上述将一个可积函数的定积分表示为一个特殊的数列极限的方法也可以反过来使用，同样可以利用定积分的定义，把一些特殊的数列极限表示成某个可积函数的定积分的形式。

例 6.3 将极限$\lim_{n\to\infty}\frac{1+\sqrt{2}+\sqrt{3}+\cdots+\sqrt{n}}{n\sqrt{n}}$表示成定积分的形式。

解： $\lim_{n\to\infty}\frac{1+\sqrt{2}+\sqrt{3}+\cdots+\sqrt{n}}{n\sqrt{n}}=\lim_{n\to\infty}\frac{1}{n}\sum_{i=1}^{n}\sqrt{\frac{i}{n}}=\lim_{n\to\infty}\sum_{i=1}^{n}\left(\sqrt{\frac{i}{n}}\cdot\frac{1}{n}\right)$，

函数$y=\sqrt{x}$在区间$[0,1]$上连续，从而在区间$[0,1]$上可积。将区间$[0,1]$分成n等分，选取$\xi_i=\frac{i}{n}, i=1,2,\cdots,n$，作积分和$S_n=\sum_{i=1}^{n}\left(\sqrt{\xi_i}\cdot\frac{1}{n}\right)$。

则由定积分的定义可知，有$\lim_{n\to\infty}S_n=\int_0^1\sqrt{x}dx$，即有

$$\lim_{n\to\infty}\frac{1+\sqrt{2}+\sqrt{3}+\cdots+\sqrt{n}}{n\sqrt{n}}=\int_0^1\sqrt{x}dx$$

这样，在掌握了定积分的求法之后，就可以通过将n项和的极限利用定积分的定义表示为定积分的方法来计算一些特殊形式的数列极限。

6.1.5 定积分的几何意义

对于区间$[a,b]$上的连续函数$f(x)$，若$f(x)\geqslant 0, x\in[a,b]$，如图6－5（1）所示，定积分$\int_a^b f(x)dx$表示的是曲边梯形$aABb$的面积$S$；若$f(x)\leqslant 0, x\in[a,b]$，则如图6.5（2）所

示，定积分 $\int_a^b f(x)dx$ 表示的是曲边梯形 $aABb$ 的面积的负值 $-S$；

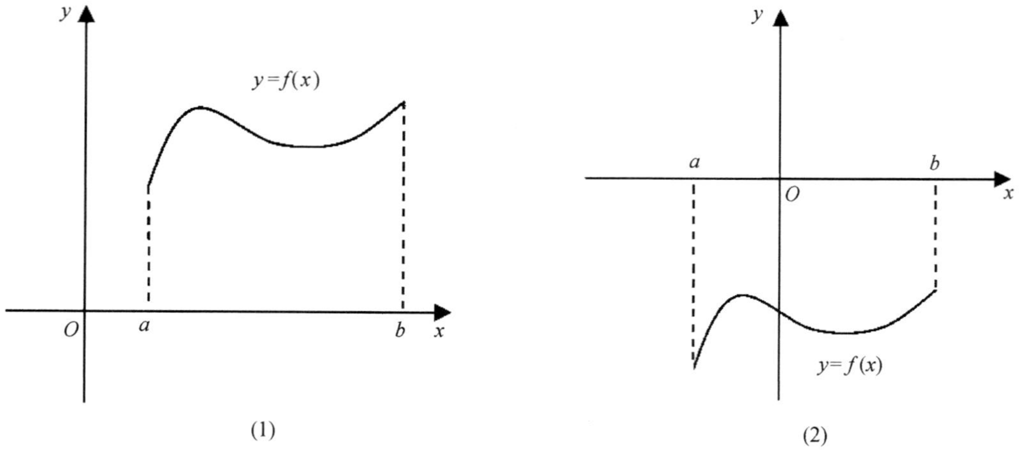

图 6－5

对于一般情形，如图 6－6 所示，定积分 $\int_a^b f(x)dx$ 表示的是曲边梯形 $aABb$ 位于 x 轴上方部分的面积与其位于 x 轴下方部分面积的差 $S_1-S_2+S_3-S_4+S_5$。

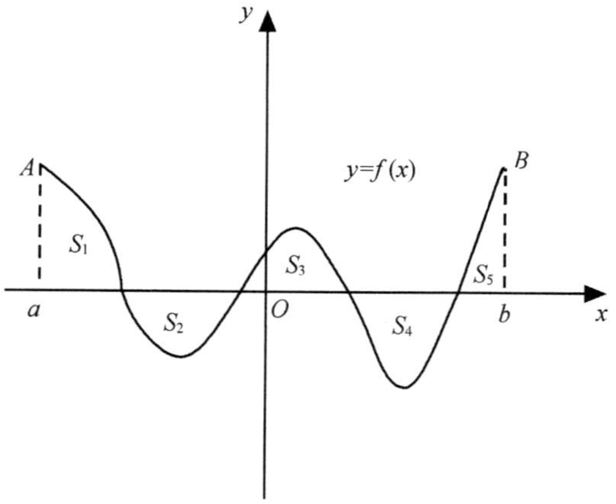

图 6－6

另一方面，对于图 6－6 中的曲边梯形 $aABb$，其面积也可表示为 $\int_a^b |f(x)|dx$。

6.1.6 定积分的性质

下面，介绍定积分的常用的性质，这些性质都可以通过定积分的严格的极限定义给出证明。

性质 1（线性可加性）若函数 $f_1(x)$，$f_2(x)$ 在区间 $[a,b]$ 上可积，k_1，k_2 为任意常数，则函数 $k_1f_1(x)+k_2f_2(x)$ 也在区间 $[a,b]$ 上可积，且

$$\int_a^b [k_1 f_1(x) + k_2 f_2(x)]dx = k_1 \int_a^b f_1(x)dx + k_2 \int_a^b f_2(x)dx$$

这一性质可以被推广到 n 个函数的情形。一般地，若函数 $f_1(x), f_2(x), \cdots, f_n(x)$ 在区间 $[a,b]$ 上可积，$k_1, k_2, \cdots, k_n$ 为任意常数，则函数 $k_1 f_1(x) + k_2 f_2(x) + \cdots + k_n f_n(x)$ 也在区间 $[a,b]$ 上可积，且

$$\int_a^b [k_1 f_1(x) + k_2 f_2(x) + \cdots + k_n f_n(x)]dx$$
$$= k_1 \int_a^b f_1(x)dx + k_2 \int_a^b f_2(x)dx + \cdots k_n \int_a^b f_n(x)dx$$

性质 2（区间可加性）若函数 $f(x)$ 在区间 I 上可积，则对任意的 $a,b,c \in I$，有

$$\int_a^b f(x)dx = \int_a^c f(x)dx + \int_c^b f(x)dx$$

事实上，若 $a < c < b$，则如图 6－7 所示，

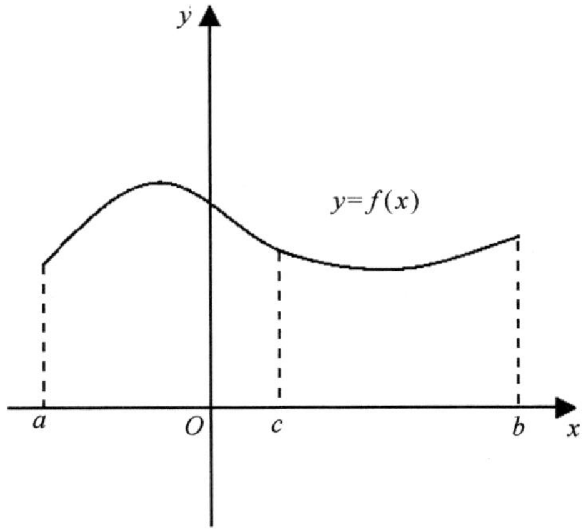

图 6－7

由定积分的几何意义易知等式成立；若 $c < a < b$，则应有

$$\int_c^b f(x)dx = \int_c^a f(x)dx + \int_a^b f(x)dx,$$

从而

$$\int_a^b f(x)dx = \int_c^b f(x)dx - \int_c^a f(x)dx$$
$$= \int_a^c f(x)dx + \int_c^b f(x)dx;$$

对 a,b,c 其他的位置关系，可以类似地得出同一等式。

性质 3 若函数 $f(x)$ 在区间 $[a,b]$ 上可积，且 $f(x) \geqslant 0, x \in [a,b]$，则

$$\int_a^b f(x)dx \geqslant 0$$

此性质也可由定积分的几何意义直接看出来。它有如下几个重要的推论：

推论 1 若函数 $f(x), g(x)$ 在区间 $[a,b]$ 上可积，且 $f(x) \geqslant g(x), x \in [a,b]$，则

$$\int_a^b f(x)dx \geqslant \int_a^b g(x)dx$$

证 令 $F(x)=f(x)-g(x)$，则 $F(x)\geqslant 0, x\in[a,b]$。由性质1知 $F(x)$ 在区间 $[a,b]$ 上可积，且 $\int_a^b F(x)dx = \int_a^b f(x)dx - \int_a^b g(x)dx$，故由性质3有

$$\int_a^b f(x)dx - \int_a^b g(x)dx \geqslant 0,$$

即原不等式成立。

推论2（估值定理）若函数 $f(x)$ 在区间 $[a,b]$ 上可积，且 $A\leqslant f(x)\leqslant B, x\in[a,b]$，则

$$A(b-a) \leqslant \int_a^b f(x)dx \leqslant B(b-a)$$

证：由推论1，有

$$A(b-a) = \int_a^b Adx \leqslant \int_a^b f(x)dx \leqslant \int_a^b Bdx = B(b-a),$$

故原不等式成立。

特殊地，若 $f(x)$ 在区间 $[a,b]$ 上连续，则 $f(x)$ 在区间 $[a,b]$ 上有最大值 M 和最小值 m，此时，有

$$m(b-a) \leqslant \int_a^b f(x)dx \leqslant M(b-a)$$

若函数 $f(x)$ 在区间 $[a,b]$ 上连续，性质3可以有下面的更强的形式：

性质4（保号性）若函数 $f(x)$ 在区间 $[a,b]$ 上连续，$f(x)\geqslant 0$，且 $f(x)$ 在区间 $[a,b]$ 上不恒等于0，则有 $\int_a^b f(x)dx>0$。

这个性质的证明将在§2中给出。

性质4常用来比较两个定积分的大小或不通过定积分的计算来估计定积分的值的范围。

例6.4 比较定积分 $\int_0^1 x\sin x dx$ 与 $\int_0^1 x^2\sin x^2 dx$ 的大小。

解：在区间 $[0,1]$ 上，有 $0\leqslant x^2\leqslant x\leqslant 1$，$\sin x^2\leqslant \sin x$，故 $x^2\sin x^2\leqslant x\sin x$，且 $x^2\sin x^2$ 在区间 $[0,1]$ 上不恒等于 $x\sin x$，故由性质4，有

$$\int_0^1 x\sin x dx > \int_0^1 x^2\sin x^2 dx 。$$

例6.5 估计定积分 $\int_0^2 e^{x^2-x}dx$ 的值的范围。

解：令 $f(x)=e^{x^2-x}$，则可求得 $f(x)$ 在区间 $[0,2]$ 上的最大值和最小值分别为

$$M=f(2)=e^2, m=f\left(\frac{1}{2}\right)=e^{-\frac{1}{4}}$$

故由性质3的推论2，有

$$2e^{-\frac{1}{4}} \leqslant \int_0^2 e^{x^2-x}dx \leqslant 2e^2$$

而函数 $f(x)=e^{x^2-x}$ 在区间 $[0,2]$ 上不恒等于其最大值或最小值，从而可由性质4进一步得到

$$2e^{-\frac{1}{4}} < \int_0^2 e^{x^2-x}dx < 2e^2$$

§6.2 微积分学基本定理

对于区间$[a,b]$上的连续函数$f(x)$，由定积分的定义知，$\int_a^b f(x)dx$可以转化为一个数列极限来计算，但这种数列极限往往比较复杂，难于计算。因此，在实际中，很少直接利用定积分的原始定义进行计算。本节将通过讨论定积分$\int_a^b f(x)dx$与不定积分$\int f(x)dx$之间的关系，在证明上一章中的原函数存在定理后，给出微积分学基本定理（牛顿—莱布尼茨公式），从而解决求一般的连续函数的定积分的问题。

为了证明原函数存在定理，首先给出连续函数的积分中值定理。

6.2.1 积分中值定理

定理 6.4（简单积分中值定理）若函数$f(x)$在区间$[a,b]$上连续，则至少存在一点$\xi\in[a,b]$，使得

$$\int_a^b f(x)dx = f(\xi)(b-a)。$$

证：由$f(x)$在区间$[a,b]$上连续，故$f(x)$在区间$[a,b]$上有最大值M和最小值m，从而由定积分的估值定理（性质3的推论2），有

$$m(b-a)\leqslant\int_a^b f(x)dx\leqslant M(b-a),$$

即有

$$m\leqslant\frac{\int_a^b f(x)dx}{b-a}\leqslant M$$

从而，由连续函数的介值定理可知，存在$\xi\in[a,b]$，使得$f(\xi)=\dfrac{\int_a^b f(x)dx}{b-a}$，即

$\int_a^b f(x)dx = f(\xi)(b-a)$。

简单积分中值定理的几何意义是：在区间$[a,b]$上至少存在一点ξ，使得以区间$[a,b]$为底边，以曲线$y=f(x)$为曲边的曲边梯形的面积等于同一底边而高为$f(\xi)$的一个矩形的面积，如图6－8所示。

一般地，若函数$f(x)$在区间$[a,b]$上可积，则称

$$\bar{y}=\frac{1}{b-a}\int_a^b f(x)dx$$

为函数$f(x)$在区间$[a,b]$上的平均值。这样，定理6.4也可以叙述为：若函数$f(x)$在区间$[a,b]$上连续，则至少存在一点$\xi\in[a,b]$，使得$f(\xi)=\bar{y}$。

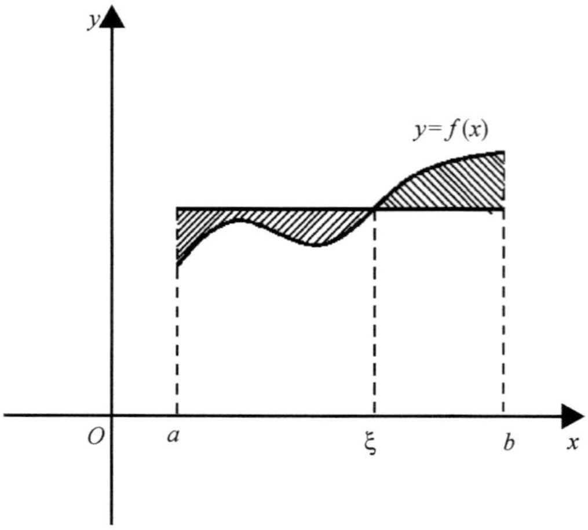

图 6－8

6.2.2 积分上限函数与原函数存在定理

若函数 $f(t)$ 在区间 $[a,b]$ 上连续，则对每一个 $x\in[a,b]$，都有唯一的一个定积分值 $\int_a^x f(t)dt$ 与之相对应，这样，可构成在区间 $[a,b]$ 上定义的一个关于变量 x 的函数关系为

$$\Phi(x)=\int_a^x f(t)dt, x\in[a,b],$$

称为积分上限函数（或变上限积分）。

类似地，也可以定义积分下限函数（或变下限积分）为

$$\Psi(x)=\int_x^b f(t)dt, x\in[a,b]$$

但由于 $\int_x^b f(t)dt=-\int_b^x f(t)dt$，故以后只需要讨论积分上限函数。

对于积分上限函数，有下面的重要定理。

定理 6.5 （原函数存在定理）若函数 $f(x)$ 在区间 $[a,b]$ 上连续，则积分上限函数 $\Phi(x)=\int_a^x f(t)dt$ 是函数 $f(x)$ 在区间 $[a,b]$ 上的一个原函数，即有

$$\Phi'(x)=\left(\int_a^x f(t)dt\right)'=f(x), x\in[a,b]$$

证：对任意的 $x_0\in(a,b)$，$\Phi'(x_0)=\lim\limits_{x\to x_0}\dfrac{\Phi(x)-\Phi(x_0)}{x-x_0}$

$$=\lim_{x\to x_0}\frac{\int_a^x f(t)dt-\int_a^{x_0} f(t)dt}{x-x_0}$$

$$=\lim_{x\to x_0}\frac{\int_{x_0}^x f(t)dt}{x-x_0}$$

对于 $\int_{x_0}^x f(t)dt$，由定理 6.4，至少存在一点 ξ_x 介于 x 与 x_0 之间，使得 $\int_{x_0}^x f(t)dt=f(\xi_x)(x-x_0)$，

代入上式，则有

$$\Phi'(x_0)=\lim_{x\to x_0}f(\xi_x)$$

由 $f(x)$ 的连续性知，当 $x\to x_0$ 时，$f(\xi_x)\to f(x_0)$。即有 $\Phi'(x_0)=f(x_0)$。

同理可证，当 $x_0=a$ 或 b 时，也有 $\Phi'(x_0)=f(x_0)$。

因此证得在区间 $[a,b]$ 上有 $\Phi'(x)=f(x)$。

由定理6.5可知，区间 $[a,b]$ 上的连续函数 $f(x)$ 的原函数一定存在，且积分上限函数 $\int_a^x f(t)\,dt$ 就是 $f(x)$ 的一个原函数。该定理初步揭示了函数的定积分与其原函数之间的关系，具有重要的意义。

积分上限函数是在微积分中遇到的一类新的函数的表示形式，它可以用来表示非初等函数。例如，函数 e^{-x^2} 在区间 $[0,1]$ 上的原函数存在，但不能用初等函数表示。现在，可以用积分上限函数 $\int_0^x e^{-t^2}dt$，$x\in[0,1]$ 来表示函数 e^{-x^2} 在区间 $[0,1]$ 上的一个原函数，此时，$\int_0^x e^{-t^2}dt$ 是一个非初等函数。

积分上限函数虽然提供了一种新的函数的表示形式，但在这种表示形式下，计算函数在某点处的函数值常常是比较困难的，所以积分上限函数往往只是在理论上作为连续函数的原函数的一种表示形式。

下面，举一些与积分上限函数有关的例题。

例 6.6 求下列函数的导数：

(1) $f(x)=\int_x^{100}\sin\sqrt{t+1}\,dt$；

(2) $f(x)=\int_a^{2+\sin x}\frac{\ln t}{t}dt\ (a>0)$；

(3) $f(x)=\int_x^{x^2}e^{t^2+t}dt$

解：(1) 由 $f(x)=\int_x^{100}\sin\sqrt{t+1}\,dt=-\int_{100}^x\sin\sqrt{t+1}\,dt$，故

$$f'(x)=\left(-\int_{100}^x\sin\sqrt{t+1}\,dt\right)'=-\sin\sqrt{x+1}\ ;$$

(2) 令 $u(x)=2+\sin x$，则函数 $f(x)$ 可被视为关于 u 的函数 $\int_a^u\frac{\ln t}{t}dt$ 与关于 x 的函数 $u(x)$ 的复合函数，从而

$$f'(x)=\left(\int_a^u\frac{\ln t}{t}dt\right)'\cdot(2+\sin x)'=\frac{\ln u}{u}\cdot\cos x=\frac{\cos x\cdot\ln(2+\sin x)}{2+\sin x}\ ;$$

(3) $f(x)=\int_x^{x^2}e^{t^2+t}dt=\int_x^0 e^{t^2+t}dt+\int_0^{x^2}e^{t^2+t}dt$，则

$$f'(x)=\left(\int_x^0 e^{t^2+t}dt\right)'+\left(\int_0^{x^2}e^{t^2+t}dt\right)'=-e^{x^2+x}+2xe^{x^4+x^2}$$

例 6.7 求极限 $\lim\limits_{x\to+\infty}x^2\int_0^{\frac{1}{x}}t^2\sin t\,dt$。

解：所求极限为0·∞型不定式，由罗必达法则，可得

$$\lim_{x\to+\infty} x^2\int_0^{\frac{1}{x}} t^2\sin t dt = \lim_{x\to+\infty}\frac{\int_0^{\frac{1}{x}} t^2\sin t dt}{\frac{1}{x^2}} = \lim_{x\to+\infty}\frac{-\frac{1}{x^2}\left(\frac{1}{x}\right)^2\sin\frac{1}{x}}{-2\frac{1}{x^3}} = 0$$

例 6.8 设函数$f(x)$在区间$[a,b]$上连续，$F(x)=\int_a^x f(t)(x-t)dt$，证明：

$$F''(x)=f(x),x\in[a,b]$$

证：由 $F(x)=\int_a^x f(t)(x-t)dt=\int_a^x[xf(t)-tf(t)]dt$

$$=\int_a^x xf(t)dt-\int_a^x tf(t)dt=x\int_a^x f(t)dt-\int_a^x tf(t)dt,$$

故

$$F'(x)=\left(x\int_a^x f(t)dt\right)'-\left(\int_a^x tf(t)dt\right)'$$

$$=\int_a^x f(t)dt+xf(x)-xf(x)=\int_a^x f(t)dt,$$

所以

$$F''(x)=f(x),x\in[a,b]$$

例 6.9 证明：若函数$f(x)$在区间$[a,b]$上连续，且$f(x)\geqslant 0,x\in[a,b]$，$\int_a^b f(x)dx=0$，则$f(x)\equiv 0,x\in[a,b]$。

证：令$F(x)=\int_a^x f(t)dt$，则$F'(x)=f(x)\geqslant 0,x\in[a,b]$，从而$F(x)$在区间$[a,b]$上单调递增，$F(b),F(a)$分别为$F(x)$在区间$[a,b]$上的最大值和最小值，而$F(b)=F(a)=0$，故$f(x)\equiv 0,x\in[a,b]$。

由此例，若函数$f(x)$在区间$[a,b]$上连续，$f(x)\geqslant 0,x\in[a,b]$，且$f(x)$在区间$[a,b]$上不恒等于0，则必有$\int_a^b f(x)dx\neq 0$，从而$\int_a^b f(x)dx>0$，即证得定积分的性质4。

例 6.10 设函数$f(x),g(x)$在区间$[a,b]$上连续，证明**柯西**（Cauchy）不等式：

$$\left(\int_a^b f(x)g(x)dx\right)^2\leqslant\int_a^b f^2(x)dx\cdot\int_a^b g^2(x)dx$$

证：令$F(t)=\left(\int_a^t f(x)g(x)dx\right)^2-\int_a^t f^2(x)dx\cdot\int_a^t g^2(x)dx$，则$F(t)$在区间$[a,b]$上可导，且

$$F'(t)=2\int_a^t f(x)g(x)dx\cdot f(t)g(t)-f^2(t)\cdot\int_a^t g^2(x)dx-g^2(t)\cdot\int_a^t f^2(x)dx$$

$$=\int_a^t[2f(x)g(x)f(t)g(t)-f^2(t)g^2(x)-g^2(t)f^2(x)]dx$$

$$=-\int_a^t[f(t)g(x)-g(t)f(x)]^2dx\leqslant 0,$$

故$F(t)$在区间上单调递减，从而有$F(b)\leqslant F(a)$，即所证柯西不等式成立。

6.2.3 微积分学基本定理

利用原函数存在定理，可给出计算连续函数定积分的基本方法如下：

定理 6.6 （微积分学基本定理）若函数$f(x)$在区间$[a,b]$上连续，$F(x)$是函数$f(x)$在区间$[a,b]$上的一个原函数，则

$$\int_a^b f(x)dx = F(x)\Big|_a^b = F(b) - F(a)$$

上述公式称为牛顿—莱布尼茨（Newton - Lebniz）公式。

证： 由定理6.5可知，$\int_a^x f(t)dt$是$f(x)$在区间$[a,b]$上的一个原函数，故存在常数C，使得

$$\int_a^x f(t)dt = F(x) + C, x \in [a,b]。$$

令$x=b$，得

$$\int_a^b f(t)dt = F(b) + C,$$

令$x=a$，得

$$\int_a^b f(t)dt = F(a) + C,$$

两式相减，即得

$$\int_a^b f(t)dt = F(b) - F(a)$$

定理6.5和定理6.6是微积分学中的基本定理，它们揭示了连续函数$f(x)$的定积分与其原函数$F(x)$之间的关系。定理6.5有时被称为微积分学基本定理的微分形式，相应地，定理6.6被称为微积分学基本定理的积分形式。

定理6.6所述的牛顿—莱布尼茨公式给出了利用$f(x)$的原函数求$f(x)$的定积分的方法，使得大量的求定积分问题得到解决，它无论在理论上还是实际应用上都具有重要的意义。

下面，给出几个利用牛顿—莱布尼茨公式计算定积分的简单例子。

例 6.11 计算下列定积分：

(1) $\int_0^\pi \sin x dx$；

(2) $\int_a^b \frac{1}{x^2}dx \quad (0 < a < b)$；

(3) $\int_a^b x^n dx$ （n为正整数）。

解： (1) $\int_0^\pi \sin x dx = (-\cos x)\Big|_0^\pi = -\cos\pi + \cos 0 = 2$；

(2) $\int_a^b \frac{1}{x^2}dx = \left(-\frac{1}{x}\right)\Big|_a^b = \frac{1}{a} - \frac{1}{b}$；

(3) $\int_a^b x^n dx = \left(\frac{1}{n+1}x^{n+1}\right)\Big|_a^b = \frac{1}{n+1}(b^{n+1} - a^{n+1})$。

例 6.12 计算 $\int_0^2 |x-1|dx$。

解：
$$\int_0^2 |x-1|dx = \int_0^1 |x-1|dx + \int_1^2 |x-1|dx$$
$$= \int_0^1 (1-x)dx + \int_1^2 (x-1)dx$$
$$= \left(x-\frac{1}{2}x^2\right)\Big|_0^1 + \left(\frac{1}{2}x^2 - x\right)\Big|_1^2 = 1$$

例 6.13 计算 $\int_{\frac{\pi}{4}}^{\frac{\pi}{3}} \frac{1}{\sin^2 x\cos^2 x}dx$。

解：
$$\int_{\frac{\pi}{4}}^{\frac{\pi}{3}} \frac{1}{\sin^2 x\cos^2 x}dx = \int_{\frac{\pi}{4}}^{\frac{\pi}{3}} \frac{\sin^2 x+\cos^2 x}{\sin^2 x\cos^2 x}dx$$
$$= \int_{\frac{\pi}{4}}^{\frac{\pi}{3}} \sec^2 x\,dx + \int_{\frac{\pi}{4}}^{\frac{\pi}{3}} \csc^2 x\,dx$$
$$= \tan x\Big|_{\frac{\pi}{4}}^{\frac{\pi}{3}} - \cot x\Big|_{\frac{\pi}{4}}^{\frac{\pi}{3}} = \frac{2\sqrt{3}}{3}$$

§6.3 定积分的计算

由牛顿—莱布尼茨公式可知，对于定积分，可以通过先求出原函数，再求原函数在区间两个端点的函数值的差的方法来计算。但是，求出给定函数的原函数（求不定积分）的过程往往比较复杂，书写起来较为麻烦，所以，为了在求定积分时简化计算过程，可参照不定积分的两种积分法，在牛顿—莱布尼茨公式的基础上建立定积分的换元积分法和分部积分法。

6.3.1 定积分的换元积分法

定理 6.7（定积分的换元积分法）若函数 $f(x)$ 在区间 $[a,b]$ 上连续，函数 $x=\varphi(t)$ 在区间 $[\alpha,\beta]$ 上可导，且满足：

（1）$\varphi(\alpha)=a,\varphi(\beta)=b$；

（2）对任意的 $t\in[\alpha,\beta]$，有 $a\leqslant\varphi(t)\leqslant b$；

（3）$\varphi'(t)$ 在区间 $[\alpha,\beta]$ 上连续。

则有换元积分公式
$$\int_a^b f(x)dx = \int_\alpha^\beta f(\varphi(t))\varphi'(t)dt \tag{6.1}$$

证： 由微积分学基本定理，设 $F(x)$ 是 $f(x)$ 在区间 $[a,b]$ 上的一个原函数，则
$$\int_a^b f(x)dx = F(b) - F(a)$$
而当 $t\in[\alpha,\beta]$，$a\leqslant\varphi(t)\leqslant b$ 时，有
$$[F(\varphi(t))]' = F'(\varphi(t))\cdot\varphi'(t) = f(\varphi(t))\cdot\varphi'(t) \tag{6.2}$$

故 $F(\varphi(t))$是连续函数$f(\varphi(t))\cdot\varphi'(t)$在区间$[\alpha,\beta]$上的一个原函数，从而有

$$\int_{\alpha}^{\beta} f(\varphi(t))\cdot\varphi'(t)dt = F(\varphi(\beta)) - F(\varphi(\alpha)) = F(b) - F(a)$$

故（6.1）式成立。

几点说明：

（1）定积分的换元积分法与不定积分的换元积分法本质上是相同的，它们都依赖于（6.2）式的成立。求定积分时，可以参考对相应的不定积分使用换元积分法时所用的变量替换。

（2）定积分的换元积分法与不定积分的换元积分法的区别在于：求不定积分的结果是一个函数，应用换元积分法时最后需要将换元后的变量代回原变量；而求定积分的结果是一个常数，应用换元积分法时，只需要将定积分的积分限做相应地变换即可。

（3）对于定积分，不再强调第一换元积分法和第二换元积分法的区别，只要满足定理的条件，公式（6.1）既可以从左向右使用，也可以从右向左使用。

下面，举例说明定积分的换元积分法的应用。

例 6.14　计算$\int_1^4 \frac{1}{\sqrt{x}(x+1)}dx$。

解：令 $t=\sqrt{x}$，则 $x=t^2$，当 $x=1$ 时，$t=1$，当 $x=4$ 时，$t=2$，$dx=2t\ dt$

$$\int_1^4 \frac{1}{\sqrt{x}(x+1)}dx = 2\int_1^2 \frac{1}{t(t^2+1)}t\ dt$$

$$=2\ \arctan t\Big|_1^2 = 2\arctan 2 - \frac{\pi}{2}$$

例 6.15　计算$\int_0^r \sqrt{r^2-x^2}dx(r>0)$。

解：令 $x=r\sin t$，则当 $t=0$ 时，$x=0$，当 $t=\frac{\pi}{2}$时，$x=r$，且当$0\leqslant t\leqslant\frac{\pi}{2}$时，$0\leqslant r\sin t\leqslant r$，故在区间$\left[0,\frac{\pi}{2}\right]$内有 $dx=r\cos t\ dt$，从而

$$\int_0^r \sqrt{r^2-x^2}dx = \int_0^{\frac{\pi}{2}} \sqrt{r^2-r^2\sin^2 t}\cdot r\cos t\ dt$$

$$= \int_0^{\frac{\pi}{2}} r^2\cos^2 t\ dt = \frac{1}{2}\int_0^{\frac{\pi}{2}} r^2(1+\cos 2t)dt$$

$$= \frac{1}{2}r^2\left(t+\frac{1}{2}\sin 2t\right)\Big|_0^{\frac{\pi}{2}} = \frac{1}{4}\pi r^2$$

注：本题中所求的定积分有明显的几何意义：它表示第一象限内以原点为圆心，r 为半径的四分之一圆的面积。

例 6.16　计算$\int_0^{\frac{\pi}{4}} \frac{1}{1+\sin^2 x}dx$。

解：令 $t=\tan x$，则当 $x=0$ 时，$t=0$，当 $x=\frac{\pi}{4}$时，$t=1$，且函数 $t=\tan x$ 在区间$\left[0,\frac{\pi}{4}\right]$上严格单调递增，故有

$$\int_0^{\frac{\pi}{4}} \frac{1}{1+\sin^2 x}dx = 2\int_0^{\frac{\pi}{4}} \frac{1}{3-\cos 2x}dx = 2\int_0^1 \frac{1}{3-\frac{1-t^2}{1+t^2}} \cdot \frac{1}{1+t^2}dt$$

$$= \int_0^1 \frac{1}{1+2t^2}dt = \frac{\sqrt{2}}{2}\arctan\sqrt{2}$$

例 6.17　证明：若函数$f(x)$在区间$[-a,a]$上连续，则有

(1) $\int_{-a}^{a} f(x)dx = \int_0^a [f(x)+f(-x)]dx$；

(2) $\int_{-a}^{a} f(x)dx = \begin{cases} 2\int_0^a f(x)dx, & \text{若} f(x) \text{为偶函数；} \\ 0, & \text{若} f(x) \text{为奇函数。} \end{cases}$

证：(1) $\int_0^a [f(x)+f(-x)]dx = \int_0^a f(x)dx + \int_0^a f(-x)dx$

$$= \int_0^a f(x)dx + \int_a^0 f(-x)d(-x)$$

$$= \int_0^a f(x)dx + \int_{-a}^0 f(x)d(x)$$

$$= \int_{-a}^a f(x)dx$$

(2) 若$f(x)$为偶函数，则有$f(-x)=f(x), x\in[-a,a]$，从而由(1)中的等式，有

$$\int_{-a}^a f(x)dx = \int_0^a [f(x)+f(-x)]dx = 2\int_0^a f(x)dx$$

若$f(x)$为奇函数，则有$f(-x)=-f(x), x\in[-a,a]$，从而由(1)中的等式，有

$$\int_{-a}^a f(x)dx = \int_0^a [f(x)+f(-x)]dx = 0$$

这个例题的结论可以作为定理直接应用，即在计算对称区间上的定积分时，可利用被积函数的奇偶性简化计算。

例 6.18　计算$\int_{-\frac{\pi}{2}}^{\frac{\pi}{2}} (x+1)\sqrt{\cos x - \cos^3 x}\,dx$。

解：由于函数$y=x$为奇函数，函数$y=\sqrt{\cos x-\cos^3 x}$为偶函数，故

$$\int_{-\frac{\pi}{2}}^{\frac{\pi}{2}} (x+1)\sqrt{\cos x-\cos^3 x}\,dx = \int_{-\frac{\pi}{2}}^{\frac{\pi}{2}} x\sqrt{\cos x-\cos^3 x}\,dx + \int_{-\frac{\pi}{2}}^{\frac{\pi}{2}} \sqrt{\cos x-\cos^3 x}\,dx$$

$$= 0 + 2\int_0^{\frac{\pi}{2}} \sqrt{\cos x-\cos^3 x}\,dx$$

$$= -2\int_0^{\frac{\pi}{2}} \sqrt{\cos x}d(\cos x) = -\frac{4}{3}(\cos x)^{\frac{3}{2}}\Big|_0^{\frac{\pi}{2}} = \frac{4}{3}$$

例 6.19　设函数$f(x)$在区间$[0,1]$上连续，证明：

$$\int_0^{\pi} xf(\sin x)dx = \frac{\pi}{2}\int_0^{\pi} f(\sin x)dx,$$

并由此计算$\int_0^{\pi} \frac{x\sin x}{1+\cos^2 x}dx$。

证： 要证明的等式等价于

$$\int_0^{\pi} xf(\sin x)\,dx - \frac{\pi}{2}\int_0^{\pi} f(\sin x)\,dx = 0,$$

即

$$\int_0^{\pi}\left(x - \frac{\pi}{2}\right)f(\sin x)\,dx = 0$$

令 $t = x - \frac{\pi}{2}$，则有

$$\int_0^{\pi}\left(x - \frac{\pi}{2}\right)f(\sin x)\,dx = \int_{-\frac{\pi}{2}}^{\frac{\pi}{2}} tf(\cos t)\,dt$$

由于函数 $tf(\cos t)$ 是奇函数，故有 $\int_{-\frac{\pi}{2}}^{\frac{\pi}{2}} tf(\cos t)\,dt = 0$，这就证明了原来的等式。

另外，利用这个等式，有

$$\int_0^{\pi}\frac{x\sin x}{1+\cos^2 x}dx = \int_0^{\pi} x\cdot\frac{\sin x}{2-\sin^2 x}dx = \frac{\pi}{2}\int_0^{\pi}\frac{\sin x}{2-\sin^2 x}dx$$

$$= -\frac{\pi}{2}\int_0^{\pi}\frac{1}{1+\cos^2 x}d(\cos x) = -\frac{\pi}{2}\arctan(\cos x)\Big|_0^{\pi} = \frac{\pi^2}{4}$$

注意 本题中的恒等式也可以通过作变量替换 $t = \pi - x$ 来证明。同时，本题中函数 $\frac{x\sin x}{1+\cos^2 x}$ 的原函数虽不能用初等函数表示，但可通过作变量替换，求出定积分 $\int_0^{\pi}\frac{x\sin x}{1+\cos^2 x}dx$。这意味着利用换元积分法（变量替换法），可以求出某些特殊的原函数不能用初等函数表示的函数在某些特殊区间上的定积分。

例 6.20 设函数 $f(x)$ 是周期为 T 的连续函数，证明：对任意的实数 a，有

$$\int_a^{a+T} f(x)\,dx = \int_0^T f(x)\,dx。$$

证法 1 要证明的等式等价于

$$\int_a^{a+T} f(x)\,dx - \int_0^T f(x)\,dx = 0$$

即

$$\int_a^0 f(x)\,dx + \int_T^{a+T} f(x)\,dx = 0。$$

令 $t = x + T$，则由 $f(x)$ 的周期性，有 $f(x) = f(t - T) = f(t)$，从而有

$$\int_a^0 f(x)\,dx = \int_{a+T}^T f(t - T)\,dt = \int_{a+T}^T f(t)\,dt = \int_{a+T}^T f(x)\,dx$$

等式得证。

证法 2 令 $F(a) = \int_a^{a+T} f(x)\,dx$，则关于变量 a 的函数 $F(a)$ 可导，且

$$F'(a) = \left(\int_a^0 f(x)\,dx + \int_0^{a+T} f(x)\,dx\right)' = f(a+T) - f(a) \equiv 0,$$

故 $F(a)$ 是关于 a 的常数函数，$F(a) \equiv F(0) = \int_0^T f(x)\,dx$，等式得证。

6.3.2 定积分的分部积分法

类似于不定积分的分部积分法，对于定积分，也有如下定积分的分部积分法：

定理 6.8 （定积分的分部积分法）若函数 $u(x)$，$v(x)$ 在区间 $[a,b]$ 上可导，且 $u'(x)$，$v'(x)$ 在区间 $[a,b]$ 上连续，则有

$$\int_a^b u(x)v'(x)dx = u(x)v(x)\Big|_a^b - \int_a^b u'(x)v(x)dx。$$

证 由于在区间 $[a,b]$ 上有

$$[u(x)v(x)]' = u'(x)v(x) + u(x)v'(x),$$

故 $u(x)v(x)$ 是连续函数 $u'(x)v(x)+u(x)v'(x)$ 在区间的一个原函数，从而有

$$\int_a^b [u'(x)v(x) + u(x)v'(x)]dx = u(x)v(x)\Big|_a^b,$$

移项后，即得

$$\int_a^b u(x)v'(x)dx = u(x)v(x)\Big|_a^b - \int_a^b u'(x)v(x)dx$$

下面，举例说明定积分的分部积分法的应用。

例 6.21 计算 $\int_1^e x\ln x\,dx$。

解： $\int_1^e x\ln x\,dx = \frac{1}{2}\int_1^e \ln x\,d(x^2) = \frac{1}{2}\left[x^2\ln x\Big|_1^e - \int_1^e x\,dx\right] = \frac{e^2+1}{4}$

例 6.22 计算 $\int_0^{\frac{\pi}{2}} e^x\sin x\,dx$。

解：
$$\begin{aligned}\int_0^{\frac{\pi}{2}} e^x\sin x\,dx &= \int_0^{\frac{\pi}{2}} \sin x\,de^x = e^x\sin x\Big|_0^{\frac{\pi}{2}} - \int_0^{\frac{\pi}{2}} e^x\cos x\,dx\\ &= e^{\frac{\pi}{2}} - \int_0^{\frac{\pi}{2}} \cos x\,de^x = e^{\frac{\pi}{2}} - e^x\cos x\Big|_0^{\frac{\pi}{2}} - \int_0^{\frac{\pi}{2}} e^x\sin x\,dx\\ &= e^{\frac{\pi}{2}} + 1 - \int_0^{\frac{\pi}{2}} e^x\sin x\,dx,\end{aligned}$$

故有

$$\int_0^{\frac{\pi}{2}} e^x\sin x\,dx = \frac{e^{\frac{\pi}{2}}+1}{2}$$

例 6.23 计算 $\int_0^1 (1-2x^2)e^{-x^2}dx$。

解：
$$\begin{aligned}\int_0^1 (1-2x^2)e^{-x^2}dx &= \int_0^1 e^{-x^2}dx - \int_0^1 2x^2e^{-x^2}dx\\ &= \int_0^1 e^{-x^2}dx + \int_0^1 xde^{-x^2}\\ &= \int_0^1 e^{-x^2}dx + xe^{-x^2}\Big|_0^1 - \int_0^1 e^{-x^2}dx = \frac{1}{e}\end{aligned}$$

注意 本题的关键是将所求积分分为两项，对其中一项使用分部积分法后得到的定积分恰好与另一项抵消，这是一种常用的技巧。本题的结果也可以推广，一般地，若函数 $f(x)$

在区间[0,1]上有连续的导数$f'(x)$，则有$\int_0^1[1+xf'(x)]e^{f(x)}dx=e^{f(1)}$。

§6.4 定积分的几何应用

在数学中，定积分的概念首先是在求平面图形（曲边梯形）的面积时提出来的，所以，定积分在几何学中有着广泛的应用，它可以用来求复杂的平面图形的面积或简单的空间立体的体积。本节将讨论定积分在几何学中的一些应用。

6.4.1 平面图形的面积

如图6-9所示，由定积分的几何意义，当$f(x)$为区间$[a,b]$上的连续函数时，由曲线$y=f(x)$，直线$x=a$，$x=b$及x轴所围成的曲边梯形的面积为$\int_a^b|f(x)|dx$。

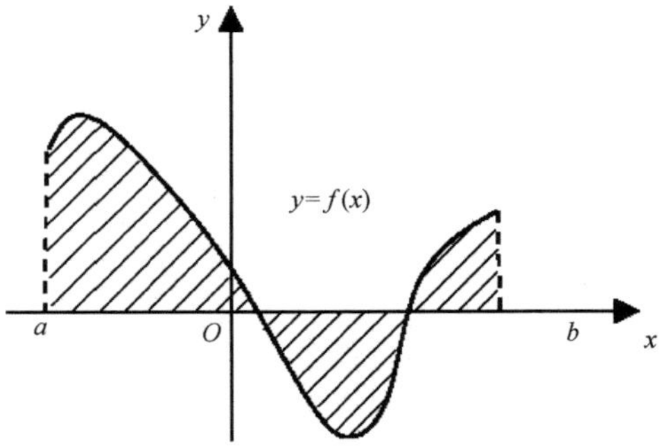

图6-9

下面，我们来讨论如何用定积分求更一般的平面图形的面积，主要考虑以下两种情形：

(1) 如图6-10所示，平面图形由直线$x=a$，$x=b$，曲线$y=f(x)$及曲线$y=g(x)$所围成（其中$f(x)$，$g(x)$为$[a,b]$上的连续函数）。

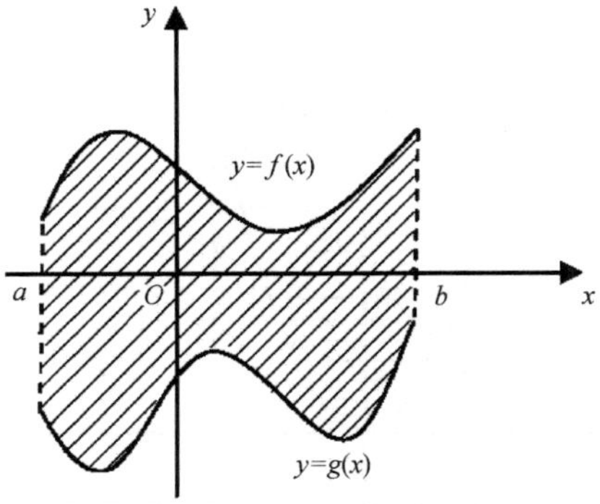

图6-10

此时，用类似于求曲边梯形面积的方法，通过“分割，取近似，求和，取极限”四个步骤得到这类图形面积的计算公式为

$$\int_a^b |f(x) - g(x)| dx$$

（2）如图 6 - 11 所示，平面图形由直线 $y = c$，$y = d$，曲线 $x = \varphi(y)$ 及曲线 $x = \psi(y)$ 所围成（其中 $\varphi(y)$，$\psi(y)$ 为 $[c,d]$ 上的连续函数）。

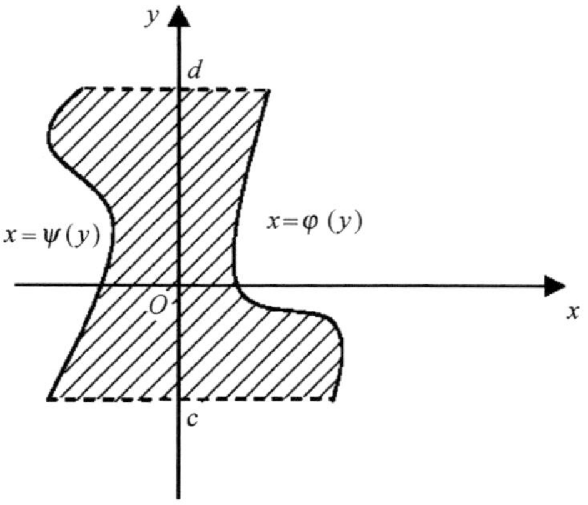

图 6 - 11

这类图形面积的计算公式为

$$\int_c^d | \varphi(y) - \psi(y) | dy$$

至于更一般的平面图形，往往可以用直线分割为上面所讨论的两类图形，它们的面积的求法，此处不再详细讨论。

下面，通过例子来说明如何用定积分求平面图形的面积。

例 6.24 计算由抛物线 $y = \frac{1}{2}x^2$ 与直线 $y = x + 4$ 所围成的平面图形的面积。

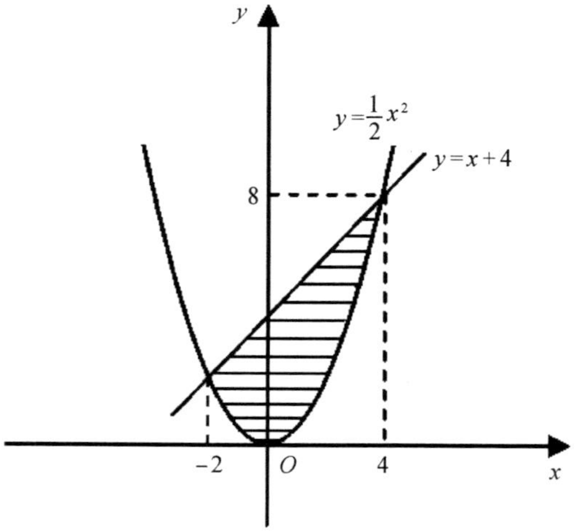

图 6 - 12

解：易求得抛物线 $y=\frac{1}{2}x^2$ 与直线 $y=x+4$ 的两个交点的横坐标分别为 $x_1=-2$，$x_2=4$。如图 6－12 所示，它们所围成的平面图形介于直线 $x=-2$ 与 $x=4$ 之间，从而所求的面积为

$$\int_{-2}^{4}\left(x+4-\frac{1}{2}x^2\right)dx=\left(\frac{1}{2}x^2+4x-\frac{1}{6}x^3\right)\Big|_{-2}^{4}=18$$

例 6.25 计算由抛物线 $y^2=2x$ 与直线 $y=x-4$ 所围成的平面图形的面积。

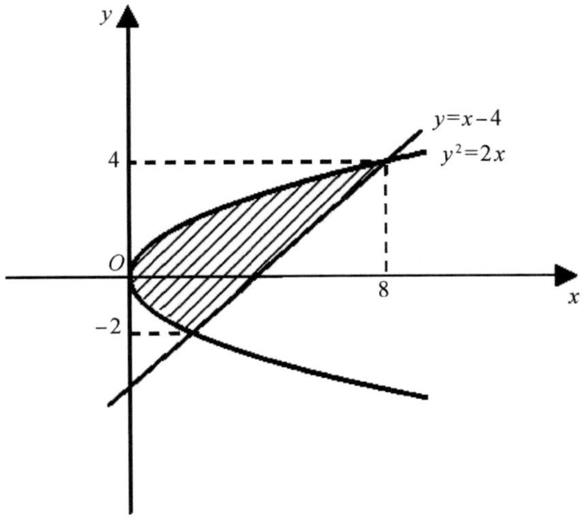

图 6－13

解：易求得抛物线 $y^2=2x$ 与直线 $y=x-4$ 的两个交点的横坐标分别为 $x_1=2$，$x_2=8$。如图 6－13 所示，它们所围成的平面图形介于 y 轴，直线 $x=2$ 与 $x=8$ 之间，从而所求的面积为

$$\int_{0}^{2}2\sqrt{2x}\,dx+\int_{2}^{8}(\sqrt{2x}-x+4)dx=\frac{2}{3}(2x)^{\frac{3}{2}}\Big|_{0}^{2}+\left(\frac{1}{3}(2x)^{\frac{3}{2}}-\frac{1}{2}x^2+4x\right)\Big|_{2}^{8}=18$$

注意 例 6.25 与例 6.24 实际上求的是同一个平面图形的面积，在例 6.25 中若通过对变量 y 积分求面积，即为例 6.24。显然，这两种求法中，例 6.24 的求法较为简单，而例 6.25 则需要将平面图形分为两个部分来求。由此说明，在求平面图形的面积时，应当选择合适的积分变量，减少不必要的分块。

例 6.26 计算椭圆 $\frac{x^2}{a^2}+\frac{y^2}{b^2}=1$ 的面积。

解：由方程 $\frac{x^2}{a^2}+\frac{y^2}{b^2}=1$ 可以确定两个隐函数 $y=b\sqrt{1-\frac{x^2}{a^2}}$，$y=-b\sqrt{1-\frac{x^2}{a^2}}$，故，如图 6－14 所示，椭圆可以被视为这两条曲线所围成的平面图形，从而所求的面积为

$$\int_{-a}^{a}2b\sqrt{1-\frac{x^2}{a^2}}dx=4ab\int_{0}^{a}\sqrt{1-\frac{x^2}{a^2}}d\left(\frac{x}{a}\right)=\pi ab$$

注意 本例也可以由对称性，先计算椭圆在第一象限内的面积，再得到椭圆的面积。

6.4.2 平行截面面积为已知的空间立体的体积

定积分不仅可以用来求平面图形的面积，也可以用来求空间立体的体积。下面，将用定

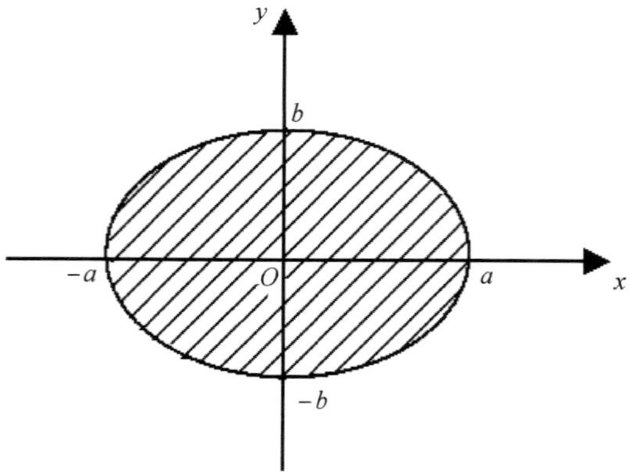

图 6 - 14

积分求出一类特殊的空间立体的体积。

如图 6 - 15 所示，设空间某立体位于两个垂直于 x 轴的平面 $x=a$，$x=b$ 之间，已知用过点 x 且垂直于 x 轴的平面截此立体所得的截面的面积为 $S(x)$，且 $S(x)$ 为区间 $[a,b]$ 上的连续函数，则此立体的体积为

$$\int_a^b S(x)\,dx$$

这个公式也可以用类似于求曲边梯形面积的方法得到，其严格证明从略。

下面，应用这个公式计算一些特殊的空间立体的体积。

例 6.27 设有一个底面半径为 R 的圆柱体，用经过其底面圆心并与底面夹角为 α 的平面截该圆柱体所得立体如图 6 - 16 所示，计算该立体的体积。

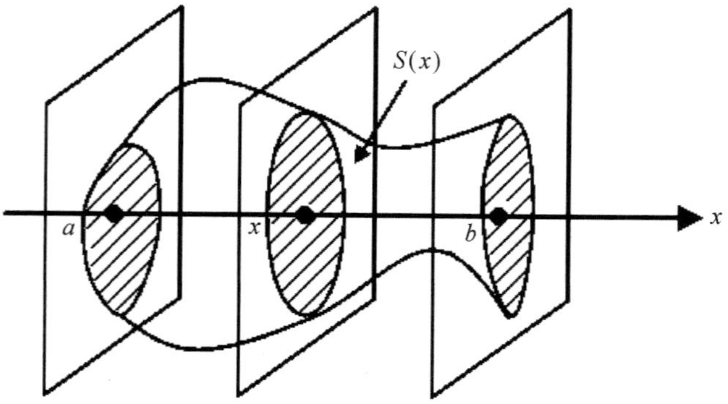

图 6 - 15

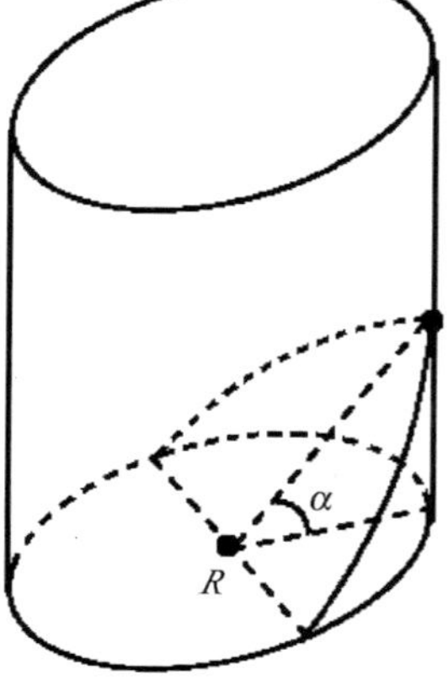

图 6 - 16

解： 如图 6 - 17，以圆柱的底面圆心为原点，平面与圆柱底面的交线为 x 轴，圆柱的中心轴为 z 轴建立空间直角坐标系。

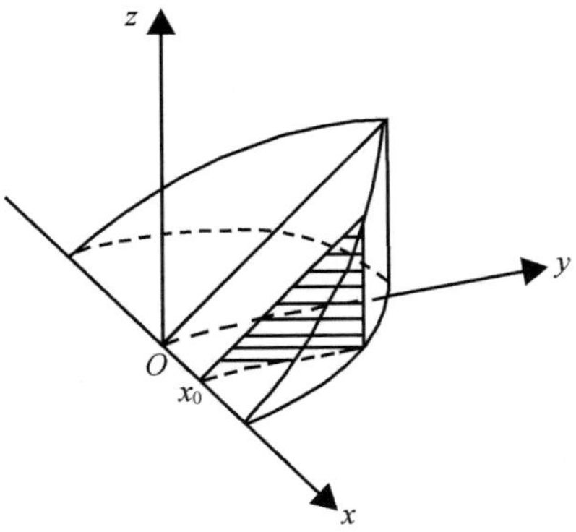

图 6－17

则该立体位于平面 $x=-R$ 与 $x=R$ 之间，且用平面 $x=x_0(-R<x_0<R)$ 截该立体所得的截面为直角三角形，易求得其面积为$\frac{1}{2}(R^2-x_0^2)\tan\alpha$，故所求立体的体积为

$$\frac{1}{2}\tan\alpha\int_{-R}^{R}(R^2-x^2)dx=\frac{2}{3}R^3\tan\alpha$$

注意 本例也可以以圆柱的底面圆心为原点，平面与圆柱底面的交线为 y 轴，圆柱的中心轴为 z 轴建立空间直角坐标系，则该立体位于平面 $x=0$ 与 $x=R$ 之间，且用平面 $x=x_0(0<x_0<R)$ 截该立体所得的截面为矩形，其面积为 $2x_0\tan\alpha\sqrt{R^2-x_0^2}$。

6.4.3 旋转体的体积

在平行截面面积为已知的空间立体中，有一类被称为旋转体的特殊立体，如图 6－18 所示，由曲线 $y=f(x)$，直线 $x=a$，$x=b$ 及 x 轴所围成的曲边梯形绕 x 轴旋转一周，得到一个空间立体。

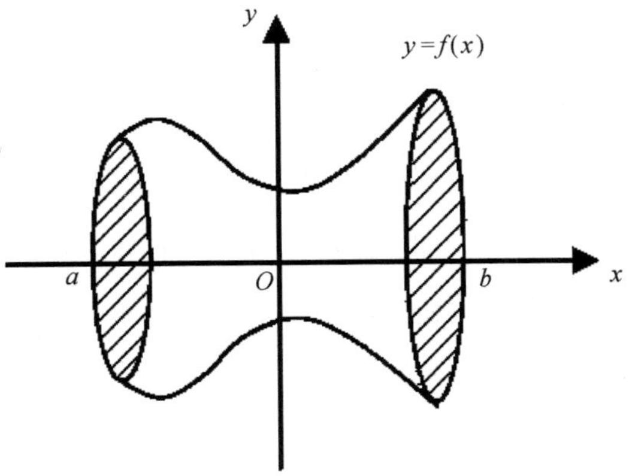

图 6－18

该立体位于两个垂直于 x 轴的平面 $x=a$，$x=b$ 之间，并且过点 x 且垂直于 x 轴的平面截此立体所得的截面为半径为 $f(x)$ 的圆，其面积为 $\pi[f(x)]^2$，从而该旋转体的体积为

$$\pi\int_{a}^{b}[f(x)]^{2}dx$$

类似地，由连续曲线 $x=\varphi(y)$，直线 $y=c$，$y=d$ 及 y 轴所围成的曲边梯形绕 y 轴旋转一周所得的旋转体的体积为

$$\pi\int_{c}^{d}[\varphi(y)]^{2}dy$$

例 6.28 求椭圆 $\frac{x^2}{a^2}+\frac{y^2}{b^2}=1$ 分别绕 x 轴和 y 轴旋转一周所得旋转体的体积。

解：如图 6－19 所示，先求椭圆绕 x 轴旋转一周所得旋转体的体积。此时，该立体由曲线 $y=b\sqrt{1-\frac{x^2}{a^2}}$ 与 x 轴所围成的曲边梯形绕 x 轴旋转一周所得。从而其体积为

$$\pi\int_{-a}^{a}\left[b\sqrt{1-\frac{x^2}{a^2}}\right]^{2}dx=\pi b^{2}\int_{-a}^{a}\left(1-\frac{x^2}{a^2}\right)dx=\frac{4}{3}\pi ab^{2}$$

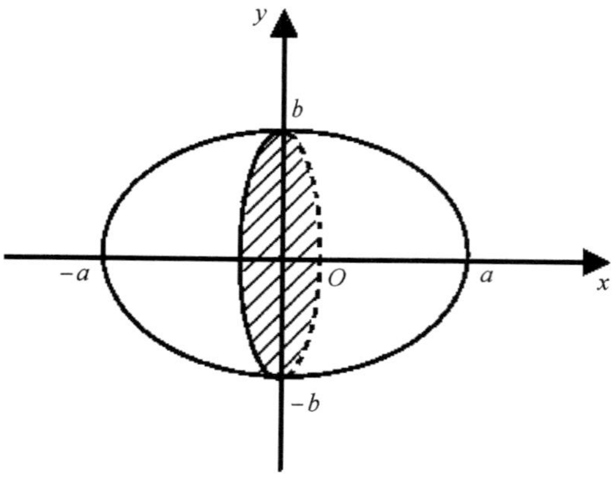

图 6－19

再求椭圆绕 y 轴旋转一周所得旋转体的体积。此时，该立体由曲线 $x=a\sqrt{1-\frac{y^2}{b^2}}$ 与 y 轴所围成的曲边梯形绕 y 轴旋转一周所得。从而其体积为

$$\pi\int_{-b}^{b}\left[a\sqrt{1-\frac{y^2}{b^2}}\right]^{2}dy=\pi a^{2}\int_{-b}^{b}\left(1-\frac{y^2}{b^2}\right)dy=\frac{4}{3}\pi a^{2}b$$

例 6.29 设有曲线 $y=\sqrt{x-1}$，过原点作其切线，求由此曲线、切线及 x 轴所围成的平面图形绕 x 轴旋转一周所得旋转体的体积。

解：易求得，曲线 $y=\sqrt{x-1}$ 过原点的切线为 $y=\frac{1}{2}x$，该直线与曲线的切点的横坐标为 $x=2$。如图 6－20 所示，该旋转体可视为在由直线 $y=\frac{1}{2}x$，$x=2$ 与 x 轴所围成的曲边梯形绕 x 轴旋转一周所得旋转体中剜去由曲线 $y=\sqrt{x-1}$，直线 $x=2$ 与 x 轴所围成的曲边梯形绕 x 轴旋转一周所得旋转体后的剩余部分。故其体积为两个旋转体的体积的差：

$$\pi\int_{0}^{2}\left(\frac{1}{2}x\right)^{2}dx-\pi\int_{1}^{2}(\sqrt{x-1})^{2}dx=\pi\left(\frac{1}{12}x^{3}\right)\Big|_{0}^{2}-\pi\left(\frac{1}{2}x^{2}-x\right)\Big|_{1}^{2}=\frac{\pi}{6}$$

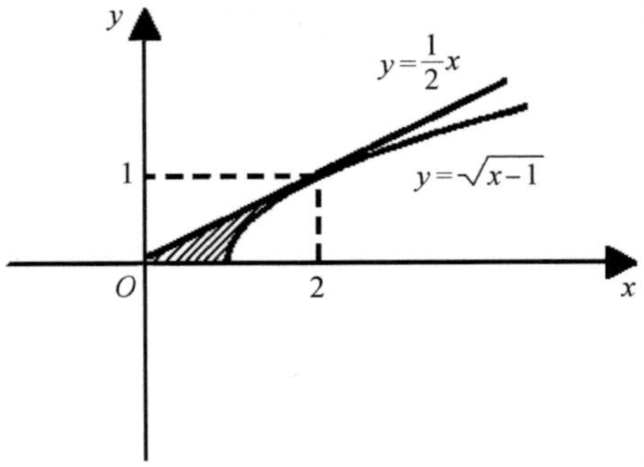

图 6-20

§6.5 定积分的经济应用

定积分不仅在几何学中有广泛的应用，而且在物理学、经济学等几乎每一门应用学科中都有着重要的应用。定积分已成为定量研究各种自然规律与社会现象必不可少的数学工具。

本节将介绍一些定积分在经济学中的应用。

6.5.1 定积分在经济中的简单应用

定积分在经济中最直接的应用是已知某些经济量的变化率，求该经济量的总量或在一段时间内的累积量。

(1) 已知边际函数，求总量函数

从数学角度看，边际函数是总量函数的导数（变化率），故已知边际函数，求总量函数的问题实际上就是已知导数，求原函数的问题，这可以通过求不定积分来解决。但由于求不定积分的局限性（原函数可能不能用初等函数表示），在实际问题中，往往用定积分来解决这类问题。

例如，若已知生产某产品的固定成本为 C_0，生产该产品 x 单位的总成本的边际成本为 $MC(x)$，销售该产品 x 单位的总收益的边际收益为 $MR(x)$，则生产该产品 x 单位的总成本函数为

$$C(x)=\int_0^x MC(t)\,dt+C_0,$$

销售该产品 x 单位的总收益函数为

$$R(x)=\int_0^x MR(t)\,dt,$$

利润函数为

$$L(x)=R(x)-C(x)=\int_0^x [MR(t)-MC(t)]\,dt-C_0$$

例 6.30 设生产某产品产量为 x（单位：百台）时总成本（单位：万元）的边际成本为 $4+\frac{x}{4}$，该产品销售量为 x（单位：百台）时总收益（单位：万元）的边际收益为 $9-x$，

求：①当该产品的产量从 100 台增加到 500 台时，总成本和总收益各增加了多少？

②若生产该产品的固定成本为 10000 元，求生产该产品的总成本函数 $C(x)$，总收益函数 $R(x)$ 和利润函数 $L(x)$；

③该产品的产量为多少时，所获得的利润最大？最大为多少？

解：①该产品的产量从 100 台增加到 500 台时，总成本增加了

$$\int_1^5\left(4+\frac{x}{4}\right)dx=\left(4x+\frac{x^2}{8}\right)\Big|_1^5=19\text{（万元）}$$

总收益增加了

$$\int_1^5(9-x)dx=\left(9x-\frac{x^2}{2}\right)\Big|_1^5=24\text{（万元）}$$

②生产该产品的总成本函数为：

$$C(x)=\int_0^x\left(4+\frac{x}{4}\right)dx+C_0=\frac{1}{8}x^2+4x+1$$

总收益函数为

$$R(x)=\int_0^x(9-x)dx=-\frac{1}{2}x^2+9x$$

利润函数为

$$L(x)=R(x)-C(x)=-\frac{5}{8}x^2+5x-1$$

③由 $L(x)=-\frac{5}{8}x^2+5x-1$ 得 $L'(x)=-\frac{5}{4}x+5$，令 $L'(x)=0$ 得唯一驻点 $x=4$，故由题意可知当该产品的产量为 400 台时，所获得的利润最大，最大为 $L(4)=9$ 万元。

（2）已知总量变化率，求总量

这类问题与已知边际函数，求总量函数的问题是同一类问题，但包含的问题所涉及的范围要广一些，例如，已知总产量变化率求总产量的问题，还有本章开始时介绍的已知净投资率求资本总量的问题等。下面，通过例子说明定积分在这些问题中的应用。

例 6.31 设某油井 2007 年在 t（单位：小时）时刻产油量的变化率为

$$f(t)=8.5+7.2t-0.0012t^2\text{（单位：桶/小时）}$$

求：①该油井 2007 年 1 月 2 日的产油量（从 $t_1=24$ 到 $t_2=48$ 时间内产油量的增量）；

②该油井产油的总产量函数 $Q(t)$。

解：①所求的产油量为

$$\begin{aligned}\int_{t_1}^{t_2}f(t)dt&=\int_{24}^{48}(8.5+7.2t-0.0012t^2)dt\\&=(-0.0004t^3+3.6t^2+8.5t)\Big|_{24}^{48}\approx 6386\text{（桶）}\end{aligned}$$

②该油井产油的总产量函数为

$$Q(t)=\int_0^t f(t)dt=\int_0^t(8.5+7.2t-0.0012t^2)dt=-0.0004t^3+3.6t^2+8.5t$$

一般地，若某产品的总产量 Q 对时间 t 的变化率为连续函数 $f(t)$，则该产品从 t_1 时刻到 t_2 时刻（$0\leqslant t_1<t_2$）总产量的增量为

$$\Delta Q=\int_{t_1}^{t_2}f(t)dt$$

该产品的总产量函数为

$$Q(t) = \int_0^t f(t)dt(t \geqslant 0)$$

例 6.32 已知某小型企业的净投资率函数为 $I(t) = 9t^{\frac{1}{2}}$（单位：万元/年），该企业成立时资本总量为 100 万元，求：

①该企业的资本总量函数 $K(t)$；

②该企业在第 9 年末时的资本总量；

③该企业从第 4 年末到第 9 年末所增加的资本总量。

解： ①该企业的资本总量函数为：

$$K(t) = \int_0^t I(t)dt + K(0) = \int_0^t 9t^{\frac{1}{2}}dt + 100 = 6t^{\frac{3}{2}} + 100$$

②该企业在第 9 年末时的资本总量为：$K(9) = 262$（万元）

③该企业从第 4 年末到第 9 年末所增加的资本总量为：

$$\Delta K = K(9) - K(4) = 94 \text{（万元）}$$

6.5.2 贴现问题

根据前面讲到的连续复利公式，若现有 A 元钱，按年利率 r 作连续复利计算，则在 t 年后，这 A 元钱将变为 Ae^{rt}元；反过来，若在 t 年后得到 A 元钱，则按照连续复利计算，这 A 元钱现在的价值（称为贴现价值）仅为 Ae^{-rt}元，这中间的差别，体现了货币的时间价值。

上述问题是贴现问题的最简单的情形，其中利率 r 有时也称为贴现率。一般地，可考虑现金流的贴现问题。

如果一项投资（经济活动）在一定时期内有持续的收益（或支出），则将其在这一时期内的所有收益（或支出）称为现金流量。

先考虑有 n 个单位时间周期的离散的现金流的贴现。此时，该现金流在第 i 个时间周期末的收益流量为 $R_i(i = 1, 2, \cdots, n)$，若贴现率为 r，在每个时间周期末计息，则 R_i 的贴现值为 $R_i(1 + r)^{-i}$，从而整个现金流的贴现值为

$$\sum_{i=1}^{n} R_i (1 + r)^{-i}$$

再考虑从 0 时刻到 T 时刻时间段内连续的现金流，此时，其收益流量是区间$[0, T]$上关于时间 t 的连续函数 $R(t)$。若贴现率为 r，按连续复利计息，则在一个很小的时间间隔$[t, t + \Delta t](0 \leqslant t < T)$内，收益流量的总量近似为 $R(t)\Delta t$，从而其贴现值为 $R(t)e^{-rt}\Delta t$，于是，用类似于求曲边梯形的方法，通过“分割，取近似，求和，取极限”四个步骤得到该现金流的贴现值为

$$\int_0^T R(t)e^{-rt}dt$$

若连续的现金流为均匀流，$R(t) \equiv R, t \in [0, T]$，则其贴现值为

$$R\int_0^T e^{-rt}dt = \frac{R}{r}(1 - e^{-rT})$$

例 6.33 若某公司公开发行 5 年期债券，每张债券面值 100 元，承诺每年分红 6 元，第 5 年末返还本金 100 元，若当前年利率为 5%，按连续复利计算，求该债券的合理发行价。

解：该债券的合理发行价包含两个现金流的贴现值。其中，
5 年末返还本金 100 元的贴现值为 $100e^{-5\times0.05}\approx77.88$
每年分红 6 元，持续 5 年的连续现金流的贴现值为：

$$6\int_0^5 e^{-0.05t}dt = \frac{6}{0.05}(1-e^{-0.05\times5})\approx 26.664$$

故该债券的合理发行价为上述两种贴现值的和，约为 104.54 元。

§6.6 广义积分初步

前面在引入定积分的概念时，只讨论了函数 $f(x)$ 在有限的闭区间 $[a,b]$ 上有定义的情形。并且，在区间 $[a,b]$ 上无界的函数在区间 $[a,b]$ 上一定不可积。但在实际中，为了解决某些问题，还需要考虑在无穷区间上定义的函数与区间 $[a,b]$ 上的无界函数类似于定积分的问题。为此需要扩展闭区间上定积分的概念，引入两类特殊情况下的积分概念。这两类积分被称为非正常积分（反常积分），也常被称为广义积分。

与定积分类似，下面也从平面区域面积的角度引入广义积分的概念。

6.6.1 无穷限广义积分

如图 6－21 所示，位于曲线 $y=\frac{1}{x^2}$，直线 $x=1$，$x=b(b>1)$ 以及 x 轴之间的阴影部分（曲边梯形）的面积

$$S(b)=\int_1^b \frac{1}{x^2}dx = 1-\frac{1}{b}$$

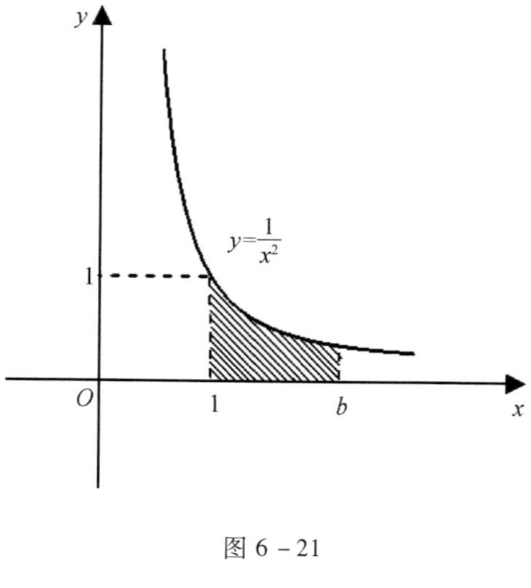

图 6－21

则当 $b\to+\infty$ 时，即直线 $x=b$ 向右平移至无穷远时，此时阴影部分的面积 $S(b)$ 将逐渐增加，其极限 $\lim\limits_{b\to+\infty}S(b)=1$。显然，这个极限代表了位于曲线 $y=\frac{1}{x^2}$ 下方，x 轴上方，直线

$x=1$右方的向右（x 轴的正向）无限延伸的平面区域的面积。这样，可以通过先求定积分，再求极限的方法来研究某些无限区域的面积。

图6-21中的无限区域可以看作是一种更广泛意义上的曲边梯形，从它的面积的求法出发，可以将闭区间$[a,b]$上函数的定积分的概念推广为无穷区间$[a,+\infty)$上函数的广义积分的概念。

定义 6.2 设函数$f(x)$在区间$[a,+\infty)$上有定义，且对任意的$u\in[a,+\infty)$，$f(x)$在区间$[a,u]$上可积，若极限$\lim\limits_{u\to+\infty}\int_a^u f(x)dx$存在，则称此极限为$f(x)$在区间$[a,+\infty)$上的无穷限广义积分（简称无穷积分），记为$\int_a^{+\infty}f(x)dx=\lim\limits_{u\to+\infty}\int_a^u f(x)dx$；若极限$\lim\limits_{u\to+\infty}\int_a^u f(x)dx$不存在，则称（形式上的）无穷积分$\int_a^{+\infty}f(x)dx$发散。

类似地，可以给出函数$f(x)$在区间$(-\infty,b]$上的无穷积分$\int_{-\infty}^b f(x)dx$收敛和发散的定义。当$\int_{-\infty}^b f(x)dx$收敛时，有$\int_{-\infty}^b f(x)dx=\lim\limits_{u\to-\infty}\int_u^b f(x)dx$。

若定义在区间$(-\infty,+\infty)$上的函数$f(x)$在任意有限闭区间上都可积，c为任意常数，当无穷积分$\int_{-\infty}^c f(x)dx$和$\int_c^{+\infty}f(x)dx$都收敛的时候，则称$f(x)$在区间$(-\infty,+\infty)$上的无穷积分$\int_{-\infty}^{+\infty}f(x)dx$收敛，且有

$$\int_{-\infty}^{+\infty}f(x)dx=\int_{-\infty}^c f(x)dx+\int_c^{+\infty}f(x)dx;$$

否则，称（形式上的）无穷积分$\int_{-\infty}^{+\infty}f(x)dx$发散。

利用无穷积分的定义，我们既可以判断无穷积分的敛散性，也可以计算收敛的无穷积分。

例 6.34 判断下列广义积分的敛散性：

（1）$\int_0^{+\infty}\frac{1}{1+x^2}dx$；

（2）$\int_{-\infty}^{+\infty}e^x dx$。

解：（1）由$\int_0^u\frac{1}{1+x^2}dx=\arctan x\Big|_0^u=\arctan u$，得

$$\lim_{u\to+\infty}\int_0^u\frac{1}{1+x^2}dx=\lim_{u\to+\infty}\arctan u=\frac{\pi}{2},$$故广义积分$\int_0^{+\infty}\frac{1}{1+x^2}dx$收敛。

（2）由$\int_0^u e^x dx=e^x\Big|_0^u=e^u-1$，得

$$\lim_{u\to+\infty}\int_0^u e^x dx=\lim_{u\to+\infty}(e^u-1)=+\infty,$$故广义积分$\int_{-\infty}^{+\infty}e^x dx$发散。

例 6.35 讨论含有参数p的广义积分$\int_1^{+\infty}\frac{1}{x^p}dx$的敛散性。

解：由

$$\int_1^u \frac{1}{x^p}dx = \begin{cases} \ln u, & p = 1, \\ \frac{u^{1-p}}{1-p} - \frac{1}{1-p}, & p \neq 1, \end{cases}$$

当 $p=1$ 时，有 $\lim\limits_{u\to+\infty}\int_1^u \frac{1}{x^p}dx = \lim\limits_{u\to+\infty}\ln u = +\infty$;

当 $p<1$ 时，有 $\lim\limits_{u\to+\infty}\int_1^u \frac{1}{x^p}dx = \lim\limits_{u\to+\infty}\left(\frac{u^{1-p}}{1-p} - \frac{1}{1-p}\right) = +\infty$;

当 $p>1$ 时，有 $\lim\limits_{u\to+\infty}\int_1^u \frac{1}{x^p}dx = \lim\limits_{u\to+\infty}\left(\frac{u^{1-p}}{1-p} - \frac{1}{1-p}\right) = \frac{1}{p-1}$。

故广义积分 $\int_1^{+\infty}\frac{1}{x^p}dx$ 当 $p\leqslant 1$ 时发散，当 $p>1$ 时收敛于$\frac{1}{p-1}$。

例 6.36 求广义积分 $\int_0^{+\infty}\frac{\arctan x}{1+x^2}dx$ 。

解： 由 $\int_0^u \frac{\arctan x}{1+x^2}dx = \int_0^u \arctan x d(\arctan x) = \frac{1}{2}(\arctan x)^2\Big|_0^u = \frac{1}{2}(\arctan u)^2$，得

$\lim\limits_{u\to+\infty}\int_0^u \frac{\arctan x}{1+x^2}dx = \lim\limits_{u\to+\infty}\frac{1}{2}(\arctan u)^2 = \frac{\pi^2}{8}$,

故广义积分 $\int_1^{+\infty}\frac{\arctan x}{1+x^2}dx$ 收敛，且$\int_1^{+\infty}\frac{\arctan x}{1+x^2}dx = \frac{\pi^2}{8}$ 。

6.6.2 瑕积分

如图 6－22，位于曲线 $y=\frac{1}{\sqrt{x}}$，直线 $x=1$，$x=a(0<a<1)$ 以及 x 轴之间的阴影部分（曲边梯形）的面积

$$S(a) = \int_a^1 \frac{1}{\sqrt{x}}dx = 2 - 2\sqrt{a}$$

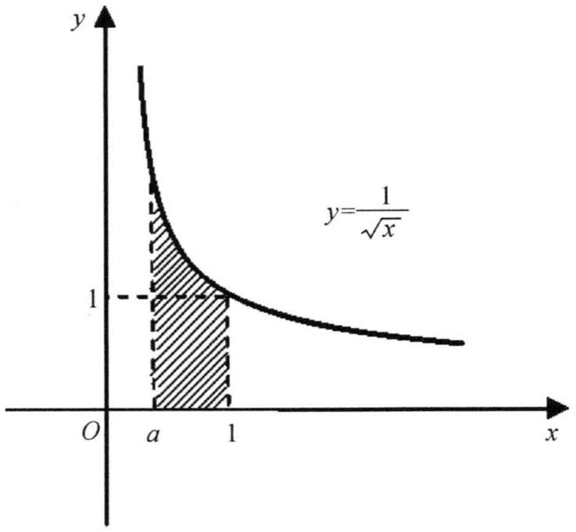

图 6－22

则当 $a\to0^{+}$ 时，即直线 $x=a$ 向左平移无限趋近于 y 轴时，此时阴影部分的面积 $S(a)$ 将逐渐增加，其极限 $\lim\limits_{a\to0^{+}}S(a)=2$。显然，这个极限代表了位于曲线 $y=\dfrac{1}{\sqrt{x}}$ 下方，x 轴上方，直线 $x=1$ 与 y 轴之间的向上（y 轴的正向）无限延伸的平面区域的面积。这样，与无穷积分类似，可以通过先求定积分，再求极限的方法来研究如图 6－22 中所示的无限区域的面积。

同样地，这种无限区域也可以看作是一种更广泛意义上的曲边梯形，从它的面积的求法出发，闭区间 $[a,b]$ 上函数的定积分的概念可以推广为闭区间 $[a,b]$ 上无界函数的广义积分的概念。

若点 x_0 为区间 $[a,b]$ 上一点，且函数 $f(x)$ 在点 x_0 的区间 $[a,b]$ 内的任意小的邻域（左、右邻域）内无界，则称点 x_0 为函数 $f(x)$ 在区间 $[a,b]$ 上的瑕点。例如，点 $x_0=1$ 是函数 $y=\dfrac{1}{x-1}$ 在区间 $[0,1]$ 上的瑕点；点 $x_0=0$ 不是函数 $y=\dfrac{1}{x-1}$ 在区间 $[0,1]$ 上的瑕点。

定义 6.3 设函数 $f(x)$ 在区间 $[a,b)$ 上有定义，b 为 $f(x)$ 在区间 $[a,b)$ 上的瑕点，且对任意的 $u\in[a,b)$，$f(x)$ 在区间 $[a,u]$ 上可积，若极限 $\lim\limits_{u\to b^{-}}\int_a^u f(x)\,dx$ 存在，则称此极限为无界函数 $f(x)$ 在区间 $[a,b)$ 上的瑕积分，记为 $\int_a^b f(x)\,dx=\lim\limits_{u\to b^{-}}\int_a^u f(x)\,dx$；若极限 $\lim\limits_{u\to b^{-}}\int_a^u f(x)\,dx$ 不存在，则称（形式上的）瑕积分 $\int_a^b f(x)\,dx$ 发散。

类似地，可以给出以 a 为瑕点的无界函数 $f(x)$ 在区间 $(a,b]$ 上的瑕积分 $\int_a^b f(x)\,dx$ 收敛和发散的定义。当 $\int_a^b f(x)\,dx$ 收敛时，有 $\int_a^b f(x)\,dx=\lim\limits_{u\to a^{+}}\int_u^b f(x)\,dx$。

若 $f(x)$ 在区间 (a,b) 内有定义，a,b 均为无界函数 $f(x)$ 的瑕点，c 为区间 (a,b) 内任意一点，则当瑕积分 $\int_a^c f(x)\,dx$ 与 $\int_c^b f(x)\,dx$ 都收敛时，称瑕积分 $\int_a^b f(x)\,dx$ 收敛，且有

$$\int_a^b f(x)\,dx=\int_a^c f(x)\,dx+\int_c^b f(x)\,dx;$$

否则，称（形式上的）瑕积分 $\int_a^b f(x)\,dx$ 发散。

若 c 为无界函数 $f(x)$ 在区间 $[a,b]$ 上的唯一瑕点，则当瑕积分 $\int_a^c f(x)\,dx$ 与 $\int_c^b f(x)\,dx$ 都收敛时，称瑕积分 $\int_a^b f(x)\,dx$ 收敛，且有

$$\int_a^b f(x)\,dx=\int_a^c f(x)\,dx+\int_c^b f(x)\,dx;$$

否则，称（形式上的）瑕积分 $\int_a^b f(x)\,dx$ 发散。

结合无穷积分与瑕积分的概念，若函数 $f(x)$ 在区间 $(a,+\infty)$ 上有唯一瑕点 a，c 为区间 $(a,+\infty)$ 内任意一点，当瑕积分 $\int_a^c f(x)\,dx$ 与无穷积分 $\int_c^{+\infty} f(x)\,dx$ 都收敛时，称广义积分 $\int_a^{+\infty} f(x)\,dx$ 也收敛，且有

$$\int_a^{+\infty} f(x)dx = \int_a^c f(x)dx + \int_c^{+\infty} f(x)dx;$$

否则，称（形式上的）广义积分 $\int_a^{+\infty} f(x)dx$ 发散。

同无穷积分类似，可以直接用瑕积分的定义来判断瑕积分的敛散性或求收敛的瑕积分。

例 6.37　判断下列广义积分的敛散性：

（1）$\int_0^1 \frac{1}{\sqrt{1-x^2}}dx$；

（2）$\int_{-1}^1 \frac{1}{x}dx$。

解：（1）由 $\lim\limits_{x\to1^-}\frac{1}{\sqrt{1-x^2}} = +\infty$，$\int_0^1 \frac{1}{\sqrt{1-x^2}}dx$ 是以 1 为瑕点的瑕积分，又由

$$\lim_{u\to1^-}\int_0^u \frac{1}{\sqrt{1-x^2}}dx = \lim_{u\to1^-}\arcsin u = \frac{\pi}{2},$$

故广义积分 $\int_0^1 \frac{1}{\sqrt{1-x^2}}dx$ 收敛。

（2）由 $\lim\limits_{x\to0}\frac{1}{x} = \infty$，$\int_{-1}^1 \frac{1}{x}dx$ 是以 0 为瑕点的瑕积分，又由

$$\lim_{u\to0^+}\int_u^1 \frac{1}{x}dx = \lim_{u\to0^+}(-\ln u) = +\infty,$$

故广义积分 $\int_{-1}^1 \frac{1}{x}dx$ 发散。

注　与无穷积分不同，在求瑕积分时，应当先找出被积函数在积分区间上的瑕点，确定瑕积分的“身份”，再用瑕积分的定义等相关知识来解题。

例 6.38　讨论含有参数 p 的广义积分 $\int_0^1 \frac{1}{x^p}dx\ (p>0)$ 的敛散性。

解：显然，$\int_0^1 \frac{1}{x^p}dx\ (p>0)$ 是以 0 为瑕点的瑕积分，从而由

$$\int_u^1 \frac{1}{x^p}dx = \begin{cases} -\ln u, & p=1, \\ \frac{1}{1-p} - \frac{u^{1-p}}{1-p}, & p\neq1, \end{cases}$$

当 $p=1$ 时，有 $\lim\limits_{u\to0^+}\int_u^1 \frac{1}{x^p}dx = \lim\limits_{u\to0^+}(-\ln u) = +\infty$；

当 $0<p<1$ 时，有 $\lim\limits_{u\to0^+}\int_u^1 \frac{1}{x^p}dx = \lim\limits_{u\to0^+}\left(\frac{1}{1-p} - \frac{u^{1-p}}{1-p}\right) = \frac{1}{1-p}$；

当 $p>1$ 时，有 $\lim\limits_{u\to0^+}\int_u^1 \frac{1}{x^p}dx = \lim\limits_{u\to0^+}\left(\frac{1}{1-p} - \frac{u^{1-p}}{1-p}\right) = +\infty$。

故广义积分有 $\int_0^1 \frac{1}{x^p}dx\ (p>0)$ 当 $p\geqslant1$ 时发散，当 $p<1$ 时收敛于 $\frac{1}{1-p}$。

例 6.39　求广义积分 $\int_0^2 \frac{1}{\sqrt{x(2-x)}}dx$

解：显然，$\int_0^2 \frac{1}{\sqrt{x(2-x)}}dx$ 是同时以 0,2 为瑕点的瑕积分，从而由

$$\int_u^1 \frac{1}{\sqrt{x(2-x)}}dx = \int_u^1 \frac{1}{\sqrt{1-(x-1)^2}}d(x-1) = \arcsin(x-1)\Big|_u^1 = \arcsin(1-u),$$

$$\int_1^u \frac{1}{\sqrt{x(2-x)}}dx = \arcsin(x-1)\Big|_1^u = \arcsin(u-1),$$

得

$$\lim_{u\to 0^+}\int_u^1 \frac{1}{\sqrt{x(2-x)}}dx = \lim_{u\to 0^+}\arcsin(1-u) = \frac{\pi}{2},$$

$$\lim_{u\to 2^-}\int_1^u \frac{1}{\sqrt{x(2-x)}}dx = \lim_{u\to 2^-}\arcsin(u-1) = \frac{\pi}{2},$$

可知广义积分 $\int_0^2 \frac{1}{\sqrt{x(2-x)}}dx$ 收敛，且

$$\int_0^2 \frac{1}{\sqrt{x(2-x)}}dx = \int_0^1 \frac{1}{\sqrt{x(2-x)}}dx + \int_1^2 \frac{1}{\sqrt{x(2-x)}}dx = \pi$$

定积分性质中的性质 1、2、3 及其推论对广义积分仍然是成立的。同时，利用广义积分的定义和定积分的相关结果，可以证明对广义积分，也有下面的：

（1）（广义积分的 Newton – Lebniz 公式）设函数 $f(x)$ 区间 $(c,+\infty)$ 上连续，点 c 是 $f(x)$ 在区间 $(c,a]$ 上的瑕点，$F(x)$ 是 $f(x)$ 的一个原函数，则有

$$\int_a^{+\infty} f(x)dx = F(x)\Big|_a^{+\infty} = \lim_{x\to+\infty}F(x) - F(a),$$

$$\int_c^a f(x)dx = F(x)\Big|_c^a = F(a) - \lim_{x\to c^+}F(x)$$

（2）（广义积分的换元积分法）若函数 $f(x)$ 在区间 $[a,b)$ 上连续（其中 b 可为常数或 $+\infty$），函数 $x=\varphi(t)$ 在区间 $[\alpha,\beta)$ 上可导（其中 β 也可为常数或 $+\infty$），且满足：

（1）$\varphi(\alpha)=a$，$\lim\limits_{x\to\beta^-}\varphi(x)=b$；

（2）$\varphi(t)$ 在区间 $[\alpha,\beta)$ 上是单调函数；

（3）$\varphi'(t)$ 在区间 $[\alpha,\beta)$ 上连续。

则有

$$\int_a^b f(x)dx = \int_\alpha^\beta f(\varphi(t))\varphi'(t)dt$$

（3）（广义积分的分部积分法）若函数 $u(x),v(x)$ 在区间 $[a,b)$ 上可导，$u'(x),v'(x)$ 在区间 $[a,b)$ 上连续（其中 b 可为常数或 $+\infty$），且三个极限 $\lim\limits_{t\to b}\int_a^t u(x)v'(x)dx$，$\lim\limits_{t\to b}\int_a^t u'(x)v(x)dx$，$\lim\limits_{x\to+\infty}u(x)v(x)$ 中有两个存在，则第三个极限也存在，且有

$$\int_a^b u(x)v'(x)dx = u(x)v(x)\Big|_a^b - \int_a^b u'(x)v(x)dx$$

利用这些结论，可以较简便地计算广义积分。

例 6.40 求下列广义积分：

(1) $\int_{2a}^{+\infty}\frac{1}{\sqrt{(x^2-a^2)^3}}dx \quad (a>0)$； (2) $\int_{1}^{2}\frac{1}{\sqrt{x^2-1}}dx$；

(3) $\int_{1}^{+\infty}\frac{\ln x}{x^2}dx$； (4) $\int_{0}^{+\infty}\frac{dx}{\sqrt{x(1+x)^3}}$。

解： (1) 令 $x=a\sec t$，则当 $t=\frac{\pi}{3}$时，$x=2a$，当 $t\to\frac{\pi}{2}$时，$x\to+\infty$，且 $a\sec t$ 在 $\left[\frac{\pi}{3},\frac{\pi}{2}\right]$上单调递增，故

$$\int_{2a}^{+\infty}\frac{1}{\sqrt{(x^2-a^2)^3}}dx=\int_{\frac{\pi}{3}}^{\frac{\pi}{2}}\frac{a\sec t\cdot\tan t}{a^3\tan^3 t}dt=\frac{1}{a^2}\int_{\frac{\pi}{3}}^{\frac{\pi}{2}}\frac{\cos t}{\sin^2 t}dt$$

$$=\frac{1}{a^2}\cdot\frac{-1}{\sin t}\Big|_{\frac{\pi}{3}}^{\frac{\pi}{2}}=\frac{2-\sqrt{3}}{\sqrt{3}a^2}$$

注意 本题通过广义积分的换元法，将一个无穷积分化为一个普通的定积分；反之，这种换元法也可以将定积分转化为无穷积分来计算。

(2) 显然，$\int_{1}^{2}\frac{1}{\sqrt{x^2-1}}dx$ 是以 1 为瑕点的瑕积分，从而令 $x=\sec t$，则当 $t\to0^+$时，$x\to1$，当 $t=\frac{\pi}{3}$时，$x=2$，且 $\sec t$ 在$\left[0,\frac{\pi}{3}\right]$上单调递增，故

$$\int_{1}^{2}\frac{1}{\sqrt{x^2-1}}dx=\int_{0}^{\frac{\pi}{3}}\frac{\sec t\cdot\tan t}{\tan t}dt=\int_{0}^{\frac{\pi}{3}}\sec t dt$$

$$=\ln|\sec t+\tan t|\Big|_{0}^{\frac{\pi}{3}}=\ln(2+\sqrt{3})$$

注意 本题通过广义积分的换元法，将一个瑕积分化为一个普通的定积分；反之，这种换元法也可以将定积分转化为瑕积分来计算。

(3) $$\int_{1}^{+\infty}\frac{\ln x}{x^2}dx=\int_{1}^{+\infty}\ln x d\left(-\frac{1}{x}\right)=-\frac{\ln x}{x}\Big|_{1}^{+\infty}+\int_{1}^{+\infty}\frac{1}{x^2}dx=-\frac{\ln x}{x}\Big|_{1}^{+\infty}-\frac{1}{x}\Big|_{1}^{+\infty}$$

$$=\lim_{x\to+\infty}\left(-\frac{\ln x}{x}\right)-\lim_{x\to+\infty}\frac{1}{x}+1=1$$

(4) 显然，$\int_{0}^{+\infty}\frac{dx}{\sqrt{x(1+x)^3}}$既是无穷积分，也是以 0 为瑕点的瑕积分。

令 $x=t^2$，则当 $t\to0^+$时，$x\to0$，当 $t=+\infty$时，$x\to+\infty$，且 t^2 在$[0,+\infty)$上单调递增，故

$$\int_{0}^{+\infty}\frac{dx}{\sqrt{x(1+x)^3}}=\int_{0}^{+\infty}\frac{2tdt}{t\sqrt{(1+t^2)^3}}=2\int_{0}^{+\infty}\frac{dt}{\sqrt{(1+t^2)^3}}$$

再令 $t=\tan\theta$，则当 $\theta=0$ 时，$t=0$，当 $\theta\to\frac{\pi}{2}$时，$t\to+\infty$，且 $\tan\theta$ 在$\left[0,\frac{\pi}{2}\right)$上单调递增，故

$$\int_{0}^{+\infty}\frac{dx}{\sqrt{x(1+x)^3}}=2\int_{0}^{\frac{\pi}{2}}\frac{\sec^2\theta}{\sec^3\theta}du=2$$

6.6.3 Γ 函数与 β 函数

考虑含有参变量 t 的广义积分

$$\int_0^{+\infty} x^{t-1} e^{-x} dx \tag{6.3}$$

则当 $t \geqslant 1$ 时，(6.3) 式是一个无穷积分；当 $t < 1$ 时，(6.3) 式既是一个无穷积分，又是一个以 0 为瑕点的瑕积分。可以证明，当 $t > 0$ 时，广义积分 (6.3) 一定是收敛的。

再考虑含有参变量 p，q 的广义积分

$$\int_0^1 x^{p-1} (1-x)^{q-1} dx \tag{6.4}$$

则当 $p < 1$，$q \geqslant 1$ 时，(6.4) 式是一个以 0 为瑕点的瑕积分；当 $p \geqslant 1$，$q < 1$ 时，(6.4) 式是一个以 1 为瑕点的瑕积分；当 $p < 1$，$q < 1$ 时，(6.4) 式是一个同时以 0，1 为瑕点的瑕积分；当 $p \geqslant 1$，$q \geqslant 1$ 时，(6.4) 式是一个普通的定积分。可以证明，当 $p > 0$，$q > 0$ 时，广义积分 (6.4) 式一定是收敛的。

通过这两个广义积分，可以定义两个在概率论与数理统计中非常重要的函数。

定义 6.4 广义积分 $\int_0^{+\infty} x^{t-1} e^{-x} dx (t > 0)$ 是一个关于参变量 t 的函数，称为 Γ 函数，记做 $\Gamma(t)$；广义积分 $\int_0^1 x^{p-1} (1-x)^{q-1} dx (p > 0, q > 0)$ 是一个关于参变量 p，q 的函数，称为 β 函数，记做 $\beta(p, q)$。

Γ 函数有如下的重要性质：

性质 1 $\Gamma(1) = 1$。

证：$\Gamma(1) = \int_0^{+\infty} e^{-x} dx = -e^{-x}\Big|_0^{+\infty} = -\lim\limits_{x \to +\infty} e^{-x} + 1 = 1$

性质 2 $\Gamma(t+1) = t\Gamma(t)$

证：
$$\begin{aligned}\Gamma(t+1) &= \int_0^{+\infty} x^t e^{-x} dx = -\int_0^{+\infty} x^t d(e^{-x}) = -x^t e^{-x}\Big|_0^{+\infty} + \int_0^{+\infty} e^{-x} d(x^t) \\ &= t\int_0^{+\infty} x^{t-1} e^{-x} dx = t\Gamma(t)\end{aligned}$$

由性质 1 与性质 2 易得下面的：

推论 $\Gamma(n+1) = n!$ $(n = 1, 2, \cdots)$

这个推论表明 Γ 函数 $\Gamma(t)$ 可以被视为正整数的阶乘 $n!$ 的一种推广。

例 6.41 求广义积分 $\int_0^{+\infty} x^3 e^{-x} dx$。

解：$\int_0^{+\infty} x^3 e^{-x} dx = \int_0^{+\infty} x^{4-1} e^{-x} dx = \Gamma(4) = 3! = 6$

例 6.42 证明：$\int_0^{+\infty} x^t e^{-x^2} dx = \frac{1}{2}\Gamma\left(\frac{1+t}{2}\right) (t > -1)$。

证：令 $x = \sqrt{u}$，则当 $u = 0$ 时，$x = 0$，当 $u \to +\infty$ 时，$x \to +\infty$，且 $\sqrt{u}$ 在 $[0, +\infty)$ 上单调递增，故

$$\int_0^{+\infty} x^t e^{-x^2} dx = \frac{1}{2}\int_0^{+\infty} u^{\frac{t-1}{2}} e^{-u} du = \frac{1}{2}\Gamma\left(\frac{1+t}{2}\right)$$

下面，不加证明地给出 β 函数的一些重要性质：

性质 1 $\beta(p,q)=\beta(q,p)$

性质 2 $\beta(p+1,q+1)=\dfrac{q}{p+q+1}\beta(p+1,q)=\dfrac{p}{p+q+1}\beta(p,q+1)$

$$=\frac{pq}{(p+q+1)(p+q)}\beta(p,q)$$

性质 3 $\beta(p,q)=\dfrac{\Gamma(p)\Gamma(q)}{\Gamma(p+q)}$

由性质 3，对 β 函数的计算可以转化为对 Γ 函数的计算。

例 6.43 求广义积分 $\displaystyle\int_0^1 \frac{1}{\sqrt{1-\sqrt{x}}}dx$。

解：显然，$\displaystyle\int_0^1 \frac{1}{\sqrt{1-\sqrt{x}}}dx$ 是以 1 为瑕点的瑕积分

令 $x=t^2$，则当 $t=0$ 时，$x=0$，当 $t\to1^-$ 时，$x\to1^-$，且 t^2 在 $[0,1]$ 上单调递增，故

$$\int_0^1 \frac{1}{\sqrt{1-\sqrt{x}}}dx=\int_0^1 \frac{2t}{\sqrt{1-t}}dt=2\int_0^1 t(1-t)^{-\frac{1}{2}}dt$$

$$=2\beta\left(2,\frac{1}{2}\right)=\frac{2\Gamma(2)\Gamma\left(\frac{1}{2}\right)}{\Gamma\left(\frac{5}{2}\right)}=2\frac{\Gamma\left(\frac{1}{2}\right)}{\frac{3}{2}\cdot\frac{1}{2}\cdot\Gamma\left(\frac{1}{2}\right)}=\frac{8}{3}$$

例 6.44 证明：$\displaystyle\int_0^{\frac{\pi}{2}}(\sin x)^{2p-1}(\cos x)^{2q-1}dx=\frac{1}{2}\beta(p,q)$。

证：$\displaystyle\int_0^{\frac{\pi}{2}}(\sin x)^{2p-1}(\cos x)^{2q-1}dx=\frac{1}{2}\int_0^{\frac{\pi}{2}}(\sin x)^{2p-2}(\cos x)^{2q-2}d(\sin^2 x)$

$$=\frac{1}{2}\int_0^{\frac{\pi}{2}}(\sin^2 x)^{p-1}(1-\sin^2 x)^{q-1}d(\sin^2 x)$$

$$=\frac{1}{2}\int_0^1 t^{p-1}(1-t)^{q-1}dt=\frac{1}{2}\beta(p,q)$$

此例给出了 β 函数的另一种表达式。在例 6.47 中，令 $p=q=\dfrac{1}{2}$，则有

$$\beta\left(\frac{1}{2},\frac{1}{2}\right)=2\int_0^{\frac{\pi}{2}}dx=\pi$$

另一方面，由 β 函数的性质 3，有

$$\beta\left(\frac{1}{2},\frac{1}{2}\right)=\frac{\Gamma\left(\frac{1}{2}\right)\Gamma\left(\frac{1}{2}\right)}{\Gamma(1)}=\left[\Gamma\left(\frac{1}{2}\right)\right]^2$$

从而，有 $\Gamma\left(\dfrac{1}{2}\right)=\sqrt{\pi}$，再由例 6.45，有

$$\int_{-\infty}^{+\infty}e^{-x^2}dx=2\int_0^{+\infty}e^{-x^2}dx=\Gamma\left(\frac{1}{2}\right)=\sqrt{\pi}$$

更一般地，有广义积分：

$$\frac{1}{\sqrt{2\pi}\,\sigma}\int_{-\infty}^{+\infty} e^{-\frac{(x-\mu)^2}{2\sigma^2}}dx = 1$$（其中 $\sigma>0$，μ 为任意实数）

这个积分在概率论与数理统计的研究中非常重要，请读者自行证明。

习 题 六

1. 比较下列定积分的大小：

（1）$\int_3^4 \ln x dx$ 与 $\int_3^4 (\ln x)^2 dx$；

（2）$\int_0^1 e^{-x} dx$ 与 $\int_0^1 (1+x) dx$。

2. 利用定积分的性质，估计下列定积分：

（1）$\int_0^2 \frac{x}{x^2+1} dx$；　（2）$\int_{\frac{\pi}{4}}^{\frac{\pi}{2}} \frac{\sin x}{x} dx$。

3. 证明下列不等式：

（1）$1 < \int_0^1 e^{x^2} dx < e$；　（2）$\int_0^1 \frac{x}{1+x} dx < \int_0^1 \ln(1+x) dx$。

4. 求下列函数的导数：

（1）$\int_0^{\sin x} (1+t^2) dt$；　（2）$\int_{\sqrt{x}}^{x^2} \arctan t\, dt$。

5. 求下列极限：

（1）$\lim\limits_{x\to 0} \frac{\int_0^x t\sin t^2 dt}{x^4}$；　（2）$\lim\limits_{x\to 0} \frac{\int_{\cos x}^1 e^{-t^2} dt}{x\sin x}$；

（3）$\lim\limits_{x\to +\infty} \frac{\left(\int_0^x e^{t^2} dt\right)^2}{\int_0^x e^{2t^2} dt}$；　（4）$\lim\limits_{x\to 0} \frac{x - \int_0^x e^{-t^2} dt}{x - \sin x}$。

6. 利用微积分学基本定理计算下列定积分：

（1）$\int_a^b x^3 dx$；　（2）$\int_{-1}^{\sqrt{3}} \frac{1}{1+x^2} dx$；

（3）$\int_1^2 \left(e^x + \frac{1}{x}\right) dx$；　（4）$\int_{-3}^3 |x^2+x-2| dx$；

（5）$\int_{\frac{\sqrt{3}}{3}}^1 \frac{2x^2+1}{x^2(x^2+1)} dx$；　（6）$\int_{-\frac{\pi}{2}}^{\frac{\pi}{2}} \sqrt{1-\cos x} dx$。

7. 用换元积分法计算下列定积分：

（1）$\int_2^5 \frac{x}{\sqrt{x-1}} dx$；　（2）$\int_0^{\frac{\pi}{2}} x\sin x^2 dx$；

(3) $\int_0^{\frac{\pi}{4}} \tan^4 x dx$；

(4) $\int_1^e \frac{1}{x\sqrt{1+\ln x}} dx$；

(5) $\int_0^{\frac{\pi}{2}} \frac{1}{1+\cos x} dx$；

(6) $\int_0^1 \frac{dx}{(x^2+a^2)^2}$；

(7) $\int_0^a \frac{dx}{(x^2+a^2)^{\frac{3}{2}}}$；

(8) $\int_0^a (a^2-x^2)^{\frac{3}{2}} dx$；

(9) $\int_0^1 x^2\sqrt{1-x^2} dx$；

(10) $\int_1^3 \frac{1}{x^2+6x+10} dx$；

(11) $\int_0^{\pi} \sqrt{\sin^3 x - \sin^5 x} dx$；

(12) $\int_0^1 e^{-2x^2+\ln x} dx$；

(13) $\int_0^1 \frac{x}{(2-x^2)\sqrt{1-x^2}} dx$；

(14) $\int_0^1 \frac{e^{\sqrt{\frac{1-x}{1+x}}}}{(1+x)\sqrt{1-x^2}} dx$；

(15) $\int_0^1 x(1-x^4)^{\frac{3}{2}} dx$；

(16) $\int_1^2 \frac{1}{x(1+x^4)} dx$。

8. 用分部积分法计算下列定积分：

(1) $\int_0^{\frac{\pi}{2}} x\sin 2x dx$；

(2) $\int_{\frac{\pi}{4}}^{\frac{\pi}{3}} \frac{x}{\sin^2 x} dx$；

(3) $\int_0^1 \ln(1+x^2) dx$；

(4) $\int_0^2 x^3 e^x dx$；

(5) $\int_0^1 \ln(x+\sqrt{x^2+1}) dx$；

(6) $\int_{-2}^0 (x^2+1)e^{\frac{x}{2}} dx$；

(7) $\int_0^{\pi} x\sqrt{\cos^2 x - \cos^4 x} dx$；

(8) $\int_0^3 \arcsin\sqrt{\frac{x}{1+x}} dx$；

(9) $\int_0^1 \frac{\ln(1+x)}{(2-x)^2} dx$；

(10) $\int_0^{\frac{\pi}{4}} \frac{x\sin x}{\cos^3 x} dx$。

9. 计算下列积分：

(1) $\int_{-2}^2 \frac{1}{\sqrt{9-x^2}}\left(\frac{2}{1+e^x}-1\right) dx$；

(2) $\int_{-\frac{\pi}{3}}^{\frac{\pi}{3}} \frac{x\sin x}{\cos^2 x} dx$；

(3) $\int_0^{\frac{1}{2}} \frac{\arcsin\sqrt{x}}{\sqrt{1-x}} dx$；

(4) $\int_0^1 \frac{xe^x}{(1+x)^2} dx$；

(5) $\int_{e^{-1}}^e \frac{(\ln x)^2}{1+x} dx$；

(6) $\int_0^1 \frac{x}{e^x+e^{1-x}} dx$；

(7) $\int_0^{\frac{\pi}{2}} \frac{\cos x}{\sin x+\cos x} dx$；

(8) $\int_{\frac{1}{2}}^2 \left(1+x-\frac{1}{x}\right)e^{x+\frac{1}{x}} dx$；

(9) $\int_0^{-\ln 2} \sqrt{1-e^{2x}} dx$；

(10) $\int_0^{\pi} \sin^{n-1}x \cdot \cos(n+1)x dx$；

(11) $\int_0^1 \arcsin x \cdot \arccos x dx$；

(12) $\int_0^{\pi} \frac{1}{1+\sin^2 x} dx$。

10. 设函数 $f(x)$ 和 $g(x)$ 在区间 $[a,b]$ 上连续，且 $g(x) \neq 0, x \in [a,b]$。证明：至少存

在一点 $\xi \in (a,b)$，使得

$$\left(\int_a^b f(x)dx\right)\Big/\left(\int_a^b g(x)dx\right) = f(\xi)/g(\xi)$$

11. 证明：若函数 $f(x)$ 在区间 $[a,b]$ 上连续，则有 $\left|\int_a^b f(x)dx\right| \leqslant \int_a^b |f(x)|dx$。

12. 证明：若函数 $f(x),g(x)$ 在区间 $[a,b]$ 上连续，且 $g(x)$ 在 $[a,b]$ 上不变号，则至少存在一点 $\xi \in [a,b]$，使得 $\int_a^b f(x)g(x)dx = f(\xi)\int_a^b g(x)dx$。

13. 设函数 $f(x)$ 在区间 $[0,2a]$ 上连续，证明：$\int_0^{2a} f(x)dx = \int_0^a [f(x) + f(2a-x)]dx$，并由此计算 $\int_0^{\pi} \frac{x\sin x}{1+\cos^2 x}dx$。

14. 利用下面两种方法计算定积分 $\int_0^1 \frac{\ln(1+x)}{1+x^2}dx$。

（1）先作变换 $x = \tan t$，再作变换 $u = \frac{\pi}{4} - t$；（2）作变换 $x = \frac{1-t}{1+t}$。

15. 判断下列广义积分的敛散性；若收敛，求其值：

（1）$\int_{-\infty}^{+\infty} \frac{2x}{1+x^2}dx$；　（2）$\int_1^{+\infty} \frac{1}{x^2(x+1)}dx$；

（3）$\int_0^1 \frac{1}{\sqrt[3]{(x-1)^2}}dx$；　（4）$\int_{-\frac{\pi}{2}}^{\frac{\pi}{2}} \cot x dx$；

（5）$\int_1^{+\infty} \frac{dx}{x\sqrt{x-1}}$；　（6）$\int_0^{+\infty} \frac{x\ln x}{(1+x^2)^2}dx$。

16. 计算下列积分：

（1）$\int_0^{+\infty} \frac{1}{x^2+4x+8}dx$；　（2）$\int_0^{+\infty} \frac{\arctan x}{(1+x^2)^{\frac{3}{2}}}dx$；

（3）$\int_0^1 \frac{1-2x}{\sqrt{x-x^2}}dx$；　（4）$\int_0^{\pi} \frac{1}{1+\sin^2 x}dx$；

（5）$\int_0^1 \frac{\arcsin\sqrt{x}}{\sqrt{x(1-x)}}dx$；　（6）$\int_1^2 \left[\frac{1}{x\ln^2 x} - \frac{1}{(x-1)^2}\right]dx$。

17. 令 $I_n = \int_0^1 \ln^n x dx$，证明：$I_n = (-1)^n n!$。

18. 证明：$\int_0^{+\infty} \frac{1}{1+x^4}dx = \int_0^{+\infty} \frac{x^2}{1+x^4}dx = \frac{\pi}{2\sqrt{2}}$。

19. 证明下列等式：

（1）$\int_0^{\frac{\pi}{2}} \ln\sin x dx = \int_0^{\frac{\pi}{2}} \ln\cos x dx$；

（2）$\int_0^{\pi} \ln\sin x dx = 2\int_0^{\frac{\pi}{2}} \ln\sin x dx$；

（3）$\int_0^{\frac{\pi}{2}} \ln\sin x dx = -\frac{\pi}{2}\ln 2$；

（4）$\int_0^{\frac{\pi}{2}} \frac{x}{\tan x}dx = \frac{\pi}{2}\ln 2$。

20. 计算下列平面图形的面积：

（1）由两条抛物线 $y = x^2$，$x = y^2$ 所围成；

（2）由曲线 $y = 4 - x^2$ 与 $y = x^2 - 4x - 2$ 所围成；

（3）由曲线 $x = 4y^2 - 1$ 与直线 $x - 3y - 6 = 0$ 所围成；

（4）由曲线 $y = \sin x$ 与 $y = \sin 2x$，直线 $x = 0$，$x = \pi$ 所围成；

（5）由直线 $x = \frac{1}{2}$，曲线 $y = \ln x$ 及曲线在点 $(e,1)$ 处的切线所围成；

（6）由曲线 $|\ln x| + |\ln y| = 1$ 所围成。

21. 若由曲线 $y = 1 - x^2$，x 轴与 y 轴在第一象限所围成的图形被曲线 $y = ax^2(a > 0)$ 分成面积相等的两部分，求常数 a 的值。

22. 设直线 $y = ax(a > 1)$ 与曲线 $y = \sqrt{x}$ 所围图形面积为 S_1，$y = ax$，$y = \sqrt{x}$ 与 $x = 1$ 所围图形面积为 S_2，试确定 a 的值使 $S = S_1 + S_2$ 达到最小，并求出其最小值。

23. 计算下列空间立体的体积：

（1）由曲线 $y = x^2$，直线 $x = 2$ 及 x 轴所围成的平面图形分别绕 x 轴，y 轴旋转一周所得的旋转体；

（2）由曲线 $y = e^x$，直线 $y = ex$ 与 y 轴所围成的图形绕 x 轴旋转一周所得的旋转体；

（3）由 $y \geq 2x$，$y \geq -x$，$x^2 + y^2 \leq 10$ 所确定的平面图形绕轴旋转一周所得的旋转体；

（4）由曲面 $\frac{x^2}{a^2} + \frac{y^2}{b^2} = 1$，$z = \frac{c}{b}y$，$z = 0$ 所围成的空间立体。

24. 若某连续的现金流每年可获得 3000 元的固定收益，贴现率为 6%：

（1）若此现金流持续 2 年，求其贴现值；

（2）若此现金流一直持续下去，求其贴现值。

25. 求下列极限：

（1）$\lim\limits_{n\to\infty} \frac{1}{n}\sum\limits_{k=0}^{n} \sin\frac{kb}{n}$，$b > 0$；

（2）$\lim\limits_{n\to\infty} \int_0^a x^n \sin x dx$，$(0 < a < 1)$。

第 7 章
无 穷 级 数

无穷级数是微积分学的重要组成部分之一，它一方面给出了函数（包括非初等函数）的一种表示方法，是研究函数性质的重要工具；另一方面它也提供了逼近函数的有效方法，在近似计算中有着重要的作用。本章介绍无穷级数的一些基础知识，并重点介绍两类特殊的无穷级数：数项级数和幂级数。

§7.1 数项级数的概念与性质

先来看一个有趣的问题：

假设兔子与乌龟进行赛跑，兔子的速度是每小时 10 公里，乌龟的速度是每小时 1 公里，由乌龟先跑 10 公里，问兔子何时可以追上乌龟？

这是一个简单的“追击”问题，设兔子在 x 小时后追上乌龟，则有

$$10x = x + 10$$

从而可以解得兔子在 $x = \frac{10}{9}$ 小时后追上乌龟。

但是，当从另一个角度来看这个问题时，结果就变得不同了。

首先，兔子要追上乌龟，必须先跑完乌龟领先的 10 公里，这需要 1 小时，此时，乌龟已经又往前爬了 1 公里；

接着，兔子要追上乌龟，必须先跑完乌龟领先的 1 公里，同样地，在它跑完这 1 公里后，乌龟又往前爬了 0.1 公里；

这样，兔子不停地追赶乌龟，它每次到达乌龟的上一个位置时，乌龟都又往前爬了一定的距离，这一过程可以无限地进行下去，从而，兔子永远也追不上乌龟。

上面的问题是由公元前 5 世纪著名的古希腊哲学家芝诺（Zeno）所提出，称为**诡辩**。在原版的芝诺诡辩中，《荷马史诗》里跑得超快的传奇英雄阿喀琉斯（Achilles）代替兔子出场。当然，他也追不上乌龟。

“兔子追不上乌龟”当然是荒谬的，但上面的解释似乎也很有道理。下面，从数学角度来看一下问题出在哪里？

实际上，芝诺诡辩中“兔子追不上乌龟”的依据是：若兔子以乌龟的当前位置为目标，则兔子追乌龟的过程由“无限次追赶”组成；而“无限次追赶”是不可能完成的。结合芝诺诡辩的结论“兔子永远追不上乌龟”，容易知道，“无限次追赶不可能完成”意味着“无限次追赶”所用的总的时间是无穷大。

显然，兔子第一次追乌龟用时 1 小时，第二次追乌龟用时 0.1 小时，第三次追乌龟用时 0.01 小时，依此类推。所以从数学角度看，芝诺诡辩中“兔子追不上乌龟”的依据是：

$$1+0.1+0.01+0.001+\cdots=+\infty \tag{7.1}$$

或者更进一步地说是：无穷多个正数的“和”一定是正无穷大。

由于芝诺诡辩的结论显然是不正确的，所以，可以断定（7.1）式是不合理的。那么，该如何定义 $1+0.1+0.01+0.001+\cdots$ 呢？

由

$$\begin{aligned}
&1 &&=1\\
&1+\frac{1}{10} &&=\frac{11}{10}=\frac{100-1}{9}\times\frac{1}{10}\\
&1+\frac{1}{10}+\frac{1}{100} &&=\frac{111}{100}=\frac{1000-1}{9}\times\frac{1}{100}\\
&\vdots &&\vdots\\
&1+\frac{1}{10}+\cdots+\frac{1}{10^n} &&=\frac{\overbrace{11\cdots1}^{n个}}{10^n}=\frac{10^{n+1}-1}{9}\times\frac{1}{10^n}\\
&\vdots &&\vdots
\end{aligned}$$

将 $1+0.1+0.01+0.001+\cdots$ 看作上式中左侧和式当 $n\to\infty$ 的极限，这样，由右侧表达式当 $n\to\infty$ 时的极限为 $\frac{10}{9}$，应该有 $1+0.1+0.01+0.001+\cdots=\frac{10}{9}$。这说明无穷多个正数的“和”未必一定是正无穷大。

所以，在数学上很有必要研究无穷多个数的相加，这导致了无穷级数及其相关概念的产生和发展。下面，先给出常数项无穷级数的概念。

7.1.1 数项级数的概念

定义 7.1 给定一个无穷数列 $\{u_n\}$，用加号依次连接它的所有项所得的表达式

$$u_1+u_2+\cdots+u_n+\cdots$$

称为**常数项无穷级数**，简称**数项级数**或**级数**，记为 $\sum_{n=1}^{\infty}u_n$，即有

$$\sum_{n=1}^{\infty}u_n=u_1+u_2+\cdots+u_n+\cdots。$$

其中，**第 n 项** u_n 称为级数 $\sum_{n=1}^{\infty}u_n$ 的**一般项**或**通项**，$S_n=u_1+u_2+\cdots+u_n$ 称为级数 $\sum_{n=1}^{\infty}u_n$ 的

前 n 项和或**第 n 个部分和**，数列$\{S_n\}$称为级数 $\sum_{n=1}^{\infty} u_n$ 的**部分和数列**。

由定义，数项级数的意义实际上就是无穷多个数的“和”。从对芝诺诡辩的讨论中可以看出，数项级数 $\sum_{n=1}^{\infty} \frac{1}{10^{n-1}} = 1 + 0.1 + 0.01 + 0.001 + \cdots$ 的“和”应当是其部分和数列 $\left\{1 + \frac{1}{10} + \cdots + \frac{1}{10^n}\right\}$ 当 $n \to \infty$时的极限，一般地，有如下定义：

定义 7.2　设$\{S_n\}$为级数 $\sum_{n=1}^{\infty} u_n$ 的部分和数列，

（1）若数列$\{S_n\}$收敛，且 $\lim_{n\to\infty} S_n = S$，则称**级数 $\sum_{n=1}^{\infty} u_n$ 收敛**，S 为级数 $\sum_{n=1}^{\infty} u_n$ 的**和**，记做 $\sum_{n=1}^{\infty} u_n = S$，此时，也称**级数 $\sum_{n=1}^{\infty} u_n$ 收敛于 S**；

（2）若数列$\{S_n\}$发散，则称**级数 $\sum_{n=1}^{\infty} u_n$ 发散**。

注意，只有当级数收敛的时候，才有“和”的概念，当级数 $\sum_{n=1}^{\infty} u_n$ 发散的时候，可以认为表达式 $\sum_{n=1}^{\infty} u_n$ 是没有意义的，从而也就没有“和”的概念。这样，对于级数 $\sum_{n=1}^{\infty} u_n$ 来讲，首要问题是：$\sum_{n=1}^{\infty} u_n$ 是“收敛”还是“发散”？在判定 $\sum_{n=1}^{\infty} u_n$ 收敛之后，才会考虑如何去求它的“和”的问题。所以，接下来将重点关注如何判断级数是“收敛”还是“发散”的问题。一般地，级数的“收敛”或“发散”的性质称为其敛散性。

例 7.1　由定义知，级数 $\sum_{n=1}^{\infty} 0$ 与 $\sum_{n=1}^{\infty} \frac{1}{10^{n-1}}$ 收敛，级数 $\sum_{n=1}^{\infty} 1$ 与 $\sum_{n=1}^{\infty} (-1)^{n-1}$ 发散。

例 7.2　判断级数 $\sum_{n=1}^{\infty} \frac{1}{n(n+1)}$ 的敛散性。

解： 令 $S_n = \sum_{k=1}^{n} \frac{1}{k(k+1)} (n = 1, 2, \cdots)$，则$\{S_n\}$为级数 $\sum_{n=1}^{\infty} \frac{1}{n(n+1)}$ 的部分和数列。由

$$\begin{aligned} S_n &= \frac{1}{1 \times 2} + \frac{1}{2 \times 3} + \cdots + \frac{1}{n(n+1)} \\ &= \left(1 - \frac{1}{2}\right) + \left(\frac{1}{2} - \frac{1}{3}\right) + \cdots + \left(\frac{1}{n} - \frac{1}{(n+1)}\right) \\ &= 1 - \frac{1}{n+1}, \end{aligned}$$

故

$$\lim_{n\to\infty} S_n = \lim_{n\to\infty}\left(1 - \frac{1}{n+1}\right) = 1$$

所以级数 $\sum_{n=1}^{\infty} \frac{1}{n(n+1)}$ 收敛，且其和为 1。

例 7.3　讨论含有参数 a, r 的级数 $\sum_{n=1}^{\infty} ar^{n-1}$ 的敛散性，其中 $a \neq 0, r \neq 0$ 。

解：令 $S_n = \sum_{k=1}^{n} ar^{k-1} (n = 1,2,\cdots)$，则 $\{S_n\}$ 为级数 $\sum_{n=1}^{\infty} ar^{n-1}$ 的部分和数列。

若 $r = 1$，则 $S_n = \sum_{k=1}^{n} ar^{k-1} = na$，由 $a \neq 0$，此时 $\{S_n\}$ 发散，从而级数 $\sum_{n=1}^{\infty} ar^{n-1}$ 发散。

若 $r \neq 1$，则由

$$S_n = a + ar + ar^2 + \cdots + ar^{n-1} = \frac{a(1 - r^n)}{1 - r},$$

当 $|r| < 1$ 时，有 $\lim_{n\to\infty} S_n = \lim_{n\to\infty} \frac{a(1 - r^n)}{1 - r} = \frac{a}{1 - r}$，级数 $\sum_{n=1}^{\infty} ar^{n-1}$ 收敛于 $\frac{a}{1 - r}$；

当 $|r| > 1$ 时，有 $\lim_{n\to\infty} S_n = \lim_{n\to\infty} \frac{a(1 - r^n)}{1 - r} = \infty$，级数 $\sum_{n=1}^{\infty} ar^{n-1}$ 发散；

当 $r = -1$ 时，级数 $\sum_{n=1}^{\infty} ar^{n-1} = a\sum_{n=1}^{\infty} (-1)^{n-1}$ 发散。

综上所述，可得，级数 $\sum_{n=1}^{\infty} ar^{n-1}$ 当 $|r| \geqslant 1$ 时发散；当 $|r| < 1$ 时收敛，其和为 $\frac{a}{1 - r}$。

注：例 7.3 中的级数常被称为**几何级数**，其敛散性相关结论是级数理论的基本结果之一。

例 7.4 证明**调和级数** $\sum_{n=1}^{\infty} \frac{1}{n} = 1 + \frac{1}{2} + \cdots + \frac{1}{n} + \cdots$ 发散。

证法 1 用反证法。若级数 $\sum_{n=1}^{\infty} \frac{1}{n}$ 收敛，设其部分和数列为 $\{S_n\}$，则 $\lim_{n\to\infty} S_n$ 存在，从而有

$$\lim_{n\to\infty} (S_{2n} - S_n) = \lim_{n\to\infty} S_{2n} - \lim_{n\to\infty} S_n = 0$$

而

$$S_{2n} - S_n = \frac{1}{n+1} + \frac{1}{n+2} + \cdots + \frac{1}{2n}$$
$$> \frac{1}{2n} + \frac{1}{2n} + \cdots + \frac{1}{2n} = \frac{1}{2}$$

所以 $\lim_{n\to\infty} (S_{2n} - S_n) \geqslant \frac{1}{2}$，矛盾！故级数 $\sum_{n=1}^{\infty} \frac{1}{n}$ 发散。

证法 2 令 $f(x) = \frac{1}{x} (x > 0)$，则 $f(x)$ 是一个单调递减函数，从而对任意的 $x \in [n, n+1]$，都有 $f(x) \leqslant f(n) = \frac{1}{n} (n = 1,2,\cdots)$，于是由定积分的性质知，有

$$\int_n^{n+1} f(x)\,dx \leqslant \int_n^{n+1} \frac{1}{n}\,dx = \frac{1}{n} \quad (n = 1,2,\cdots),$$

设级数 $\sum_{n=1}^{\infty} \frac{1}{n}$ 的部分和数列为 $\{S_n\}$，则有

$$\int_1^{n+1} f(x)\,dx \leqslant 1 + \frac{1}{2} + \cdots + \frac{1}{n} = S_n,$$

从而

$$\lim_{n\to\infty}S_n \geqslant \lim_{n\to\infty}\int_1^{n+1} f(x)\,dx = \int_1^{+\infty}\frac{1}{x}dx\text{。}$$

而无穷积分 $\int_1^{+\infty}\frac{1}{x}dx$ 发散，故 $\{S_n\}$ 发散，即级数 $\sum_{n=1}^{\infty}\frac{1}{n}$ 发散。

7.1.2　数项级数的性质

下面，将利用级数敛散性的定义和数列极限的性质，给出级数敛散性的基本性质。

性质 1（级数收敛的必要条件）　若级数 $\sum_{n=1}^{\infty}u_n$ 收敛，则 $\lim_{n\to\infty}u_n = 0$。

证： 设级数 $\sum_{n=1}^{\infty}u_n$ 的部分和数列为 $\{S_n\}$，则由 $\sum_{n=1}^{\infty}u_n$ 收敛知 $\lim_{n\to\infty}S_n$ 存在，从而有

$$\lim_{n\to\infty}u_n = \lim_{n\to\infty}(S_n - S_{n-1}) = \lim_{n\to\infty}S_n - \lim_{n\to\infty}S_{n-1} = 0$$

注意　性质 1 给出的是级数收敛的必要条件，不是充分条件，例如，调和级数 $\sum_{n=1}^{\infty}\frac{1}{n}$ 满足 $\lim_{n\to\infty}u_n = 0$，但它却是发散的。而反过来，性质 1 的逆否命题可以作为判断级数发散的充分条件：若级数 $\sum_{n=1}^{\infty}u_n$ 不满足 $\lim_{n\to\infty}u_n = 0$，则 $\sum_{n=1}^{\infty}u_n$ 一定是发散的。

例 7.5　证明级数 $\sum_{n=1}^{\infty}(1+n)^{\frac{1}{n}}$ 发散。

证： 由 $\lim_{n\to\infty}(1+n)^{\frac{1}{n}} = \lim_{x\to+\infty}(1+x)^{\frac{1}{x}} = e^{\lim\limits_{x\to+\infty}\frac{\ln(1+x)}{x}} = e^{\lim\limits_{x\to+\infty}\frac{1}{1+x}} = e^0 = 1 \neq 0$，

故级数 $\sum_{n=1}^{\infty}(1+n)^{\frac{1}{n}}$ 发散。

性质 2　若级数 $\sum_{n=1}^{\infty}u_n$ 收敛于 U，级数 $\sum_{n=1}^{\infty}v_n$ 收敛于 V，a,b 为任意常数，则级数 $\sum_{n=1}^{\infty}(au_n + bv_n)$ 也收敛，且其和为 $aU + bV$。

证： 设级数 $\sum_{n=1}^{\infty}u_n$ 的部分和数列为 $\{S_n\}$，级数 $\sum_{n=1}^{\infty}v_n$ 的部分和数列为 $\{S'_n\}$，则有 $\lim_{n\to\infty}S_n = U$，$\lim_{n\to\infty}S'_n = V$，由数列极限的性质知 $\lim_{n\to\infty}(aS_n + bS'_n) = aU + bV$，即级数 $\sum_{n=1}^{\infty}(au_n + bv_n)$ 收敛，其和为 $aU + bV$。

这个性质可以用于说明级数的发散性，此时，有

推论　若级数 $\sum_{n=1}^{\infty}u_n$ 收敛，级数 $\sum_{n=1}^{\infty}v_n$ 发散，则级数 $\sum_{n=1}^{\infty}(u_n + v_n)$ 发散。

例 7.6　判断级数 $\sum_{n=1}^{\infty}(-1)^{n-1}\frac{[n-(-2)^n]}{n\cdot 2^n}$ 的敛散性。

解： $u_n = (-1)^{n-1}\frac{[n-(-2)^n]}{n\cdot 2^n} = \frac{(-1)^{n-1}n}{n\cdot 2^n} - \frac{(-1)^{n-1}(-2)^n}{n\cdot 2^n} = -\left(-\frac{1}{2}\right)^n + \frac{1}{n}$，由几何级数 $\sum_{n=1}^{\infty}\left(-\frac{1}{2}\right)^n$ 收敛，调和级数 $\sum_{n=1}^{\infty}\frac{1}{n}$ 发散，故级数 $\sum_{n=1}^{\infty}(-1)^{n-1}\frac{[n-(-2)^n]}{n\cdot 2^n}$ 发散。

注 若级数 $\sum_{n=1}^{\infty} u_n$ 与 $\sum_{n=1}^{\infty} v_n$ 均发散，则级数 $\sum_{n=1}^{\infty}(u_n+v_n)$ 可能收敛，也可能发散。例如级数 $\sum_{n=1}^{\infty} 1$ 与 $\sum_{n=1}^{\infty}(-1)$ 均发散，但级数 $\sum_{n=1}^{\infty}[1+(-1)]=\sum_{n=1}^{\infty} 0$ 收敛；级数 $\sum_{n=1}^{\infty} 1$ 与 $\sum_{n=1}^{\infty} 1$ 均发散，级数 $\sum_{n=1}^{\infty}(1+1)=\sum_{n=1}^{\infty} 2$ 也发散。

性质 3 级数增加、减少或改变有限项，不改变其敛散性。

证： 给定正整数 k，则级数 $\sum_{n=1}^{\infty} u_n$ 减少前 k 项后得到的级数为 $\sum_{n=k+1}^{\infty} u_n=\sum_{n=1}^{\infty} u_{n+k}$，显然，若级数 $\sum_{n=1}^{\infty} u_n$ 的部分和数列为 $\{S_n\}$，则级数 $\sum_{n=1}^{\infty} u_{n+k}$ 的部分和数列为 $\{S_{n+k}-S_k\}$，而数列 $\{S_n\}$ 与 $\{S_{n+k}-S_k\}$ 具有相同的敛散性，故级数 $\sum_{n=1}^{\infty} u_n$ 与 $\sum_{n=1}^{\infty} u_{n+k}$ 具有相同的敛散性。这说明级数增加或减少有限项不改变其敛散性。

若级数 $\sum_{n=1}^{\infty} u_n$ 改变了有限项后得到另一个级数 $\sum_{n=1}^{\infty} v_n$，则必存在正整数 k，使得两个级数从第 $k+1$ 项开始后所有的项全都一样，于是级数 $\sum_{n=1}^{\infty} u_n$ 与 $\sum_{n=1}^{\infty} v_n$ 减少前 k 项后得到同一级数，该级数与 $\sum_{n=1}^{\infty} u_n$ 及 $\sum_{n=1}^{\infty} v_n$ 的敛散性都相同，从而 $\sum_{n=1}^{\infty} u_n$ 与 $\sum_{n=1}^{\infty} v_n$ 具有相同的敛散性。

性质 4 将收敛级数 $\sum_{n=1}^{\infty} u_n=u_1+u_2+\cdots+u_n+\cdots$ 的某些相邻的项合并（在级数中加入括号）得到的新级数仍收敛于原级数的和。

这个性质可以利用数列的极限与其子列的极限之间的关系给出证明，此处从略。

由性质 4 可知，若级数 $\sum_{n=1}^{\infty} u_n$ 收敛于 S，则级数

$$\sum_{n=1}^{\infty}(u_{2n-1}+u_{2n})=(u_1+u_2)+(u_3+u_4)+\cdots+(u_{2n-1}+u_{2n})+\cdots$$

也收敛，且 $\sum_{n=1}^{\infty}(u_{2n-1}+u_{2n})=S$。

性质 4 也可以用来说明级数是发散的。

推论 级数 $\sum_{n=1}^{\infty} u_n$ 加括号后得到级数 $\sum_{n=1}^{\infty} v_n$，若 $\sum_{n=1}^{\infty} v_n$ 发散，则 $\sum_{n=1}^{\infty} u_n$ 也发散。

例 7.7 证明级数 $\frac{1}{\sqrt{2}-1}-\frac{1}{\sqrt{2}+1}+\frac{1}{\sqrt{3}-1}-\frac{1}{\sqrt{3}+1}+\cdots+\frac{1}{\sqrt{n}-1}-\frac{1}{\sqrt{n}+1}+\cdots$ 发散。

证： 由 $\frac{1}{\sqrt{n}-1}-\frac{1}{\sqrt{n}+1}=\frac{\sqrt{n}+1-\sqrt{n}+1}{n-1}=\frac{2}{n-1}$，可知原级数加括号后的级数

$$\left(\frac{1}{\sqrt{2}-1}-\frac{1}{\sqrt{2}+1}\right)+\left(\frac{1}{\sqrt{3}-1}-\frac{1}{\sqrt{3}+1}\right)+\cdots+\left(\frac{1}{\sqrt{n}-1}-\frac{1}{\sqrt{n}+1}\right)+\cdots$$

可变成调和级数 $\sum_{n=2}^{\infty}\frac{2}{n-1}$，由该级数发散，得原级数也发散。

§7.2 正项级数敛散性的判别

本节将讨论一类特殊的级数，即各项都非负的级数，这类级数通常被称为正项级数。正项级数是级数中最简单也是最重要的一类级数，因为许多一般的级数的敛散性判别问题都可以转化为正项级数的敛散性判别问题。

下面，先介绍正项级数的定义与性质，再介绍几个常用的判别法。

7.2.1 正项级数的概念与性质

定义 7.3 若级数 $\sum_{n=1}^{\infty} u_n$ 的一般项 $u_n \geqslant 0 (n=1,2,\cdots)$，则称级数 $\sum_{n=1}^{\infty} u_n$ 为**正项级数**。

若级数 $\sum_{n=1}^{\infty} u_n$ 的一般项 $u_n \leqslant 0 (n=1,2,\cdots)$，则称级数 $\sum_{n=1}^{\infty} u_n$ 为**负项级数**，此时，$\sum_{n=1}^{\infty} (-u_n)$ 为正项级数。

对级数的敛散性进行判别，最基本的方法是利用级数敛散性的定义，即通过级数的部分和数列的敛散性来判别级数的敛散性。对于正项级数，其部分和数列有如下显然的性质。

性质 1 若级数 $\sum_{n=1}^{\infty} u_n$ 为正项级数，则其部分和数列 $\{S_n\}$ 为单调递增数列。

将此性质与判别数列极限存在的“单调有界原理”相结合，可得：

性质 2 若 $\{S_n\}$ 为正项级数 $\sum_{n=1}^{\infty} u_n$ 的部分和数列，则 $\sum_{n=1}^{\infty} u_n$ 收敛的充分必要条件是 $\{S_n\}$ 有界。

证：（必要性）由 $\sum_{n=1}^{\infty} u_n$ 收敛，知 $\lim\limits_{n\to\infty} S_n$ 存在，再由收敛数列的性质知 $\{S_n\}$ 有界。

（充分性）由性质 1，$\{S_n\}$ 单调递增，由 $\{S_n\}$ 有界，利用单调有界原理可知 $\lim\limits_{n\to\infty} S_n$ 存在，即 $\sum_{n=1}^{\infty} u_n$ 收敛。

性质 2 可以用于判别正项级数的敛散性，但要说明一个数列有界往往也并不容易，为此，下面将通过性质 2 来得到一些易于使用的判别正项级数敛散性的方法。

这些方法可以被分为两类：一类判别法在应用时需要利用别的正项级数的敛散性进行辅助判别；另一类判别法在应用时只需利用正项级数本身的性质。

7.2.2 比较判别法

给定两个正项级数，利用性质 2，可以得到两个级数的敛散性之间的如下关系

定理 7.1（比较判别法） 若 $\sum_{n=1}^{\infty} u_n$ 与 $\sum_{n=1}^{\infty} v_n$ 均为正项级数，且 $u_n \geqslant v_n (n=1,2,\cdots)$，则：

（1）若 $\sum_{n=1}^{\infty} u_n$ 收敛，则 $\sum_{n=1}^{\infty} v_n$ 收敛，且 $\sum_{n=1}^{\infty} u_n \geqslant \sum_{n=1}^{\infty} v_n$；

（2）若 $\sum_{n=1}^{\infty} v_n$ 发散，则 $\sum_{n=1}^{\infty} u_n$ 发散。

证：设正项级数 $\sum_{n=1}^{\infty} u_n$ 与 $\sum_{n=1}^{\infty} v_n$ 的部分和数列分别为$\{S_n\}$与$\{S'_n\}$，则由 $u_n \geqslant v_n$ $(n=1,2,\cdots)$ 知有 $S_n \geqslant S'_n (n=1,2,\cdots)$，从而

（1）若 $\sum_{n=1}^{\infty} u_n$ 收敛，则$\{S_n\}$有界，从而$\{S'_n\}$有界，故 $\sum_{n=1}^{\infty} v_n$ 收敛，且$\lim\limits_{n\to\infty} S_n \geqslant \lim\limits_{n\to\infty} S'_n$，即有 $\sum_{n=1}^{\infty} u_n \geqslant \sum_{n=1}^{\infty} v_n$。

（2）若 $\sum_{n=1}^{\infty} v_n$ 发散，则$\{S'_n\}$无界，从而$\{S_n\}$无界，故 $\sum_{n=1}^{\infty} u_n$ 发散。

由级数的性质1与性质3，定理7.1中的条件"$u_n \geqslant v_n (n=1,2,\cdots)$"可以放宽为"存在常数 $c>0$ 与正整数 N，使得 $u_n \geqslant cv_n (n>N)$"。但即便如此，由于建立不等式的困难，定理7.1很少用于具体的级数的敛散性的判别。为了便于应用，可以从定理7.1出发，得到下面的：

定理7.2（比较判别法的极限形式）　若 $\sum_{n=1}^{\infty} u_n$ 与 $\sum_{n=1}^{\infty} v_n$ 均为正项级数，且 $\lim\limits_{n\to\infty} \dfrac{u_n}{v_n} = r$，

（1）若 $0<r<+\infty$，则 $\sum_{n=1}^{\infty} u_n$ 与 $\sum_{n=1}^{\infty} v_n$ 同时收敛或同时发散；

（2）若 $r=+\infty$，且 $\sum_{n=1}^{\infty} u_n$ 收敛，则 $\sum_{n=1}^{\infty} v_n$ 收敛；

（3）若 $r=0$，且 $\sum_{n=1}^{\infty} u_n$ 发散，则 $\sum_{n=1}^{\infty} v_n$ 发散。

这个定理可以利用数列极限的 $\varepsilon - N$ 定义及定理7.1给出证明，此处从略。

例7.8　证明：若级数 $\sum_{n=1}^{\infty} u_n^2$ 与 $\sum_{n=1}^{\infty} v_n^2$ 均收敛，则级数 $\sum_{n=1}^{\infty} (u_n+v_n)^2$ 也收敛。

证：对于级数 $\sum_{n=1}^{\infty} (u_n+v_n)^2$ 的一般项，有 $(u_n+v_n)^2 = u_n^2+v_n^2+2u_nv_n \leqslant 2u_n^2+2v_n^2$，而级数 $\sum_{n=1}^{\infty} u_n^2$ 与 $\sum_{n=1}^{\infty} v_n^2$ 均收敛，故由比较判别法知级数 $\sum_{n=1}^{\infty} (u_n+v_n)^2$ 收敛。

例7.9　证明：若 $a_n \leqslant u_n \leqslant b_n (n=1,2,\cdots)$，且级数 $\sum_{n=1}^{\infty} a_n$ 与 $\sum_{n=1}^{\infty} b_n$ 均收敛，则级数 $\sum_{n=1}^{\infty} u_n$ 也收敛。

证：由 $a_n \leqslant u_n \leqslant b_n (n=1,2,\cdots)$，得 $0 \leqslant u_n - a_n \leqslant b_n - a_n (n=1,2,\cdots)$。再由级数 $\sum_{n=1}^{\infty} a_n$ 与 $\sum_{n=1}^{\infty} b_n$ 均收敛可知，级数 $\sum_{n=1}^{\infty} (b_n - a_n)$ 收敛，故由比较判别法知，正项级数 $\sum_{n=1}^{\infty} (u_n - a_n)$ 收敛，从而再由级数 $\sum_{n=1}^{\infty} a_n$ 收敛，即可得级数 $\sum_{n=1}^{\infty} u_n$ 收敛。

例 7.10　讨论含有参数 p 的级数 $\sum_{n=1}^{\infty}\frac{1}{n^p}$ 的敛散性。

解：当 $p=1$ 时，级数 $\sum_{n=1}^{\infty}\frac{1}{n^p}$ 是调和级数，故发散；

当 $p<1$ 时，则有 $n^p<n$，$\frac{1}{n^p}>\frac{1}{n}(n=1,2,\cdots)$，故由比较判别法知级数 $\sum_{n=1}^{\infty}\frac{1}{n^p}$ 发散；

当 $p>1$ 时，令 $f(x)=\frac{1}{x^p}(x>0)$，则 $f(x)$ 是一个单调递减函数，从而对任意的 $x\in[n-1,n]$，有

$$\frac{1}{x^p}\geqslant\frac{1}{n^p}(n=1,2,\cdots)$$

故由定积分的性质，有

$$\int_{n-1}^{n}\frac{1}{x^p}dx\geqslant\int_{n-1}^{n}\frac{1}{n^p}dx=\frac{1}{n^p}\ (n=1,2,\cdots)$$

从而有

$$\int_{1}^{n}\frac{1}{x^p}dx\geqslant\frac{1}{2^p}+\frac{1}{3^p}+\cdots+\frac{1}{n^p}\ (n=2,3,\cdots)$$

令 $\{S_n\}$ 为级数 $\sum_{n=1}^{\infty}\frac{1}{n^p}$ 的部分和数列，则有

$$S_n=1+\frac{1}{2^p}+\frac{1}{3^p}+\cdots+\frac{1}{n^p}\leqslant 1+\int_{1}^{n}\frac{1}{x^p}dx<1+\int_{1}^{+\infty}\frac{1}{x^p}dx(n=2,3,\cdots)$$

而无穷积分 $\int_{1}^{+\infty}\frac{1}{x^p}dx$ 当 $p>1$ 时收敛，故数列 $\{S_n\}$ 有界。

由正项级数收敛的充要条件，级数 $\sum_{n=1}^{\infty}\frac{1}{n^p}$ 收敛。

综上可知，级数 $\sum_{n=1}^{\infty}\frac{1}{n^p}$ 当 $p>1$ 时收敛，当 $p\leqslant 1$ 时发散。

级数 $\sum_{n=1}^{\infty}\frac{1}{n^p}$ 称为 ***p* 级数**，同几何级数 $\sum_{n=1}^{\infty}ar^{n-1}$ 一起，常常作为敛散性已知的级数用于比较判别法及其极限形式。为了应用上的方便，常常直接将 p 级数作为 $\sum_{n=1}^{\infty}v_n$ 代入比较判别法的极限形式中，可得：

推论　若 $\sum_{n=1}^{\infty}u_n$ 为正项级数，且 $\lim_{n\to\infty}n^p u_n=r$，

（1）若 $0\leqslant r<+\infty, p>1$，则 $\sum_{n=1}^{\infty}u_n$ 收敛；

（2）若 $0<r\leqslant+\infty, p\leqslant 1$，则 $\sum_{n=1}^{\infty}u_n$ 发散。

例 7.11　判别下列级数的敛散性：

（1）$\sum_{n=1}^{\infty}\sin\frac{1}{2^n}$；　　（2）$\sum_{n=1}^{\infty}\left(1-\cos\frac{1}{\sqrt{2^n}}\right)$。

解：显然（1）（2）中的两个级数都是正项级数，故可以应用比较判别法及其极限形式判别它们的敛散性。

（1）由 $\lim\limits_{n\to\infty}\dfrac{\sin\dfrac{1}{2^n}}{\dfrac{1}{2^n}}=\lim\limits_{x\to0^+}\dfrac{\sin x}{x}=1$ 知，级数 $\sum\limits_{n=1}^{\infty}\sin\dfrac{1}{2^n}$ 与 $\sum\limits_{n=1}^{\infty}\dfrac{1}{2^n}$ 具有相同的敛散性，而几何级数 $\sum\limits_{n=1}^{\infty}\dfrac{1}{2^n}$ 收敛，故级数 $\sum\limits_{n=1}^{\infty}\sin\dfrac{1}{2^n}$ 收敛。

（2）由 $\lim\limits_{n\to\infty}\dfrac{1-\cos\dfrac{1}{\sqrt{2^n}}}{\dfrac{1}{2^n}}=\lim\limits_{x\to0^+}\dfrac{1-\cos x}{x^2}=\dfrac{1}{2}$ 知，级数 $\sum\limits_{n=1}^{\infty}\left(1-\cos\dfrac{1}{\sqrt{2^n}}\right)$ 与 $\sum\limits_{n=1}^{\infty}\dfrac{1}{2^n}$ 具有相同的敛散性，而几何级数 $\sum\limits_{n=1}^{\infty}\dfrac{1}{2^n}$ 收敛，故级数 $\sum\limits_{n=1}^{\infty}\left(1-\cos\dfrac{1}{\sqrt{2^n}}\right)$ 收敛。

例 7.12 判别下列级数的敛散性：

（1）$\sum\limits_{n=1}^{\infty}\dfrac{1}{\sqrt{n(n+1)}}$；　　（2）$\sum\limits_{n=4}^{\infty}\dfrac{1}{\sqrt{n^3-10n}}$。

解：（1）由 $\lim\limits_{n\to\infty}\dfrac{\dfrac{1}{\sqrt{n(n+1)}}}{\dfrac{1}{n}}=\dfrac{n}{\sqrt{n(n+1)}}=1$，$p$ 级数 $\sum\limits_{n=1}^{\infty}\dfrac{1}{n}$ 发散，

故级数 $\sum\limits_{n=1}^{\infty}\dfrac{1}{\sqrt{n(n+1)}}$ 发散。

（2）由 $\lim\limits_{n\to\infty}\dfrac{\dfrac{1}{\sqrt{n^3-10n}}}{\dfrac{1}{n^{3/2}}}=\dfrac{n^{3/2}}{\sqrt{n^3-10n}}=1$，$p$ 级数 $\sum\limits_{n=1}^{\infty}\dfrac{1}{n^{3/2}}$ 收敛，

故级数 $\sum\limits_{n=4}^{\infty}\dfrac{1}{\sqrt{n^3-10n}}$ 收敛。

例 7.13 证明：若正项级数 $\sum\limits_{n=1}^{\infty}u_n$ 收敛，则级数 $\sum\limits_{n=1}^{\infty}u_n^2$ 也收敛。

证：由 $\sum\limits_{n=1}^{\infty}u_n$ 收敛，又因为 $\lim\limits_{n\to\infty}\dfrac{u_n^2}{u_n}=\lim\limits_{n\to\infty}u_n=0<1$，故由正项级数比较判别法的极限形式知，级数 $\sum\limits_{n=1}^{\infty}u_n^2$ 收敛。

7.2.3 比值判别法与根值判别法

由比较判别法的极限形式，利用数列极限的 $\varepsilon-N$ 定义，可以得到下面几个判别法：

定理 7.3（比值判别法） 若 $\sum\limits_{n=1}^{\infty}u_n$ 为正项级数，且 $\lim\limits_{n\to\infty}\dfrac{u_{n+1}}{u_n}=r(0\leqslant r\leqslant+\infty)$，

（1）若 $r<1$，则 $\sum\limits_{n=1}^{\infty} u_n$ 收敛；

（2）若 $r>1$，则 $\sum\limits_{n=1}^{\infty} u_n$ 发散。

比值判别法也称为达朗贝尔（D' Alembert）判别法，证明从略。

定理 7.4（根值判别法） 若 $\sum\limits_{n=1}^{\infty} u_n$ 为正项级数，且 $\lim\limits_{n\to\infty}\sqrt[n]{u_n}=r(0\leqslant r\leqslant +\infty)$，

（1）若 $r<1$，则 $\sum\limits_{n=1}^{\infty} u_n$ 收敛；

（2）若 $r>1$，则 $\sum\limits_{n=1}^{\infty} u_n$ 发散。

根值判别法也称为柯西（Cauchy）判别法，证明从略。

注 在定理7.3和定理7.4中，若 $r=1$，则正项级数 $\sum\limits_{n=1}^{\infty} u_n$ 可能收敛，也可能发散。例如对 p 级数 $\sum\limits_{n=1}^{\infty}\frac{1}{n^p}$ 来说，既有 $\lim\limits_{n\to\infty}\frac{u_{n+1}}{u_n}=\lim\limits_{n\to\infty}\frac{(n+1)^p}{n^p}=1$，又有 $\lim\limits_{n\to\infty}\sqrt[n]{u_n}=\lim\limits_{n\to\infty}\sqrt[n]{n^p}=1$，但随着 p 的取值不同，这些 p 级数中既有收敛的，也有发散的。

例 7.14 判别下列级数的敛散性：

（1）$\sum\limits_{n=1}^{\infty}\frac{n!}{n^n}$；　　（2）$\sum\limits_{n=1}^{\infty}\frac{n^2}{q^n}(q>0)$。

解：（1）因 $\lim\limits_{n\to\infty}\frac{u_{n+1}}{u_n}=\lim\limits_{n\to\infty}\frac{\frac{(n+1)!}{(n+1)^{n+1}}}{\frac{n!}{n^n}}=\lim\limits_{n\to\infty}\left(\frac{n}{n+1}\right)^n=\lim\limits_{n\to\infty}\frac{1}{\left(1+\frac{1}{n}\right)^n}=\frac{1}{e}<1$，

故由比值判别法知，级数 $\sum\limits_{n=1}^{\infty}\frac{n!}{n^n}$ 收敛。

（2）$\lim\limits_{n\to\infty}\frac{u_{n+1}}{u_n}=\lim\limits_{n\to\infty}\frac{\frac{(n+1)^2}{q^{n+1}}}{\frac{n^2}{q^n}}=\lim\limits_{n\to\infty}\frac{1}{q}\left(\frac{n+1}{n}\right)^2=\frac{1}{q}$，

故由比值判别法知，当 $q>1$ 时，$\frac{1}{q}<1$，级数 $\sum\limits_{n=1}^{\infty}\frac{n^2}{q^n}$ 收敛；当 $q<1$ 时，$\frac{1}{q}>1$，级数 $\sum\limits_{n=1}^{\infty}\frac{n^2}{q^n}$ 发散；而当 $q=1$ 时，由 $\lim\limits_{n\to\infty}u_n=\lim\limits_{n\to\infty}n^2=+\infty$ 可知，级数 $\sum\limits_{n=1}^{\infty}\frac{n^2}{q^n}$ 发散。

综上所述，级数 $\sum\limits_{n=1}^{\infty}\frac{n^2}{q^n}$ 当 $q>1$ 时收敛，当 $q\leqslant 1$ 时发散。

例 7.15 判别下列级数的敛散性：

（1）$\sum\limits_{n=1}^{\infty}\frac{x^n}{n\cdot 3^n}(x>0)$；　　（2）$\sum\limits_{n=1}^{\infty}\left(\frac{na}{n+1}\right)^n(a>0)$。

解：（1）因 $\lim\limits_{n\to\infty}\sqrt[n]{u_n}=\lim\limits_{n\to\infty}\frac{x}{3\sqrt[n]{n}}=\frac{x}{3}$，

故由根值判别法知，当 $x<3$ 时，级数 $\sum_{n=1}^{\infty}\frac{x^n}{n\cdot 3^n}$ 收敛；当 $x>3$ 时，级数 $\sum_{n=1}^{\infty}\frac{x^n}{n\cdot 3^n}$ 发散；而当 $x=3$ 时，级数 $\sum_{n=1}^{\infty}\frac{x^n}{n\cdot 3^n}$ 为调和级数，发散。

因此级数 $\sum_{n=1}^{\infty}\frac{x^n}{n\cdot 3^n}$ 当 $x<3$ 时收敛，当 $x\geqslant 3$ 时发散。

（2）因 $\lim_{n\to\infty}\sqrt[n]{u_n}=\lim_{n\to\infty}\frac{na}{n+1}=a$，

故由根值判别法知，当 $a<1$ 时，级数 $\sum_{n=1}^{\infty}\left(\frac{na}{n+1}\right)^n$ 收敛；当 $a>1$ 时，级数 $\sum_{n=1}^{\infty}\left(\frac{na}{n+1}\right)^n$ 发散；而当 $a=1$ 时，由 $\lim_{n\to\infty}u_n=\lim_{n\to\infty}\frac{1}{\left(1+\frac{1}{n}\right)^n}=\frac{1}{e}\neq 0$ 可知，级数 $\sum_{n=1}^{\infty}\left(\frac{na}{n+1}\right)^n$ 发散。

综上所述，级数 $\sum_{n=1}^{\infty}\left(\frac{na}{n+1}\right)^n$ 当 $a<1$ 时收敛，当 $a\geqslant 1$ 时发散。

由级数收敛的必要条件，若级数 $\sum_{n=1}^{\infty}u_n$ 收敛，则 $\lim_{n\to\infty}u_n=0$，这个结论可以用来说明某些特殊形式的数列极限为零。

例 7.16 求极限 $\lim_{n\to\infty}\frac{3^n}{(n!)^3}$。

解： 考虑级数 $\sum_{n=1}^{\infty}\frac{3^n}{(n!)^3}$，由 $\lim_{n\to\infty}\frac{u_{n+1}}{u_n}=\lim_{n\to\infty}\frac{\frac{3^{n+1}}{[(n+1)!]^3}}{\frac{3^n}{(n!)^3}}=\lim_{n\to\infty}\frac{3}{(n+1)^3}=0<1$，知级数 $\sum_{n=1}^{\infty}\frac{3^n}{(n!)^3}$ 收敛，从而有 $\lim_{n\to\infty}\frac{3^n}{(n!)^3}=0$。

§7.3 任意项级数敛散性的判别

若级数 $\sum_{n=1}^{\infty}u_n$ 的一般项的符号不完全相同（不是正项级数或负项级数），则称该级数为任意项级数。本节将讨论这类级数的敛散性的判别。首先，我们来讨论一类一般项的符号正负交错的特殊级数。

7.3.1 交错级数与莱布尼茨判别法

定义 7.4 若 $u_n>0, n=1,2,\cdots$，则称级数 $\sum_{n=1}^{\infty}(-1)^{n-1}u_n$ 与 $\sum_{n=1}^{\infty}(-1)^n u_n$ 为**交错级数**。对于交错级数，可以用下面的方法判定其收敛性。

定理 7.5（莱布尼茨判别法） 若交错级数 $\sum_{n=1}^{\infty}(-1)^{n-1}u_n$ 满足：

（1）$\lim_{n\to\infty}u_n=0$；

（2）$u_{n+1}\leqslant u_n(n=1,2,\cdots)$。

则 $\sum_{n=1}^{\infty}(-1)^{n-1}u_n$ 收敛。

为了证明这个定理，需要下面的引理：

引理　数列$\{S_n\}$收敛的充分必要条件是：数列$\{S_{2n-1}\}$与数列$\{S_{2n}\}$都收敛，且 $\lim_{n\to\infty}S_{2n-1}=\lim_{n\to\infty}S_{2n}$。

这个引理可以通过数列极限的 $\varepsilon-N$ 定义证明，此处从略。

定理 7.5 的证明　设级数 $\sum_{n=1}^{\infty}(-1)^{n-1}u_n$ 的部分和数列为$\{S_n\}$，由上述引理，可以先考虑数列$\{S_{2n}\}$。此时，由 $u_{n+1}\leqslant u_n$，有

$$S_{2n}=(u_1-u_2)+(u_3-u_4)+\cdots+(u_{2n-3}-u_{2n-2})+(u_{2n-1}-u_{2n})\geqslant S_{2(n-1)}\geqslant 0(n>1),$$

$$S_{2n}=u_1-(u_2-u_3)-(u_4-u_5)-\cdots-(u_{2n-2}-u_{2n-1})-u_{2n}<u_1(n\geqslant 1),$$

故$\{S_{2n}\}$为单调有界数列，从而$\{S_{2n}\}$收敛。于是，由 $S_{2n-1}=S_{2n}-u_{2n}$及$\lim_{n\to\infty}u_n=0$，有$\lim_{n\to\infty}S_{2n-1}=\lim_{n\to\infty}(S_{2n}-u_{2n})=\lim_{n\to\infty}S_{2n}$，故由引理知$\{S_n\}$收敛，即级数 $\sum_{n=1}^{\infty}(-1)^{n-1}u_n$ 收敛。

注　定理 7.5 仅仅提供了一种判定交错级数收敛的方法，不能用于判定交错级数发散。实际上，若级数 $\sum_{n=1}^{\infty}(-1)^{n-1}u_n$ 不满足定理 7.5 的第 2 个条件，也有可能收敛，例如 $\sum_{n=1}^{\infty}(-1)^{n-1}\frac{\sin^2 n}{n^2}$。

例 7.17　证明交错级数 $\sum_{n=1}^{\infty}\frac{(-1)^{n-1}}{n}$ 收敛。

证：对交错级数 $\sum_{n=1}^{\infty}\frac{(-1)^{n-1}}{n}$，有

（1）$\lim_{n\to\infty}\frac{1}{n}=0$；

（2）$\frac{1}{n+1}<\frac{1}{n}(n=1,2,\cdots)$。

故由莱布尼茨判别法知，级数 $\sum_{n=1}^{\infty}\frac{(-1)^{n-1}}{n}$ 收敛。

注　当用莱布尼茨判别法判定交错级数 $\sum_{n=1}^{\infty}(-1)^{n-1}u_n$ 的收敛性时，比较 u_n 与 u_{n+1} 的大小，并不一定非要从 $n=1$ 开始，只要从某一个固定的正整数 k 开始满足就可以。

例 7.18　证明交错级数 $\sum_{n=1}^{\infty}(-1)^{n-1}\frac{\ln n}{n}$ 收敛。

证：对交错级数 $\sum_{n=1}^{\infty}(-1)^{n-1}\frac{\ln n}{n}$，有

（1）$\lim\limits_{n\to\infty}\frac{\ln n}{n}=\lim\limits_{x\to+\infty}\frac{\ln x}{x}=\lim\limits_{x\to+\infty}\frac{1}{x}=0$；

（2）令 $f(x)=\frac{\ln x}{x}(x>0)$，则

$$f'(x)=\left(\frac{\ln x}{x}\right)'=\frac{1-\ln x}{x^2},$$

从而，当 $x>e$ 时，$f'(x)<0$。故当 $n>3$ 时，有

$$\frac{\ln(n+1)}{n+1}<\frac{\ln n}{n}$$

所以由莱布尼茨判别法知，级数 $\sum\limits_{n=1}^{\infty}(-1)^{n-1}\frac{\ln n}{n}$ 收敛。

7.3.2 绝对收敛与条件收敛

上面讨论了一类特殊的任意项级数的收敛性的判定，那么，对于一般的任意项级数，其敛散性如何判定呢？先证明下面的：

定理 7.6 若级数 $\sum\limits_{n=1}^{\infty}|u_n|$ 收敛，则级数 $\sum\limits_{n=1}^{\infty}u_n$ 收敛。

证：由 $-|u_n|\leqslant u_n\leqslant|u_n|$，可得 $0\leqslant u_n+|u_n|\leqslant 2|u_n|$，

而级数 $\sum\limits_{n=1}^{\infty}|u_n|$ 收敛，级数 $\sum\limits_{n=1}^{\infty}2|u_n|$ 也收敛，所以级数 $\sum\limits_{n=1}^{\infty}(u_n+|u_n|)$ 是收敛的正项级数。

又由 $u_n=(u_n+|u_n|)-|u_n|$，故级数 $\sum\limits_{n=1}^{\infty}u_n$ 收敛。

由定理 7.6 可知，在考虑任意项级数 $\sum\limits_{n=1}^{\infty}u_n$ 的敛散性的时候，可以先考虑对其一般项取绝对值的正项级数 $\sum\limits_{n=1}^{\infty}|u_n|$ 的敛散性。

定义 7.5 若级数 $\sum\limits_{n=1}^{\infty}|u_n|$ 收敛，则称级数 $\sum\limits_{n=1}^{\infty}u_n$ **绝对收敛**；若级数 $\sum\limits_{n=1}^{\infty}u_n$ 收敛，但级数 $\sum\limits_{n=1}^{\infty}|u_n|$ 发散，则称级数 $\sum\limits_{n=1}^{\infty}u_n$ **条件收敛**。

由定义 7.5 可知，任意项级数的敛散性有三种可能：绝对收敛、条件收敛、发散。所以，当对任意项级数判别其敛散性时，其结果应为这三者之一。

例 7.19 证明级数 $\sum\limits_{n=1}^{\infty}\frac{\sin n}{n^2}$ 绝对收敛。

证：由 $\left|\frac{\sin n}{n^2}\right|\leqslant\frac{1}{n^2}$，级数 $\sum\limits_{n=1}^{\infty}\frac{1}{n^2}$ 收敛，故级数 $\sum\limits_{n=1}^{\infty}\frac{\sin n}{n^2}$ 绝对收敛。

例 7.20 证明级数 $\sum\limits_{n=1}^{\infty}(-1)^{n-1}\frac{n}{\sqrt{n^3+1}}$ 条件收敛。

证：先证明交错级数 $\sum\limits_{n=1}^{\infty}(-1)^{n-1}\frac{n}{\sqrt{n^3+1}}$ 收敛，由于有：

（1）$\lim\limits_{n\to\infty}\dfrac{n}{\sqrt{n^3+1}}=0$；

（2）令 $f(x)=\dfrac{x}{\sqrt{x^3+1}}(x>0)$，则

$$f'(x)=\left(\frac{x}{\sqrt{x^3+1}}\right)'=\frac{1-\frac{1}{2}x^3}{(x^3+1)^{3/2}},$$

从而，当 $x>2$ 时，$f'(x)<0$。故当 $n>2$ 时，有

$$\frac{n+1}{\sqrt{(n+1)^3+1}}<\frac{n}{\sqrt{n^3+1}}$$

故由莱布尼茨判别法知，级数 $\sum\limits_{n=1}^{\infty}(-1)^{n-1}\dfrac{n}{\sqrt{n^3+1}}$ 收敛。

再证明对一般项取绝对值所得的级数 $\sum\limits_{n=1}^{\infty}\dfrac{n}{\sqrt{n^3+1}}$ 发散，这由 $\lim\limits_{n\to\infty}\sqrt{n}\cdot\dfrac{n}{\sqrt{n^3+1}}=1$ 及级数 $\sum\limits_{n=1}^{\infty}\dfrac{1}{\sqrt{n}}$ 发散易得。

定理7.6与定理7.5类似，都只能用于判定级数是收敛的，不能用于说明级数是发散的。这只能算是任意项级数收敛性的判定。下面，给出一个同时可以判定任意项级数收敛或发散的定理，并给出判别任意项级数敛散性的一般的讨论方法。

定理7.7 若为任意项级数，且 $\lim\limits_{n\to\infty}\left|\dfrac{u_{n+1}}{u_n}\right|=r$ 或 $\lim\limits_{n\to\infty}\sqrt[n]{|u_n|}=r$，

（1）若 $r<1$，则 $\sum\limits_{n=1}^{\infty}u_n$ 绝对收敛；

（2）若 $r>1$，则 $\sum\limits_{n=1}^{\infty}u_n$ 发散。

当 $r<1$ 时，本定理的结论就是比值判别法或根值判别法的结论。当 $r>1$ 时，可结合数列极限的 $\varepsilon-N$ 定义证明数列$\{u_n\}$发散，从而级数 $\sum\limits_{n=1}^{\infty}u_n$ 发散。证明此处从略。定理7.7可被视为判别任意项级数时的比值或根值判别法。

例7.21 讨论含参数 x 的级数 $\sum\limits_{n=1}^{\infty}\dfrac{x^n}{n^2}$ 的敛散性。

解： 考虑取绝对值所得的级数 $\sum\limits_{n=1}^{\infty}\dfrac{|x|^n}{n^2}$，此时，有

$$\lim_{n\to\infty}\frac{|u_{n+1}|}{|u_n|}=\lim_{n\to\infty}\frac{\dfrac{|x|^{n+1}}{(n+1)^2}}{\dfrac{|x|^n}{n^2}}=|x|$$

由比值判别法，当 $|x|<1$ 时，级数 $\sum\limits_{n=1}^{\infty}\dfrac{x^n}{n^2}$ 绝对收敛；当 $|x|>1$ 时，级数 $\sum\limits_{n=1}^{\infty}\dfrac{x^n}{n^2}$ 发散；又当

$|x|=1$ 时，级数 $\sum\limits_{n=1}^{\infty}\frac{1}{n^2}$ 收敛，故此时 $\sum\limits_{n=1}^{\infty}\frac{x^n}{n^2}$ 绝对收敛。

综上可知，级数 $\sum\limits_{n=1}^{\infty}\frac{x^n}{n^2}$ 当 $|x|\leqslant 1$ 时绝对收敛，当 $|x|>1$ 时发散。

综合以上的内容，我们对判别任意项级数 $\sum\limits_{n=1}^{\infty}u_n$ 敛散性的判别方法总结如下：

（1）首先考虑取绝对值之后的正项级数 $\sum\limits_{n=1}^{\infty}|u_n|$ 的敛散性：

①若 $\sum\limits_{n=1}^{\infty}|u_n|$ 收敛，则 $\sum\limits_{n=1}^{\infty}u_n$ 绝对收敛，判别结束；

②若 $\sum\limits_{n=1}^{\infty}|u_n|$ 发散，则说明 $\sum\limits_{n=1}^{\infty}u_n$ 不绝对收敛，继续判别其敛散性；

（2）若 $\sum\limits_{n=1}^{\infty}u_n$ 为交错级数，尝试用莱布尼茨判别法判定 $\sum\limits_{n=1}^{\infty}u_n$ 收敛，若收敛，则为条件收敛；

（3）检查是否有 $\lim\limits_{n\to\infty}u_n=0$，若结论为否，$\sum\limits_{n=1}^{\infty}u_n$ 发散；

（4）用级数敛散性的定义或级数的性质说明 $\sum\limits_{n=1}^{\infty}u_n$ 的敛散性。

例 7.22 判别下列级数的敛散性：

（1）$\sum\limits_{n=1}^{\infty}\frac{(-1)^n}{n-\ln n}$；　　　（2）$\sum\limits_{n=1}^{\infty}\frac{(-1)^n}{(\ln n)^2}$。

解：（1）首先考虑取绝对值后的级数 $\sum\limits_{n=1}^{\infty}\frac{1}{n-\ln n}$，由 $\frac{1}{n-\ln n}>\frac{1}{n}$ 及比较判别法可知，级数 $\sum\limits_{n=1}^{\infty}\frac{1}{n-\ln n}$ 发散，故级数 $\sum\limits_{n=1}^{\infty}\frac{(-1)^n}{n-\ln n}$ 不是绝对收敛。

再考虑交错级数 $\sum\limits_{n=1}^{\infty}\frac{(-1)^n}{n-\ln n}$ 的敛散性，由于有：

①由 $\lim\limits_{n\to\infty}\frac{\ln n}{n}=0$ 得 $\lim\limits_{n\to\infty}\frac{1}{n-\ln n}=\lim\limits_{n\to\infty}\frac{\frac{1}{n}}{1-\frac{\ln n}{n}}=0$；

②若令 $f(x)=\frac{1}{x-\ln x}(x>0)$，则

$$f'(x)=\left(\frac{1}{x-\ln x}\right)'=\frac{1-x}{x(x-\ln x)^2},$$

故当 $x>1$ 时，$f'(x)<0$，从而当 $n>1$ 时，有

$$\frac{1}{n+1-\ln(n+1)}<\frac{1}{n-\ln n}。$$

由莱布尼茨判别法知，级数 $\sum\limits_{n=1}^{\infty}\frac{(-1)^n}{n-\ln n}$ 收敛，所以级数 $\sum\limits_{n=1}^{\infty}\frac{(-1)^n}{n-\ln n}$ 条件收敛。

(2) 首先考虑取绝对值后所得的级数 $\sum_{n=1}^{\infty}\frac{1}{(\ln n)^2}$，由

$$\lim_{n\to\infty}\frac{n}{(\ln n)^2}=\lim_{x\to+\infty}\frac{x}{\ln^2 x}=\lim_{x\to+\infty}\frac{1}{2\ln x\cdot\frac{1}{x}}=\lim_{x\to+\infty}\frac{x}{2\ln x}=\lim_{x\to+\infty}\frac{x}{2}=+\infty$$

及级数 $\sum_{n=1}^{\infty}\frac{1}{n}$ 发散可知，级数 $\sum_{n=1}^{\infty}\frac{1}{(\ln n)^2}$ 发散，故级数 $\sum_{n=1}^{\infty}\frac{1}{(\ln n)^2}$ 不是绝对收敛。

再考虑交错级数 $\sum_{n=1}^{\infty}\frac{(-1)}{(\ln n)^2}$ 的敛散性，由于有

① $\lim_{n\to\infty}\frac{1}{(\ln n)^2}=0$；

② $\frac{1}{(\ln(n+1))^2}<\frac{1}{(\ln n)^2}(n=2,3,\cdots)$

从而由莱布尼茨判别法知，级数 $\sum_{n=1}^{\infty}\frac{1}{(\ln n)^2}$ 收敛，故级数 $\sum_{n=1}^{\infty}\frac{(-1)^n}{(\ln n)^2}$ 条件收敛。

§7.4　幂　级　数

前面几节讨论了数项级数的敛散性，其中涉及了一些含有参数的级数，这些级数的敛散性往往与其中参数的取值有关，如 §7.3 例 7.21 中的级数 $\sum_{n=1}^{\infty}\frac{x^n}{n^2}$ 当 $-1\leqslant x\leqslant 1$ 时收敛。这种参数在一定范围内取值时都收敛的级数在数学中具有重要的意义，特别地，类似于 $\sum_{n=1}^{\infty}\frac{x^n}{n^2}$ 的级数更为重要，这类级数被称为幂级数。

7.4.1　幂级数的基本概念

下面，给出关于幂级数的基本概念。

定义 7.6　形如

$$\sum_{n=0}^{\infty}a_n x^n=a_0+a_1x+\cdots+a_nx^n+\cdots$$

或

$$\sum_{n=0}^{\infty}a_n(x-a)^n=a_0+a_1(x-a)+\cdots+a_n(x-a)^n+\cdots$$

的含有参数 x 的级数称为（关于 x 或 $x-a$ 的）**幂级数**，其中 a 为给定的点，$a_n(n=0,1,2,\cdots)$ 称为幂级数的**系数**。

例如，级数 $\sum_{n=1}^{\infty}\frac{x^n}{n^2}$ 与级数 $\sum_{n=0}^{\infty}x^n$ 都是关于 x 的幂级数，级数 $\sum_{n=0}^{\infty}n(x-1)^n$ 是关于 $x-1$ 的幂级数。

幂级数是一类特殊的级数，其“收敛”和“发散”的概念就是级数的“收敛”和“发散”的概念，更进一步地，有

定义 7.7 给定点 x_0，若级数 $\sum_{n=0}^{\infty} a_n x_0^n$ 收敛，则称幂级数 $\sum_{n=0}^{\infty} a_n x^n$ **在点 x_0 处收敛**，点 x_0 称为幂级数 $\sum_{n=0}^{\infty} a_n x^n$ 的**收敛点**；若级数 $\sum_{n=0}^{\infty} a_n x_0^n$ 发散，则称幂级数 $\sum_{n=0}^{\infty} a_n x^n$ **在点 x_0 处发散**，点 x_0 称为幂级数 $\sum_{n=0}^{\infty} a_n x^n$ 的**发散点**。

定义 7.8 若 $\sum_{n=0}^{\infty} a_n x^n$ 在点集 X 上的每一点处均收敛，则称幂级数 $\sum_{n=0}^{\infty} a_n x^n$ **在点集 X 上收敛**。幂级数 $\sum_{n=0}^{\infty} a_n x^n$ 的所有收敛点的集合称为其**收敛域**，所有发散点的集合称为其**发散域**。

例如，点 $x = \frac{1}{2}$ 是幂级数 $\sum_{n=1}^{\infty} \frac{x^n}{n^2}$ 的收敛点，点 $x = 2$ 是幂级数 $\sum_{n=1}^{\infty} \frac{x^n}{n^2}$ 的发散点，$[-1,1]$ 是幂级数 $\sum_{n=1}^{\infty} \frac{x^n}{n^2}$ 的收敛域，$(-\infty, -1) \cup (1, +\infty)$ 是幂级数 $\sum_{n=1}^{\infty} \frac{x^n}{n^2}$ 的发散域。

定义 7.9 若幂级数 $\sum_{n=0}^{\infty} a_n x^n$ 的收敛域为 D，则在 D 上定义的满足

$$S(x) = \sum_{n=0}^{\infty} a_n x^n, x \in D$$

的函数 $S(x)$ 称为幂级数 $\sum_{n=0}^{\infty} a_n x^n$ 的**和函数**。

例如，级数 $\sum_{n=0}^{\infty} x^n$ 的收敛域为 $(-1,1)$，和函数为 $\frac{1}{1-x}$。

定义 7.10 若幂级数 $\sum_{n=0}^{\infty} a_n x^n$ 的收敛域为 D，和函数为 $S(x)$，则一方面，称**幂级数 $\sum_{n=0}^{\infty} a_n x^n$ 在 D 上收敛于 $S(x)$**，记为

$$\sum_{n=0}^{\infty} a_n x^n = S(x), x \in D;$$

另一方面，也称**函数 $S(x)$ 在 D 上可展开成**（关于 x 的）**幂级数 $\sum_{n=0}^{\infty} a_n x^n$**，记为

$$S(x) = \sum_{n=0}^{\infty} a_n x^n, x \in D,$$

此时，$\sum_{n=0}^{\infty} a_n x^n$ 称为函数 $S(x)$ 在 D 上的**幂级数展开式**。

由定义 7.10 可知，级数 $\sum_{n=0}^{\infty} x^n$ 在 $(-1,1)$ 上收敛于 $\frac{1}{1-x}$，函数 $\frac{1}{1-x}$ 在 $(-1,1)$ 可展开成级数 $\sum_{n=0}^{\infty} x^n$。

定义 7.10 表明，幂级数 $\sum_{n=0}^{\infty} a_n x^n$ 是一个在其收敛域 D 上定义的函数（和函数 $S(x)$）。对于这种函数，首先讨论如何求它的定义域（即收敛域）。

7.4.2　级数的收敛半径与收敛域

定理 7.8　设幂级数 $\sum_{n=0}^{\infty} a_n x^n$ 的收敛域为 D，

（1）若 $x_0 \in D$，x 满足 $|x| < |x_0|$，则 $x \in D$，且幂级数在点 x 处绝对收敛；

（2）若 $x_0 \notin D$，x 满足 $|x| > |x_0|$，则 $x \notin D$。

证：（1）若 $x_0 \in D$，即级数 $\sum_{n=0}^{\infty} a_n x_0^n$ 收敛，则 $\lim\limits_{n\to\infty} a_n x_0^n = 0$，于是由收敛数列的性质可知，数列 $\{a_n x_0^n\}$ 有界，即存在 $M > 0$，使得 $|a_n x_0^n| \leqslant M(n = 1,2,\cdots)$。

令 $r = \dfrac{|x|}{|x_0|} < 1$，则有 $|a_n x^n| = |a_n x_0^n| \cdot \dfrac{|x^n|}{|x_0^n|} \leqslant Mr^n(n=1,2,\cdots)$，从而由几何级数 $\sum_{n=0}^{\infty} Mr^n$ 的收敛性及正项级数的比较判别法知，级数 $\sum_{n=0}^{\infty} |a_n x^n|$ 收敛，即 $\sum_{n=0}^{\infty} a_n x^n$ 绝对收敛，$x \in D$。

（2）用反证法。若 $x \in D$，则由 $|x_0| < |x|$ 及（1）中的结论，有 $x_0 \in D$，这与 $x_0 \notin D$ 矛盾！故应 $x \notin D$。

由定理 7.8，进一步地，有

定理 7.9　设幂级数 $\sum_{n=0}^{\infty} a_n x^n$ 的收敛域为 D，则存在唯一的 $0 \leqslant R \leqslant +\infty$，使得

（1）若 x 满足 $|x| < R$，则 $x \in D$；

（2）若 x 满足 $|x| > R$，则 $x \notin D$。

证明从略。

定义 7.11　定理 7.9 中的 $R(0 \leqslant R \leqslant +\infty)$ 称为幂级数 $\sum_{n=0}^{\infty} a_n x^n$ 的**收敛半径**，其中 $R=0$ 表示幂级数仅在 $x=0$ 处收敛，$R=+\infty$ 表示幂级数在 $(-\infty,+\infty)$ 上收敛。若 $R>0$，则称区间 $(-R,R)$ 为幂级数 $\sum_{n=0}^{\infty} a_n x^n$ 的**收敛区间**。

定理 7.8 与定理 7.9 刻划了幂级数的收敛域的特点。幂级数的收敛域是一个关于原点对称的区间，但其端点处可能收敛也可能发散，例如幂级数 $\sum_{n=1}^{\infty} \dfrac{x^n}{n^2}$ 的收敛区间为 $(-1,1)$，但其收敛域为 $[-1,1]$；也可能不包括区间的端点，例如级数 $\sum_{n=1}^{\infty} x^n$ 的收敛区间与收敛域均为 $(-1,1)$。求幂级数的收敛域实际上转化为求幂级数的收敛半径及其端点的敛散性。

定理 7.10　设幂级数 $\sum_{n=0}^{\infty} a_n x^n$ 的收敛半径为 R，若

$$\lim_{n\to\infty}\left|\frac{a_{n+1}}{a_n}\right| = \rho \text{ 或 } \lim_{n\to\infty}\sqrt[n]{|a_n|} = \rho(0 \leqslant \rho \leqslant +\infty),$$

则有

（1）当 $0<\rho<+\infty$ 时，$R=\dfrac{1}{\rho}$；

（2）当 $\rho=0$ 时，$R=+\infty$；

（3）当 $\rho=+\infty$ 时，$R=0$。

证： 由于

$$\lim_{n\to\infty}\frac{|a_{n+1}x^{n+1}|}{|a_nx^n|}=|x|\cdot\lim_{n\to\infty}\left|\frac{a_{n+1}}{a_n}\right|=\rho|x|,$$

$$\lim_{n\to\infty}\sqrt[n]{|a_nx^n|}=|x|\cdot\lim_{n\to\infty}\sqrt[n]{|a_n|}=\rho|x|,$$

故由定理 7.7 知当 $\rho|x|<1$ 时，$\sum\limits_{n=0}^{\infty}a_nx^n$ 绝对收敛，当 $\rho|x|>1$ 时，$\sum\limits_{n=0}^{\infty}a_nx^n$ 发散。

（1）当 $0<\rho<+\infty$ 时，则 $|x|<\dfrac{1}{\rho}$ 时，$\sum\limits_{n=0}^{\infty}a_nx^n$ 收敛，$|x|>\dfrac{1}{\rho}$ 时，$\sum\limits_{n=0}^{\infty}a_nx^n$ 发散，故 $R=\dfrac{1}{\rho}$；

（2）当 $\rho=0$ 时，对任意的 $x\in(-\infty,+\infty)$，有 $\rho|x|=0<1$，故 $R=+\infty$；

（3）当 $\rho=+\infty$ 时，对任意的 $x\neq0$，有 $\rho|x|=+\infty>1$，故 $R=0$。

例 7.23 求下列幂级数的收敛半径及收敛域：

（1）$\sum\limits_{n=1}^{\infty}(-1)^n\dfrac{x^n}{\sqrt{n^3}}$；　　　（2）$\sum\limits_{n=1}^{\infty}\dfrac{x^n}{n^n}$。

解：（1）由 $\lim\limits_{n\to\infty}\dfrac{|a_{n+1}|}{|a_n|}=\lim\limits_{n\to\infty}\dfrac{\frac{1}{\sqrt{(n+1)^3}}}{\frac{1}{\sqrt{n^3}}}=1$ 知幂级数 $\sum\limits_{n=1}^{\infty}(-1)^n\dfrac{x^n}{\sqrt{n^3}}$ 的收敛半径为 1。

又当 $x=-1$ 时，p 级数 $\sum\limits_{n=1}^{\infty}\dfrac{1}{\sqrt{n^3}}$ 收敛；

当 $x=1$ 时，交错级数 $\sum\limits_{n=1}^{\infty}(-1)^n\dfrac{1}{\sqrt{n^3}}$ 满足 $\lim\limits_{n\to\infty}\dfrac{1}{\sqrt{n^3}}=0$ 及 $\dfrac{1}{\sqrt{(n+1)^3}}<\dfrac{1}{\sqrt{n^3}}(n=1,2,\cdots)$，故由莱布尼茨判别法知原幂级数收敛，故幂级数 $\sum\limits_{n=1}^{\infty}(-1)^n\dfrac{x^n}{\sqrt{n^3}}$ 的收敛域为 $[-1,1]$。

（2）由 $\lim\limits_{n\to\infty}\sqrt[n]{|a_n|}=\lim\limits_{n\to\infty}\dfrac{1}{n}=0$ 知，幂级数 $\sum\limits_{n=1}^{\infty}\dfrac{x^n}{n^n}$ 的收敛半径为 $+\infty$，从而其收敛域为 $(-\infty,+\infty)$。

例 7.24 求幂级数 $\sum\limits_{n=1}^{\infty}\dfrac{1}{n2^n}x^{2n}$ 的收敛域。

解： 令 $t=x^2$，先求关于 t 的幂级数 $\sum\limits_{n=1}^{\infty}\dfrac{1}{n2^n}t^n$ 的收敛半径，由

$$\lim_{n\to\infty}\sqrt[n]{|a_n|}=\lim_{n\to\infty}\sqrt[n]{\frac{1}{n2^n}}=\frac{1}{2},$$

知幂级数 $\sum\limits_{n=1}^{\infty}\dfrac{1}{n2^n}t^n$ 的收敛半径为 2，从而幂级数 $\sum\limits_{n=1}^{\infty}\dfrac{1}{n2^n}x^{2n}$ 的收敛半径为 $\sqrt{2}$。

又当 $x=\pm\sqrt{2}$ 时，级数 $\sum\limits_{n=1}^{\infty}\dfrac{1}{n}$ 发散。

故幂级数 $\sum_{n=1}^{\infty}\frac{1}{n2^n}x^{2n}$ 的收敛域为 $(-\sqrt{2},\sqrt{2})$。

例 7.25　求关于 $x-1$ 的幂级数 $\sum_{n=1}^{\infty}\frac{(x-1)^n}{\sqrt{n}}$ 的收敛域。

解： 令 $t=x-1$，先求关于 t 的幂级数 $\sum_{n=1}^{\infty}\frac{1}{\sqrt{n}}t^n$ 的收敛域，由

$$\lim_{n\to\infty}\frac{|a_{n+1}|}{|a_n|}=\lim_{n\to\infty}\frac{\frac{1}{\sqrt{n+1}}}{\frac{1}{\sqrt{n}}}=1,$$

知幂级数 $\sum_{n=1}^{\infty}\frac{1}{\sqrt{n}}t^n$ 的收敛半径为 1。

又当 $t=-1$ 时交错级数 $\sum_{n=1}^{\infty}(-1)^n\frac{1}{\sqrt{n}}$ 收敛，当 $t=1$ 时 p 级数 $\sum_{n=1}^{\infty}\frac{1}{\sqrt{n}}$ 发散。

故幂级数 $\sum_{n=1}^{\infty}\frac{1}{\sqrt{n}}t^n$ 的收敛域为 $[-1,1)$。从而，幂级数 $\sum_{n=1}^{\infty}\frac{(x-1)^n}{\sqrt{n}}$ 的收敛域为 $[0,2)$。

7.4.3　幂级数的性质

上面介绍了幂级数的收敛域的求法，下面，介绍用幂级数表示的函数的性质以及幂级数的性质。首先，由 §7.1 中的性质 2，可得：

定理 7.11　设幂级数 $\sum_{n=0}^{\infty}a_nx^n$ 与 $\sum_{n=0}^{\infty}b_nx^n$ 的收敛域分别为 D_1,D_2，k_1,k_2 为非零常数，则幂级数 $\sum_{n=0}^{\infty}(k_1a_n+k_2b_n)x^n$ 的收敛域 $D=D_1\cap D_2$，且

$$\sum_{n=0}^{\infty}(k_1a_n+k_2b_n)x^n=k_1\sum_{n=0}^{\infty}a_nx^n+k_2\sum_{n=0}^{\infty}b_nx^n,x\in D。$$

下面，将不加证明地给出幂级数的三个非常重要的性质。

定理 7.12（连续性）　若幂级数 $\sum_{n=0}^{\infty}a_nx^n$ 的收敛半径为 $R>0$，和函数为 $S(x)$，则 $S(x)$ 在幂级数的收敛区间 $(-R,R)$ 内连续，即有

$$\lim_{x\to x_0}S(x)=\lim_{x\to x_0}\left(\sum_{n=0}^{\infty}a_nx^n\right)=\sum_{n=0}^{\infty}\left(\lim_{x\to x_0}a_nx^n\right)=\sum_{n=0}^{\infty}a_nx_0^n,x_0\in(-R,R)$$

且若 $\sum_{n=0}^{\infty}a_nx^n$ 在 $x=-R$ 处收敛，则 $S(x)$ 在点 $x=-R$ 处右连续，若 $\sum_{n=0}^{\infty}a_nx^n$ 在 $x=R$ 处收敛，则 $S(x)$ 在点 $x=R$ 处左连续。

定理 7.13（逐项微分）　若幂级数 $\sum_{n=0}^{\infty}a_nx^n$ 的收敛半径为 $R>0$，和函数为 $S(x)$，则 $S(x)$ 在幂级数的收敛区间 $(-R,R)$ 内可导，且

$$S'(x)=\left(\sum_{n=0}^{\infty}a_nx^n\right)'=\sum_{n=1}^{\infty}(a_nx^n)'=\sum_{n=1}^{\infty}na_nx^{n-1},x\in(-R,R)。$$

推论 若幂级数 $\sum_{n=0}^{\infty} a_n x^n$ 的收敛半径为 $R>0$，和函数为 $S(x)$，则 $S(x)$ 在幂级数的收敛区间 $(-R,R)$ 内有任意阶导数。

定理 7.14 若幂级数 $\sum_{n=0}^{\infty} a_n x^n$ 的收敛半径为 $R>0$，和函数为 $S(x)$，则 $S(x)$ 在幂级数的收敛区间 $(-R,R)$ 内可积，且

$$\int_0^x S(x)dx = \int_0^x \left(\sum_{n=0}^{\infty} a_n x^n\right)dx = \sum_{n=0}^{\infty}\left(\int_0^x (a_n x^n)dx\right) = \sum_{n=0}^{\infty} \frac{a_n x^{n+1}}{n+1}, x \in (-R,R)$$

利用幂级数的性质，可进一步地研究关于幂级数这种函数表示方法的两个基本的问题：一是求用幂级数表示的函数的解析表达式的问题，即求幂级数的和函数的问题；另一个是求给定函数的幂级数表示形式的问题，即求函数的幂级数展开式的问题。为此，先讨论关于幂级数的第一个基本问题，即如何求幂级数的和函数的问题。

7.4.4 幂级数的求和

求幂级数的和函数的最基本的方法是利用和函数的定义，通过求相应的数项级数的和来计算。不过用这种方法求幂级数的和函数太过于繁琐，很多时候还行不通。所以，在实际应用上，往往利用定理 7.13 和定理 7.14，通过和函数已知的幂级数求新的幂级数的和函数。通常所说的和函数已知的幂级数主要指幂级数 $\sum_{n=0}^{\infty} x^n$，其和函数为 $\frac{1}{1-x}(-1<x<1)$。

例 7.26 求下列幂级数的收敛域与和函数。

(1) $\sum_{n=1}^{\infty} nx^{n-1}$； (2) $\sum_{n=1}^{\infty} (-1)^n \frac{x^n}{n}$。

解：(1) 由 $\lim_{n\to\infty} \frac{|a_{n+1}|}{|a_n|} = \lim_{n\to\infty} \frac{n+1}{n} = 1$ 知，幂级数 $\sum_{n=1}^{\infty} nx^{n-1}$ 的收敛半径为 1，又当 $x=\pm 1$ 时对应的级数均发散，故幂级数 $\sum_{n=1}^{\infty} nx^{n-1}$ 的收敛域为 $(-1,1)$。又由

$$nx^{n-1} = (x^n)'(n=1,2,\cdots),$$

及

$$\sum_{n=1}^{\infty} x^n = \frac{1}{1-x} - 1(-1<x<1),$$

故有

$$\begin{aligned}\sum_{n=1}^{\infty} nx^{n-1} &= \sum_{n=1}^{\infty} (x^n)' = \left(\sum_{n=1}^{\infty} x^n\right)' \\ &= \left(\frac{1}{1-x} - 1\right)'(-1<x<1) \\ &= \frac{1}{(1-x)^2}(-1<x<1).\end{aligned}$$

即幂级数 $\sum_{n=1}^{\infty} nx^{n-1}$ 的和函数为 $\frac{1}{(1-x)^2}(-1<x<1)$。

(2) 由 $\lim\limits_{n\to\infty}\frac{|a_{n+1}|}{|a_n|}=\lim\limits_{n\to\infty}\frac{\frac{1}{n+1}}{\frac{1}{n}}=1$ 知，幂级数 $\sum\limits_{n=1}^{\infty}(-1)^n\frac{x^n}{n}$ 的收敛半径为1，又当 $x=-1$ 时级数 $\sum\limits_{n=1}^{\infty}\frac{1}{n}$ 发散，$x=1$ 时级数 $\sum\limits_{n=1}^{\infty}(-1)^n\frac{1}{n}$ 收敛，故幂级数 $\sum\limits_{n=1}^{\infty}nx^{n-1}$ 的收敛域为 $(-1,1]$。又由

$$\left(\frac{x^n}{n}\right)'=x^{n-1}(n=1,2,\cdots),$$

$$\frac{x^n}{n}=\int_0^x x^{n-1}dx(n=1,2,\cdots)$$

及

$$\sum_{n=1}^{\infty}x^{n-1}=\frac{1}{1-x}(-1<x<1)$$

故有

$$\begin{aligned}\sum_{n=1}^{\infty}\frac{x^n}{n}&=\sum_{n=1}^{\infty}\left(\int_0^x x^{n-1}dx\right)=\int_0^x\left(\sum_{n=1}^{\infty}x^{n-1}\right)dx\\&=\int_0^x\frac{1}{1-x}dx(-1<x<1)\\&=-\ln(1-x)(-1<x<1)\end{aligned}$$

所以

$$\sum_{n=1}^{\infty}(-1)^n\frac{x^n}{n}=\sum_{n=1}^{\infty}\frac{(-x)^n}{n}=-\ln(1+x)(-1<x<1)$$

从而由函数 $-\ln(1+x)$ 在点 $x=1$ 处的连续性及定理7.12知，幂级数 $\sum\limits_{n=1}^{\infty}(-1)^n\frac{x^n}{n}$ 的和函数为 $-\ln(1+x)(-1<x\leqslant 1)$。

例7.27 求幂级数 $\sum\limits_{n=1}^{\infty}(-1)^n\frac{x^{2n-1}}{2n-1}$ 的收敛域与和函数，并求级数 $\sum\limits_{n=1}^{\infty}\frac{(-1)^{n-1}}{2n-1}$ 的和。

解： 将幂级数看作是含有参数 x 的数项级数，讨论其敛散性。因

$$\lim_{n\to\infty}\frac{|u_{n+1}|}{|u_n|}=\lim_{n\to\infty}\frac{\frac{|x|^{2n+1}}{2n+1}}{\frac{|x|^{2n-1}}{2n-1}}=x^2,$$

由比值判别法，当 $x^2<1$ 时，级数 $\sum\limits_{n=1}^{\infty}(-1)^n\frac{x^{2n-1}}{2n-1}$ 绝对收敛；当 $x^2>1$ 时，级数 $\sum\limits_{n=1}^{\infty}(-1)^n\frac{x^{2n-1}}{2n-1}$ 发散；又当 $x=-1$ 时级数 $\sum\limits_{n=1}^{\infty}\frac{(-1)^{n-1}}{2n-1}$ 收敛，$x=1$ 时级数 $\sum\limits_{n=1}^{\infty}\frac{(-1)^n}{2n-1}$ 收敛。故幂级数 $\sum\limits_{n=1}^{\infty}(-1)^n\frac{x^{2n-1}}{2n-1}$ 的收敛域为 $[-1,1]$。又由

$$\left((-1)^n\frac{x^{2n-1}}{2n-1}\right)'=-(-x^2)^{n-1}(n=1,2,\cdots),$$

$$(-1)^n\frac{x^{2n-1}}{2n-1}=-\int_0^x(-x^2)^{n-1}dx(n=1,2,\cdots)$$

及

$$\sum_{n=1}^{\infty}(-x^2)^{n-1}=\frac{1}{1+x^2}(-1<x<1)$$

故有

$$\begin{aligned}\sum_{n=1}^{\infty}(-1)^n\frac{x^{2n-1}}{2n-1}&=-\sum_{n=1}^{\infty}\left(\int_0^x(-x^2)^{n-1}dx\right)=-\int_0^x\left(\sum_{n=1}^{\infty}(-x^2)^{n-1}\right)dx\\&=-\int_0^x\frac{1}{1+x^2}dx(-1<x<1)\\&=-\arctan x(-1<x<1)\end{aligned}$$

从而由函数 $\arctan x$ 在点 $x=\pm1$ 处的连续性及定理 7.12 知，幂级数 $\sum_{n=1}^{\infty}(-1)^n\frac{x^{2n-1}}{2n-1}$ 的和函数为

$$\sum_{n=1}^{\infty}(-1)^n\frac{x^{2n-1}}{2n-1}=-\arctan x(-1\leqslant x\leqslant1)$$

令 $x=-1$，即有

$$\sum_{n=1}^{\infty}\frac{(-1)^{n-1}}{2n-1}=-\arctan(-1)=\frac{\pi}{4}$$

本例利用幂级数 $\sum_{n=1}^{\infty}(-1)^n\frac{x^{2n-1}}{2n-1}$ 的和函数求出一个特殊的数项级数 $\sum_{n=1}^{\infty}\frac{(-1)^{n-1}}{2n-1}$ 的和，是求数项级数的和的一种常用方法。

§7.5 函数的幂级数展开

本节讨论关于幂级数的第二个基本问题，即如何求给定函数的幂级数展开式的问题。这个问题可以被看作“求幂级数的和函数”问题的反问题。要解决这个问题，实际上要解决如下三个方面的问题：

1. 函数 $f(x),x\in D$ 何时在 D 上可以展开成幂级数？
2. 若函数 $f(x),x\in D$ 在 D 上可以展开成幂级数，其展开式是否唯一？
3. 若函数 $f(x),x\in D$ 在 D 上可以展开成幂级数，如何求其幂级数展开式？

为此，先解决后两个问题。

7.5.1 函数的泰勒级数与麦克劳林级数

若函数 $f(x),x\in D$ 在 D 上可以展开成幂级数 $\sum_{n=0}^{\infty}a_n(x-a)^n$，则由幂级数的性质可知：函数 $f(x)$ 在 D 上可无穷次求导，此时，有

$$f(x)=a_0+a_1(x-a)+\cdots+a_n(x-a)^n+\cdots$$
$$f'(x)=a_1+2a_2(x-a)+\cdots+na_n(x-a)^{n-1}+\cdots$$
$$f''(x)=2a_2+3\cdot 2(x-a)\cdots+n(n-1)a_n(x-a)^{n-2}+\cdots$$
……
$$f^{(n)}(x)=n!\,a_n+(n+1)n\cdots 2a_{n+1}(x-a)+\cdots$$
……

在上面这些表达式中令 $x=a$，即可得

$$f(a)=a_0$$
$$f'(a)=a_1$$
$$f''(a)=2a_2$$
……
$$f^{(n)}(a)=n!\,a_n$$
……

于是有下面的：

定理 7.15　若函数 $f(x)$ 在点 a 的某邻域 D 内有任意阶导数，且 $f(x)$ 在 D 上可以展开成幂级数 $\sum\limits_{n=0}^{\infty}a_n(x-a)^n$，则有

$$a_n=\frac{1}{n!}f^{(n)}(a)\,(n=0,1,2,\cdots)$$

其中，约定 $0!=1$，$f^{(0)}(a)=f(a)$。

证明从略。

由定理 7.15 知，若函数 $f(x)$，$x\in D$ 在 D 上可以展开成关于 $x-a$ 的幂级数 $\sum\limits_{n=0}^{\infty}a_n(x-a)^n$，则此幂级数的系数 $a_n=\dfrac{1}{n!}f^{(n)}(a)\,(n=0,1,2,\cdots)$ 是唯一确定的，这一方面解决了函数展开成关于 $x-a$ 的幂级数时，其展开式的唯一性问题，另一方面也给出了求函数的关于 $x-a$ 的幂级数展开式的一种途径，即求幂级数各项系数的值。

定义 7.12　若函数 $f(x)$ 在点 a 的某邻域内有任意阶导数，则称幂级数

$$\sum_{n=0}^{\infty}\frac{f^{(n)}(a)}{n!}(x-a)^n$$

为函数 $f(x)$ 在 $x=a$ 处的泰勒（Taylor）级数；若 $a=0$，则称幂级数

$$\sum_{n=0}^{\infty}\frac{f^{(n)}(0)}{n!}x^n$$

为函数 $f(x)$ 的麦克劳林（Maclaurin）级数。

例 7.28　求下列函数的麦克劳林级数及其收敛域：

（1）e^x；　　　　　（2）$\sin x$。

解：（1）令 $f(x)=e^x$，则由 $f^{(n)}(x)=e^x\,(n=0,1,2,\cdots)$，$f^{(n)}(0)=1\,(n=0,1,2,\cdots)$，得 $f(x)=e^x$ 的麦克劳林级数为

$$\sum_{n=0}^{\infty}\frac{f^{(n)}(0)}{n!}x^n=\sum_{n=0}^{\infty}\frac{1}{n!}x^n$$

由 $\lim\limits_{n\to\infty}\frac{|a_{n+1}|}{|a_n|}=\lim\limits_{n\to\infty}\frac{\frac{1}{(n+1)!}}{\frac{1}{n!}}=0$ 可知，此级数的收敛域为 $(-\infty,+\infty)$。

（2）令 $f(x)=\sin x$，则由 $f^{(n)}(x)=\sin\left(x+\frac{n\pi}{2}\right)(n=0,1,2,\cdots)$，

$$f^{(n)}(0)=\begin{cases}0, & n=2k;\\(-1)^k, & n=2k+1\end{cases}(k=0,1,2,\cdots),$$

得 $f(x)=\sin x$ 的麦克劳林级数为

$$\sum_{n=0}^{\infty}\frac{f^{(n)}(0)}{n!}x^n=\sum_{k=0}^{\infty}(-1)^k\frac{x^{2k+1}}{(2k+1)!}$$

将此幂级数看作含有参数 x 的数项级数，讨论其敛散性，易知其收敛域为 $(-\infty,+\infty)$。

例 7.29 求函数 $f(x)=(1+x)^{\alpha}$（其中 $\alpha\neq0$ 为实数）的麦克劳林级数及其收敛区间。

解： 由

$$f^{(n)}(x)=\alpha(\alpha-1)\cdots(\alpha-n+1)(1+x)^{\alpha-n}(n=1,2,\cdots)$$

$$f^{(n)}(0)=\begin{cases}1, & n=0\\\alpha(\alpha-1)\cdots(\alpha-n+1), & n=1,2,\cdots\end{cases}$$

故 $f(x)=(1+x)^{\alpha}$ 的麦克劳林级数为

$$\sum_{n=0}^{\infty}\frac{f^{(n)}(0)}{n!}x^n=1+\sum_{n=1}^{\infty}\frac{\alpha(\alpha-1)\cdots(\alpha-n+1)}{n!}x^n$$

由 $\lim\limits_{n\to\infty}\frac{|a_{n+1}|}{|a_n|}=\lim\limits_{n\to\infty}\left|\frac{\frac{\alpha(\alpha-1)\cdots(\alpha-n+2)}{(n+1)!}}{\frac{\alpha(\alpha-1)\cdots(\alpha-n+1)}{n!}}\right|=\lim\limits_{n\to\infty}\left|\frac{\alpha-n+2}{n+1}\right|=1$ 知，此幂级数的收敛区间为 $(-1,1)$。

注： 幂级数 $1+\sum\limits_{n=1}^{\infty}\frac{\alpha(\alpha-1)\cdots(\alpha-n+1)}{n!}x^n$ 在其收敛区间 $(-1,1)$ 的两个端点处的敛散性与 $\alpha\neq0$ 的取值有关，其讨论略去，下面仅列出结果：

当 $\alpha\leqslant-1$ 时，其收敛域为 $(-1,1)$；

当 $-1<\alpha<0$ 时，其收敛域为 $(-1,1]$；

当 $\alpha>0$ 时，其收敛域为 $[-1,1]$。

由定理 7.15 可知，若函数 $f(x)$ 在点 a 的某邻域内能够展开成关于 $x-a$ 的幂级数，则这个幂级数就一定是 $f(x)$ 在 $x=a$ 处的泰勒级数。反过来，只要函数 $f(x)$ 在点 a 的某邻域 D 上有任意阶导数，$f(x)$ 在 $x=a$ 处的泰勒级数 $\sum\limits_{n=0}^{\infty}\frac{f^{(n)}(a)}{n!}(x-a)^n$ 就有意义，但它并不一定在 D 上收敛于 $f(x)$，或者说，函数 $f(x)$ 在 D 上并不一定能够展开成关于 $x-a$ 的幂级数。

例如，函数

$$f(x)=\begin{cases}e^{-\frac{1}{x^2}}, & x\neq0\\0, & x=0\end{cases}$$

在点 $x=0$ 处有任意阶导数（从而在整个实数集上都有任意阶导数），且 $f^{(n)}(0)=0$，于是，$f(x)$ 在点 $x=0$ 处的泰勒级数（麦克劳林级数）为

$$\sum_{n=0}^{\infty}\frac{f^{(n)}(0)}{n!}x^n = \sum_{n=0}^{\infty}0\cdot x^n$$

显然，这个级数在 $(-\infty,+\infty)$ 上收敛于 0，从而它在除点 $x=0$ 外的每一点处都不收敛于 $f(x)$，则 $f(x)$ 在点 $x=0$ 的任一邻域内都不能展开成关于 x 的幂级数。

下面，将研究当函数 $f(x)$ 在点 a 的某邻域 D 内有任意阶导数时，函数 $f(x)$ 在 D 上何时可展开成关于 $x-a$ 的幂级数（其在 $x=a$ 处的泰勒级数）的问题，或者说，函数 $f(x)$ 在 $x=a$ 处的泰勒级数 $\sum\limits_{n=0}^{\infty}\frac{f^{(n)}(a)}{n!}(x-a)^n$ 在 D 上何时收敛于 $f(x)$ 的问题。

7.5.2　直接展开法

定义 7.13　若函数 $f(x)$ 在点 a 的某邻域内有任意阶导数，令

$$S_n(x) = \sum_{k=0}^{n}\frac{f^{(k)}(a)}{k!}(x-a)^k,$$

则称 $R_n(x)=f(x)-S_n(x)$ 为函数 $f(x)$ 的泰勒级数 $\sum\limits_{n=0}^{\infty}\frac{f^{(n)}(a)}{n!}(x-a)^n$ 的**余项**，它是用多项式 $S_n(x)$ 逼近（近似代替）函数 $f(x)$ 时产生的误差。

由幂级数在一点处收敛的定义，可知 $\sum\limits_{n=0}^{\infty}\frac{f^{(n)}(a)}{n!}(x-a)^n$ 在点 x 处收敛于 $f(x)$ 等价于 $\lim\limits_{n\to\infty}S_n(x)=f(x)$，也定价于 $\lim\limits_{n\to\infty}R_n(x)=0$。

由此可得下面的：

定理 7.16　若函数 $f(x)$ 在点 a 的某邻域内有任意阶导数，则 $f(x)$ 的泰勒级数 $\sum\limits_{n=0}^{\infty}\frac{f^{(n)}(a)}{n!}(x-a)^n$ 在某个区间 $(a-r,a+r)$ 上收敛于 $f(x)$（或者说 $f(x)$ 在区间 $(a-r,a+r)$ 上可以展开成幂级数 $\sum\limits_{n=0}^{\infty}\frac{f^{(n)}(a)}{n!}(x-a)^n$）的充分必要条件是：对任意点 $x\in(a-r,a+r)$，都有

$$\lim_{n\to\infty}R_n(x)=0$$

其中 $R_n(x)=f(x)-S_n(x)$ 为 $f(x)$ 的泰勒级数的余项。

此定理给出了函数 $f(x)$ 在点 $x=a$ 的附近展开成泰勒级数 $\sum\limits_{n=0}^{\infty}\frac{f^{(n)}(a)}{n!}(x-a)^n$ 的充分必要条件，解决了函数何时可展开成幂级数的问题。但在具体应用这个定理的时候，要说明"对任意的点 $x\in(a-r,a+r)$，有 $\lim\limits_{n\to\infty}R_n(x)=0$"往往并不容易，因为余项 $R_n(x)=f(x)-S_n(x)$ 的表达式可能非常复杂。为此，给出余项 $R_n(x)$ 的一种较为简明的表示方法就显得尤为重要，其结论如下：

定理 7.17（泰勒定理）　若函数 $f(x)$ 在点 a 的某邻域内有直到 $n+1$ 阶的连续导数，则对该邻域内任意的点 $x\neq a$，存在介于点 x 与点 a 之间的点 ξ，使得

$$R_n(x)=\frac{f^{(n+1)}(\xi)}{(n+1)!}(x-a)^{n+1} \tag{7.2}$$

此定理可以用柯西中值定理证明，此处略去。定理中余项 $R_n(x)$ 的表达式称为**拉格朗日型余项**，公式（7.1）也称为泰勒公式。

泰勒定理可以看作拉格朗日中值定理的一种推广，在微分学中有着广泛的应用。

利用定理 7.16 与定理 7.17，可以证明以前求出的几个函数的麦克劳林级数就是对应的函数关于 x 的幂级数展开式。这种通过先求出函数的麦克劳林级数，再利用定理 7.16 与定理 7.17 给出证明的求函数幂级数展开式的方法，称为直接展开法，另一个有实际意义的求函数的幂级数展开式的方法是下面将要介绍的“间接展开法”。

7.5.3 间接展开法

例 7.30 求下列函数的麦克劳林展开式：

（1）$\ln(1+x)$；（2）$\cos x$。

解：（1）由 $(\ln(1+x))'=\frac{1}{1+x}$，及 $\frac{1}{1+x}=\sum_{n=0}^{\infty}(-x)^n(-1<x<1)$，故

$$\begin{aligned}\ln(1+x)&=\ln 1+\int_0^x\frac{1}{1+x}dx\\&=\int_0^x\sum_{n=0}^{\infty}(-x)^n dx(-1<x<1)\\&=\sum_{n=0}^{\infty}\int_0^x(-x)^n dx(-1<x<1)\\&=\sum_{n=0}^{\infty}(-1)^n\frac{x^{n+1}}{n+1}(-1<x<1)\\&=\sum_{n=1}^{\infty}(-1)^{n-1}\frac{x^n}{n}(-1<x<1)\end{aligned}$$

又当 $x=-1$ 时，级数 $\sum_{n=1}^{\infty}\frac{-1}{n}$ 发散，当 $x=1$ 时，级数 $\sum_{n=1}^{\infty}(-1)^{n-1}\frac{1}{n}$ 收敛，且 $\ln(1+x)$ 在 $x=1$ 连续，故 $\ln(1+x)$ 的麦克劳林展开式为 $\sum_{n=1}^{\infty}(-1)^{n-1}\frac{x^n}{n}(-1<x\leqslant 1)$。

（2）由 $\cos x=(\sin x)'$，及 $\sin x=\sum_{n=0}^{\infty}(-1)^n\frac{x^{2n+1}}{(2n+1)!}(-\infty<x<+\infty)$，故

$$\begin{aligned}\cos x&=\left(\sum_{n=0}^{\infty}(-1)^n\frac{x^{2n+1}}{(2n+1)!}\right)'(-\infty<x<+\infty)\\&=\sum_{n=0}^{\infty}\left((-1)^n\frac{x^{2n+1}}{(2n+1)!}\right)'(-\infty<x<+\infty)\\&=\sum_{n=0}^{\infty}(-1)^n\frac{x^{2n}}{(2n)!}(-\infty<x<+\infty)\end{aligned}$$

即 $\cos x$ 的麦克劳林展开式为 $\sum_{n=0}^{\infty}(-1)^n\frac{x^{2n}}{(2n)!}(-\infty<x<+\infty)$。

由此可见，与求幂级数的和函数类似，也可利用定理 7.16 和定理 7.17，通过幂级数展开式已知的函数求新的函数的幂级数展开式，这种方法称为**间接展开法**。这里，幂级数展开式已知的函数可以是下面给出的任一展开式对应的函数。

$$e^x=\sum_{n=0}^{\infty}\frac{x^n}{n!}=1+x+\frac{x^2}{2!}+\cdots+\frac{x^n}{n!}+\cdots(-\infty<x<+\infty);$$

$$\cos x=\sum_{n=0}^{\infty}(-1)^n\frac{x^{2n}}{(2n)!}=1-\frac{x^2}{2!}+\cdots+(-1)^n\frac{x^{2n}}{(2n)!}+\cdots(-\infty<x<+\infty);$$

$$\ln(1+x)=\sum_{n=1}^{\infty}(-1)^{n-1}\frac{x^n}{n}=x-\frac{x^2}{2}+\cdots+(-1)^{n-1}\frac{x^n}{n}+\cdots(-1<x\leqslant 1);$$

$$(1+x)^{\alpha}=1+\alpha x+\frac{\alpha(\alpha-1)}{2!}x^2+\cdots+\frac{\alpha(\alpha-1)\cdots(\alpha-n+1)}{n!}x^n+\cdots(-1<x<1)。$$

其中，函数$(1+x)^{\alpha}(\alpha\neq 0)$的展开式通常称为**牛顿二项式展开式**，特别地，当$\alpha=-1,-\frac{1}{2},\frac{1}{2}$时，分别有：

$$\frac{1}{1+x}=\sum_{n=0}^{\infty}(-1)^n x^n=1-x+x^2-\cdots+(-1)^n x^n+\cdots(-1<x<1);$$

$$\frac{1}{\sqrt{1+x}}=\sum_{n=0}^{\infty}(-1)^n\frac{(2n-1)!!}{(2n)!!}x^n=1-\frac{1}{2}x+\frac{1\cdot 3}{2\cdot 4}x^2-\frac{1\cdot 3\cdot 5}{2\cdot 4\cdot 6}x^3+\cdots+(-1)^n\frac{(2n-1)!!}{(2n)!!}x^n+\cdots(-1<x\leqslant 1);$$

$$\sqrt{1+x}=\sum_{n=0}^{\infty}(-1)^{n-1}\frac{(2n-3)!!}{(2n)!!}x^n=1+\frac{1}{2}x-\frac{1}{2\cdot 4}x^2+\frac{1\cdot 3}{2\cdot 4\cdot 6}x^3+\cdots+(-1)^{n-1}\frac{(2n-3)!!}{(2n)!!}x^n+\cdots(-1\leqslant x\leqslant 1)$$

例 7.31 将下列函数展开成关于 x 的幂级数：

（1）e^{x^2}；（2）$x\cos^2 x$

解：（1）由 $e^x=\sum_{n=0}^{\infty}\frac{x^n}{n!}(-\infty<x<+\infty)$，故

$$e^{x^2}=\sum_{n=0}^{\infty}\frac{(x^2)^n}{n!}=\sum_{n=0}^{\infty}\frac{x^{2n}}{n!}=1+x^2+\frac{x^4}{2!}+\cdots+\frac{x^{2n}}{n!}+\cdots(-\infty<x<+\infty)$$

（2）由 $x\cos^2 x=x\frac{1+\cos 2x}{2}$，及 $\cos x=\sum_{n=0}^{\infty}(-1)^n\frac{x^{2n}}{(2n)!}(-\infty<x<+\infty)$，故

$$x\cos^2 x=\frac{x}{2}+\frac{x}{2}\cos 2x=\frac{x}{2}+\frac{x}{2}\sum_{n=0}^{\infty}(-1)^n\frac{(2x)^{2n}}{(2n)!}(-\infty<x<+\infty)$$

$$=x+\sum_{n=1}^{\infty}(-1)^n\frac{2^{2n-1}}{(2n)!}x^{2n+1}(-\infty<x<+\infty)$$

例 7.32 将下列函数在给定点处展开成幂级数：

（1）$\frac{1}{2-x-x^2}$在 $x=0$ 处；（2）$\sin x$ 在 $x=\frac{\pi}{4}$处。

解：（1）由$\frac{1}{2-x-x^2}=\frac{1}{(2+x)(1-x)}=\frac{1}{3}\left(\frac{1}{2+x}+\frac{1}{1-x}\right)=\frac{1}{3}\left(\frac{1}{2}\cdot\frac{1}{1+\frac{x}{2}}+\frac{1}{1-x}\right)$，及

$\frac{1}{1-x}=\sum_{n=0}^{\infty}x^n(-1<x<1)$，

$$\frac{1}{1+\frac{x}{2}}=\sum_{n=0}^{\infty}\left(-\frac{x}{2}\right)^{n}(-2<x<2)$$

故

$$\frac{1}{2-x-x^{2}}=\frac{1}{3}\left(\frac{1}{2}\sum_{n=0}^{\infty}\left(-\frac{x}{2}\right)^{n}+\sum_{n=0}^{\infty}x^{n}\right)(-1<x<1)$$

$$=\frac{1}{3}\sum_{n=0}^{\infty}\left(1+(-1)^{n}\frac{1}{2^{n+1}}\right)x^{n}(-1<x<1)$$

(2) 令 $t=x-\frac{\pi}{4}$，先将函数 $\sin(t+\frac{\pi}{4})$ 展开成关于 t 的幂级数。而

$$\sin(t+\frac{\pi}{4})=\sin t\cos\frac{\pi}{4}+\sin\frac{\pi}{4}\cos t=\frac{\sqrt{2}}{2}(\sin t+\cos t)$$

$$=\frac{\sqrt{2}}{2}\left(\sum_{n=0}^{\infty}(-1)^{n}\frac{t^{2n+1}}{(2n+1)!}+\sum_{n=0}^{\infty}(-1)^{n}\frac{t^{2n}}{(2n)!}\right)(-\infty<t<+\infty)$$

$$=\frac{\sqrt{2}}{2}\sum_{n=0}^{\infty}(-1)^{\frac{n(n+1)}{2}}\frac{t^{n}}{n!}(-\infty<t<+\infty)$$

故将 $\sin x$ 在 $x=\frac{\pi}{4}$ 处展开所得的幂级数为：

$$\sin x=\frac{\sqrt{2}}{2}\sum_{n=0}^{\infty}(-1)^{\frac{n(n+1)}{2}}\frac{\left(x-\frac{\pi}{4}\right)^{n}}{n!}(-\infty<x<+\infty)$$

例 7.33 将函数 $f(x)=\arctan\frac{1-2x}{1+2x}$ 展开成 x 的幂级数，并求级数 $\sum_{n=0}^{\infty}\frac{(-1)^{n}}{2n+1}$ 的和

解： 由

$$f'(x)=\left(\arctan\frac{1-2x}{1+2x}\right)'=\frac{1}{1+\left(\frac{1-2x}{1+2x}\right)^{2}}\cdot\left(\frac{1-2x}{1+2x}\right)'=-\frac{2}{1+4x^{2}},$$

$$f(x)=f(0)-\int_{0}^{x}\frac{2}{1+4x^{2}}dx,$$

及

$$\frac{2}{1+4x^{2}}=2\sum_{n=0}^{\infty}(-4x^{2})^{n}\left(-\frac{1}{2}<x<\frac{1}{2}\right),$$

故

$$f(x)=\frac{\pi}{4}-\int_{0}^{x}\left(2\sum_{n=0}^{\infty}(-4x^{2})^{n}\right)dx\left(-\frac{1}{2}<x<\frac{1}{2}\right)$$

$$=\frac{\pi}{4}-2\sum_{n=0}^{\infty}\frac{(-1)^{n}4^{n}}{2n+1}x^{2n+1}\left(-\frac{1}{2}<x<\frac{1}{2}\right)$$

又当 $x=\frac{1}{2}$ 时，级数 $\sum_{n=0}^{\infty}\frac{(-1)^{n}}{2(2n+1)}$ 收敛，且函数 $f(x)=\arctan\frac{1-2x}{1+2x}$ 在 $x=\frac{1}{2}$ 处连续，故 $f(x)$ 展开成 x 的幂级数为：

$$\frac{\pi}{4}-2\sum_{n=0}^{\infty}\frac{(-1)^n4^n}{2n+1}x^{2n+1}\left(-\frac{1}{2}<x\leqslant\frac{1}{2}\right)$$

从而，令 $x=\frac{1}{2}$，有

$$f(\frac{1}{2})=\frac{\pi}{4}-\sum_{n=0}^{\infty}\frac{(-1)^n}{2n+1},$$

而 $f(\frac{1}{2})=0$，故可得

$$\sum_{n=0}^{\infty}\frac{(-1)^n}{2n+1}=\frac{\pi}{4}-f(\frac{1}{2})=\frac{\pi}{4}$$

习 题 七

1. 根据定义判别下列无穷级数是否收敛，若收敛则求其和：

(1) $1+\frac{p-1}{p}+\left(\frac{p-1}{p}\right)^2+\left(\frac{p-1}{p}\right)^3+\cdots(p>1)$；　(2) $1+\frac{1}{2}+\frac{3}{2^2}+\frac{5}{2^3}+\cdots+\frac{2n-1}{2^n}+\cdots$；

(3) $\sum_{n=2}^{\infty}\frac{1}{(n-1)(n+1)}$；　(4) $\sum_{n=1}^{\infty}\ln\frac{n+1}{n}$。

2. 证明：如果数列 $\{u_n\}$ 满足 $\lim_{n\to\infty}u_n=\infty$，则

(1) 级数 $\sum_{n=0}^{\infty}(u_{n+1}-u_n)$ 发散；

(2) 若 $u_0\neq0$，则级数 $\sum_{n=0}^{\infty}\left(\frac{1}{u_n}-\frac{1}{u_{n+1}}\right)$ 收敛于 $\frac{1}{u_0}$。

3. 判别下列级数的敛散性：

(1) $\sum_{n=1}^{\infty}(1+n)^{\frac{1}{n}}$　(2) $\left(1-\frac{1}{2}\right)+\left(\frac{1}{2}-\frac{1}{2^2}\right)+\left(\frac{1}{3}-\frac{1}{2^3}\right)+\cdots+\left(\frac{1}{n}-\frac{1}{2^n}\right)+\cdots$

(3) $\sum_{n=1}^{\infty}\sin\frac{n\pi}{6}$　(4) $\frac{2}{1}-\frac{1}{2}+\frac{4}{3}-\frac{1}{2^2}+\frac{6}{5}-\frac{1}{2^3}+\cdots+\frac{2n}{2n-1}-\frac{1}{2^n}+\cdots$

4. 利用比较判别法或其极限形式，判别下列级数的敛散性：

(1) $\sum_{n=1}^{\infty}\frac{1}{n^n}$；　(2) $\sum_{n=1}^{\infty}\frac{1+n}{1+n^2}$；

(3) $\sum_{n=1}^{\infty}\frac{1}{\ln(n+1)}$；　(4) $\sum_{n=1}^{\infty}\frac{1}{n}\left(\frac{1}{2}\right)^n$；

(5) $\sum_{n=1}^{\infty}\frac{1}{(1+a)^n}(a>0)$；　(6) $\sum_{n=1}^{\infty}\frac{1}{n\sqrt[n]{n}}$；

(7) $\sum_{n=1}^{\infty}\sin\frac{1}{n}$；　(8) $\sum_{n=1}^{\infty}\frac{\sqrt{n^3}}{2^n}$；

(9) $\sum_{n=1}^{\infty}\left(1-\cos\frac{1}{n}\right)$；　(10) $\sum_{n=1}^{\infty}\int_0^{\frac{1}{n}}\frac{x}{1+x^2}dx$；

（11）$\sum_{n=2}^{\infty}\frac{1}{(\ln n)^{\ln n}}$；（12）$\sum_{n=1}^{\infty}\left(\sqrt[n]{a}+\frac{1}{\sqrt[n]{a}}-2\right)(a>0)$。

5. 设 $\sum_{n=1}^{\infty}u_n$ 与 $\sum_{n=1}^{\infty}v_n$ 均为正项级数，证明：若 $\sum_{n=1}^{\infty}v_n$ 收敛，且$\frac{u_{n+1}}{u_n}\leqslant\frac{v_{n+1}}{v_n}(n=1,2,3,\cdots)$，则 $\sum_{n=1}^{\infty}u_n$ 也收敛。

6. 证明：若级数 $\sum_{n=1}^{\infty}u_n{}^2$ 收敛，则 $\sum_{n=1}^{\infty}\frac{u_n}{n}$ 也收敛。

7. 利用比值判别法或根值判别法，判别下列级数的敛散性：

（1）$\sum_{n=1}^{\infty}\frac{1\cdot 3\cdots(2n-1)}{n!}$；（2）$\sum_{n=1}^{\infty}\frac{(n!)^2}{(2n)!}$；

（3）$\sum_{n=1}^{\infty}\frac{n!}{2^n}$；（4）$\sum_{n=1}^{\infty}\frac{2^n}{2n-1}$；

（5）$\sum_{n=1}^{\infty}n\tan\frac{\pi}{2^n}$；（6）$\sum_{n=1}^{\infty}\frac{n^a}{a^n}(a>0)$；

（7）$\sum_{n=1}^{\infty}\frac{a^n n!}{n^n}(a>0)$；（8）$\sum_{n=1}^{\infty}\frac{a^n}{\sqrt[3]{n^n}}(a>0)$；

（9）$\sum_{n=1}^{\infty}\frac{x^n}{3^n}(x>0)$；（10）$\sum_{n=2}^{\infty}\left(\frac{2n+1}{n-1}\right)^n$；

（11）$\sum_{n=2}^{\infty}\frac{(n-1)^n}{(n+1)^{n+2}}$；（12）$\sum_{n=1}^{\infty}\frac{x^n}{(1+x)(1+x^2)\cdots(1+x^n)}(x\geqslant 0)$。

8. 设 $\lim\limits_{n\to\infty}nu_n=1$，证明：级数 $\sum_{n=1}^{\infty}u_n$ 发散。

9. 判断正误并说明理由（给出证明或举出反例）：

（1）若级数 $\sum_{n=1}^{\infty}u_n$ 发散，则必有 $\lim\limits_{n\to\infty}u_n=0$；

（2）级数 $\sum_{n=1}^{\infty}u_n$ 收敛的充要条件是其前 n 项和数列$\{S_n\}$有界；

（3）若级数 $\sum_{n=1}^{\infty}u_n^2$ 收敛，则级数 $\sum_{n=1}^{\infty}u_n$ 也收敛；

（4）设 $u_n>0(n=0,1,2,\cdots)$，若$\frac{u_{n+1}}{u_n}<1(n=0,1,2,\cdots)$，则级数 $\sum_{n=0}^{\infty}u_n$ 收敛；

（5）设 $\sum_{n=1}^{\infty}u_n$ 为正项级数，且$\lim\limits_{n\to\infty}u_n=0$，若$\lim\limits_{n\to\infty}\frac{u_{n+1}}{u_n}=k$，则 $k\leqslant 1$；

（6）如果正项级数 $\sum_{n=1}^{\infty}u_n$ 收敛，则 $u_n<\frac{1}{n},(n=1,2,\cdots)$，如果正项级数 $\sum_{n=1}^{\infty}u_n$ 发散，则 $u_n>\frac{1}{n},(n=1,2,\cdots)$；

（7）设 $u_n=(-1)^n\ln\left(1+\frac{1}{\sqrt{n}}\right)$，则级数 $\sum_{n=1}^{\infty}u_n$ 与 $\sum_{n=1}^{\infty}u_n{}^2$ 都收敛；

(8) 若级数 $\sum_{n=1}^{\infty} u_n$ 与 $\sum_{n=1}^{\infty} v_n$ 都收敛，数列$\{a_n\}$满足 $u_n < a_n < v_n, (n=1,2,\cdots)$，则级数 $\sum_{n=1}^{\infty} a_n$ 也收敛；

(9) 若级数 $\sum_{n=1}^{\infty} |u_n|$ 发散，则 $\sum_{n=1}^{\infty} u_n$ 也发散。

10. 利用莱布尼茨判别法说明下列级数的收敛性：

(1) $\sum_{n=1}^{\infty} \frac{(-1)^n}{2n-1}$；　(2) $\sum_{n=1}^{\infty} \frac{(-1)^{n+1}}{\ln(n+1)}$；

(3) $\sum_{n=2}^{\infty} \frac{(-1)^{n+1}}{\sqrt{n^2-n}}$；　(4) $\sum_{n=1}^{\infty} (-1)^{n-1} \frac{\ln n}{\sqrt{n}}$；

(5) $\sum_{n=1}^{\infty} \frac{(-1)^{n-1}}{\sqrt{n}-\ln n}$；　(6) $\sum_{n=1}^{\infty} \sin(\pi\sqrt{n^2+1})$。

11. 判别下列级数的敛散性，并说明收敛级数是绝对收敛还是条件收敛：

(1) $\sum_{n=1}^{\infty} \frac{\cos(n!)}{n\sqrt{n}}$；　(2) $\sum_{n=1}^{\infty} (-1)^{n-1} \frac{2+(-1)^{n-1}}{n^3}$；

(3) $\sum_{n=1}^{\infty} (-1)^{n+1} \frac{\sin\frac{\pi}{n+1}}{\pi^{n+1}}$；　(4) $\sum_{n=1}^{\infty} \frac{1}{n^2}x^{2n}$；

(5) $\sum_{n=1}^{\infty} (-1)^n \ln\frac{n+1}{n}$；　(6) $\sum_{n=2}^{\infty} \frac{(-1)^n}{\sqrt{n}+(-1)^n}$；

(7) $\sum_{n=1}^{\infty} (-1)^{n+1} \frac{2^{n^2}}{n!}$；　(8) $\sum_{n=1}^{\infty} (-1)^{n+1} \frac{1}{na^{2n}} (a \neq 0)$；

(9) $\sum_{n=1}^{\infty} \frac{x^n}{1+x^{2n}}$。

12. 如果级数 $\sum_{n=1}^{\infty} u_n^2$ 与 $\sum_{n=1}^{\infty} v_n^2$ 都收敛，证明：级数 $\sum_{n=1}^{\infty} u_n v_n$ 绝对收敛。

13. 求下列幂级数的收敛域：

(1) $\sum_{n=1}^{\infty} \frac{x^n}{n^2}$；　(2) $\sum_{n=0}^{\infty} \frac{n^2 x^n}{2^n}$；

(3) $\sum_{n=0}^{\infty} (\sqrt{n+1}-\sqrt{n})x^n$；　(4) $\sum_{n=1}^{\infty} \frac{1}{n2^n}x^{n-1}$；

(5) $\sum_{n=1}^{\infty} \sin\frac{\pi}{2^n}x^n$；　(6) $\sum_{n=1}^{\infty} \frac{3^n+(-2)^n}{n}x^{2n-1}$；

(7) $\sum_{n=1}^{\infty} \frac{(x-5)^n}{\ln(n+1)}$；　(8) $\sum_{n=1}^{\infty} (-1)^n \frac{(x+2)^{2n}}{n \cdot 4^n}$；

(9) $\sum_{n=1}^{\infty} \frac{(-x)^n}{3^{n-1} \cdot \sqrt{n}}$。

14. 求下列幂级数的收敛域及其在收敛域内的和函数：

(1) $\sum_{n=1}^{\infty}(2n-1)x^n$；　　(2) $\sum_{n=2}^{\infty}\frac{x^{n-2}}{n}$；

(3) $\sum_{n=1}^{\infty}(2n-1)x^{2n-1}$；　　(4) $\sum_{n=0}^{\infty}(n+1)^2x^n$；

(5) $\sum_{n=2}^{\infty}\frac{x^n}{n^2-1}$；　　(6) $\sum_{n=1}^{\infty}\frac{x^{2n}}{(2n)!}$；

(7) $\sum_{n=1}^{\infty}\frac{2n+1}{n!}x^{2n}$；　　(8) $\sum_{n=0}^{\infty}\frac{x^{n+1}}{(n+1)2^n}$；

(9) $\sum_{n=0}^{\infty}\frac{1}{4n+1}x^{4n+1}$。

15. 求幂级数 $\sum_{n=1}^{\infty}(2n+1)x^n$ 的和函数并求数项级数 $\sum_{n=1}^{\infty}\frac{2n+1}{2^n}$ 的和。

16. 求幂级数 $\sum_{n=1}^{\infty}\frac{n(n+1)}{2}x^n$ 的收敛域及和函数，并求数项级数 $\sum_{n=1}^{\infty}\frac{n(n+1)}{2^n}$ 的和。

17. 求幂级数 $\sum_{n=1}^{\infty}\frac{x^{2n-1}}{2n-1}$ 的收敛区间与和函数，并求数项级数 $\sum_{n=1}^{\infty}\frac{1}{(2n-1)4^n}$ 的和。

18. 将下列函数展开为关于 x 的幂级数，并求其收敛域：

(1) $\frac{x}{1+x-2x^2}$；　　(2) $\ln(1+x-2x^2)$；

(3) $\ln(x+\sqrt{1+x^2})$；　　(4) $\cos^2x$；

(5) $x^2e^{-2x^2}$；　　(6) $\arctan\frac{1+x}{1-x}$；

(7) $(1-x^2)\arctan x$；　　(8) $\int_0^x\frac{\sin t}{t}dt$；

(9) $\left(\frac{e^x-1}{x}\right)'$。

19. 在指定点将下列函数展开成幂级数：

(1) $\frac{1}{x}$, $x=2$；　　(2) e^x, $x=1$；

(3) $\frac{1}{x^2+3x+2}$, $x=-4$；　　(4) $\cos x$, $x=-2$；

(5) $\ln x$, $x=2$；　　(6) $\frac{1}{(1+x)^2}$, $x=1$。

20. 设 $f(x)=\begin{cases}\frac{1+x^2}{x}\arctan x, & x\neq 0\\ 1, & 0\end{cases}$，将 $f(x)$ 展开成 x 的幂级数，并求级数 $\sum_{n=1}^{\infty}\frac{(-1)^n}{1-4n^2}$ 的和。

21. 求下列级数的和：

(1) $\sum_{n=1}^{\infty}(-1)^n\frac{(n+1)}{(2n+1)!}$；　　(2) $\sum_{n=2}^{\infty}\frac{1}{(n^2-1)2^n}$。

第 8 章

多元函数微积分学

前面各章讨论的函数都只有一个自变量，这类函数叫做一元函数。但在很多实际问题中，往往涉及到多方面的因素，反映到数学上是一个变量的变化依赖于多个变量的变化的情形，这就需要引入多元函数的概念。

本章将在一元函数微积分学的基础上介绍多元函数微积分学，一元与多元函数微积分之间既有相似之处，又有不少重大的差别。因为，从一元函数微积分到二元函数微积分会产生新的问题，而二元函数与一般的多元函数在本质上没有什么区别。本章以二元函数为主，介绍多元函数微积分学。读者可自行完成从二元函数微积分到一般多元函数微积分的推广。

§8.1 预备知识

8.1.1 空间直角坐标系与空间的点

实数 x 与数轴上的点 x 是一一对应的，二元数组 (x,y) 与平面直角坐标系上的点 (x,y) 也是一一对应的。依此类推，为了研究空间中的点，同样可以通过建立空间直角坐标系，将三元数组 (x,y,z) 与空间中的点一一对应。

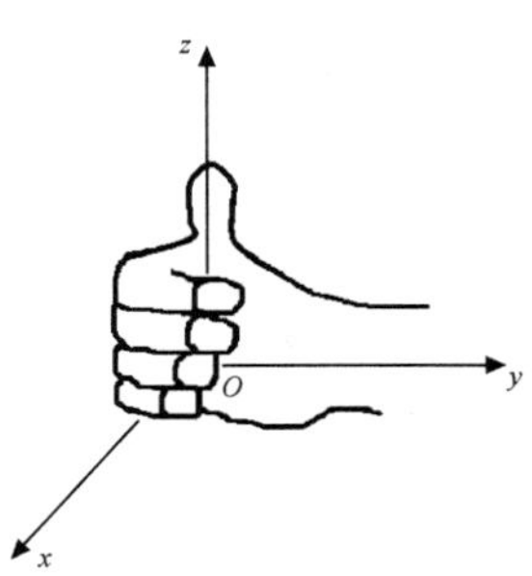

图 8－1

在空间中取定一点 O，过点 O（坐标原点）做三条两两垂直的数轴，记为 x 轴（横轴），y 轴（纵轴），z 轴（竖轴），统称为坐标轴，它们的正向通常符合右手规则，即以右手握住 z 轴，当右手的四个手指从 x 轴正向转向 y 轴正向时，大拇指的指向就是 z 轴的正向，如图 8－1所示。每两个坐标轴确定一个坐标平面，分别称为 xy 面，yz 面，zx 面，这三个坐标平面将整个空间分成八个部分，每一个部分称为一个卦限。含有 x 轴，y 轴，z 轴正半轴的那个卦限叫做第一卦限，其余第二，第三，第四卦限在 xy 面上方，按逆时针方向确定。第五至第八卦限在 xy 面下方，分别从第一卦限之下对应着的第五卦限，按逆时针方向依次确定，这八个卦限分别用字母Ⅰ，Ⅱ，Ⅲ，Ⅳ，Ⅴ，Ⅵ，Ⅶ，Ⅷ表示，如图 8－2 所示。

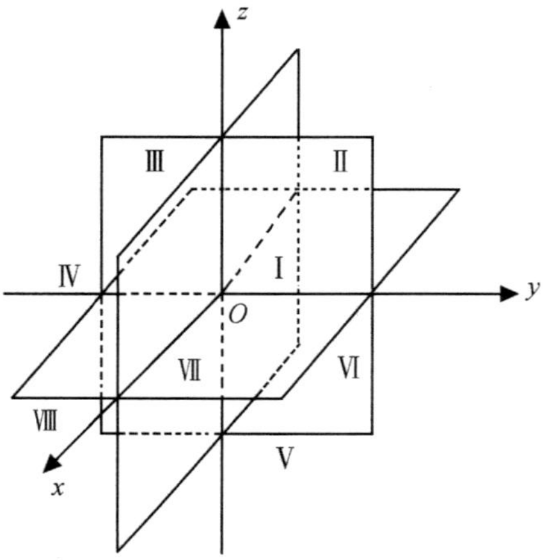

图 8－2

设 M 为空间中的任意一点，过点 M 分别作垂直于三个坐标轴的平面，这三个平面与坐标轴的交点分别为 P，Q，R，如图 8－3 所示。设点 P，Q，R 在 ox，oy，oz 轴上的坐标分别为 x_0，y_0，z_0，则点 M 唯一确定了一个三元数组(x_0,y_0,z_0)。反之，任意给定三元数组(x,y,z)，在空间中必有唯一确定的一点 $M(x,y,z)$与之相对应。于是，空间中的点与任意三元数组之间构成一一对应的关系。

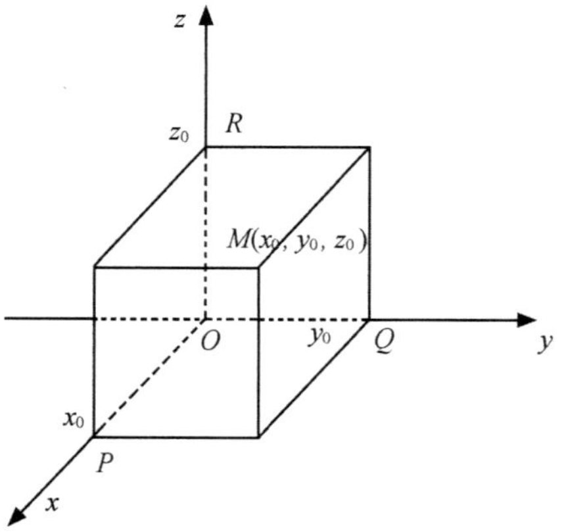

图 8－3

容易看出，位于坐标轴和坐标面上的点，其坐标各有一定的特征。例如，原点 O 的坐标表示为$(0,0,0)$；ox 轴上的点的坐标满足 $y=z=0$，表示为$(x,0,0)$；oy 轴上的点的坐标满足 $x=z=0$，表示为$(0,y,0)$；oz 轴上的点的坐标满足 $x=y=0$，表示为$(0,0,z)$；xy 平面上的点的坐标满足 $z=0$，表示为$(x,y,0)$；yz 面上的点的坐标满足 $x=0$，表示为$(0,y,z)$；zx 面上的点的坐标满足 $y=0$，表示为$(x,0,z)$。

对于空间中的任意两点 $A(x_1,y_1,z_1)$ 和 $B(x_2,y_2,z_2)$，可求得它们之间的距离为

$$|AB|=\sqrt{(x_1-x_2)^2+(y_1-y_2)^2+(z_1-z_2)^2}$$

特别地，空间中任意一点 $M(x,y,z)$ 与原点 O 的距离为 $|OM|=\sqrt{x^2+y^2+z^2}$。

更一般地，对给定的正整数 $n\geqslant 2$，规定 n 元数组 $(x_1,x_2,\cdots,x_n)$ 与 n 维空间中的点一一对应。引入 n 维空间，对人们分析许多实际问题是非常有益的，因为很多实际问题都涉及到多个变量之间的依赖关系，引入多维空间的概念后会带来很大的方便。

8.1.2 空间曲面与方程

在日常生活中，经常遇到各种曲面、例如反光镜的镜面、锥面等等。类似于在平面解析几何中把平面曲线当作动点的轨迹一样，在空间解析几何中，任何曲面也都可看作动点的轨迹。在这样的意义下，如果曲面 S 与三元方程

$$F(x,y,z)=0 \tag{8.1}$$

之间有下述关系：

(1) 曲面 S 上任一点的坐标都满足方程 (8.1)；

(2) 不在曲面 S 上的点的坐标都不满足方程 (8.1)。

则称方程 (8.1) 为曲面 S 的方程，而称曲面 S 为方程 (8.1) 的图形，如图 8-4 所示。

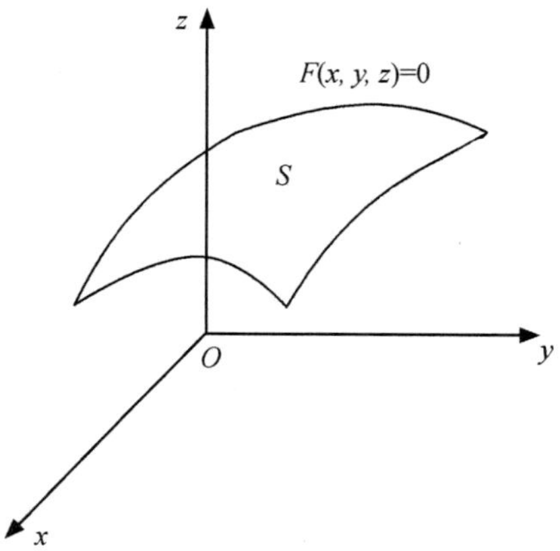

图 8-4

下面介绍几种常见的空间曲面。

(1) 平面

空间平面方程的一般形式为

$$ax+by+cz=d, \tag{8.2}$$

其中 a,b,c,d 为常数，且 a,b,c 不全为零。

（2）柱面

先分析一个具体的例子。不含 z 的方程 $x^2+y^2=R^2$ 表示怎样的一个曲面？

方程 $x^2+y^2=R^2$ 在 xy 平面上表示圆心在原点，半径为 R 的圆。在空间直角坐标系中，这方程不含竖坐标，即不论点的竖坐标 z 值为多少，只要其横坐标 x 和纵坐标 y 满足方程，那么这些点就在曲面上。因此这个曲面可以看作是由平行于 z 轴的直线 l 沿 xy 平面上的圆 $x^2+y^2=R^2$ 移动而形成的，这曲面称为圆柱面，如图 8－5 所示。xy 平面上的圆 $x^2+y^2=R^2$ 称为该圆柱面的准线，平行于 z 轴的直线 l 称为其母线。

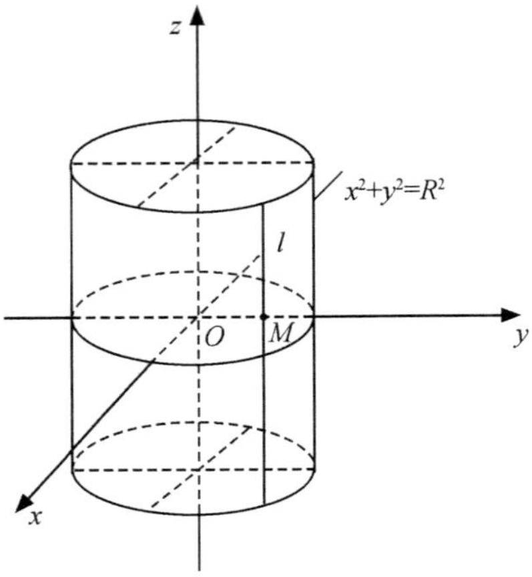

图 8－5

一般地，平行于某条给定的直线，并沿给定曲线 C 移动的直线 L 形成的空间曲面称为**柱面**，定曲线 C 称为柱面的**准线**，动直线 L 称为柱面的**母线**。只含 x,y 而缺 z 的方程 $F(x,y)=0$ 在空间直角坐标系中表示母线平行于 z 轴的柱面，其准线 C 为 xy 平面上的曲线 $F(x,y)=0$。例如，方程 $y^2=4x$ 表示为母线平行于 z 轴的柱面，其准线是 xy 平面上的抛物线 $y^2=4x$，该柱面称为抛物柱面，如图 8－6 所示。又如，方程 $y-z=0$ 表示为母线平行于 x 轴的柱面，其准线是 yz 平面上的直线 $y-z=0$，该柱面为通过 x 轴的平面。

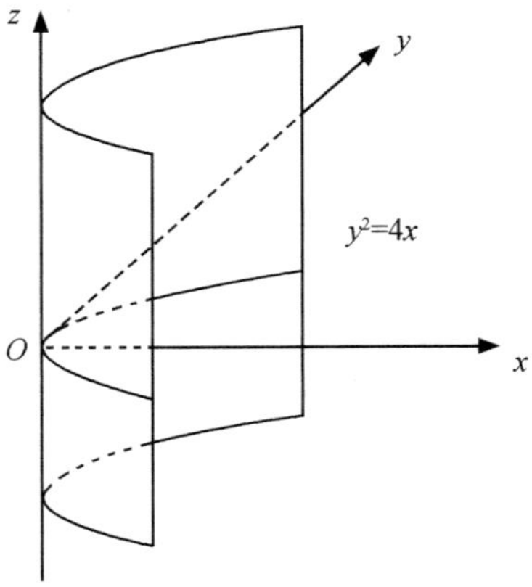

图 8－6

（3）旋转曲面

一条平面曲线绕其平面上的一条给定的直线旋转一周所成的曲面称为**旋转曲面**，曲线和定直线分别称为旋转曲面的**母线**和**轴**。

一般地，xy 平面上一条曲线 $f(x,y)=0$ 绕 y 轴旋转而成的旋转曲面方程为

$$f(\pm\sqrt{x^2+z^2},y)=0;$$

xy 平面上一条曲线 $f(x,y)=0$ 绕 x 轴旋转而成的旋转曲面方程为

$$f(x,\pm\sqrt{y^2+z^2})=0$$

例 8.1　将 xz 平面上的双曲线 $\frac{x^2}{a^2}-\frac{z^2}{b^2}=1$ 分别绕 x 轴和 z 轴旋转一周，求所生成的旋转曲面的方程。

解： 绕 z 轴旋转一周所生成的旋转曲面称为**旋转单叶双曲面**，如图 8－7 所示，它的方程是 $\frac{x^2+y^2}{a^2}-\frac{z^2}{b^2}=1$，绕 x 轴旋转一周所生成的旋转曲面称为**旋转双叶双曲面**，如图 8－8 所示，它的方程是 $\frac{x^2}{a^2}-\frac{y^2+z^2}{b^2}=1$。

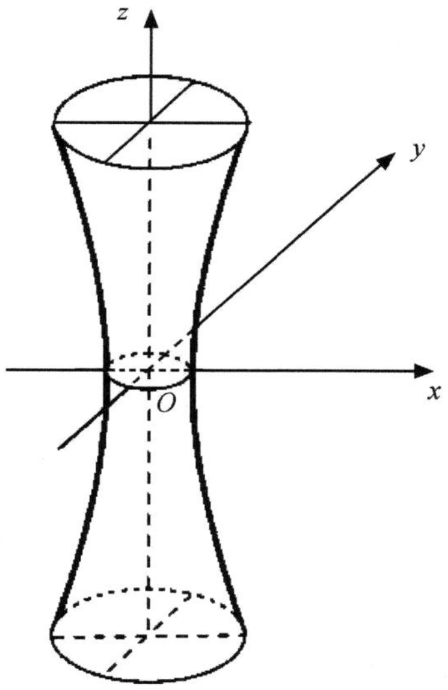

图 8－7

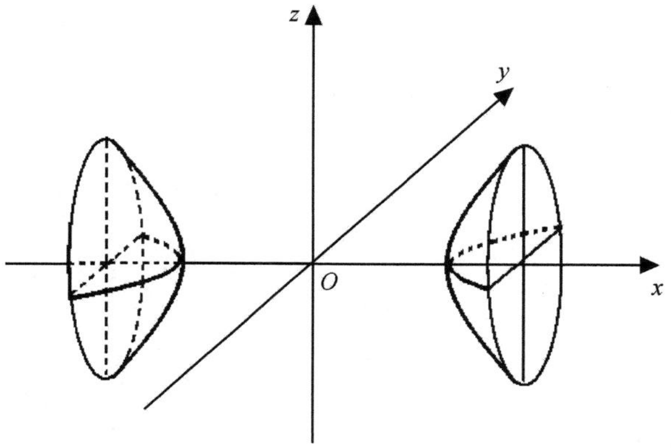

图 8－8

（4）二次曲面

三元二次方程 $a_1x^2+a_2y^2+a_3z^2+b_1xy+b_2xz+b_3yz+c_1x+c_2y+c_3z+d=0$ 所表示的空间曲面，称为二次曲面。

常见的二次曲面有：

球面：$x^2+y^2+z^2=R^2(R>0)$；

椭球面：$\frac{x^2}{a^2}+\frac{y^2}{b^2}+\frac{z^2}{c^2}=1(a,b,c>0)$；

单叶双曲面：$\frac{x^2}{a^2}+\frac{y^2}{b^2}-\frac{z^2}{c^2}=1\ (a,b,c>0)$；

双叶双曲面：$\frac{x^2}{a^2}-\frac{y^2}{b^2}-\frac{z^2}{c^2}=1\ (a,b,c>0)$；

二次锥面：$\frac{x^2}{a^2}+\frac{y^2}{b^2}-\frac{z^2}{c^2}=0\ (a,b,c>0)$；

椭圆抛物面：$\frac{x^2}{a^2}-\frac{y^2}{b^2}=z(a,b>0)$；

双曲抛物面：$\frac{x^2}{a^2}-\frac{y^2}{b^2}=-z(a,b>0)$。

通常用“截痕法”研究三元方程 $F(x,y,z)=0$ 所表示的曲面的图形，用平行于坐标平面的平面与曲面相截，其交线称为**截痕**，通过考察截痕的形状来了解曲面形状的方法称为**截痕法**。

例 8.2 用截痕法作$\frac{x^2}{a^2}+\frac{y^2}{b^2}=z^2$ 的图形。

解： 以垂直于 z 轴的平面 $z=t$ 截此曲面，当 $t=0$ 时得原点$(0,0,0)$，当 $t\neq0$ 时，得平面 $z=t$ 上的椭圆

$$\frac{x^2}{(at)^2}+\frac{y^2}{(bt)^2}=1$$

当 t 变化时，上式表示一族长短轴比例不变的椭圆，当 $|t|$ 从大到小变为 0 时，这族椭圆从大到小并缩为一点，综上所述，可得曲面的形状如图 8－9 所示。

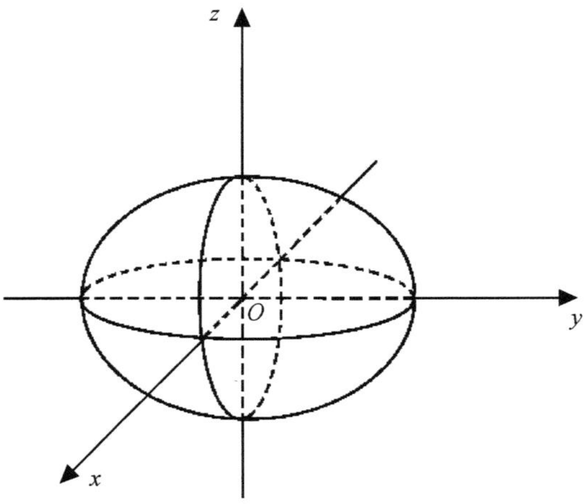

图 8－9

8.1.3 平面区域的概念

二元函数 $z=f(x,y)$ 的定义域 D 是平面上的点集，为了研究二元函数，必须对平面上的点集分类。

邻域 设 $P_0(x_0,y_0)$ 是平面上一点，δ 是一正数。以点 P_0 为圆心，δ 为半径的圆

$$D_\delta(P_0)=\{(x,y)\mid(x-x_0)^2+(y-y_0)^2<\delta^2\}$$

称为点 P_0 的 δ 邻域。

任意一点 $P_0 \in R^2$ 与任意一个点集 $D \subset R^2$ 之间的关系有以下三种之一：

内点：如果存在点 P_0 的某个 δ—邻域，使得 $D_\delta(P_0) \subset D$，则称点 P_0 为 D 的内点。

外点：如果存在点 P_0 的某个 δ—邻域，使得 $D_\delta(P_0) \cap D = \varnothing$，则称点 P_0 为 D 的外点。

边界点：如果点 P_0 的任意一个邻域内既含有属于 D 的点，又含有不属于 D 的点，则称点 P_0 为 D 的边界点。由 D 的全体边界点构成的集合，称为 D 的边界，记作 ∂D。

根据点集所属点的特性，可定义一些重要的平面点集。

开集：如果点集 D 的点都是 D 的内点，则称 D 为开集。

闭集：如果点集 D 的余集 D^c 是开集，则称 D 为闭集。

连通集：如果对点集 D 内任意两点 P_1 和 P_2，都可以用折线将 P_1 和 P_2 连接起来，且折线上的点都在 D 内，则称 D 为连通集。

区域：连通的开集称为区域。

闭区域：区域与区域的边界所构成的点集称为闭区域。

有界点集：对于点集 D，如果存在一正数 R，使得 $D \subset D_R(O)$，O 是坐标原点，则称 D 为有界点集，否则，称 D 为**无界点集**。

§8.2　多元函数的概念

8.2.1　二元函数的定义

在很多自然现象和实际问题，特别是经济问题中，常会遇到一个变量与多个变量之间的依赖关系。

例如，圆柱体的体积 V 和它的底面半径 r，高 h 之间，具有关系 $V = \pi r^2 h$，当 r,h 在集合 $\{(r,h) \mid r>0, h>0\}$ 内确定一对值时，V 的值可唯一确定。

在生产中，产量 Y 与投入的资金 K 和劳动 L 之间，具有关系 $Y = AK^\alpha L^\beta$，其中 A,α,β 为正的常数。在西方经济学中称此函数关系为 *Cobb – Douglas* 生产函数。

以上例子虽然具体意义不同，但它们却有共同之处，即都表示一个变量和另外两个变量之间的依赖关系，而且，该变量的值由另外两个变量唯一确定，抽象出这些共性可得二元函数的定义。

定义 8.1　设 D 是 xy 平面上的一个点集，如果对 D 中任意一点 (x,y)，按照某个确定的规则 f，总有唯一的数值 z 与点 (x,y) 对应，则称变量 z 是变量 x 和 y 的二元函数，记为

$$z = f(x,y), (x,y) \in D,$$

其中 x 和 y 称为自变量，z 称为因变量，点集 D 称为函数 $z = f(x,y)$ 的定义域。

二元函数的图形是空间中的一张曲面，而曲面在 xy 平面上的投影就是函数的定义域 D。例如，函数 $z = x^2 + y^2$ 的图形是旋转抛物面，其在 xy 平面上的投影为整个 xy 平面。

类似地，可定义 n 元函数 $z = f(x_1, x_2, \cdots, x_n), (x_1, x_2, \cdots, x_n) \in D$。

例 8.3　求函数 $z = \arcsin(x^2 + y^2)$ 的定义域。

解：根据反正弦函数的定义，其定义域为$\{(x,y)|x^2+y^2\leq 1\}$。

例 8.4 设函数$z=f(x,y)$的定义域为 D，且当$(x,y)\in D$时，对任意的$t\in R$，有$(tx,ty)\in D$。如果存在常数 k，使对任意的$(x,y)\in D$，恒有

$$f(tx,ty)=t^k f(x,y),$$

则称函数$z=f(x,y)$为 k **次齐次函数**。

例如：$f(x,y)=x^5e^{-\frac{y}{x}}$是 5 次齐次函数；$f(x,y)=\frac{1}{x-y}$是 -1 次齐次函数。

齐次函数是在经济学中经常用到的函数。

设描述产出 Y 与投入要素 $x_1,x_2,\cdots,x_n$（资本，劳力……）的函数关系式为

$$Y=f(x_1,x_2,\cdots,x_n)$$

通常，假定其为齐次函数，则

$$f(\lambda x_1,\lambda x_2,\cdots,\lambda x_n)=\lambda^k f(x_1,x_2,\cdots,x_n)$$

当 $k=1$ 时，表示产出与生产规模成比例，称为**规模报酬不变**或**固定规模报酬**；当 $k>1$ 时，称为**规模报酬递增**。当 $k<1$ 时，称为**规模报酬递减**。

8.2.2 二元函数的极限

下面讨论二元函数$z=f(x,y)$，当$(x,y)\to(x_0,y_0)$时，即$P(x,y)\to P_0(x_0,y_0)$时的极限。与一元函数类似，如果在$P(x,y)\to P_0(x_0,y_0)$的过程中，对应的函数值$f(x,y)$无限接近于一个确定的常数 A，则称 A 是函数$z=f(x,y)$当$(x,y)\to(x_0,y_0)$时的极限。

定义 8.2 设函数$z=f(x,y)$在$P_0(x_0,y_0)$的某空心邻域内有定义，如果存在常数 A，对于任意给定的正数 ε，总存在正数 δ，使得，当$|x-x_0|<\delta,|y-y_0|<\delta,(x,y)\neq(x_0,y_0)$时，恒有

$$|f(x,y)-A|<\varepsilon$$

成立，那么称常数 A 为函数$z=f(x,y)$当$P(x,y)\to P_0(x_0,y_0)$时的极限，记为

$$\lim_{(x,y)\to(x_0,y_0)}f(x,y)=A \text{ 或} \lim_{\substack{x\to x_0\\ y\to y_0}}f(x,y)=A$$

二元函数的极限称为二重极限。

注 1. 在此定义中，表达式$|x-x_0|<\delta,|y-y_0|<\delta,(x,y)\neq(x_0,y_0)$刻画了点$P(x,y)$与点$P_0(x_0,y_0)$的接近程度，也可以换为$0<\sqrt{(x-x_0)^2+(y-y_0)^2}<\delta$，得到与此定义等价的定义。

2. 由此定义可知，在求二元函数的极限时，点$P(x,y)\to P_0(x_0,y_0)$的方式必须是任意的，即若当点$P(x,y)$以某种特殊的方式趋于$P_0(x_0,y_0)$时，二元函数的极限存在，并不能说明当任意点$P(x,y)\to P_0(x_0,y_0)$时，二元函数的极限存在。

例 8.5 用定义证明$\lim\limits_{(x,y)\to(0,0)}(x^2+y^2)\sin\frac{1}{x^2+y^2}=0$。

证：因为$\left|(x^2+y^2)\sin\frac{1}{x^2+y^2}-0\right|\leq x^2+y^2$，对$\forall\varepsilon>0$，$\exists\delta=\sqrt{\varepsilon}$，当$0<\sqrt{(x-0)^2+(y-0)^2}<\delta$时，总有

$$\left|(x^2+y^2)\sin\frac{1}{x^2+y^2}-0\right| \leqslant x^2+y^2<\varepsilon$$

成立，所以

$$\lim_{(x,y)\to(0,0)}(x^2+y^2)\sin\frac{1}{x^2+y^2}=0。$$

二元函数的极限，也有与一元函数类似的性质和运算法则。

例 8.6　求 $\lim\limits_{(x,y)\to(0,3)}\frac{\sin(xy)}{x}$

解： 由乘积极限的运算法则，知

$$\lim_{(x,y)\to(0,3)}\frac{\sin(xy)}{x}=\lim_{(x,y)\to(0,3)}\frac{\sin(xy)}{xy}\cdot y=\lim_{xy\to 0}\frac{\sin(xy)}{xy}\cdot\lim_{y\to 3}y=1\cdot 3=3$$

例 8.7　求 $\lim\limits_{\substack{x\to 0\\ y\to 0}}\frac{x^2+y^2}{|x|+|y|}$。

解： 因为 $0\leqslant\frac{x^2+y^2}{|x|+|y|}=\frac{x^2}{|x|+|y|}+\frac{y^2}{|x|+|y|}<\frac{x^2}{|x|}+\frac{y^2}{|y|}=|x|+|y|$，而 $\lim\limits_{\substack{x\to 0\\ y\to 0}}(|x|+|y|)=0$，由夹逼定理，知

$$\lim_{\substack{x\to 0\\ y\to 0}}\frac{x^2+y^2}{|x|+|y|}=0$$

例 8.8　求 $\lim\limits_{\substack{x\to 0\\ y\to 0}}\frac{x^2+y^2}{\sqrt{1+x^2+y^2}-1}$。

解： $$\lim_{\substack{x\to 0\\ y\to 0}}\frac{x^2+y^2}{\sqrt{1+x^2+y^2}-1}=\lim_{\substack{x\to 0\\ y\to 0}}\frac{(x^2+y^2)\cdot(\sqrt{1+x^2+y^2}+1)}{x^2+y^2}$$

$$=\lim_{\substack{x\to 0\\ y\to 0}}(\sqrt{1+x^2+y^2}+1)=2$$

例 8.9　设 $f(x,y)=\begin{cases}\frac{x^2y}{x^4+y^2}, & x^2+y^2\neq 0\\ 0, & x^2+y^2=0\end{cases}$，求 $\lim\limits_{\substack{x\to 0\\ y\to 0}}f(x,y)$。

解： 取 $y=kx^2$，则

$$\lim_{\substack{x\to 0\\ y=kx^2}}f(x,y)=\lim_{x\to 0}f(x,kx^2)=\lim_{x\to 0}\frac{kx^4}{x^4+k^2x^4}=\frac{k}{1+k^2},$$

显然，极限值随着 k 值的改变而改变，这说明随着趋近方式 $x\to 0,y=kx^2\to 0$ 的改变，$f(x,y)$ 将趋于不同的值，故极限 $\lim\limits_{\substack{x\to 0\\ y\to 0}}f(x,y)$ 不存在。

8.2.3　二元函数的连续性

二元函数的连续性与一元函数的连续性类似，可通过函数的极限来定义。

定义 8.3　如果函数 $z=f(x,y)$ 在点 $P_0(x_0,y_0)$ 的某邻域内有定义，且

$$\lim_{(x,y)\to(x_0,y_0)}f(x,y)=f(x_0,y_0),$$

则称函数 $z=f(x,y)$ 在点 $P_0(x_0,y_0)$ 处连续，否则，称函数 $z=f(x,y)$ 在点 $P_0(x_0,y_0)$ 处间断。

由连续性的定义可知，函数 $z=f(x,y)$ 在点 $P_0(x_0,y_0)$ 处连续必须同时满足三个条件：

(1) $z=f(x,y)$ 在点 $P_0(x_0,y_0)$ 的某邻域内有定义；

(2) $\lim\limits_{(x,y)\to(x_0,y_0)} f(x,y)$ 存在；

(3) 上述极限值等于 $f(x,y)$ 在点 $P_0(x_0,y_0)$ 处的函数值。

由此可见，例 8.9 中的函数在点 $(0,0)$ 处间断。又如函数 $z=\sin\dfrac{1}{x^2+y^2-1}$，它在点集 $A=\{(x,y)\mid x^2+y^2=1\}$ 的每一点处都没有定义，所以该函数在 A 中处处间断。

例 8.10 讨论函数 $f(x,y)=\begin{cases}\dfrac{|(y-x)x|}{\sqrt{x^2+y^2}}, & x^2+y^2\neq 0\\ 0, & x^2+y^2=0\end{cases}$ 在点 $(0,0)$ 处的连续性。

解： 先求 $\lim\limits_{(x,y)\to(0,0)} f(x,y)$，运用极坐标 $x=\rho\cos\theta, y=\rho\sin\theta$，当 $(x,y)\to(0,0)$ 时，有 $\rho\to 0$。则

$$\lim_{(x,y)\to(0,0)} f(x,y)=\lim_{(x,y)\to(0,0)}\frac{|(y-x)x|}{\sqrt{x^2+y^2}}=\lim_{\rho\to 0}\frac{\rho^2|(\sin\theta-\cos\theta)\cos\theta|}{\rho},$$

由夹逼定理，因为

$$0\leqslant\frac{\rho^2|(\sin\theta-\cos\theta)\cos\theta|}{\rho}\leqslant 2\rho,$$

所以

$$\lim_{(x,y)\to(0,0)} f(x,y)=0=f(0,0)$$

因此函数在点 $(0,0)$ 处的连续。

根据多元函数的极限运算法则，可证明多元连续函数的和，差，积，商（分母极限不为零）仍然是连续函数，多元连续函数的复合也是连续函数。且与闭区间上一元函数的性质类似，多元连续函数在有界闭区域上也有如下性质：

最值定理 在有界闭区域 D 上连续的多元函数，必定能在 D 上取得最大，最小值。

介值定理 在有界闭区域 D 上连续的多元函数，必取得介于最大值和最小值之间的任何值。

§8.3 偏导数

8.3.1 偏导数的定义

在研究一元函数的导数时，一般通过研究函数的变化率引入导数的概念。对于多元函数的导数同样也要通过研究它的变化率来引入导数的概念，但多元函数的自变量不只一个，因此，因变量与自变量的关系比一元函数复杂。本节以二元函数 $z=f(x,y)$ 为例，在一个自变量 y 固定不变的情况下，讨论函数 z 相对于另一个自变量 x 的变化率。此时，可将 z 视为 x 的一元函数，二元函数 $z=f(x,y)$ 对 x 的导数称为该二元函数关于自变量 x 的偏导数。

定义 8.4　设函数 $z=f(x,y)$ 在点 $P_0(x_0,y_0)$ 的某邻域内有定义，如果固定 $y=y_0$ 后，当 x 在 x_0 处有增量 Δx 时，相应的一元函数 $f(x,y_0)$ 在点 $x=x_0$ 处可导，即极限

$$\lim_{\Delta x \to 0}\frac{f(x_0+\Delta x,y_0)-f(x_0,y_0)}{\Delta x}$$

存在，则称此极限为函数 $z=f(x,y)$ 在点 $P_0(x_0,y_0)$ 处关于自变量 x 的偏导数，记为 $f'_x(x_0,y_0)$ 或记为 $\frac{\partial}{\partial x}f(x_0,y_0)$，$z'_x\big|_{(x_0,y_0)}$，$\left.\frac{\partial z}{\partial x}\right|_{(x_0,y_0)}$，$\left.\frac{\partial f}{\partial x}\right|_{(x_0,y_0)}$

如果函数 $z=f(x,y)$ 在区域 D 内的每一点关于 x 的偏导数都存在，那么此偏导数也为变量 x,y 的函数，它称为函数 $z=f(x,y)$ 关于自变量 x 的偏导函数，记为 $\frac{\partial z}{\partial x}$，$\frac{\partial f}{\partial x}$，$z'_x$ 或 $f'_x(x,y)$。

类似地，可定义函数 $z=f(x,y)$ 在点 $P_0(x_0,y_0)$ 处关于 y 的偏导数，记为 $f'_y(x_0,y_0)$ 或 $\frac{\partial}{\partial y}f(x_0,y_0)$，$z'_y\big|_{(x_0,y_0)}$，$\left.\frac{\partial z}{\partial y}\right|_{(x_0,y_0)}$，$\left.\frac{\partial f}{\partial y}\right|_{(x_0,y_0)}$，以及函数 $z=f(x,y)$ 关于自变量 y 的偏导函数，记为 $\frac{\partial z}{\partial y}$，$\frac{\partial f}{\partial y}$，$z'_y$ 或 $f'_y(x,y)$。

根据定义，求 $\frac{\partial z}{\partial x}$ 时，只需将 y 看作常量，对 x 求导即可；求 $\frac{\partial z}{\partial y}$ 时，只需将 x 看作常量，对 y 求导即可。故二元函数 $z=f(x,y)$ 的求偏导法则与一元函数求导法则是一致的。

二元函数 $z=f(x,y)$ 在点 $P_0(x_0,y_0)$ 处的偏导数的几何意义：

设 $M_0(x_0,y_0,f(x_0,y_0))$ 为曲面 $z=f(x,y)$ 上的一点，过 M_0 作平面 $y=y_0$，截此曲面得一条曲线，此曲线在平面 $y=y_0$ 上的方程为 $z=f(x,y_0)$，导数 $\left.\frac{d}{dx}f(x,y_0)\right|_{x=x_0}$，即为偏导数 $f'_x(x_0,y_0)$，此偏导数为该曲线在点 M_0 处的切线关于 x 轴的斜率，如图 8－10 所示。同样，偏导数 $f'_y(x_0,y_0)$ 表示曲面 $z=f(x,y)$ 被平面 $x=x_0$ 所截得的曲线 $z=f(x,y)$ 在点 M_0 处的切线关于 y 轴的斜率。

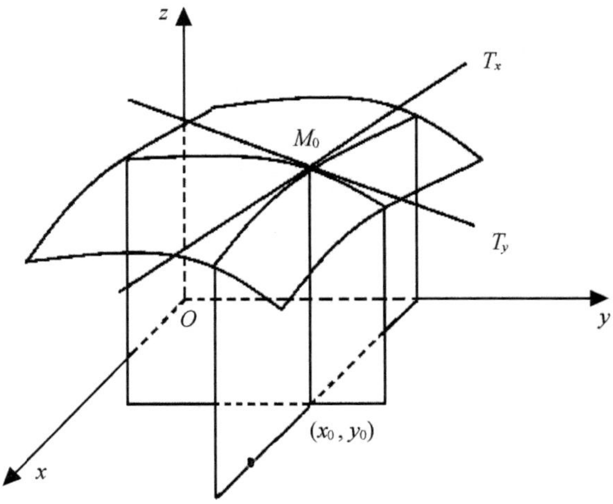

图 8－10

例 8.11　求 $z=x^2+3xy+y^2$ 在点 $(1,2)$ 处的偏导数。

解：将 y 看作常量，得$\frac{\partial z}{\partial x}=2x+3y$，将 x 看作常量，得$\frac{\partial z}{\partial y}=3x+2y$，再将 $x=1,y=2$ 代入上面的结果，得

$$\left.\frac{\partial z}{\partial x}\right|_{\substack{x=1\\y=2}}=8\ ,\left.\frac{\partial z}{\partial y}\right|_{\substack{x=1\\y=2}}=7$$

例 8.12　设 $z=x^y(x>0,x\neq 1)$，求证

$$\frac{x}{y}\frac{\partial z}{\partial x}+\frac{1}{\ln x}\frac{\partial z}{\partial y}=2z$$

证：因为

$$\frac{\partial z}{\partial x}=yx^{y-1},\ \frac{\partial z}{\partial y}=x^y\ln x,$$

所以

$$\frac{x}{y}\frac{\partial z}{\partial x}+\frac{1}{\ln x}\frac{\partial z}{\partial y}=\frac{x}{y}yx^{y-1}+\frac{1}{\ln x}x^y\ln x=2x^y=2z$$

例 8.13　求函数$f(x,y)=\begin{cases}\frac{y\sin x}{x^2+y^2}, & (x,y)\neq(0,0)\\ 0, & (x,y)=(0,0)\end{cases}$的偏导数$f'_x$和$f'_y$。并讨论函数在点$(0,0)$处连续性。

解：当$(x,y)\neq(0,0)$时，有

$$f'_x=\left(\frac{y\sin x}{x^2+y^2}\right)'_x=\frac{y\cos x(x^2+y^2)-2xy\sin x}{(x^2+y^2)^2},$$

$$f'_y=\left(\frac{xy}{x^2+y^2}\right)'_y=\frac{\sin x(x^2-y^2)}{(x^2+y^2)^2}$$

当$(x,y)=(0,0)$时，有

$$f'_x(0,0)=\lim_{\Delta x\to 0}\frac{f(0+\Delta x,0)-f(0,0)}{\Delta x}=\lim_{\Delta x\to 0}\frac{f(\Delta x,0)-0}{\Delta x}=0,$$

$$f'_y(0,0)=\lim_{\Delta y\to 0}\frac{f(0,0+\Delta y)-f(0,0)}{\Delta y}=\lim_{\Delta x\to 0}\frac{f(0,\Delta y)-0}{\Delta y}=0$$

当(x,y)沿着直线 $y=kx$ 趋于$(0,0)$时，有

$$\lim_{\substack{x\to 0\\y=kx}}f(x,y)=\lim_{x\to 0}\frac{kx\cdot\sin x}{x^2+k^2x^2}=\frac{k}{1+k^2},$$

此极限值与 k 有关，说明极限$\lim\limits_{\substack{x\to 0\\y\to 0}}f(x,y)$不存在，所以函数在点$(0,0)$处不连续。

例 8.14　已知理想气体的状态方程 $pV=RT$（R 为常量），求证：

$$\frac{\partial p}{\partial V}\cdot\frac{\partial V}{\partial T}\cdot\frac{\partial T}{\partial p}=-1$$

证：因为

$$p=\frac{RT}{V},\ \frac{\partial p}{\partial V}=-\frac{RT}{V^2},$$

$$V=\frac{RT}{p},\ \frac{\partial V}{\partial T}=\frac{R}{p},\ T=\frac{pT}{R},\ \frac{\partial T}{\partial p}=\frac{T}{R},$$

所以

$$\frac{\partial p}{\partial V}\cdot\frac{\partial V}{\partial T}\cdot\frac{\partial T}{\partial p}=-\frac{RT}{V^2}\cdot\frac{R}{p}\cdot\frac{V}{R}=-\frac{RT}{pV}=-1$$

在一元函数中，$\frac{dy}{dx}$可看作函数的微分 dy 与自变量的微分 dx 之商，而在二元函数中，偏导数的记号是一个整体，不能看成分子与分母之商（如例 8.14）。

如果一元函数在某点可导，则它在该点必连续。而对于二元函数，如例 8.13，即使二元函数在某点的两个偏导数都存在，也不能保证此二元函数在该点一定连续。这是因为偏导数存在只能保证当点 P 沿着坐标轴的方向趋于 P_0 时，函数值 $f(P)$ 趋于 $f(P_0)$，但不能保证当 P 以任何方式趋于 P_0 时，函数值 $f(P)$ 都趋于 $f(P_0)$。因此偏导数只是刻画了二元函数在某点处沿坐标轴变化时的分析性质，而不是二元函数在相应点处发生变化时的整体分析性质，这也是二元函数与一元函数的重要区别。

8.3.2　高阶偏导数

设函数 $z=f(x,y)$ 在区域 D 上有偏导数 f'_x, f'_y，则它们仍为 x,y 的函数，如果函数 f'_x, f'_y 的偏导数仍然存在，则称这些偏导数为函数 $z=f(x,y)$ 的二阶偏导数。由于关于变量的求导顺序不同，故二阶偏导数共有四种情形，即

$$\frac{\partial}{\partial x}\left(\frac{\partial}{\partial x}\right)=\frac{\partial^2 z}{\partial x^2}=f''_{xx}=f''_{11}$$

$$\frac{\partial}{\partial y}\left(\frac{\partial}{\partial x}\right)=\frac{\partial^2 z}{\partial x\partial y}=f''_{xy}=f''_{12}$$

$$\frac{\partial}{\partial x}\left(\frac{\partial}{\partial y}\right)=\frac{\partial^2 z}{\partial y\partial x}=f''_{yx}=f''_{21}$$

$$\frac{\partial}{\partial y}\left(\frac{\partial}{\partial y}\right)=\frac{\partial^2 z}{\partial y^2}=f''_{yy}=f''_{22}$$

其中，f''_{xx} 和 f''_{yy} 分别称为 $z=f(x,y)$ 对 x 和对 y 的二阶偏导数，f''_{xy} 和 f''_{yx} 称为 $z=f(x,y)$ 对 x 和 y 的二阶混合偏导数。一般地，对函数 $z=f(x,y)$ 的 n 阶偏导数再求一次偏导数，可得 $z=f(x,y)$ 的 $n+1$ 阶偏导数。二阶及二阶以上的偏导数称为高阶偏导数。类似地，也可定义 n 元函数的高阶偏导数。

例 8.15　设 $z=x^3y^2-3xy^2-xy+x+1$，求 $\frac{\partial^2 z}{\partial x^2},\frac{\partial^2 z}{\partial y\partial x},\frac{\partial^2 z}{\partial x\partial y},\frac{\partial^2 z}{\partial y^2}$。

解：

$$\frac{\partial z}{\partial x}=3x^2y^2-3y^2-y+1,\ \frac{\partial z}{\partial y}=2x^3y-6xy-x,$$

$$\frac{\partial^2 z}{\partial x^2}=6xy^2,\ \frac{\partial^2 z}{\partial x\partial y}=6x^2y-6y-1,$$

$$\frac{\partial^2 z}{\partial y\partial x}=6x^2y-6y-1,\ \frac{\partial^2 z}{\partial y^2}=2x^3-6x$$

例 8.16　求 $z=x^y$ 的二阶偏导数。

解：由例 8.12，知

$$\frac{\partial z}{\partial x}=yx^{y-1},\ \frac{\partial z}{\partial y}=x^y\ln x,$$

故有

$$\frac{\partial^2 z}{\partial x^2}=y(y-1)x^{y-2},\ \frac{\partial^2 z}{\partial x\partial y}=yx^{y-1}\ln x+x^{y-1},$$

$$\frac{\partial^2 z}{\partial y\partial x}=x^{y-1}+yx^{y-1}\ln x,\ \frac{\partial^2 z}{\partial y^2}=x^y(\ln x)^2$$

在上面两个例子中，均有$\frac{\partial^2 z}{\partial x\partial y}=\frac{\partial^2 z}{\partial y\partial x}$。事实上，有下述定理：

定理 8.1 如果函数 $z=f(x,y)$ 的两个二阶混合偏导数$\frac{\partial^2 z}{\partial y\partial x}$及$\frac{\partial^2 z}{\partial x\partial y}$在区域 D 内连续，那么在该区域内这两个二阶混合偏导数必相等。

简言之，在二阶混合偏导数连续的条件下，二阶混合偏导数与求导顺序无关，此结论对更高阶的混合偏导数同样成立。

例 8.17 求函数 $z=2^{ax+by}$ 的 n 阶偏导数，其中 a,b 为非零常数。

解 先对 x 求 k 阶导数，得

$$\frac{\partial^k z}{\partial x^k}=a^k 2^{ax+by}(\ln 2)^k(k=0,1,2,\cdots,n),$$

再对 y 求 $n-k$ 阶偏导数，得 n 阶混合偏导数

$$\frac{\partial^n z}{\partial x^k\partial y^{n-k}}=a^k b^{n-k}2^{ax+by}(\ln 2)^n(k=0,1,2,\cdots,n)$$

8.3.3 偏导数的经济意义

设有甲乙两种商品，它们的价格分别为 p_1 和 p_2，需求量分别为 Q_1 和 Q_2，且它们均为价格 p_1,p_2 的函数，记为

$$Q_1=Q_1(p_1,p_2),\ Q_2=Q_2(p_1,p_2),$$

则 $Q_1(p_1,p_2)$ 和 $Q_2(p_1,p_2)$ 关于 p_1 和 p_2 的偏导数表示这两种商品的边际需求。

$\frac{\partial Q_1}{\partial p_1}$称为是 Q_1 关于自身价格 p_1 的边际需求，表示当甲商品的价格 p_1 发生变化时，甲商品需求量 Q_1 关于 p_1 的变化率；$\frac{\partial Q_1}{\partial p_2}$称为 Q_1 关于相关价格 p_2 的边际需求，表示当乙商品的价格 p_2 发生变化时，甲商品需求量 Q_1 关于 p_2 的变化率。

对$\frac{\partial Q_2}{\partial p_1},\frac{\partial Q_2}{\partial p_2}$也有类似的经济意义。

与二元函数类似，也可定义多元函数的弹性，称为偏弹性。

当价格 p_2 不变，而价格 p_1 发生变化时，需求量 Q_1 和 Q_2 将随 p_1 的变化而变化。这时可定义偏弹性为

$$E_{11}=\lim_{\Delta p_1\to 0}\frac{\Delta_1 Q_1/Q_1}{\Delta p_1/p_1}=\frac{p_1}{Q_1}\frac{\partial Q_1}{\partial p_1}=\frac{\partial(\ln Q_1)}{\partial(\ln p_1)},$$

$$E_{21}=\lim_{\Delta p_1\to 0}\frac{\Delta_1 Q_2/Q_2}{\Delta p_1/p_1}=\frac{p_1}{Q_2}\frac{\partial Q_2}{\partial p_1}=\frac{\partial(\ln Q_2)}{\partial(\ln p_1)},$$

其中 $\Delta_1 Q_1=Q_1(p_1+\Delta p_1,p_2)-Q_1(p_1,p_2)$，$\Delta_1 Q_2=Q_2(p_1+\Delta p_1,p_2)-Q_2(p_1,p_2)$

当价格 p_1 不变，而价格 p_2 发生变化时，需求量 Q_1 和 Q_2 将随 p_2 的变化而变化。这时可定义偏弹性为

$$E_{12}=\lim_{\Delta p_1\to 0}\frac{\Delta_2 Q_1/Q_1}{\Delta p_2/p_2}=\frac{p_2}{Q_1}\frac{\partial Q_1}{\partial p_2}=\frac{\partial(\ln Q_1)}{\partial(\ln p_2)},$$

$$E_{22}=\lim_{\Delta p_1\to 0}\frac{\Delta_2 Q_2/Q_2}{\Delta p_2/p_2}=\frac{p_2}{Q_2}\frac{\partial Q_2}{\partial p_2}=\frac{\partial(\ln Q_2)}{\partial(\ln p_2)}$$

其中 $\Delta_2 Q_1=Q_1(p_1,p_2+\Delta p_2)-Q_1(p_1,p_2)$，$\Delta_2 Q_2=Q_2(p_1,p_2+\Delta p_2)-Q_2(p_1,p_2)$

E_{11}称为甲商品的需求量 Q_1 对自身价格 p_1 的**直接价格偏弹性**；E_{12}称为甲商品的需求量 Q_1 对相关价格 p_2 的**交叉价格偏弹性**，E_{21}、E_{22}也有类似的解释。

根据偏弹性的定义，在求偏弹性时可先将需求函数两边取对数，这样会带来一些方便。

例 8.18　已知某种商品的需求量 Q_1 是该商品价格 p_1，相关商品价格 p_2 以及消费者收入 x 的函数，即

$$Q_1=0.001p_1^{-\frac{1}{2}}p_2^{-\frac{3}{5}}x^{\frac{5}{3}},$$

求需求的直接价格偏弹性 E_{11}，交叉价格偏弹性 E_{12}，以及需求的收入偏弹性 E_{1x}。

解：先对需求函数两边同时取对数，得

$$\ln Q_1=-\ln 1000-\frac{1}{2}\ln p_1-\frac{3}{5}\ln p_2+\frac{5}{3}\ln x,$$

所以

$$E_{11}=\frac{\partial(\ln Q_1)}{\partial(\ln p_1)}=-\frac{1}{2},\quad E_{12}=\frac{\partial(\ln Q_1)}{\partial(\ln p_2)}=-\frac{3}{5},$$

$$E_{1x}=\frac{\partial(\ln Q_1)}{\partial(\ln x)}=\frac{5}{3}$$

$E_{11}=-\frac{1}{2}$说明当该商品的价格上涨 1% 时，该商品的需求量会减少 0.5%；$E_{12}=-\frac{3}{5}$说明当相关商品的价格上涨 1% 时，该商品的需求量会减少 0.6%；$E_{1x}=\frac{5}{3}$说明当消费者收入增加 1% 时，该商品的需求量会增加 1.67%。

§ 8.4　全微分及其应用

8.4.1　全微分概念

二元函数的偏导数表示当一个自变量固定不变时，因变量相对于另一个自变量的变化率，为了研究所有自变量同时发生变化时，二元函数的变化情况，需要引入全微分的概念。根据偏导数的定义，有

$$f(x+\Delta x,y)-f(x,y)\approx f'_x(x,y)\Delta x$$

$$f(x,y+\Delta y)-f(x,y)\approx f'_y(x,y)\Delta y$$

两式的左端分别称为二元函数 $z=f(x,y)$ 对自变量 x 和 y 的**偏增量**．为了引入全微分，先给出全增量的概念。

设函数 $z=f(x,y)$ 在点 $P_0(x_0,y_0)$ 的某邻域内有定义，$P_1(x_0+\Delta x,y_0+\Delta y)$ 是这个邻域内的任意一点，函数在这两点的函数值之差 $f(x_0+\Delta x,y_0+\Delta y)-f(x_0,y_0)$ 称为函数在点 $P_0(x_0,y_0)$ 处对应于自变量增量 $\Delta x,\Delta y$ 的**全增量**，记为 Δz，即

$$\Delta z=f(x_0+\Delta x,y_0+\Delta y)-f(x_0,y_0)。$$

定义 8.5　如果函数 $z=f(x,y)$ 在点 (x,y) 处的全增量

$$\Delta z=f(x+\Delta x,y+\Delta y)-f(x,y),$$

可表示为

$$\Delta z=A\Delta x+B\Delta y+o(\rho),$$

其中 A,B 仅与 x,y 有关，与 $\Delta x,\Delta y$ 无关，$\rho=\sqrt{(\Delta x)^2+(\Delta y)^2}$，则称函数 $z=f(x,y)$ 在点 (x,y) **可微分**或**可微**，而 $A\Delta x+B\Delta y$ 称为函数 $z=f(x,y)$ 在点 (x,y) 的**全微分**，记为 dz，即

$$dz=A\Delta x+B\Delta y$$

如果函数在区域 D 内各点处都可微分，则称函数在 D 内可微分。

下面讨论函数 $z=f(x,y)$ 在点 (x,y) 处可微分的条件。

定理 8.2（可微的必要条件）如果函数 $z=f(x,y)$ 在点 (x_0,y_0) 可微分，则该函数在点 (x_0,y_0) 处的偏导数 $\frac{\partial z}{\partial x},\frac{\partial z}{\partial y}$ 必存在，且有

$$A=\left.\frac{\partial z}{\partial x}\right|_{(x_0,y_0)},B=\left.\frac{\partial z}{\partial y}\right|_{(x_0,y_0)},$$

即函数 $z=f(x,y)$ 在点 (x_0,y_0) 处的全微分可表示为

$$dz=\left.\frac{\partial z}{\partial x}\right|_{(x_0,y_0)}\Delta x+\left.\frac{\partial z}{\partial y}\right|_{(x_0,y_0)}\Delta y$$

证　设函数 $z=f(x,y)$ 在点 $P_0(x_0,y_0)$ 可微分，于是对于点 P_0 的某个邻域内的任意一点 $P_1(x_0+\Delta x,y_0+\Delta y)$，$\Delta z=A\Delta x+B\Delta y+o(\rho)$ 总成立，特别地当 $\Delta y=0$ 时，有 $\rho=|\Delta x|$，所以

$$\Delta z=f(x_0+\Delta x,y_0)-f(x_0,y_0)=A\Delta x+o(|\Delta x|),$$

上式两边同时除以 Δx，再令 $\Delta x\to 0$，取极限，即得

$$\lim_{\Delta x\to 0}\frac{f(x_0+\Delta x,y_0)-f(x_0,y_0)}{\Delta x}=\lim_{\Delta x\to 0}\frac{A\Delta x+o(|\Delta x|)}{\Delta x}=A$$

从而，偏导数 $\frac{\partial z}{\partial x}$ 存在，且等于 A，同理可证得 $\frac{\partial z}{\partial y}=B$。

注意　一元函数在某点导数存在是它在该点可微的充分必要条件，但是对于二元函数而言，当函数的两个偏导数都存在时，虽然有 $\frac{\partial z}{\partial x}\Delta x+\frac{\partial z}{\partial y}\Delta y$ 的形式，但是它与 Δz 之差不一定是 ρ 的高阶无穷小，因此二元函数在该点不一定可微。换言之，各个偏导数存在只是函数可微的必要条件。例如函数

$$f(x,y)=\begin{cases}\dfrac{xy}{\sqrt{x^2+y^2}}, x^2+y^2\neq 0,\\ 0,\ x^2+y^2=0\end{cases}$$

在点(0,0)处有 $f'_x(0,0)=f'_y(0,0)=0$，但

$$\Delta z-[f'_x(0,0)\Delta x+f'_y(0,0)\Delta y]=\frac{\Delta x\cdot\Delta y}{\sqrt{(\Delta x)^2+(\Delta y)^2}},$$

考虑 $\lim\limits_{\rho\to0}\dfrac{\frac{\Delta x\cdot\Delta y}{\sqrt{(\Delta x)^2+(\Delta y)^2}}}{\rho}=\lim\limits_{\rho\to0}\dfrac{\Delta x\cdot\Delta y}{(\Delta x)^2+(\Delta y)^2}$，当 $(\Delta x,\Delta y)$ 沿直线 $y=x$ 趋于(0,0)时，极限等于 $\frac{1}{2}$，这说明 $\Delta z-[f'_x(0,0)\Delta x+f'_y(0,0)\Delta y]$ 不是 ρ 的高阶无穷小，所以，二元函数 $f(x,y)$ 在点(0,0)处不可微。

定理 8.3（可微的充分条件）如果函数 $z=f(x,y)$ 在点 (x_0,y_0) 处的偏导数 $\frac{\partial z}{\partial x},\frac{\partial z}{\partial y}$ 存在且连续，则该二元函数在点 (x_0,y_0) 处可微。

证：因为

$$\begin{aligned}\Delta z&=f(x_0+\Delta x,y_0+\Delta y)-f(x_0,y_0)\\&=[f(x_0+\Delta x,y_0)-f(x_0,y_0)]+[f(x_0+\Delta x,y_0+\Delta y)-f(x_0+\Delta x,y_0)],\end{aligned}$$

由于函数 $z=f(x,y)$ 在点 (x_0,y_0) 的某邻域内偏导数 $\frac{\partial z}{\partial x},\frac{\partial z}{\partial y}$ 都存在且连续，故由一元函数的微分中值定理，得

$$[f(x_0+\Delta x,y_0)-f(x_0,y_0)]=f'_x(x_0+\theta_1\Delta x,y_0)\Delta x\ (0<\theta_1<1),$$

$$[f(x_0+\Delta x,y_0+\Delta y)-f(x_0+\Delta x,y_0)]=f'_y(x_0+\Delta x,y_0+\theta_2\Delta y)\Delta y\ (0<\theta_2<1),$$

又 $f'_x(x,y)$ 在点 (x_0,y_0) 处连续，即

$$\lim_{\substack{x\to x_0\\y\to y_0}}f'_x(x,y)=f'_x(x_0,y_0)$$

等价于

$$f'_x(x,y)=f'_x(x_0,y_0)+\alpha_1$$

其中 α_1 是当 $x\to x_0,y\to y_0$ 时的无穷小量，所以

$$f'_x(x_0+\theta_1\Delta x,y_0)\Delta x=f'_x(x_0,y_0)\Delta x+\alpha_1\Delta x,$$

同理，可得

$$f'_y(x_0+\Delta x,y_0+\theta_2\Delta y)\Delta y=f'_y(x_0,y_0)\Delta y+\alpha_2\Delta y,$$

其中 α_2 也是当 $x\to x_0,y\to y_0$ 时的无穷小量，
于是

$$\Delta z=f'_x(x_0,y_0)\Delta x+f'_y(x_0,y_0)\Delta y+\alpha_1\Delta x+\alpha_2\Delta y,$$

且 $\frac{|\Delta x|}{\rho}\leqslant1$，$\frac{|\Delta y|}{\rho}\leqslant1$，故 $\lim\limits_{\rho\to0}\dfrac{\alpha_1\Delta x+\alpha_2\Delta y}{\rho}=0$，于是函数 $z=f(x,y)$ 在点 (x_0,y_0) 处可微。

定理 8.4　若函数 $z=f(x,y)$ 在点 (x_0,y_0) 处可微，则该函数 $z=f(x,y)$ 在点 (x_0,y_0) 处连续。

证：若 $z=f(x,y)$ 在点 (x_0,y_0) 处可微，则

$$\lim_{\substack{\Delta x\to0\\\Delta y\to0}}\Delta z=\lim_{\substack{\Delta x\to0\\\Delta y\to0}}(A\Delta x+B\Delta y+o(\rho))=0,$$

即

$$\lim_{\substack{\Delta x\to 0\\ \Delta y\to 0}} f(x_0+\Delta x, y_0+\Delta y)=f(x_0,y_0),$$

故函数 $z=f(x,y)$ 在点 (x_0,y_0) 处连续。

由上述三个定理可以得到可微，偏导数存在与连续的关系如下，并且这些关系可以完全类似地推广到三元或三元以上的多元函数。

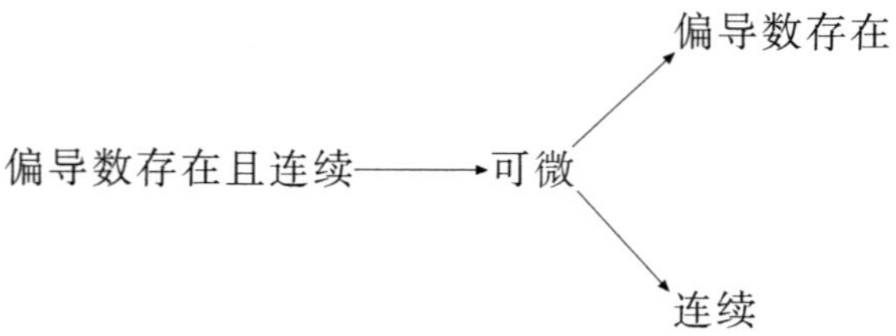

习惯上，将自变量的增量 $\Delta x,\Delta y$ 分别记为 dx,dy，这样二元函数的全微分可写成 $dz=\frac{\partial z}{\partial x}dx+\frac{\partial z}{\partial y}dy$。

例 8.19　求函数 $z=\frac{y}{\sqrt{x^2+y^2}}$ 的全微分。

解：因为

$$\frac{\partial z}{\partial x}=-\frac{y\cdot\frac{1}{2}\cdot\frac{1}{\sqrt{x^2+y^2}}\cdot 2x}{x^2+y^2}=-\frac{xy}{\sqrt{(x^2+y^2)^3}},$$

$$\frac{\partial z}{\partial y}=\frac{\sqrt{x^2+y^2}-y\cdot\frac{1}{2}\cdot\frac{1}{\sqrt{x^2+y^2}}\cdot 2y}{x^2+y^2}=\frac{x^2+y^2-y^2}{\sqrt{(x^2+y^2)^3}}=\frac{x^2}{\sqrt{(x^2+y^2)^3}},$$

所以

$$dz=-\frac{xy}{\sqrt{(x^2+y^2)^3}}dx+\frac{x^2}{\sqrt{(x^2+y^2)^3}}dy$$

例 8.20　求函数 $u=x^{yz}$ 在点 $(2,2,3)$ 处的全微分。

解：因为

$$\frac{\partial u}{\partial x}=yz\cdot x^{yz-1},\quad \frac{\partial u}{\partial y}=x^{yz}\cdot \ln x\cdot z,\quad \frac{\partial u}{\partial z}=x^{yz}\cdot\ln x\cdot y,$$

将 $x=2,y=2,z=3$ 代入上式，得

$$\left.\frac{\partial u}{\partial x}\right|_{(2,2,3)}=6\cdot 2^5,\quad \left.\frac{\partial u}{\partial y}\right|_{(2,2,3)}=2^6\cdot\ln 2\cdot 3,\quad \left.\frac{\partial u}{\partial z}\right|_{(2,2,3)}=2^7\cdot\ln 2,$$

所以

$$du=2^5\cdot 6dx+2^6\cdot\ln 2\cdot 3dy+2^7\cdot\ln 2dz$$

8.4.2　全微分在近似计算中的应用

与一元函数类似，用二元函数的全微分也可以作近似计算。根据二元函数全微分的定义，当 $|\Delta x|$ 和 $|\Delta y|$ 充分小时，可有近似等式

$$\Delta z \approx dz = f'_x(x_0, y_0)\Delta x + f'_y(x_0, y_0)\Delta y, \tag{8.3}$$

$$f(x_0 + \Delta y, y_0 + \Delta y) \approx f(x_0, y_0) + f'_x(x_0, y_0)\Delta x + f'_y(x_0, y_0)\Delta y \tag{8.4}$$

成立。利用上面两式可以对二元函数作近似计算。

例 8.21　计算$(1.04)^{2.02}$的近似值。

解：设函数$f(x,y) = x^y$，显然我们要求$f(1.04, 2.02)$的近似值。取$x_0 = 1$，$y_0 = 2$，$\Delta x = 0.04$，$\Delta y = 0.02$，由于

$$f(1,2) = 1,$$

$$f'_x(x,y) = y \cdot x^{y-1},\ f'_y(x,y) = x^y \cdot \ln x,$$

$$f'_x(1,2) = 2, f'_y(1,2) = 0,$$

应用公式（8.4），有

$$(1.04)^{2.02} \approx 1 + 2 \times 0.04 + 0 \times 0.02 = 1.08$$

例 8.22　已知某工厂的产量Q为其投入的资金K和劳动力L的函数：$Q = Q(K,L)$，但是函数$Q(K,L)$的具体形式不知道，只知道：

$$Q(20,64) = 2500 \text{（产量）};$$

$$Q'_K(20,64) = 350 \text{（资金的边际产出率）};$$

$$Q'_L(20,64) = 270 \text{（劳力的边际产出率）}$$

现在工厂准备扩大投入，使$K = 24, L = 69$，试计算扩大投入后，该厂产量及产量增量的近似值。

解：由公式（8.3），有

$$\Delta Q = Q'_K(K_0, L_0)\Delta K + Q'_L(K_0, L_0)\Delta L,$$

已知

$$K_0 = 20,\ L_0 = 64,\ \Delta K = 4,\ \Delta L = 5,\ Q'_K(20,64) = 350,\ Q'_L(20,64) = 270,$$

于是，有

$$\Delta Q \approx 350 \times 4 + 270 \times 5 = 2750,$$

$$Q(24,69) \approx Q(20,65) + \Delta Q = 5250$$

即扩大投入后的产量近似值为5250个单位，产量增量的近似值为2750个单位。

§8.5　多元复合函数的求导法则

8.5.1　复合函数求导法则

（1）复合函数的中间变量均为一元函数的情形

定理 8.5　设函数$z = f(u,v)$可微，函数$u = \varphi(x)$和$v = \psi(x)$可导，则复合函数$z = f[\varphi(x), \psi(x)]$关于$x$可导，且有

$$\frac{dz}{dx} = \frac{\partial f}{\partial u} \cdot \varphi'(x) + \frac{\partial f}{\partial v} \cdot \psi'(x) \tag{8.5}$$

证　设当自变量x的改变量为Δx时，中间变量$u = \varphi(x)$和$v = \psi(x)$的改变量分别为Δu

和 Δv，函数的改变量为 Δz。依条件，函数 $z=f(u,v)$ 可微，于是有

$$\Delta z=\frac{\partial f}{\partial u}\Delta u+\frac{\partial f}{\partial v}\Delta v+o(\rho),$$

其中 $\rho=\sqrt{(\Delta u)^2+(\Delta v)^2}$，将上式两边同时除以 Δx，得

$$\begin{aligned}\frac{\Delta z}{\Delta x}&=\frac{\partial f}{\partial u}\frac{\Delta u}{\Delta x}+\frac{\partial f}{\partial v}\frac{\Delta v}{\Delta x}+\frac{o(\rho)}{\Delta x}\\&=\frac{\partial f}{\partial u}\frac{\Delta u}{\Delta x}+\frac{\partial f}{\partial v}\frac{\Delta v}{\Delta x}+\frac{o(\rho)}{\rho}\frac{\sqrt{(\Delta u)^2+(\Delta v)^2}}{\Delta x}\\&=\frac{\partial f}{\partial u}\frac{\Delta u}{\Delta x}+\frac{\partial f}{\partial v}\frac{\Delta v}{\Delta x}+\frac{o(\rho)}{\rho}\sqrt{\left(\frac{\Delta u}{\Delta x}\right)^2+\left(\frac{\Delta v}{\Delta x}\right)^2},\end{aligned}$$

因为函数 $u=\varphi(x)$ 和 $v=\psi(x)$ 可导，所以，当 $\Delta x\to 0$ 时，有

$$\Delta u\to 0,\ \Delta v\to 0,\ \rho\to 0,\ \frac{\Delta u}{\Delta x}\to\frac{du}{dx},\ \frac{\Delta v}{\Delta x}\to\frac{dv}{dx},$$

在上式中令 $\Delta x\to 0$，得

$$\frac{dz}{dx}=\frac{\partial f}{\partial u}\cdot\frac{dv}{dx}+\frac{\partial f}{\partial v}\cdot\frac{dv}{dx}=\frac{\partial f}{\partial u}\cdot\varphi'(x)+\frac{\partial f}{\partial v}\cdot\psi'(x)$$

公式（8.5）可以推广到 n 元函数的情况，设 n 元函数 $z=f(x_1,x_2,\cdots,x_n)$ 可微，且一元函数 $x_1=\varphi_1(t),x_2=\varphi_2(t),\cdots,x_n=\varphi_n(t)$ 对 t 都可导，则复合函数对 t 可导，且有

$$\frac{dz}{dt}=\sum_{i=1}^{n}\frac{\partial f}{\partial x_i}\frac{dx_i}{dt}\tag{8.6}$$

例 8.23 已知 $z=x^2y^2$，$x=a\sin t$，$y=b\cos t$，求 $\frac{dz}{dt}$

解： $\frac{\partial z}{\partial x}=2xy^2$，$\frac{\partial z}{\partial y}=2x^2y$，$\frac{dx}{dt}=a\cos x$，$\frac{dy}{dt}=-b\sin x$，

代入（8.5），得

$$\begin{aligned}\frac{dz}{dt}&=2xy^2\cdot a\cos x+2x^2y\cdot(-b\sin t)\\&=\frac{1}{2}a^2b^2\sin 4t\end{aligned}$$

例 8.24 设 $z=x^{\sin x}$，求 $\frac{dz}{dx}$。

分析 设 $z=x^y$，$y=\sin x$，则 $z=x^{\sin x}$ 为二元函数 $z=x^y$ 与 $y=\sin x$ 的复合函数，根据公式（8.5），有 $\frac{dz}{dx}=\frac{\partial z}{\partial x}\cdot 1+\frac{\partial z}{\partial y}\frac{dy}{dx}$。

解： $\frac{dz}{dx}=\frac{\partial z}{\partial x}\cdot 1+\frac{\partial z}{\partial y}\frac{dy}{dx}=yx^{y-1}+x^y\ln x\cdot\cos x$，

将 $y=\sin x$ 代入上式整理后，得

$$\frac{dz}{dx}=\sin x\cdot x^{\sin x-1}+x^{\sin x}\ln x\cdot\cos x$$

由此可见，若 $z=f(u,v)$ 可微，且 $u=x$，$v=\varphi(x)$（$\varphi(x)$ 可导），则复合函数 $z=f[x,\varphi(x)]$ 关于 x 可导，且求导公式为

$$\frac{dz}{dx}=\frac{\partial f}{\partial x}+\frac{\partial f}{\partial v}\varphi'(x) \tag{8.7}$$

例 8.25　设 $z=f(x,y)$ 为 k 次齐次函数且可微，验证公式：

$$x\frac{\partial f}{\partial x}+y\frac{\partial f}{\partial y}=kf(x,y)$$

通常称此公式为齐次函数的**欧拉（Euler）公式**。

证： 设 (x_0,y_0) 是 $f(x,y)$ 的定义域内任意一点，由齐次函数定义，有

$$f(\lambda x_0,\lambda y_0)=\lambda^k f(x_0,y_0)$$

上式两端关于 λ 求导，并利用(8.6)式，可得

$$x_0 f_x'(\lambda x_0,\lambda y_0)+y_0 f_y'(\lambda x_0,\lambda y_0)=k\lambda^{k-1}f(x_0,y_0)$$

此式对任意非零的 λ 皆成立，特别取 $\lambda=1$ 时，有

$$x_0 f_x'(x_0,y_0)+y_0 f_y'(x_0,y_0)=kf(x_0,y_0)$$

由 (x_0,y_0) 的任意性，可知

$$x\frac{\partial f}{\partial x}+y\frac{\partial f}{\partial y}=kf(x,y)$$

（2）复合函数的中间变量为多元函数的情形

定理 8.6　设函数 $z=f(u,v)$ 可微，函数 $u=\varphi(x,y)$ 和 $v=\psi(x,y)$ 的偏导数都存在，则复合函数 $z=f[\varphi(x,y),\psi(x,y)]$ 的偏导数也存在，且有

$$\begin{aligned}\frac{\partial z}{\partial x}&=\frac{\partial f}{\partial u}\cdot\frac{\partial u}{\partial x}+\frac{\partial f}{\partial v}\cdot\frac{\partial v}{\partial x}\\ \frac{\partial z}{\partial y}&=\frac{\partial f}{\partial u}\cdot\frac{\partial u}{\partial y}+\frac{\partial f}{\partial v}\cdot\frac{\partial v}{\partial y}\end{aligned} \tag{8.8}$$

事实上，当求 $\frac{\partial z}{\partial x}$ 时，将 y 看作常量，因此中间变量 u 及 v 仍是一元函数，可以直接应用定理 8.5，但是由于复合函数 $z=f[\varphi(x,y),\psi(x,y)]$ 以及 $u=\varphi(x,y)$ 和 $v=\psi(x,y)$ 都是 x,y 的二元函数，所以应把公式（8.5）中的 $\varphi'(x),\psi'(x)$ 改成 $\frac{\partial u}{\partial x},\frac{\partial v}{\partial x}$，同理可得公式（8.8）的第二式。(8.8）式称为复合函数求导的连锁法则。

例 8.26　设 $z=e^u\sin v$，而 $u=xy,v=x+y$，求 $\frac{\partial z}{\partial x}$。

解： $\frac{\partial z}{\partial x}=\frac{\partial z}{\partial u}\frac{\partial u}{\partial x}+\frac{\partial z}{\partial v}\frac{\partial v}{\partial x}=e^u\sin v\cdot y+e^u\cos v\cdot 1=e^{xy}[y\sin(x+y)+\cos(x+y)]$

例 8.27　设 $z=f(u,x,y)$，$u=u(x,y)$，f 具有连续偏导数，求 $\frac{\partial z}{\partial x},\frac{\partial z}{\partial y}$。

解： $\frac{\partial z}{\partial x}=\frac{\partial z}{\partial u}\frac{\partial u}{\partial x}+\frac{\partial z}{\partial x}$，$\frac{\partial z}{\partial y}=\frac{\partial z}{\partial u}\frac{\partial u}{\partial y}+\frac{\partial z}{\partial y}$

观察上面的第一式，等式两边都出现了 $\frac{\partial z}{\partial x}$，但是它们的意义是不同的。左边的 $\frac{\partial z}{\partial x}$ 是把复合函数 $f(u(x,y),x,y)$ 看成一个关于 x,y 的二元函数对 x 求偏导数，右边的 $\frac{\partial z}{\partial x}$ 是把 $f(u,x,y)$ 看成关于 u,x,y 的三元函数三对 x 求偏导，为了不引起大家的混淆，一般地，将等式改写为

$$\frac{\partial z}{\partial x}=\frac{\partial f}{\partial u}\frac{\partial u}{\partial x}+\frac{\partial f}{\partial x}$$

同理，上面的第二式也相应地改写为

$$\frac{\partial z}{\partial y}=\frac{\partial f}{\partial u}\frac{\partial u}{\partial y}+\frac{\partial f}{\partial y}$$

例 8.28 设 $u=e^{\frac{x}{y}}+e^{\frac{z}{y}}$，求$\frac{\partial u}{\partial y}$。

解： 设 $v=\frac{x}{y}$，$w=\frac{z}{y}$，则函数 $u=e^{\frac{x}{y}}+e^{\frac{z}{y}}$表示为 $u=e^{v}+e^{w}$ 与 $v=\frac{x}{y}$，$w=\frac{z}{y}$的复合函数，所以

$$\frac{\partial u}{\partial y}=\frac{\partial u}{\partial v}\cdot\frac{\partial v}{\partial y}+\frac{\partial u}{\partial w}\cdot\frac{\partial w}{\partial y}=e^{v}\cdot\left(-\frac{x}{y^2}\right)+e^{w}\cdot\left(-\frac{z}{y^2}\right)=e^{\frac{x}{y}}\cdot\left(-\frac{x}{y^2}\right)+e^{\frac{z}{y}}\cdot\left(-\frac{z}{y^2}\right)$$

例 8.29 设 $z=f(xy)=\int_0^{xy}e^{-t^2}dt$，求$\frac{\partial z}{\partial x}$。

解： 设 $u=xy$，则函数$f(xy)$表示为$f(u)=\int_0^{u}e^{-t^2}dt$ 与 $u=xy$ 的复合函数，所以

$$\frac{\partial z}{\partial x}=\frac{df}{du}\frac{\partial u}{\partial x}=e^{-u^2}\cdot y=ye^{-(xy)^2}$$

例 8.30 设 $z=f(x^2-y^2,e^{xy})$，求$\frac{\partial z}{\partial x},\frac{\partial^2 z}{\partial x\partial y}$。

解： 设 $u=x^2-y^2,v=e^{xy}$。为了表述方便，引入记号

$$f'_1=\frac{\partial f}{\partial u},f''_{12}=\frac{\partial^2 f}{\partial u\partial v}$$

其中下标“1”表示第一个变量 u，下标“2”表示第二个变量 v。这种表示法不依赖于中间变量具体用什么符号表示，简洁而又含义清楚，是偏导数运算中常用的一种表示法。于是

$$\frac{\partial z}{\partial x}=\frac{\partial z}{\partial u}\cdot\frac{\partial u}{\partial x}+\frac{\partial z}{\partial v}\cdot\frac{\partial v}{\partial x}=f'_1\cdot 2x+f'_2\cdot ye^{xy}$$

$$\begin{aligned}\frac{\partial^2 z}{\partial x\partial y}&=\frac{\partial}{\partial y}\left(\frac{\partial z}{\partial x}\right)=\frac{\partial}{\partial y}(2xf'_1+ye^{xy}f'_2)\\&=\frac{\partial(2xf'_1)}{\partial y}+\frac{\partial(ye^{xy}f'_2)}{\partial y}\\&=2x\frac{\partial f'}{\partial y}+e^{xy}f'_2+xye^{xy}f'_2+ye^{xy}\frac{\partial f'}{\partial y}\end{aligned}$$

而

$$\frac{\partial f'_1}{\partial y}=\frac{\partial f'_1}{\partial u}\frac{\partial u}{\partial y}+\frac{\partial f'_1}{\partial v}\frac{\partial v}{\partial y}=f''_{11}\cdot(-2y)+f''_{12}\cdot xe^{xy}$$

$$\frac{\partial f'_2}{\partial y}=\frac{\partial f'_2}{\partial u}\frac{\partial u}{\partial y}+\frac{\partial f'_2}{\partial v}\frac{\partial v}{\partial y}=f''_{21}\cdot(-2y)+f''_{22}\cdot xe^{xy}$$

于是

$$\frac{\partial^2 z}{\partial x\partial y}=-4xyf''_{11}+2(x^2-y^2)e^{xy}f''_{12}+(1+xy)e^{xy}f'_2+xy\,(e^{xy})^2f''_{22}$$

注意 从以上例题可知，多元函数的复合关系是多种多样的。读者不必记住所有的公

式，只需要理解上述求导方法，在实际问题中加以灵活应用。具体可以归结为以下几条原则：（1）首先应分清自变量与中间变量，以及它们之间的复合关系；（2）一般来说，有几个中间变量，求导公式中就会有几项相加，有几次复合，每一项就有几个因子相乘，必须经过所有的中间变量而最后到达自变量。总之，多元函数的求导公式是千变万化的，不宜死套公式。

8.5.2　全微分形式不变性

设函数 $z=f(u,v)$ 具有连续偏导数，则有全微分

$$dz=\frac{\partial z}{\partial u}du+\frac{\partial z}{\partial v}dv \tag{8.9}$$

如果 u,v 还是 x,y 的函数，即 $u=\varphi(x,y)$，$v=\psi(x,y)$，且这两个函数也具有连续的偏导数，故有

$$du=\frac{\partial u}{\partial x}dx+\frac{\partial u}{\partial y}dy,dv=\frac{\partial v}{\partial x}dx+\frac{\partial v}{\partial y}dy \tag{8.10}$$

则复合函数

$$z=f[\varphi(x,y),\psi(x,y)]$$

的全微分为

$$dz=\frac{\partial z}{\partial x}dx+\frac{\partial z}{\partial y}dy \tag{8.11}$$

其中

$$\frac{\partial z}{\partial x}=\frac{\partial z}{\partial u}\frac{\partial u}{\partial x}+\frac{\partial z}{\partial v}\frac{\partial v}{\partial x},\frac{\partial z}{\partial y}=\frac{\partial z}{\partial u}\frac{\partial u}{\partial y}+\frac{\partial z}{\partial v}\frac{\partial v}{\partial y} \tag{8.12}$$

事实上，将（8.12）式代入（8.11）后，可得

$$\begin{aligned} dz&=(\frac{\partial z}{\partial u}\frac{\partial u}{\partial x}+\frac{\partial z}{\partial v}\frac{\partial v}{\partial x})dx+(\frac{\partial z}{\partial u}\frac{\partial u}{\partial y}+\frac{\partial z}{\partial v}\frac{\partial v}{\partial y})dy\\ &=\frac{\partial z}{\partial u}(\frac{\partial u}{\partial x}dx+\frac{\partial u}{\partial y}dy)+\frac{\partial z}{\partial v}(\frac{\partial v}{\partial x}dx+\frac{\partial v}{\partial y}dy)\\ &=\frac{\partial z}{\partial u}du+\frac{\partial z}{\partial v}dv \end{aligned} \tag{8.13}$$

由此可见，无论是自变量的函数或中间变量的函数，函数 $z=f(u,v)$ 的全微分形式（8.9）式和（8.13）式都是一样的，这个性质叫做全微分形式不变性。

例 8.31　利用全微分形式不变性求解例 8.26。

解： 因为 $dz=d(e^u\sin v)=e^u\sin v du+e^u\cos v dv$，

将 $du=d(xy)=ydx+xdy,d(x+y)=dx+dy$ 代入上式，得

$$\begin{aligned} dz&=e^u\sin v(ydx+xdy)+e^u\cos v(dx+dy)\\ &=e^{xy}[y\sin(x+y)+\cos(x+y)]dx\\ &\quad+e^{xy}[x\sin(x+y)+\cos(x+y)]dy \end{aligned}$$

所以

$$\frac{\partial z}{\partial x}=e^{xy}[y\sin(x+y)+\cos(x+y)]$$

8.5.3 隐函数微分法

在第 3 章中，已经介绍过隐函数的求导。一般地，用 $y=f(x)$，$z=g(x,y)$ 表达的函数叫做**显函数**。如果变量 x 和 y 满足一个方程 $F(x,y)=0$，在一定条件下，当 x 取某区间内的任意一值时，相应地总有满足这方程的唯一的 y 值存在，那么就说方程在该区间内确定了一个**隐函数** $y=f(x)$。

定理 8.7 设方程 $F(x,y)=0$ 确定隐函数 $y=f(x)$，且函数 $F(x,y)$ 存在连续偏导数，则当 $\frac{\partial F}{\partial y}\neq 0$ 时，有隐函数求导公式

$$\frac{dy}{dx}=-\frac{F'_x}{F'_y} \tag{8.14}$$

证：因为 $y=f(x)$ 满足 $F(x,y)=0$，故有恒等式

$$F(x,f(x))=0$$

等式两边同时关于 x 求导，可得

$$\frac{\partial F}{\partial x}+\frac{\partial F}{\partial y}\frac{dy}{dx}=0$$

当 $\frac{\partial F}{\partial y}\neq 0$ 时，有

$$\frac{dy}{dx}=-\frac{F'_x}{F'_y}$$

例 8.32 求由 $xy-2^x+2^y=0$ 确定的隐函数 $y=f(x)$ 的导数 $\frac{dy}{dx}$。

解：设 $F(x,y)=xy-2^x+2^y$，则有

$$\frac{\partial F}{\partial x}=y-2^x\ln 2,\frac{\partial F}{\partial y}=x+2^y\ln 2,$$

于是

$$\frac{dy}{dx}=-\frac{F'_x}{F'_y}=-\frac{y-2^x\ln 2}{x+2^y\ln 2}(x+2^y\ln 2\neq 0)$$

相应地，如果变量 x,y 和 z 满足一个方程 $F(x,y,z)=0$，在一定条件下，当 x,y 取某区域内的任意一对数值时，相应地总有满足这方程的唯一的 z 值与之对应，则称方程 $F(x,y,z)=0$ 在该区域内确定了一个二元隐函数 $z=f(x,y)$。

对于方程 $F(x,y,z)=0$ 所确定的二元隐函数 $z=f(x,y)$，若函数 $F(x,y,z)$ 存在连续偏导数，且 $\frac{\partial F}{\partial z}\neq 0$，则有

$$\begin{cases}\frac{\partial z}{\partial x}=-\frac{F'_x}{F'_z},\\ \frac{\partial z}{\partial y}=-\frac{F'_y}{F'_z}\end{cases} \tag{8.15}$$

例 8.33 设 $\frac{x}{z}=\ln\frac{z}{y}$ 确定函数 $z=f(x,y)$，求 $\frac{\partial z}{\partial x},\frac{\partial^2 z}{\partial x\partial y}$。

解：设 $F(x,y,z)=\ln\frac{z}{y}-\frac{x}{z}$，则有

$$\frac{\partial F}{\partial x}=-\frac{1}{z};\frac{\partial F}{\partial y}=\frac{y}{z}\cdot\left(-\frac{z}{y^2}\right)=-\frac{1}{y};\frac{\partial F}{\partial z}=\frac{y}{z}\cdot\frac{1}{y}+\frac{x}{z^2}=\frac{x+z}{z^2},$$

$$\frac{\partial z}{\partial x}=-\frac{F'_x}{F'_z}=\frac{z}{x+z}=\frac{1}{1+\frac{x}{z}}=\frac{1}{1+\ln z-\ln y},$$

$$\frac{\partial z}{\partial y}=-\frac{F'_y}{F'_z}=\frac{1/y}{(x+z)/z^2},$$

$$\frac{\partial^2 z}{\partial x\partial y}=\frac{\partial}{\partial y}\left(\frac{1}{1+\ln z-\ln y}\right)=-\frac{\frac{1}{z}\cdot z'_y-\frac{1}{y}}{(1+\ln z-\ln y)^2}$$

$$=-\frac{\frac{1}{z}\cdot\left(\frac{1/y}{(x+z)/z^2}\right)-\frac{1}{y}}{(1+\ln z-\ln y)^2}=\frac{x/z}{y(1+x/z)(1+\ln z-\ln y)^2}$$

$$=\frac{\ln z-\ln y}{y\,(1+\ln z-\ln y)^3}$$

求隐函数的偏导时，还可以利用全微分进行计算。

例 8.34　已知 $u+e^u=xy$，求$\frac{\partial u}{\partial y}$。

解：在所给等式两端求微分，得到

$$du+e^u du=ydx+xdy,$$

所以

$$du=\frac{y}{1+e^u}dx+\frac{x}{1+e^u}dy,$$

根据全微分公式，可知

$$\frac{\partial u}{\partial y}=\frac{x}{1+e^u}$$

§8.6　多元函数的极值与最值

8.6.1　多元函数的极值与最值

在实际问题中，往往会遇到多元函数的最大、最小值问题。与一元函数类似，多元函数的最值与极值有密切联系。虽然多元函数的极值与最值的定义与一元函数完全类似，但是多元函数求极值的判别法却复杂很多。

定义 8.6　设函数 $z=f(x,y)$ 在点 $P_0(x_0,y_0)$ 的某邻域内有定义，如果对于在该邻域内且异于 $P_0(x_0,y_0)$ 的任意点 (x,y)，恒有不等式

$$f(x,y)\leqslant f(x_0,y_0)$$

成立，则称函数$f(x,y)$在点$P_0(x_0,y_0)$处有**极大值**，点$P_0(x_0,y_0)$称为函数$f(x,y)$的**极大值点**；对于在该邻域内且异于$P_0(x_0,y_0)$的任意点(x,y)，都有

$$f(x,y)\geqslant f(x_0,y_0)$$

成立，则称函数$f(x,y)$在点$P_0(x_0,y_0)$处有**极小值**，点$P_0(x_0,y_0)$称为函数$f(x,y)$的**极小值点**。极大值，极小值统称为**极值**，使得函数取得极值的点称为**极值点**。

显然，极值点是局部性的概念。

例 8.35 函数$z=\sqrt{x^2+y^2}$在点$(0,0)$处有极小值，因为对于在点$(0,0)$的任何邻域内且异于$(0,0)$的点，函数值均为正，而在点$(0,0)$处的函数值为零。

例 8.36 函数$z=-\sqrt{x^2+y^2}$在点$(0,0)$处有极大值，因为对于在点$(0,0)$的任何邻域内且异于$(0,0)$的点，函数值均为负，而在点$(0,0)$处的函数值为零。

例 8.37 函数$z=xy$在点$(0,0)$处既不取得极大值又不取得极小值，因为对于在点$(0,0)$的任何邻域内且异于$(0,0)$的点，总有使函数值为负的点，也有使函数值为正的点，而在点$(0,0)$处的函数值为零。

定理 8.8 （极值存在的必要条件）设函数$z=f(x,y)$在点(x_0,y_0)处具有偏导数，且在点(x_0,y_0)处有极值，则有

$$f'_x(x_0,y_0)=0,\ f'_y(x_0,y_0)=0$$

证： 不妨设$z=f(x,y)$在点(x_0,y_0)处有极大值，则对于在(x_0,y_0)的某邻域内且异于(x_0,y_0)的任意点(x,y)，都有

$$f(x,y)\leqslant f(x_0,y_0)$$

成立。特别的在该邻域内取点(x,y_0)，$x\neq x_0$，也适合不等式

$$f(x,y_0)\leqslant f(x_0,y_0),$$

即一元函数$z=f(x,y_0)$在$x=x_0$处取得极大值，因而，有$f'_x(x_0,y_0)=0$。

类似地，也可证明$f'_y(x_0,y_0)=0$。

与一元函数相似，凡是使$f'_x(x_0,y_0)=0$，$f'_y(x_0,y_0)=0$同时成立的点(x_0,y_0)，称为函数$z=f(x,y)$的驻点。

一方面，极值点可能是驻点，也可能是一阶偏导数不存在的点。如例 8.36 中的函数$z=-\sqrt{x^2+y^2}$在点$(0,0)$处取得极大值，但是在点$(0,0)$处偏导数不存在。另一方面，驻点也有可能不是极值点，如例 8.37 中的函数$z=xy$在点$(0,0)$处不取得极值，但它在点$(0,0)$的两个偏导数$f'_x(x_0,y_0)=0$，$f'_y(x_0,y_0)=0$。所以，求二元函数的极值点时，应在驻点和偏导数不存在的点中选取。

怎样判断一个驻点是否是极值点呢？

定理 8.9 （判定极值的充分条件）设函数$z=f(x,y)$在点(x_0,y_0)的某邻域内连续且具有二阶连续偏导数，$f'_x(x_0,y_0)=0$，$f'_y(x_0,y_0)=0$，令

$$f''_{xx}(x_0,y_0)=A,\ f''_{xy}(x_0,y_0)=B,\ f''_{yy}(x_0,y_0)=C,$$

则$z=f(x,y)$在点(x_0,y_0)处取得极值的条件如下：

（1）当$AC-B^2>0$时，$z=f(x,y)$在(x_0,y_0)处取得极值，且当$A<0$时，取极大值，当$A>0$时，取极小值；

（2）当$AC-B^2<0$时，$z=f(x,y)$在(x_0,y_0)处没有极值；

(3) 当 $AC-B^2=0$ 时，$z=f(x,y)$ 在 (x_0,y_0) 处可能有极值，也可能没有极值，还需另作讨论。

根据上述定理，可总结出二元函数求极值的步骤：

第一步　解方程组 $\begin{cases} f'_x(x,y)=0 \\ f'_y(x,y)=0 \end{cases}$，求出函数 $z=f(x,y)$ 的所有驻点；

第二步　对每一个驻点 (x_0,y_0)，求函数 $z=f(x,y)$ 在该点处的二阶偏导数，确定 A,B,C 的值；

第三步　确定 $AC-B^2$ 的符号，对照下表，得出结论。

$AC-B^2$	+		−	0
A	+	−		
$f(x_0,y_0)$	极小值	极大值	非极值	待定

定理的证明因为涉及多元函数的泰勒公式，现在暂且不证，具体证明见 §8.8。

例 8.38　求函数 $f(x,y)=x^3-y^3+3x^2+3y^2-9x$ 的极值。

解：求解方程组

$$\begin{cases} f'_x(x,y)=3x^2+6x-9=0 \\ f'_y(x,y)=-3y^2+6y=0 \end{cases}$$

得驻点 $(1,0),(1,2),(-3,0),(-3,2)$。

$$f''_{xx}(x,y)=6x+6, f''_{xy}(x,y)=0, f''_{yy}(x,y)=-6x+6$$

在点 $(1,0)$ 处，$AC-B^2=12\times6>0$，又 $A=12>0$，所以函数在点 $(1,0)$ 处取极小值，$f(1,0)=-5$；

在点 $(1,2)$ 处，$AC-B^2=12\times(-6)<0$，所以函数在点 $(1,2)$ 处没有极值；

在点 $(-3,0)$ 处，$AC-B^2=-12\times6<0$，所以函数在点 $(-3,0)$ 处没有极值；

在点 $(-3,2)$ 处，$AC-B^2=-12\times(-6)>0$，又 $A=-12<0$，所以函数在点 $(-3,2)$ 处取极大值，$f(-3,2)=31$。

设函数 $z=f(x,y)$ 是定义在区域 D 上的二元连续函数，$(x_0,y_0)\in D$。如果对任意的 $(x,y)\in D$，不等式

$$f(x_0,y_0)\leqslant f(x,y)\quad (f(x_0,y_0)\geqslant f(x,y))$$

恒成立，则称 $f(x_0,y_0)$ 为函数 $f(x,y)$ 在区域 D 上的最小值（最大值），(x_0,y_0) 为 $f(x,y)$ 在 D 上的最小值点（最大值点）。最大值与最小值统称为最值，最大值点与最小值点统称为最值点。

与一元函数类似，可利用函数的极值来求函数的最值。具体做法是：将函数 $f(x,y)$ 在 D 内所有驻点处的函数值及在 D 的边界上的最大值和最小值相互比较，其中最大者称为最大值，最小者称为最小值。但是该方法须求出函数 $f(x,y)$ 在 D 的边界上的最值，这往往是比较复杂的。在通常状况下，要根据具体问题具体分析，若已知函数 $f(x,y)$ 的最大值和最小值一定在 D 的内部取得，而函数在 D 内只有一个驻点，则可肯定该驻点处的函数值就是函数 $f(x,y)$ 在 D 上的最值。

例 8.39　求二元函数 $z=f(x,y)=x^2y(4-x-y)$ 在由直线 $x+y=6$，x 轴和 y 轴所围成的

闭区域 D 上的极值、最值。

解： 先求函数在 D 内的驻点。为此，解方程组

$$\begin{cases}f'_x(x,y)=2xy(4-x-y)-x^2y=0\\ f'_y(x,y)=x^2(4-x-y)-x^2y=0\end{cases}$$

得解为 $x=0,y$ 为任意值$(0\leqslant y\leqslant 6)$及点$(4,0),(2,1)$。只有点$(2,1)$在 D 的内部，可能是极值点。

$$f''_{xx}=8y-6xy-2y^2,f''_{xy}=8x-3x^2-4xy,f''_{yy}=-2x^2,$$

故在点$(2,1)$处，有

$$A=f''_{xx}\Big|_{(2,1)}=-6<0,B=f''_{xy}\Big|_{(2,1)}=-4,C=f''_{yy}\Big|_{(2,1)}=-8,$$

$$AC-B^2=32>0,$$

因为点$(2,1)$为函数的极大值点，所以其极大值为 $f(2,1)=4$。

下面求函数在边界上的值：

(1) 在边界 $x=0,0\leqslant y\leqslant 6$ 上，有 $z=f(x,y)=0$；

(2) 在边界 $y=0,0\leqslant x\leqslant 6$ 上，有 $z=f(x,y)=0$；

(3) 在边界 $x+y=6,y=6-x$ 上，有

$$z=f(x,y)=2x^3-12x^2,\ (0\leqslant x\leqslant 6)$$

令 $z'=6x^2-24x=0$，得驻点 $x=0$ 及 $x=4$，其函数值为$z|_{(0,6)}=0,z|_{(4,2)}=-64$。又在区间$[0,6]$的端点 $x=6$ 处，函数值$z|_{(6,0)}=0$，因此函数 z 在 D 的边界上的最大值为 0，最小值为 -64，与区域内的极大值比较可知函数在 D 上的最大值为 $f(2,1)=4$，最小值为 $f(4,2)=-64$。

例 8.40 某养殖场饲养两种鱼，若甲种鱼放养 x（万尾），乙种鱼放养 y（万尾），当收获时，两种鱼的收获量分别为

$$(3-\alpha x-\beta y)x \text{ 和 } (4-\beta x-2\alpha y)y,\ (\alpha>\beta>0),$$

求使鱼总产量最大的放养数。

解： 设产鱼总量为 z，则 $z=3x+4y-\alpha x^2-2\alpha y^2-2\beta xy$

由极值的必要条件，先求函数的驻点，为此，解方程组

$$\begin{cases}z'_x(x,y)=3-2\alpha x-2\beta y=0\\ z'_y(x,y)=4-4\alpha y-2\beta x=0\end{cases}$$

得唯一驻点为(x_0,y_0)，其中 $x_0=\dfrac{3\alpha-2\beta}{2\alpha^2-\beta^2}$，$y_0=\dfrac{4\alpha-3\beta}{2(2\alpha^2-\beta^2)}$。

由 $A=\dfrac{\partial^2 z}{\partial x^2}=-2\alpha,B=\dfrac{\partial^2 z}{\partial x\partial y}=-2\beta,C=\dfrac{\partial^2 z}{\partial y^2}=-4\alpha$，可得

$$AC-B^2=4(2\alpha^2-\beta^2)$$

由题设 $\alpha>\beta>0$，故 $AC-B^2>0$，且 $A<0$，所以 z 在点(x_0,y_0)处取极大值，也即取最大值。

下面再来验证 $x_0>0,y_0>0$，经过计算，得

$$(3-\alpha x_0-\beta y_0)x_0=\frac{3}{2}x_0,(4-\beta x_0-2\alpha y_0)x_0=2x_0$$

上两式的左端分别为两种鱼的收获量，故它们均大于零，从而验证了 $x_0>0,y_0>0$，于是，x_0 与 y_0 分别是甲乙两种鱼的最大放养数。

8.6.2　条件极值

上面讨论的极值问题，除自变量限制在函数的定义域内以外，未受任何限制，通常称为无条件极值。然而在实际问题中，时常会遇到对自变量有附加条件的极值问题，这种对自变量有附加条件时的极值称为条件极值。

有些条件极值问题可转化为无条件极值问题来解。

例 8.41　求表面积为 a^2 而体积最大的长方体的体积。

解： 设长方体的三棱边长为 x,y,z，则此长方体的体积 $V=xyz$，其附加约束条件为

$$2(xy+yz+zx)=a^2,$$

将 z 表示成 x,y 的函数

$$z=\frac{a^2-2xy}{2(x+y)},$$

代入体积 $V=xyz$ 中，于是，该条件极值问题化为求

$$V=\frac{xy}{2}\left(\frac{a^2-2xy}{x+y}\right),$$

的无条件极值问题，用定理 8.9 中的方法即可求解该极值问题。

对于一般的条件极值，常用的方法是**拉格朗日乘数法**，其基本思想就是设法将求解条件极值问题转化为求解无条件极值问题。

具体地，求解函数 $z=f(x,y)$ 满足约束条件 $\varphi(x,y)=0$ 的条件极值问题的方法如下：

（1）构造拉格朗日函数

$$L(x,y,\lambda)=f(x,y)+\lambda\varphi(x,y),$$

其中 λ 为参数，称为拉格朗日乘数。将原条件极值问题转化为三元函数 $L(x,y,\lambda)$ 的无条件极值问题；

（2）由无条件极值的必要条件，得

$$\begin{cases}L'_x=f'_x+\lambda\varphi'_x=0\\L'_y=f'_y+\lambda\varphi'_y=0\\L'_\lambda=\varphi(x,y)=0\end{cases}$$

解此方程组，求出可能的极值点 (x,y) 和乘数 λ；

（3）由实际问题中的意义判定所求的可能极值点是否为极值点。

对于二元以上的多元函数的条件极值问题也有相应类似的方法。

例 8.42　某公司可通过电台及报纸两种方式做销售某种商品的广告，经统计，销售收入 R（万元）与电台广告费用 x_1（万元）及报纸广告费用 x_2（万元）之间的关系为

$$R=15+14x_1+32x_2-8x_1x_2-2x_1^2-10x_2^2$$

若提供的广告费为 1.5 万元，求最优广告策略。

解： 利润函数为 $L(x_1,x_2)=R-(x_1+x_2)=15+13x_1+31x_2-8x_1x_2-2x_1^2-10x_2^2$，约束条件为 $x_1+x_2=1.5$。

构造拉格朗日函数为

$$F(x_1,x_2,\lambda)=15+13x_1+31x_2-8x_1x_2-2x_1^2-10x_2^2+\lambda(1.5-x_1-x_2)。$$

求解无条件极值问题，由

$$\begin{cases}\dfrac{\partial F}{\partial x_1}=13-8x_2-4x_1-\lambda=0\\ \dfrac{\partial F}{\partial x_2}=31-8x_1-20x_2-\lambda=0\\ \dfrac{\partial F}{\partial \lambda}=1.5-x_1-x_2=0\end{cases}$$

求得 $x_1=0,x_2=1.5$，故函数 $L(x_1,x_2)$ 在点 $(0,1.5)$ 处取得最大值，将广告费用全部用于报纸广告，利润最大。

例 8.43 用拉格朗日乘数法解决例 8.41 提到的体积问题。

解：设目标函数为 $V=xyz$，约束条件为 $\varphi(x,y,z)=2(xy+yz+zx)=a^2$

构造拉格朗日函数为：

$$L(x,y,z,\lambda)=xyz+\lambda(2xy+2yz+2zx-a^2)$$

求解无条件极值问题，由

$$\begin{cases}\dfrac{\partial L}{\partial x}=yz+2\lambda(y+z)=0\\ \dfrac{\partial L}{\partial y}=xz+2\lambda(x+z)=0\\ \dfrac{\partial L}{\partial z}=xy+2\lambda(x+y)=0\\ \dfrac{\partial L}{\partial \lambda}=2xy+2yz+2zx-a^2=0\end{cases}$$

求得 $x=y=z=\dfrac{\sqrt{6}}{6}a$，由于该问题本身必有最大值存在，所以，其最大值必在该可能极值点处取得，即在表面积为 a^2 的长方体中，棱长为 $\dfrac{\sqrt{6}}{6}a$ 的正方体的体积最大。

§8.7 二重积分

8.7.1 二重积分的概念和性质

由在一元函数积分学中的定积分定义可知，定积分是特殊的和式的极限，这种形式的积分概念可推广到二元函数中，称为二重积分。本节将介绍二重积分的概念、性质及计算方法。

（1）曲顶柱体的体积

设有一立体，它的底是 xoy 面上的闭区域 D，它的侧面是以 D 的边界曲线为准线，母线平行于 z 轴的柱面，它的顶是曲面 $z=f(x,y)$，其中 $f(x,y)\geqslant 0$ 在 D 上连续，如图 8－11 所示，这种立体称为曲顶柱体，下面计算该曲顶柱体的体积 V。

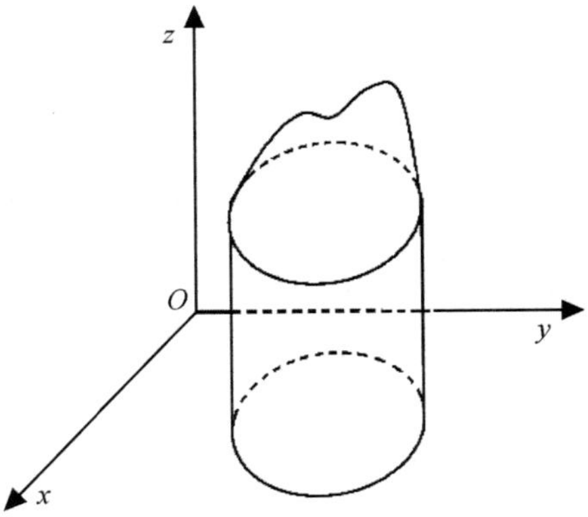

图 8 - 11

先看平顶柱体，其高不变，故该平顶柱体的体积公式为

$$体积 = 底面积 \times 高$$

再看曲顶柱体，其柱体的高是连续变化的，不能直接利用上述公式计算体积。仿照定积分中求曲边梯形面积的方法：分割，近似，求和，取极限，类似可解决曲顶柱体体积的问题。

分割：用一族曲线网将 D 分成 n 个小闭区域

$$\Delta\sigma_1, \Delta\sigma_2, \cdots, \Delta\sigma_n,$$

分别以这些小闭区域的边界曲线为准线，作母线平行于 z 轴的柱面，这些柱面把原来的曲顶柱体分为 n 个小曲顶柱体。同时也用 $\Delta\sigma_i$ 表示第 i 个小闭区域的面积，用 d_i 表示第 i 个小闭区域 $\Delta\sigma_i$ 的直径（即 $\Delta\sigma_i$ 中任意两点间距离的最大值），记为

$$d = \max\{d_1, d_2, \cdots, d_n\}$$

当 d 很微小时，由于 $f(x,y)$ 连续，对某一小闭区域 $\Delta\sigma_i$ 内的所有点 (x,y)，$f(x,y)$ 的变化都很小，所以可将在该小闭区域 $\Delta\sigma_i$ 内的小曲顶柱体近似的看作平顶柱体。

近似：在第 i 个小闭区域 $\Delta\sigma_i$ 内任意取一点 (x_i,y_i)，以 $f(x_i,y_i)$ 表示第 i 个小平顶柱体的高，则第 i 个曲顶柱体的体积可以近似的表示为

$$\Delta V_i = f(x_i,y_i)\Delta\sigma_i$$

求和：将所有小曲顶柱体的体积相加，得到整个曲顶柱体体积 V 的近似值 V_n，得

$$V = \sum_{i=1}^{n}\Delta V_i \approx \sum_{i=1}^{n} f(x_i,y_i)\Delta\sigma_i = V_n$$

取极限：当区域 D 的分划很细时，即当 $d\to 0$ 时，有 $V_n\to V$，即

$$V = \lim_{d\to 0} V_n = \lim_{d\to 0}\sum_{i=1}^{n} f(x_i,y_i)\Delta\sigma$$

定义 8.7　设 $f(x,y)$ 为有界闭区域 D 上的有界函数，将闭区域 D 任意分成 n 个小闭区域

$$\Delta\sigma_1, \Delta\sigma_2, \cdots, \Delta\sigma_n,$$

其中 $\Delta\sigma_i$ 表示第 i 个小闭区域，同时也表示它的面积。在每个 $\Delta\sigma_i$ 上任取一点 (ξ_i,η_i)，作乘积 $f(\xi_i,\eta_i)\Delta\sigma_i(i=1,2,\cdots,n)$，并作和 $\sum\limits_{i=1}^{n} f(\xi_i,\eta_i)\Delta\sigma_i$。记各小闭区域 $\Delta\sigma_i$ 的直径 d_i 中

的最大值 $d=\max\{d_1,d_2,\cdots,d_n\}$，若当 $d\to 0$ 时，该和式的极限总存在，则称此极限为函数 $f(x,y)$ 在闭区域 D 上的二重积分，记为 $\iint\limits_D f(x,y)d\sigma$，即

$$\iint\limits_D f(x,y)d\sigma = \lim_{d\to 0}\sum_{i=1}^{n} f(x_i,y_i)\Delta\sigma$$

其中 $f(x,y)$ 称为**被积函数**，$f(x,y)d\sigma$ 称为**被积表达式**，$d\sigma$ 称为**面积元素**，x 与 y 称为**积分变量**，D 称为**积分区域**，$\sum\limits_{i=1}^{n} f(x_i,y_i)\Delta\sigma$ 称为**积分和**。并称函数 $f(x,y)$ 在区域 D 上**可积**。

可以证明，若 $f(x,y)$ 在有界闭区域 D 上连续，则 $f(x,y)$ 在 D 上可积；若 $f(x,y)$ 在有界闭区域 D 上可积，则 $f(x,y)$ 在 D 上有界。

二重积分的几何解释：一般地，如果 $f(x,y)\geqslant 0$，二重积分 $\iint\limits_D f(x,y)d\sigma$ 表示以区域 D 为底，$z=f(x,y)$ 曲面为顶的曲顶柱体的体积；如果 $f(x,y)$ 在 D 的若干部分区域上为正，而在其他部分区域上为负，则 $\iint\limits_D f(x,y)d\sigma$ 表示这些区域上曲顶柱体体积的代数和，其中 xy 平面上方的柱体体积为正，xy 平面下方的柱体体积为负。

如果函数 $f(x,y)$ 在区域 D 上可积，根据定义，其数值仅与积分区域 D 和被积函数 $f(x,y)$ 有关，与区域 D 的划分方式以及点 (ξ_i,η_i) 取法无关。因此在计算二重积分时，通常采取特殊的划分方式及特殊的取点方法。最特殊的划分方式是用平行于 x 轴和 y 轴的直线划分区域 D。在这种情况下，除了包含边界点的一些小闭区域外（在求和时这些小闭区域所对应的项的和的极限为零，因此这些小闭区域可以忽略不计），其余的小闭区域都是矩形闭区域，如图 8-12 所示，显然有 $\Delta\sigma_i=\Delta x_i\Delta y_i$，$d_i=\sqrt{(\Delta x_i)^2+(\Delta y_i)^2}$，$(i=1,2,\cdots,n)$，$d=\max\{d_1,d_2,\cdots,d_n\}$。当 $d\to 0$ 时，$d\sigma=dxdy$，于是

$$\iint\limits_D f(x,y)d\sigma = \iint\limits_D f(x,y)dxdy$$

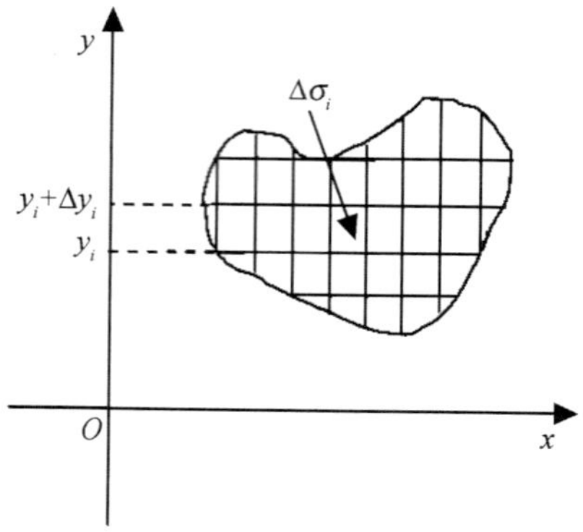

图 8-12

（2）二重积分的性质

性质 1 设 α,β 为常数，则

$$\iint_D [\alpha f(x,y)+\beta g(x,y)]d\sigma=\alpha\iint_D f(x,y)d\sigma+\beta\iint_D g(x,y)d\sigma$$

性质2　如果闭区域 D 被分成有限个闭区域，则在 D 上的二重积分等于在各部分闭区域上的二重积分之和。

例如，若 D 被分为两个闭区域 D_1 与 D_2，则

$$\iint_D f(x,y)d\sigma=\iint_{D_1} f(x,y)d\sigma+\iint_{D_2} f(x,y)d\sigma$$

性质3　如果在 D 上，$f(x,y)\leqslant g(x,y)$，则有

$$\iint_D f(x,y)d\sigma\leqslant\iint_D g(x,y)d\sigma$$

特别地，由于

$$-|f(x,y)|\leqslant f(x,y)\leqslant|f(x,y)|,$$

则

$$\left|\iint_D f(x,y)d\sigma\right|\leqslant\iint_D\left|f(x,y)\right|d\sigma$$

性质4　如果 D 的面积为 σ，则

$$\iint_D d\sigma=\sigma$$

性质5　设 M,m 分别是 $f(x,y)$ 在闭区域 D 上的最大值和最小值，σ 是 D 的面积，则

$$m\sigma\leqslant\iint_D f(x,y)d\sigma\leqslant M\sigma$$

性质1至性质5的证明都很容易，留给读者自己完成。

性质6　（二重积分的中值定理）设函数 $f(x,y)$ 在闭区域 D 上连续，σ 是 D 的面积，则至少存在一点 $(\xi,\eta)\in D$，使得

$$\iint_D f(x,y)d\sigma=f(\xi,\eta)\cdot\sigma$$

证： 因为函数 $f(x,y)$ 在闭区域 D 上连续，所以 $f(x,y)$ 在 D 上可取到最大值 M 和最小值 m。于是，对于任意的 $(x,y)\in D$，有 $m\leqslant f(x,y)\leqslant M$，即有

$$m\sigma=\iint_D m d\sigma\leqslant\iint_D f(x,y)d\sigma\leqslant\iint_D M d\sigma=M\sigma,$$

即

$$m\leqslant\frac{1}{\sigma}\iint_D f(x,y)d\sigma\leqslant M$$

由多元函数的介值定理知，至少存在一点 $(\xi,\eta)\in D$，使得

$$f(\xi,\eta)=\frac{1}{\sigma}\iint_D f(x,y)d\sigma,$$

所以

$$\iint_D f(x,y)d\sigma=f(\xi,\eta)\cdot\sigma$$

8.7.2　二重积分的计算

由二重积分的定义计算二重积分，只能解决少数特别简单的被积函数和很特殊的积分区域上的二重积分的计算问题，而对一般的函数和区域的二重积分而言，用二重积分的定义计算二重积分的方法则显得很困难，为此，下面将介绍一种切实可行的方法，将二重积分化为定积分来计算。

（1）利用直角坐标系计算二重积分

设 $f(x,y)\geqslant 0$ 为区域 D 上的连续函数，积分区域 D 可以用不等式

$$\varphi_1(x)\leqslant y\leqslant \varphi_2(x),a\leqslant x\leqslant b$$

来表示，其中函数 $\varphi_1(x),\varphi_2(x)$ 在区间 $[a,b]$ 上连续，这种区域称为 x－型区域，如图 8－13 所示。先研究函数 $f(x,y)$ 在 x－型区域上的二重积分 $\iint\limits_D f(x,y)d\sigma$ 的计算。

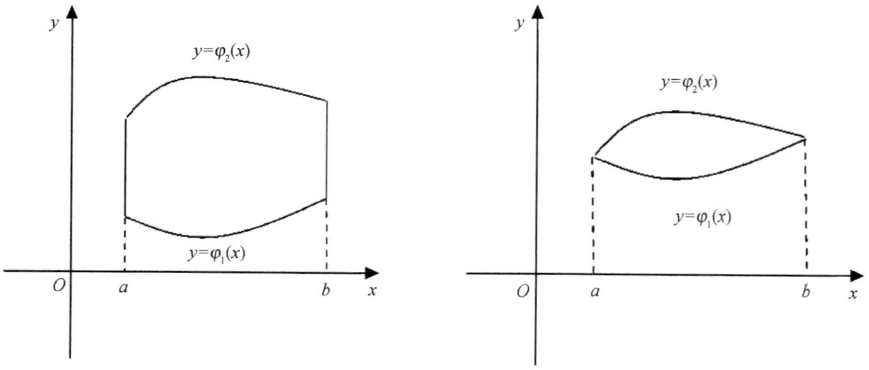

图 8－13

按照二重积分的几何解释，二重积分 $\iint\limits_D f(x,y)d\sigma$ 表示为以 D 为底，曲面 $z=f(x,y)$ 为顶的曲顶柱体体积，如图 8－14 所示，下面将利用“平行截面面积为已知的立体体积”计算方法，计算该曲顶柱体的体积。

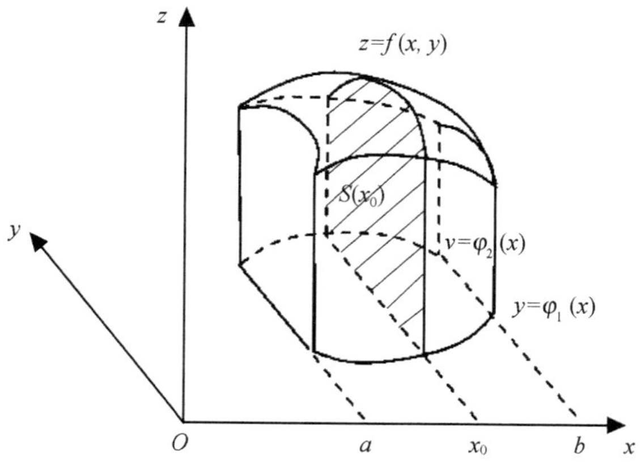

图 8－14

先计算截面面积。在区间$[a,b]$上任取一点x_0，作平行于yz平面的平面$x=x_0$，该平面截曲顶柱体所得的截面是一个以区间$[\varphi_1(x_0),\varphi_2(x_0)]$为底，曲线$z=f(x_0,y)$为曲边的曲边梯形，所以截面面积为

$$S(x_0)=\int_{\varphi_1(x_0)}^{\varphi_2(x_0)}f(x_0,y)dy$$

一般地，过区间$[a,b]$上任一点x且平行于yz面的平面截曲顶柱体所得的截面面积为

$$S(x)=\int_{\varphi_1(x)}^{\varphi_2(x)}f(x,y)dy,$$

所以，曲顶柱体体积为

$$V=\int_a^b S(x)dx=\int_a^b\left[\int_{\varphi_1(x)}^{\varphi_2(x)}f(x,y)dy\right]dx,$$

从而有等式

$$\iint_D f(x,y)d\sigma=\int_a^b\left[\int_{\varphi_1(x)}^{\varphi_2(x)}f(x,y)dy\right]dx=\int_a^b dx\int_{\varphi_1(x)}^{\varphi_2(x)}f(x,y)dy \qquad (8.16)$$

这里（8.16）式的右端称为累次积分，它将计算二重积分的问题转化为先对y，后对x的连续两次求定积分的问题。在对y求定积分时，y为积分变量，x看作常量；此时的结果为x的函数，然后再对积分变量x计算区间$[a,b]$上的定积分。

类似地，如果积分区域D可用不等式

$$\psi_1(y)\leqslant x\leqslant\psi_2(y),c\leqslant x\leqslant d$$

表示，其中函数$\psi_1(y),\psi_2(y)$在区间$[c,d]$上连续，这种区域称为y－型区域。

二重积分可化为先对x后对y的累次积分：

$$\iint_D f(x,y)d\sigma=\int_c^d\left[\int_{\psi_1(y)}^{\psi_2(y)}f(x,y)dx\right]dy=\int_c^d dy\int_{\psi_1(y)}^{\psi_2(y)}f(x,y)dx \qquad (8.17)$$

上述讨论是仅在$f(x,y)\geqslant 0$的条件下进行的，事实上，可以证明对于一般的可积函数$f(x,y)$，且不受$f(x,y)\geqslant 0$的限制，上面两个公式仍成立。

从上面的讨论知，具体计算二重积分时，其积分与积分区域D有很大关系。如果D为x－型区域，将选择公式（8.16）计算二重积分，若D为y－型区域，则选择公式（8.17）计算二重积分。为此，探讨x－型区域和y－型区域的特点。

x－型区域的特点是：穿过D的内部且平行于y轴的直线与D的边界相交不多于两点；

y－型区域的特点是：穿过D的内部且平行于x轴的直线与D的边界相交不多于两点。

如果积分区域D既不是x－型区域，又不是y－型区域，如图 8－15 所示，则可将D分成几个部分，在每个小部分上，它或为x－型区域，或为y－型区域，所以可以利用二重积分公式计算，使整个区域D上的二重积分等于各部分小区域上的二重积分之和。

如果积分区域D既是x－型区域，又是y－型区域，如图 8－16 所示，则

$$\iint_D f(x,y)d\sigma=\int_a^b\left[\int_{\varphi_1(x)}^{\varphi_2(x)}f(x,y)dy\right]dx=\int_c^d\left[\int_{\psi_1(y)}^{\psi_2(y)}f(x,y)dx\right]dy,$$

上式表明，这两个不同次序的累次积分相等。在计算这类型的二重积分时，积分次序不同可能会影响计算的繁简，甚至影响到是否能“积出”。因此，化二重积分为累次积分时，应注意积分次序，必要时也可交换积分次序。

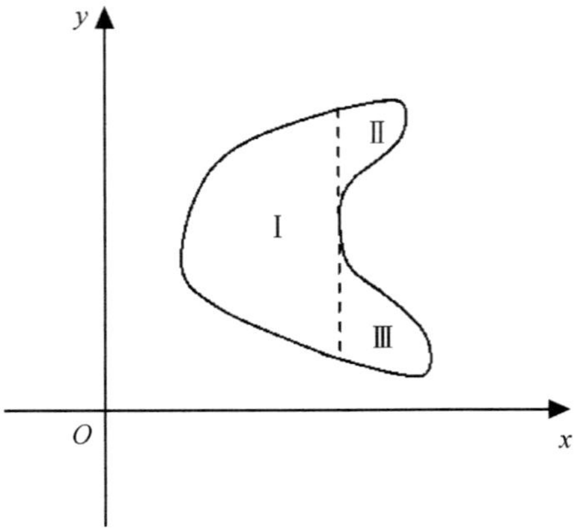

图 8－15

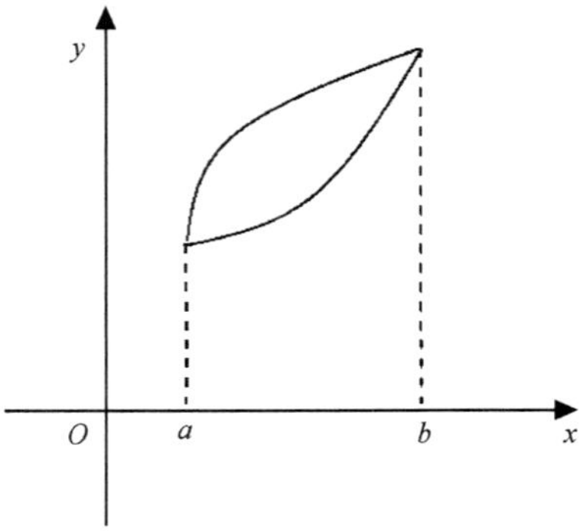

图 8－16

在求二重积分时，确定积分限是关键。若积分区域 D 为 x－型区域，在区间 $[a,b]$ 上任意取定一点，做垂直于 x 轴的直线，该直线与区域边界交于两点，纵坐标分别是 $\varphi_1(x),\varphi_2(x)$，为变量 y 的积分下、上限，如图 8－17 所示。由于积分变量 x 在区间 $[a,b]$ 内任意取定，所以 x 的积分下、上限分别是 a,b。若积分区域 D 是 y－型区域，也有类似的确定积分限的方法。

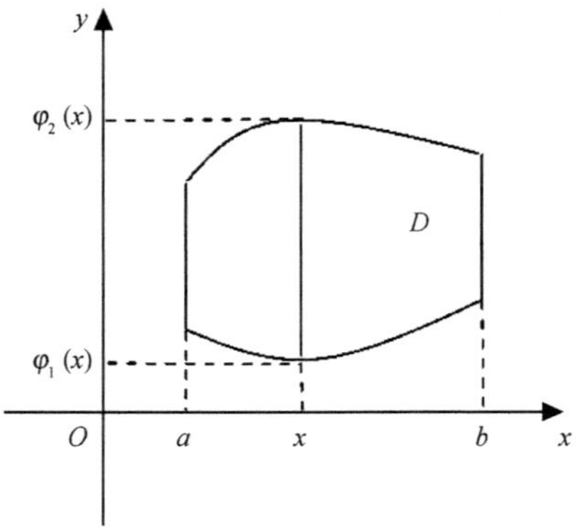

图 8－17

例 8.44　化二重积分 $\iint\limits_D f(x,y)d\sigma$ 为累次积分，并写出两种不同的积分次序，其中积分区域 $D=\{(x,y)\,\big|\,|x|\leqslant 1,|y|\leqslant 1\}$。

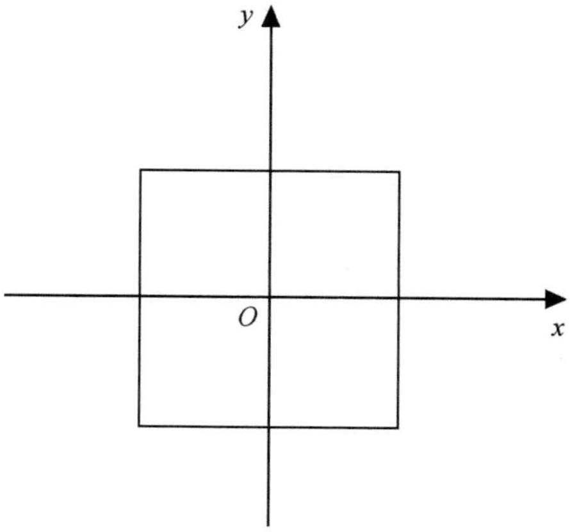

图 8－18

解：积分区域 D 的图形为一矩形区域，如图 8－18，则

$$\iint\limits_D f(x,y)d\sigma=\int_{-1}^{1}dy\int_{-1}^{1}f(x,y)dx,$$

$$\iint\limits_D f(x,y)d\sigma=\int_{-1}^{1}dx\int_{-1}^{1}f(x,y)dy。$$

由此可见，若区域 D 为矩形区域 $D=\{(x,y)\,|a\leqslant x\leqslant b,c\leqslant y\leqslant d\}$，那么

$$\iint\limits_D f(x,y)d\sigma=\int_c^d dy\int_a^b f(x,y)dx=\int_a^b dx\int_c^d f(x,y)dy$$

例 8.45　计算 $\iint\limits_D xyd\sigma$，其中 D 为由抛物线 $y^2=x$ 及直线 $y=x-2$ 所围成的闭区域。

解：区域 D 的图形如图 8－19 所示。若将 D 看成为 y－型区域，先求出抛物线 $y^2=x$ 与直线 $y=x-2$ 的交点 $(1,-1),(4,2)$，再根据公式，得

$$\iint\limits_D xyd\sigma=\int_{-1}^{2}dy\int_{y^2}^{y+2}xydx$$

$$=\int_{-1}^{2}\left[\frac{x^2}{2}y\right]_{y^2}^{y+2}dy=\frac{1}{2}\int_{-1}^{2}[y(y+2)^2-y^5]dy$$

$$=\frac{1}{2}\left[\frac{y^4}{4}+\frac{4}{3}y^3+2y^2-\frac{y^6}{6}\right]_{-1}^{2}=5\frac{5}{8}$$

若将 D 看作 x－型区域，由于在区间 $[0,1]$ 及 $[1,4]$ 上，平行于 y 轴的直线与区域边界的交点在不同的曲线上，所以必须将区域 D 分成 D_1 和 D_2 两部分，如图 8－20 所示，这里区域 D_1 和 D_2 均为 x－型区域，则根据公式，得

$$\iint\limits_D xyd\sigma=\iint\limits_{D_1}xyd\sigma+\iint\limits_{D_2}xyd\sigma$$

$$= \int_0^1 \left[\int_{-\sqrt{x}}^{\sqrt{x}} xy dy \right] dx + \int_1^4 \left[\int_{x-2}^{\sqrt{x}} xy dy \right] dx$$

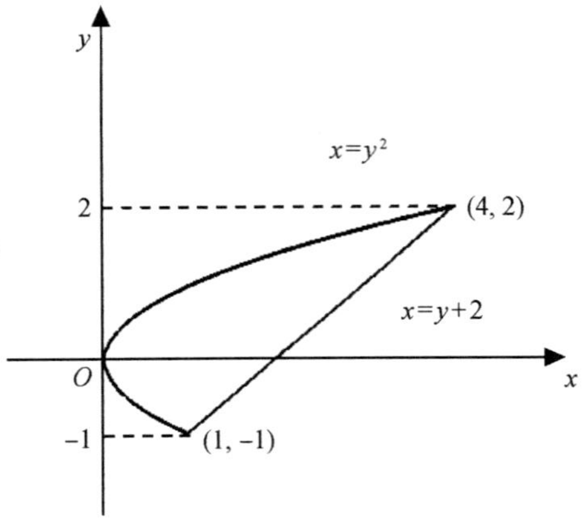

图 8－19

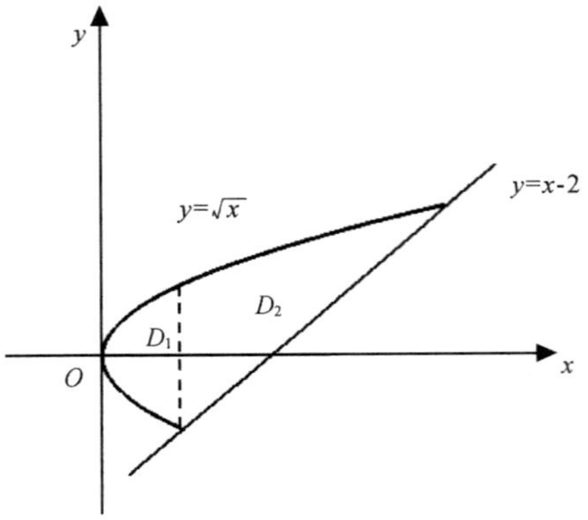

图 8－20

显然第二种方法的计算量比第一种方法的计算量大，一般不可取。此例说明在计算二重积分时，为了计算简便，需要选择恰当的积分次序。即既要考虑积分区域 D 的形状，又要考虑被积函数 $f(x,y)$ 的特征。

例 8.46　计算 $\iint\limits_D \frac{\sin x}{x} dxdy$，其中 D 为由直线 $y=x$ 及抛物线 $y=x^2$ 围成的区域，如图 8－21所示。

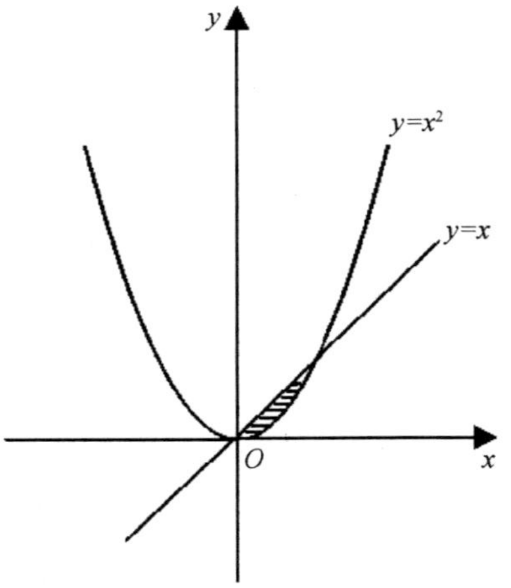

图 8－21

解： D 既是 x－型区域，又是 y－型区域，若先对 x 积分，则初等函数$\frac{\sin x}{x}$的原函数不能用初等函数表示，故求不出二重积分的结果，所以，此例只能考虑先对 y 积分再对 x 积分，根据公式，得

$$\iint\limits_D \frac{\sin x}{x} dxdy = \int_0^1 \left[\int_{x^2}^{x} \frac{\sin x}{x} dy \right] dx = \int_0^1 \left[\frac{\sin x}{x}(x - x^2) \right] dx$$

$$= \int_0^1 (\sin x - x\sin x)dx = 1 - \sin 1$$

一般地，若被积函数为 $e^{x^2}, \sin x^2, \frac{\cos x}{x}, \frac{\sin x}{x}, \cos x^2, \frac{1}{\ln x}$ 等，通常考虑先对 y 积分，使被积函数得到“改善”，然后，再对 x 积分求出二重积分的值。

例 8.47　计算 $\int_1^4 dy \int_{\sqrt{y}}^2 \frac{\ln x}{x^2 - 1}dx$ 。

解： 根据积分限画出积分区域 D，如图 8－22 所示。D 既是 x－型区域，又是 y－型区域，根据此例原有的积分次序，不易求出积分值，故考虑交换积分次序，根据公式，得

$$\int_1^4 dy \int_{\sqrt{y}}^2 \frac{\ln x}{x^2 - 1}dx = \int_1^2 dx \int_1^{x^2} \frac{\ln x}{x^2 - 1}dy$$

$$= \int_1^2 \left[\frac{\ln x}{x^2 - 1}y\right]_1^{x^2} dx = \int_1^2 \ln x dx$$

$$= x\ln x \Big|_1^2 - \int_1^2 dx = 2\ln 2 - 1$$

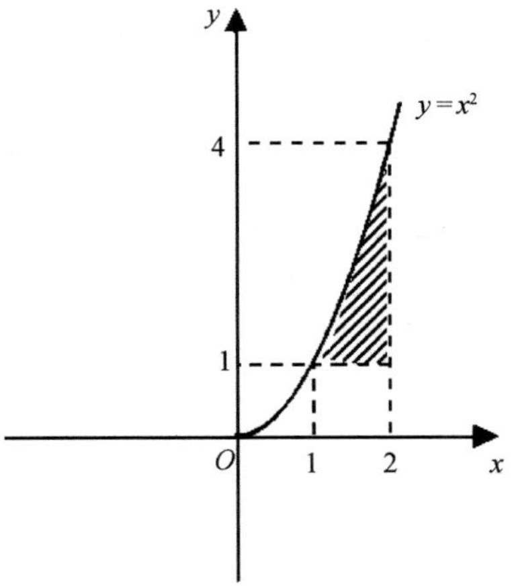

图 8－22

（2）二重积分的换元法

由于二重积分的积分区域和被积函数复杂多样，仅靠在直角坐标系下，化二重积分为累次积分的方法，难以计算所有的二重积分。因此，考虑对原二重积分作变量替换，将原积分化为新的二重积分的方法将为计算二重积分的另一重要方法。下面将不加证明的给出二重积分的换元积分公式。

定理 8.10　设 $f(x,y)$ 在 xy 平面上的闭区域 D 上连续，变换

$$T: x = x(u,v),\ y = y(u,v)$$

将 uv 平面上的闭区域 D' 变为 xy 平面上的 D，且满足

（1）$x = x(u,v),\ y = y(u,v)$ 在 D' 上具有一阶连续偏导数；

（2）在 D' 上雅可比行列式的值不为零，即

$$J(u,v)=\frac{\partial(x,y)}{\partial(u,v)}=\begin{vmatrix}\frac{\partial x}{\partial u} & \frac{\partial x}{\partial v}\\ \frac{\partial y}{\partial u} & \frac{\partial y}{\partial v}\end{vmatrix}=\frac{\partial x}{\partial u}\cdot\frac{\partial y}{\partial v}-\frac{\partial x}{\partial v}\cdot\frac{\partial y}{\partial u}\neq 0;$$

（3）变换 $T: x=x(u,v),\ y=y(u,v)$ 可逆。

则称

$$\iint_D f(x,y)dxdy=\iint_{D'}f[x(u,v),y(u,v)]\,|J(u,v)|\,dudv \tag{8.18}$$

为二重积分的换元积分公式。

例 8.48 计算 $\iint_D e^{\frac{y-x}{y+x}}dxdy$，其中 D 为由 x 轴，y 轴和直线 $x+y=2$ 所围成的闭区域。

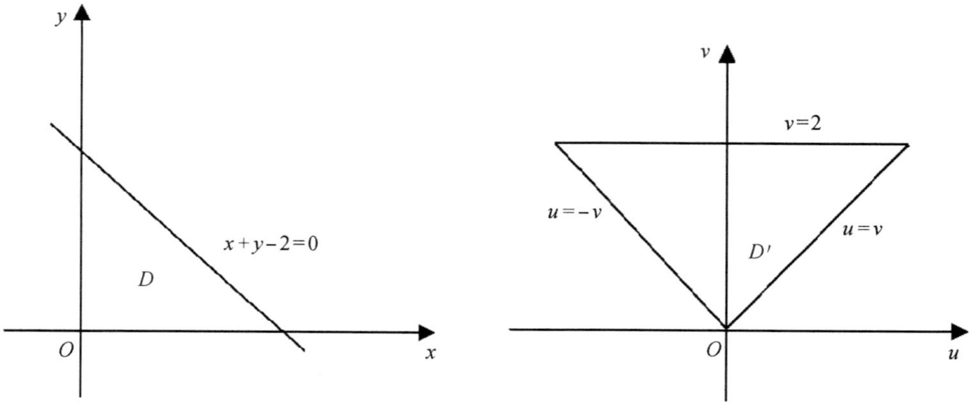

图 8－23

解： 令 $u=y-x, v=y+x$，则 $x=\frac{v-u}{2}, y=\frac{v+u}{2}$，作变换 $x=\frac{v-u}{2}, y=\frac{v+u}{2}$，则 xy 平面上的闭区域 D 和它在 uv 平面上的对应区域 D' 如图 8－23 所示。由于雅可比行列式为

$$J(u,v)=\frac{\partial(x,y)}{\partial(u,v)}=\begin{vmatrix}-\frac{1}{2} & \frac{1}{2}\\ \frac{1}{2} & \frac{1}{2}\end{vmatrix}=-\frac{1}{2}\neq 0,$$

利用公式（8.18），得

$$\begin{aligned}\iint_D e^{\frac{y-x}{y+x}}dxdy &= \iint_{D'}e^{\frac{u}{v}}\left|-\frac{1}{2}\right|dudv\\ &=\frac{1}{2}\int_0^2 dv\int_{-v}^{v}e^{\frac{u}{v}}du=\frac{1}{2}\int_0^2(e-e^{-1})vdv\\ &=e-e^{-1}\end{aligned}$$

（3）利用极坐标计算二重积分

最常用的坐标变换就是将直角坐标转换为极坐标

$$x=r\cos\theta,\ y=r\sin\theta$$

于是，有雅可比行列式

$$J(r,\theta)=\frac{\partial(x,y)}{\partial(r,\theta)}=\begin{vmatrix}\cos\theta & -r\sin\theta\\ \sin\theta & r\cos\theta\end{vmatrix}=r\cos^2\theta+r\sin^2\theta=r,$$

将其代入公式（8.18），得

$$\iint_D f(x,y)\,dxdy=\iint_\Omega f(r\cos\theta,r\sin\theta)\,rdrd\theta\ ,\tag{8.19}$$

其中 Ω 是直角坐标系下的积分区域 D 经过极坐标变换后得到的极坐标系下的积分区域。

极坐标系中的二重积分也可以化为累次积分来计算。下面分三种情况讨论：

（1）设积分区域 D 可用不等式

$$\varphi_1(\theta)\leqslant r\leqslant\varphi_2(\theta),\alpha\leqslant\theta\leqslant\beta$$

表示，如图 8－24 所示，其中函数 $\varphi_1(\theta),\varphi_2(\theta)$ 在区间 $[\alpha,\beta]$ 上连续。

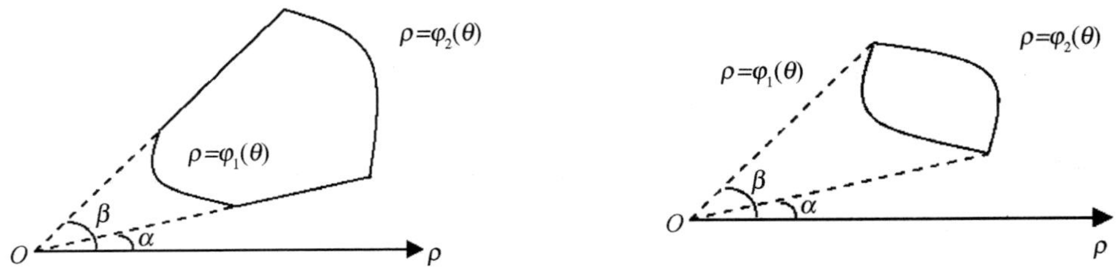

图 8－24

先在区间 $[\alpha,\beta]$ 上任意取定一个 θ 值，对应于这个 θ 值，D 上的点的极径 r 从 $\varphi_1(\theta)$ 变化到 $\varphi_2(\theta)$，于是极坐标中的二重积分可化为

$$\iint_D f(r\cos\theta,r\sin\theta)\,rdrd\theta=\int_\alpha^\beta\left[\int_{\varphi_1(\theta)}^{\varphi_2(\theta)}f(r\cos\theta,r\sin\theta)\,rdr\right]d\theta$$
$$=\int_\alpha^\beta d\theta\int_{\varphi_1(\theta)}^{\varphi_2(\theta)}f(r\cos\theta,r\sin\theta)\,rdr\tag{8.20}$$

（2）设积分区域 D 是曲边扇形，如图 8－25 所示，那么 D 可以看成图 8－24 中 $\varphi_1(\theta)=0$ 的特殊情况，所以，相应的二重积分为

$$\iint_D f(r\cos\theta,r\sin\theta)\,rdrd\theta=\int_\alpha^\beta\left[\int_0^{\varphi_2(\theta)}f(r\cos\theta,r\sin\theta)\,rdr\right]d\theta$$
$$=\int_\alpha^\beta d\theta\int_0^{\varphi_2(\theta)}f(r\cos\theta,r\sin\theta)\,rdr\tag{8.21}$$

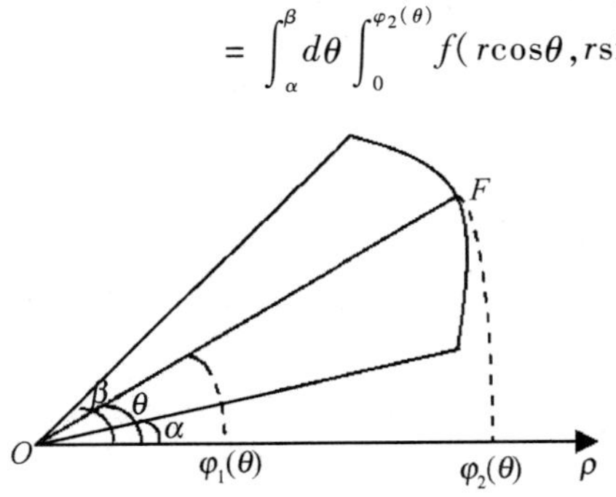

图 8－25

（3）如果积分区域 D，如图 8－26 所示，极点在 D 的内部，那么 D 可以看成图 8－25

中 $\alpha=0$，$\beta=2\pi$ 的特殊情况，所以相应的二重积分为

$$\iint_D f(r\cos\theta,r\sin\theta)rdrd\theta=\int_0^{2\pi}\left[\int_0^{\varphi_2(\theta)}f(r\cos\theta,r\sin\theta)rdr\right]d\theta$$

$$=\int_0^{2\pi}d\theta\int_0^{\varphi_2(\theta)}f(r\cos\theta,r\sin\theta)rdr \tag{8.22}$$

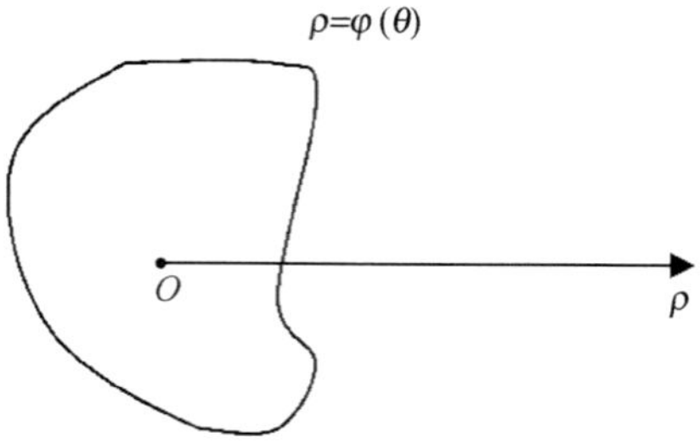

图 8－26

例 8.49 计算 $\iint_D e^{-(x^2+y^2)}dxdy$，其中 D 为由中心在原点，半径为 a 的圆周所围成的闭区域。

解： 在极坐标系中，此圆形区域 D 可以表示为

$$0\leqslant r\leqslant a,0\leqslant\theta\leqslant 2\pi,$$

所以

$$\iint_D e^{-(x^2+y^2)}dxdy=\iint_D e^{-r^2}rdrd\theta=\int_0^{2\pi}d\theta\int_0^a e^{-r^2}rdr$$

$$=\int_0^{2\pi}\left[-\frac{1}{2}e^{-r^2}\right]\Bigg|_0^a d\theta=\frac{1}{2}(1-e^{-a^2})\int_0^{2\pi}d\theta$$

$$=\pi(1-e^{-a^2})$$

本题如果在直角坐标系中计算，由于 e^{-x^2} 的原函数不能用初等函数表示，所以算不出来。由此可见，利用极坐标变换计算一些类似圆形的积分区域上的二重积分，非常方便。下面将利用刚才的结论，解决一个在概率论中十分有用的反常积分 $\int_0^{+\infty}e^{-x^2}dx$ 的计算。

从刚才的分析可知，该反常积分不能直接计算出来，必须另找方法。设

$$D_1=\{(x,y)\mid x^2+y^2\leqslant R^2,x\geqslant 0,y\geqslant 0\},$$

$$D_2=\{(x,y)\mid x^2+y^2\leqslant 2R^2,x\geqslant 0,y\geqslant 0\},$$

$$D_3=\{(x,y)\mid 0\leqslant x\leqslant R,0\leqslant y\leqslant R\},$$

显然 $D_1\subset D_3\subset D_2$，由于 $e^{-(x^2+y^2)}\geqslant 0$，所以

$$\iint_{D_1}e^{-(x^2+y^2)}dxdy<\iint_{D_3}e^{-(x^2+y^2)}dxdy<\iint_{D_2}e^{-(x^2+y^2)}dxdy,$$

又

$$\iint_{D_1}e^{-(x^2+y^2)}dxdy=\frac{\pi}{4}(1-e^{-R^2}),\iint_{D_2}e^{-(x^2+y^2)}dxdy=\frac{\pi}{4}(1-e^{-2R^2}),$$

且

$$\iint_{D_3} e^{-(x^2+y^2)}dxdy = \int_0^R e^{-x^2}dx \cdot \int_0^R e^{-y^2}dy = \left(\int_0^R e^{-x^2}dx\right)^2,$$

所以

$$\frac{\pi}{4}(1-e^{-R^2}) < \left(\int_0^R e^{-x^2}dx\right)^2 < \frac{\pi}{4}(1-e^{-2R^2})$$

因此，当 $R\to\infty$ 时，有 $\int_0^{+\infty} e^{-x^2}dx = \frac{\sqrt{\pi}}{2}$

例 8.50　计算 $\iint_D xyd\sigma$，其中 $D=\{(x,y)\mid y\geqslant 0, x^2+y^2\geqslant 1, x^2+y^2-2x\leqslant 0\}$。

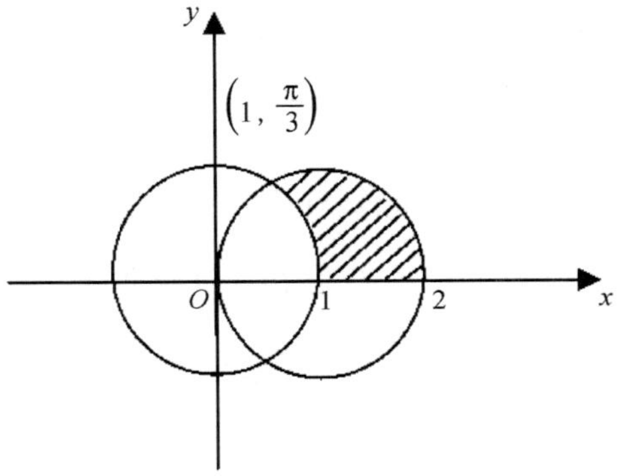

图 8－27

解：由 $x^2+y^2\geqslant 1$，$y\geqslant 0$ 及 $x^2+y^2-2x\leqslant 0$ 得到积分区域 D，如图 8－27 所示，将 D 用极坐标表示。由 $x^2+y^2-2x\leqslant 0$，得

$$r^2-2r\cos\theta\leqslant 0 \text{ 即 } r\leqslant 2\cos\theta,$$

又由 $x^2+y^2\geqslant 1$，得 $r^2\geqslant 1$，于是 $1\leqslant r\leqslant 2\cos\theta$。

解极坐标方程 $r=2\cos\theta$ 与 $r=1$ 得交点坐标为 $(1,\frac{\pi}{3})$，则 $0\leqslant\theta\leqslant\pi/3$，于是

$$D=\{(r,\theta)\mid 1\leqslant r\leqslant 2\cos\theta, 0\leqslant\theta\leqslant\pi/3\}$$

所以

$$\begin{aligned}\iint_D xyd\sigma &= \int_0^{\pi/3}d\theta\int_1^{2\cos\theta} r^2\sin\theta\cos\theta rdr \\ &= \int_0^{\pi/3}\left[\frac{1}{4}r^4\sin\theta\cos\theta\right]_1^{2\cos\theta}d\theta \\ &= \int_0^{\pi/3}\sin\theta\cos\theta(4\cos^4\theta-\frac{1}{4})d\theta \\ &= -4\int_0^{\pi/3}\cos^5\theta d\cos\theta-\frac{1}{16}\int_0^{\pi/3}\sin 2\theta d\theta = \frac{9}{16}\end{aligned}$$

当积分区域为圆形、扇形、环形，且被积函数为 $f(x^2+y^2)$，$f(\frac{y}{x})$，$f(x+y)$ 等形式时，常选用极坐标变换。而极坐标变换的关键在于将直角坐标系下的区域 D 变换为极坐标下的

区域 Ω，这需要读者熟练掌握极坐标与直角坐标的互化。

综上所述，总结计算二重积分的步骤如下：

（1）画出积分区域 D 的草图；

（2）根据被积函数的特点和积分区域的形状，确定在哪种坐标系下计算，必要时可作变量替换；

（3）选择积分次序，必要时需要将区域 D 分成若干个区域；

（4）确定积分限；

（5）计算累次积分。

8.7.3 积分区域无界的广义二重积分

在定积分中，当积分区间为无穷区间时，定义过广义积分。无穷限的广义积分的定义为有限区间上定积分的极限。与一元函数类似，当二重积分的积分区域为无界区域时，可定义广义二重积分。

设 D 是平面上的无界区域，函数 $f(x,y)$ 在 D 上有定义。用任意一条光滑曲线 C 在 D 中划出有界区域 D_c，若二重积分 $\iint\limits_{D_c} f(x,y)\,dxdy$ 存在，且当曲线 C 连续变动并使区域 D_c 无限趋于区域 D 时，不论 D_c 的形状如何，也不论 D_c 采取何种方式趋于 D，极限

$$I = \lim_{D_c \to D} \iint\limits_{D_c} f(x,y)\,dxdy$$

总存在且相等，则 I 称为函数 $f(x,y)$ 在无界区域 D 上的**广义二重积分**，记为 $\iint\limits_{D} f(x,y)\,dxdy$，即

$$\iint\limits_{D} f(x,y)\,dxdy = \lim_{D_c \to D} \iint\limits_{D_c} f(x,y)\,dxdy$$

此时称函数 $f(x,y)$ 在无界区域 D 上**广义可积**或**积分收敛**，否则称函数 $f(x,y)$ 在无界区域 D 上的**积分发散**。

当被积函数 $f(x,y)$ 在无界区域 D 上非正（或非负）且连续时，函数 $f(x,y)$ 在无界区域 D 上广义可积。很显然在此时，只需要取一条特殊的光滑曲线 C，使 D_c 按特殊的方式趋于 D，就可计算二重广义积分。

例 8.51 利用例 8.49 的结论，计算广义二重积分 $\iint\limits_{D} e^{-(x^2+y^2)}\,dxdy$，其中 D 为全平面。

解： 被积函数 $e^{-(x^2+y^2)}$ 非负，则此广义积分可积。取曲线 C 为圆心在原点，半径为 R 的圆，D_c 为圆心在原点，半径为 R 的圆域。由例 8.49 的结论，知

$$\iint\limits_{D_c} e^{-(x^2+y^2)}\,dxdy = \pi(1 - e^{-R^2})$$

当 $R \to +\infty$ 时，有 $D_c \to D$，于是

$$\iint\limits_{D} e^{-(x^2+y^2)}\,dxdy = \lim_{R \to +\infty} \iint\limits_{D_c} e^{-(x^2+y^2)}\,dxdy = \lim_{R \to +\infty} \pi(1 - e^{-R^2}) = \pi$$

§8.8　二元函数的泰勒公式

8.8.1　二元函数的泰勒公式

由一元函数的泰勒公式可知，若函数 $f(x)$ 在含有 x_0 的某个开区间 (a,b) 内具有直到 $(n+1)$ 阶的导数，则当 x 在 (a,b) 内时，有

$$f(x)=f(x_0)+f'(x_0)(x-x_0)+\frac{f''(x_0)}{2!}(x-x_0)^2+\cdots$$
$$+\frac{f^{(n)}(x_0)}{n!}(x-x_0)^n+\frac{f^{(n+1)}(x_0+\theta(x-x_0))}{(n+1)!}(x-x_0)^{n+1}(0<\theta<1)$$

成立。即可用多项式近似表达函数 $f(x)$，且误差为 $(x-x_0)^n$ 的高阶无穷小。本节以二元函数为例，介绍泰勒公式。

定理 8.11　设 $z=f(x,y)$ 在点 (x_0,y_0) 的某一邻域内连续且有直到 $(n+1)$ 阶的连续偏导数，(x_0+h,y_0+k) 为此邻域内任一点，则有

$$f(x_0+h,y_0+k)=f(x_0,y_0)+\left(h\frac{\partial}{\partial x}+k\frac{\partial}{\partial y}\right)f(x_0,y_0)$$
$$+\frac{1}{2!}\left(h\frac{\partial}{\partial x}+k\frac{\partial}{\partial y}\right)^2 f(x_0,y_0)+\cdots+\frac{1}{n!}\left(h\frac{\partial}{\partial x}+k\frac{\partial}{\partial y}\right)^n f(x_0,y_0) \quad (8.23)$$
$$+\frac{1}{(n+1)!}\left(h\frac{\partial}{\partial x}+k\frac{\partial}{\partial y}\right)^{n+1} f(x_0+\theta h,y_0+\theta k),\ (0<\theta<1)$$

其中

$\left(h\frac{\partial}{\partial x}+k\frac{\partial}{\partial y}\right)f(x_0,y_0)$ 表示 $hf'_x(x_0,y_0)+kf'_y(x_0,y_0)$，

$\left(h\frac{\partial}{\partial x}+k\frac{\partial}{\partial y}\right)^2 f(x_0,y_0)$ 表示 $h^2f''_{xx}(x_0,y_0)+2hkf''_{xy}(x_0,y_0)+k^2f''_{yy}(x_0,y_0)$，

$\left(h\frac{\partial}{\partial x}+k\frac{\partial}{\partial y}\right)^m f(x_0,y_0)$ 表示 $\sum\limits_{p=0}^{m} C_m^p h^p k^{m-p}\left.\frac{\partial^m f}{\partial x^p\partial y^{m-p}}\right|_{(x_0,y_0)}$

证：引入函数

$$\phi(t)=f(x_0+ht,y_0+kt),\ (0\leqslant t\leqslant 1),$$

显然 $\phi(0)=f(x_0,y_0),\phi(1)=f(x_0+h,y_0+k)$，由 $\phi(t)$ 的定义及多元复合函数求导法则

$$\phi'(t)=hf'_x(x_0+ht,y_0+kt)+kf'_y(x_0+ht,y_0+kt)$$
$$=(h\frac{\partial}{\partial x}+k\frac{\partial}{\partial y})f(x_0+ht,y_0+kt),$$

$$\phi''(t)=h^2f''_{xx}(x_0+ht,y_0+kt)+2hkf''_{xy}(x_0+ht,y_0+kt)+k^2f''_{yy}(x_0+ht,y_0+kt)$$
$$=\left(h\frac{\partial}{\partial x}+k\frac{\partial}{\partial y}\right)^2 f(x_0+ht,y_0+kt),$$

……

$$\phi^{(n+1)}(t) = \sum_{p=0}^{n+1} C_{n=1}^{p} h^p k^{n+1-p} \frac{\partial^{n+1} f}{\partial x^p \partial y^{n+1-p}}\bigg|_{(x_0+ht, y_0+kt)}$$

$$= \left(h\frac{\partial}{\partial x} + k\frac{\partial}{\partial y}\right)^{n+1} f(x_0+ht, y_0+kt)$$

利用一元函数的麦克劳林公式，得

$$\phi(1) = \phi(0) + \phi'(0) + \frac{1}{2!}\phi''(0) + \cdots + \frac{1}{n!}\phi^{(n)}(0) + \frac{1}{(n+1)!}\phi^{(n+1)}(\theta),\ (0<\theta<1)。$$

将 $\phi(0)=f(x_0,y_0)$，$\phi(1)=f(x_0+h,y_0+k)$ 及上面求得的 $\phi(t)$ 直到 n 阶导数在 $t=0$ 的值，以及 $\phi^{(n+1)}(t)$ 在 $t=\theta$ 的值代入，得

$$f(x_0+h,y_0+k) = f(x_0,y_0) + (h\frac{\partial}{\partial x} + k\frac{\partial}{\partial y})f(x_0,y_0)$$

$$+ \frac{1}{2!}\left(h\frac{\partial}{\partial x} + k\frac{\partial}{\partial y}\right)^2 f(x_0,y_0) + \cdots + \frac{1}{n!}\left(h\frac{\partial}{\partial x} + k\frac{\partial}{\partial y}\right)^n f(x_0,y_0)$$

$$+ \frac{1}{(n+1)!}\left(h\frac{\partial}{\partial x} + k\frac{\partial}{\partial y}\right)^{n+1} f(x_0+\theta h, y_0+\theta k),\ (0<\theta<1)。$$

证毕。

余项 $R_n = \frac{1}{(n+1)!}\left(h\frac{\partial}{\partial x} + k\frac{\partial}{\partial y}\right)^{n+1} f(x_0+\theta h, y_0+\theta k)$，$0<\theta<1$，称为拉格朗日型余项，公式（8.23）称为具有拉格朗日型余项的泰勒公式。

例 8.52　求函数 $f(x,y)=\ln(x+y)$ 在点 $(0,1)$ 的三阶泰勒公式。

解： 因为

$$f'_x = f'_y = \frac{1}{x+y},$$

$$f''_{xx} = f''_{xy} = f''_{yy} = \frac{-1}{(x+y)^2},$$

$$\frac{\partial^3 f}{\partial x^p \partial y^{3-p}} = \frac{2}{(x+y)^3}\ (0 \leqslant p \leqslant 3),$$

$$\frac{\partial^4 f}{\partial x^p \partial y^{4-p}} = \frac{-3!}{(x+y)^4}\ (0 \leqslant p \leqslant 4)。$$

所以

$$(h\frac{\partial}{\partial x} + k\frac{\partial}{\partial y})f(0,1) = hf'_x(0,1) + kf'_y(0,1) = h+k,$$

$$\left(h\frac{\partial}{\partial x} + k\frac{\partial}{\partial y}\right)^2 f(0,1) = h^2 f''_{xx}(0,1) + 2hkf''_{xy}(0,1) + k^2 f''_{yy}(0,1) = -(h+k)^2,$$

$$\left(h\frac{\partial}{\partial x} + k\frac{\partial}{\partial y}\right)^3 f(0,1) = h^3 f'''_{xxx}(0,1) + 3h^2 k f'''_{xxy}(0,1) + 3hk^2 f'''_{xyy}(0,1) + k^3 f'''_{yyy}(0,1)$$

$$= 2(h+k)^3,$$

又 $f(0,1)=0$，将 $h=x, k=y$ 代入，得

$$\ln(x+y) = x+y - \frac{1}{2}(x+y)^2 + \frac{1}{3}(x+y)^3 - \frac{1}{4}\frac{(x+y)^4}{(1+\theta x+\theta y)^4}\ (0<\theta<1)$$

8.8.2　极值充分条件的证明

现在证明 §8.6 的定理 8.9，即极值存在的充分条件。

证：设 $(x_0+\Delta x, y_0+\Delta y)$ 为 (x_0, y_0) 的邻域内的任意一点，由二元函数的泰勒公式，有

$$\begin{aligned} f(x_0+\Delta x, y_0+\Delta y)-f(x_0,y_0) &= f'_x(x_0,y_0)+f'_y(x_0,y_0) \\ &\quad+\frac{1}{2}[f''_{xx}(x_0+\theta\Delta x, y_0+\theta\Delta y)(\Delta x)^2 \\ &\quad+2f''_{xy}(x_0+\theta\Delta x, y_0+\theta\Delta y)\Delta x\Delta y \\ &\quad+f''_{yy}(x_0+\theta\Delta x, y_0+\theta\Delta y)(\Delta y)^2],\ (0<\theta<1) \end{aligned}$$

因为 f''_{xx}, f''_{xy} 和 f''_{yy} 在点 (x_0, y_0) 处连续，所以

$$f''_{xx}(x_0+\theta\Delta x, y_0+\theta\Delta y)=A+\alpha;\ f''_{xy}(x_0+\theta\Delta x, y_0+\theta\Delta y)=B+\beta;$$
$$f''_{yy}(x_0+\theta\Delta x, y_0+\theta\Delta y)=C+\gamma,$$

其中 α, β 和 γ 当 $\rho\to 0$ 时，均为无穷小量，又有 $f'_x(x_0,y_0)=f'_y(x_0,y_0)=0$，于是

$$\begin{aligned} &f(x_0+\Delta x, y_0+\Delta y)-f(x_0,y_0) \\ &=\frac{1}{2}[A(\Delta x)^2+2B\Delta x\Delta y+C(\Delta y)^2]+\frac{1}{2}[\alpha(\Delta x)^2+2\beta\Delta x\Delta y+\gamma(\Delta y)^2] \end{aligned}$$

由此可见，当 $|\Delta x|$ 和 $|\Delta y|$ 充分小时，函数改变量的符号完全取决于 Δx 和 Δy 的二次多项式：
$p=A(\Delta x)^2+2B\Delta x\Delta y+C(\Delta y)^2$，于是

（1）若 $AC-B^2>0$，且 $A>0$，有

$$p=\frac{1}{A}[(A\Delta x+B\Delta y)^2+(AC-B^2)(\Delta y)^2]>0,$$

即对充分小的 $|\Delta x|$ 和 $|\Delta y|$，恒有

$$f(x_0+\Delta x, y_0+\Delta y)>f(x_0,y_0),$$

所以 (x_0,y_0) 为 $f(x,y)$ 极小值点。

若 $AC-B^2>0$，且 $A<0$，有

$$p=\frac{1}{A}[(A\Delta x+B\Delta y)^2+(AC-B^2)(\Delta y)^2]<0,$$

即对充分小的 $|\Delta x|$ 和 $|\Delta y|$，恒有

$$f(x_0+\Delta x, y_0+\Delta y)<f(x_0,y_0),$$

所以 (x_0,y_0) 为 $f(x,y)$ 极大值点。

（2）若 $AC-B^2<0$，则 p 在点 (x_0,y_0) 附近可正可负，所以 (x_0,y_0) 不是 $f(x,y)$ 极值点。

（3）若 $AC-B^2=0$，函数改变量的符号不能由 p 确定，此时，必须考虑 $f(x,y)$ 在点 (x_0,y_0) 处高于二阶的泰勒公式，才有可能判定 (x_0,y_0) 是否为 $f(x,y)$ 极值点。

习　题　八

1. 判定下列平面点集中哪些是开集、闭集、区域、有界集、无界集？并指出它们的

边界。

（1） $\{(x,y)\mid x\neq 0, y\neq 0\}$；（2） $\{(x,y)\mid y>x^2\}$；

（3） $\{(x,y)\mid x^2+(y-1)^2\geqslant 1\}\cap\{(x,y)\mid x^2+(y-2)^2\leqslant 4\}$。

2. 求下列函数的定义域：

（1） $z=\ln(y^2-2x+1)$；

（2） $z=\arcsin(x-y^2)+\ln\ln(10-x^2-4y^2)$；

（3） $z=\dfrac{\sqrt{4x-y^2}}{\ln(1-x^2-y^2)}$；

（4） $z=\ln(y-x)+\dfrac{\sqrt{x}}{\sqrt{1-x^2-y^2}}$；（5） $z=\dfrac{1}{\sqrt{x+y}}+\dfrac{1}{\sqrt{x-y}}$。

3. 设 $f(x-y,\dfrac{y}{x})=x^2-y^2$，求 $f(x,y)$。

4. 已知函数 $f(x,y)=x^2+y^2-xy\tan\dfrac{y}{x}$，试求 $f(tx,ty)$。

5. 设 $g(x)=\begin{cases}2x+2, & -1\leqslant x\leqslant 0\\ -2x+2, & 0<x\leqslant 1\end{cases}$，$h(y)=2$，$-2\leqslant y\leqslant 2$；

$D=\{(x,y)\mid -1\leqslant x\leqslant 1, -2\leqslant y\leqslant 2\}$。令 $F(x,y)=g(x)h(y),(x,y)\in D$，

（1） 求 $F(1,0)$；（2） 求 $F(x,y)$ 的表达式。

6. 证明下列函数为齐次函数，并说明各是几次齐次函数：

（1） $f(x,y)=x^3+xy^2$；（2） $f(x,y)=\dfrac{1}{y-x}$；

（3） $f(x,y)=y^3 2^{-\frac{x}{y}}$；（4） $f(x,y)=\dfrac{xy}{x^3+y^3}$。

7. 求下列各极限：

（1） $\lim\limits_{\substack{x\to 0\\ y\to 0}}(x+y)\sin\dfrac{1}{x^2+y^2}$；（2） $\lim\limits_{\substack{x\to 0\\ y\to 0}}\dfrac{1-\cos(x^2+y^2)}{(x^2+y^2)e^{x^2y^2}}$；

（3） $\lim\limits_{\substack{x\to 0\\ y\to 0}}\dfrac{x^2y^2}{x^2y^2+(x-y)^2}$；（4） $\lim\limits_{\substack{x\to 0\\ y\to 0}}\dfrac{x^2y^2}{x^4+y^4}$。

8. 证明函数 $f(x,y)=\begin{cases}\dfrac{xy}{\sqrt{x^2+y^2}}, & (x,y)\neq(0,0)\\ 0, & (x,y)=(0,0)\end{cases}$ 在点 $(0,0)$ 连续。

9. 求下列函数在给定点的偏导数：

（1） $f(x,y)=(1+xy)^y$，求 $\left.\dfrac{\partial f}{\partial x}\right|_{(1,1)}$；

（2） $f(x,y)=\dfrac{xy(x^2-y^2)}{x^2+y^2}$，求 $\left.\dfrac{\partial f}{\partial x}\right|_{(1,1)}, \left.\dfrac{\partial f}{\partial y}\right|_{(1,1)}$；

（3） $f(x,y)=\arctan\dfrac{y}{x^2}$，求 $\left.\dfrac{\partial f}{\partial x}\right|_{(1,2)}, \left.\dfrac{\partial f}{\partial y}\right|_{(1,2)}$；

（4） $f(x,y)=\ln|xy|$，求 $\left.\dfrac{\partial f}{\partial x}\right|_{(-1,-1)}, \left.\dfrac{\partial f}{\partial y}\right|_{(1,1)}$。

10. 求下列函数的一阶偏导数：

（1）$z=\sqrt{\ln(xy)}$；

（2）$z=\sin(xy)+\cos^2(xy)$；

（3）$z=\ln\dfrac{\sqrt{x^2+y^2}-x}{\sqrt{x^2+y^2}+x}$；

（4）$z=\log_y x$；

（5）$z=\ln\tan\dfrac{x}{\sqrt{y}}$；

（6）$z=e^{x^2+y^2}$；

（7）$u=\arctan(x-y)^z$；

（8）$u=x^{yz}$；

（9）$u=x^{y^z}$；

（10）$u=e^{\frac{x}{y}}+z^{\frac{y}{x}}$；

（11）$u=\sqrt{x^2+y^2+z^2}$；

（12）$z=(2x^2+3y)^{y^2\sin x}$

11. 设 $z=f(x,y)=\begin{cases}\dfrac{x^3-y^3}{x^2+y^2}, & x^2+y^2\neq 0\\ 0, & x^2+y^2=0\end{cases}$，求 $f'_x(0,0)$，$f'_y(0,0)$。

12. 设函数 $z=f(x,y)=\begin{cases}\dfrac{xy^2}{x^2+y^4}, & x^2+y^2\neq 0\\ 0, & x^2+y^2=0\end{cases}$，讨论在点(0,0)处的连续性，偏导数存在性与可微性。

13. 求下列函数的全微分：

（1）$z=\arctan(xy)$；

（2）$z=\sqrt{\dfrac{y}{x}}$；

（3）$u=x^{y^z}$；

（4）$z=\dfrac{y}{\sqrt{x^2+y^2}}$；

（5）$z=\log_y x$；

（6）$u=xy+2yz+3zx$。

14. 求函数 $z=\ln(1+x^2+y^2)$ 当 $x=1$，$y=2$ 时的全微分。

15. 求函数 $z=x^2y^3$ 当 $x=2$，$y=-1$，$\Delta x=0.02$，$\Delta y=-0.01$ 时的全微分。

16. 求函数 $z=e^{xy}$ 当 $x=1$，$y=1$，$\Delta x=0.15$，$\Delta y=0.1$ 时的全微分。

17. 计算 $\sqrt{(1.02)^3+(1.97)^3}$ 的近似值。

18. 计算 $(1.97)^{1.05}$ 的近似值（$\ln 2=0.693$）。

19. 设 f,g 为连续可微函数，$u=f(x,xy)$，$v=g(x+xy)$，求 $\dfrac{\partial u}{\partial x}\cdot\dfrac{\partial v}{\partial x}$。

20. 已知 $z=u^v$，$u=\ln\sqrt{x^2+y^2}$，$v=\arctan\dfrac{y}{x}$，求 $\dfrac{\partial z}{\partial x}$，$\dfrac{\partial z}{\partial y}$。

21. 设 $x=e^u\cos v$，$y=e^u\sin v$，$z=xy$，求 $\dfrac{\partial z}{\partial u}$，$\dfrac{\partial z}{\partial v}$。

22. 设 $u=f(x,y,z)$，$y=\varphi(x,t)$，$t=\psi(x,z)$，求 $\dfrac{\partial u}{\partial x}$，$\dfrac{\partial u}{\partial z}$。

23. 求下列函数的二阶偏导数 $\dfrac{\partial^2 z}{\partial x^2}$，$\dfrac{\partial^2 z}{\partial x\partial y}$，$\dfrac{\partial^2 z}{\partial y^2}$：

（1）$z=\arcsin\dfrac{x}{\sqrt{x^2+y^2}}$；

（2）$z=\dfrac{y^2-x^2}{y^2+x^2}$；

（3） $z=\frac{1}{x}f(xy)+yf(x+y)$，其中 f 二阶可导；

（4） $z=(x^2+y^2)e^{-\arctan\frac{y}{x}}$。

24. 设 $z=f(2x-y)+g(x,xy)$，其中 $f(t)$ 二阶可导，$g(u,v)$ 具有连续的二阶偏导数，求 $\frac{\partial^2 z}{\partial x\partial y}$。

25. 设 $f(x,y)=\int_a^{xy}e^{-t^2}dt$，求 $\frac{x}{y}\frac{\partial^2 f}{\partial x^2}-2\frac{\partial^2 f}{\partial x\partial y}+\frac{y}{x}\frac{\partial^2 f}{\partial y^2}$。

26. 设 $z=f(x,y)$ 由 $e^z-xyz=0$ 确定，求 $\frac{\partial z}{\partial x},\frac{\partial z}{\partial y},\frac{\partial^2 z}{\partial x\partial y}$。

27. 设 $u=f(x,y,z)$ 有连续的一阶偏导数，函数 $y=y(x)$ 及 $z=z(x)$ 分别由 $e^{xy}-xy=2$ 和 $e^x=\int_0^{x-z}\frac{\sin t}{t}dt$ 确定，求 $\frac{du}{dx}$。

28. 求函数 $z=x^3+y^3-3(x^2+y^2)$ 的驻点与极值点，并判断是极大值点还是极小值点。

29. 求下列函数的极值：

（1） $f(x,y)=4(x-y)-x^2-y^2$；（2） $f(x,y)=(6x-x^2)(4y-y^2)$；

（3） $f(x,y)=e^{2x}(x+y^2+2y)$；

（4） $f(x,y)=x^3-3axy+y^3$，a 为非零常数。

30. 求由方程 $2x^2+2y^2+z^2+8xz-z+8=0$ 所确定的函数 $z=f(x,y)$ 的极值点。

31. 某厂家生产的一种产品同时在两个市场销售，售价分别为 p_1 和 p_2；销售量分别为 q_1 和 q_2；需求函数分别为 $q_1=24-0.2p_1$ 和 $q_2=10-0.05p_2$，总成本函数为 $C=35+40(q_1+q_2)$。试问：厂家如何确定两个市场的售价，能使其获得总利润最大？最大总利润为多少？

32. 设生产某种产品必须投入两种要素，x_1 和 x_2 分别为两种要素的投入量，Q 为产出量；若生产函数为 $Q=2x_1^{\alpha}x_2^{\beta}$，其中 α,β 为正常数，且 $\alpha+\beta=1$。假设两种要素的价格分别为 p_1 和 p_2，试问：当产出量为 12 时，两要素各投入多少可以使投入总费用最小？

33. 假设某企业在两个互相分割的市场上出售同一种商品，两个市场的需求函数分别是

$$P_1=18-2Q_1,P_2=12-Q_2$$

其中 P_1 和 P_2 分别表示该产品在两个市场上的价格（单位：万元/吨），Q_1 和 Q_2 分别表示该产品在两个市场上的销售量（即需求量，单位：吨），并且该企业生产这种产品的总成本函数是 $C=2Q+5$，其中 Q! 表示该产品在两个市场的销售总量，即 $Q=Q_1+Q_2$：

（1） 如果该企业实行价格差别策略，试确定两个市场上该产品的销售量和价格，使该企业获得最大利润；

（2） 如果该企业实行价格无差别策略，试确定两个市场上该产品的销售量及其统一的价格，使该企业获得最大利润。

34. 将二重积分 $\iint\limits_D f(x,y)dxdy$ 化为累次积分：

（1） D 是以 $(1,1),(-1,1)$ 和 $(-1,-1)$ 为顶点的三角形区域；

（2） 区域 D 为 $x^2+y^2\leq R^2$；

（3） D 是由 $y^2=2x$ 和 $y=4x-3$ 所围成的闭区域。

35. 交换下列累次积分的积分次序：

（1）$\int_{-1}^{0} dy \int_{2}^{1-y} f(x,y)\,dx$；　　（2）$\int_{0}^{1} dy \int_{\sqrt{y}}^{\sqrt{2-y^2}} f(x,y)\,dx$；

（3）$\int_{0}^{\frac{1}{4}} dy \int_{y}^{\sqrt{y}} f(x,y)\,dx + \int_{\frac{1}{4}}^{\frac{1}{2}} dy \int_{y}^{\frac{1}{2}} f(x,y)\,dx$；

（4）$\int_{\frac{\pi}{2}}^{\pi} dx \int_{\sin x}^{1} f(x,y)\,dy$。

36. 计算下列积分：

（1）$\int_{0}^{\frac{\pi}{6}} dy \int_{y}^{\frac{\pi}{6}} \frac{\cos x}{x} dx$；　　（2）$\int_{0}^{2} dx \int_{x}^{2} e^{-y^2} dy$；

（3）$\iint\limits_{D} x\,dxdy$，其中 D 是以点(0,0)，(1,2)，(2,1)为顶点的三角形区域；

（4）$\iint\limits_{D} e^{x^2} dxdy$，其中 D 是由曲线 $y=x^3$ 与直线 $y=x$ 在第一象限内围成的闭区域；

（5）$\iint\limits_{D} \sqrt{y^2 - xy}\,dxdy$，其中 D 是由直线 $y=1$，$y=x, x=0$ 围成的闭区域；

（6）$\iint\limits_{D} |x^2 + y^2 - 1|\,dxdy$，其中 $D=\{(x,y)\,|\,0\leqslant x\leqslant 1, 0\leqslant y\leqslant 1\}$；

（7）$\iint\limits_{D} \frac{1+xy}{1+x^2+y^2} dxdy$，其中 $D=\{(x,y)\,|\,x^2+y^2\leqslant 1, 0\leqslant x\}$；

（8）$\iint\limits_{D} \sqrt{x}\,dxdy$，其中 $D=\{(x,y)\,|\,x^2+y^2\leqslant x\}$；

（9）$\iint\limits_{D} \frac{1-x^2-y^2}{1+x^2+y^2} dxdy$，其中 D 是由 $x^2+y^2=1$，$y=0, x=0$ 围成的闭区域在第一象限内的部分；

（10）$\int_{0}^{\frac{R}{\sqrt{2}}} dy \int_{0}^{y} e^{-(x^2+y^2)} dx + \int_{\frac{R}{\sqrt{2}}}^{R} dy \int_{0}^{\sqrt{R^2-y^2}} e^{-(x^2+y^2)} dx$。

37. 计算二重积分 $\iint\limits_{D} x e^{-y^2} dxdy$，其中 D 是由 $y=4x^2$，$y=9x^2$ 围成的区域在第一象限内的部分。

第9章

微分方程初步

在研究自然科学、生物科学以及经济与管理科学中的实际问题时，常常遇到某个变量和其他变量之间的函数关系是未知的，且这种未知函数关系不能直接由实际问题的实际意义得到这样一类数学问题，而这个未知的函数关系以及它的某阶导数都能由一个已知的方程联系在一起，这样的方程称为微分方程，如果未知函数是一元的，那么对应的微分方程称为常微分方程。通过求解微分方程而得到未知的函数关系。

本章介绍微分方程的基本概念，以及常见的几种一阶及二阶微分方程的求解方法，并介绍微分方程在经济学中的简单应用等。

§9.1 微分方程的基本概念

9.1.1 微分方程的概念

定义9.1 凡含有自变量、未知函数以及未知函数的导数的函数方程，称为微分方程。若未知函数为一元函数，则对应的微分方程称为常微分方程，若未知函数为多元函数，则对应的微分方程称为偏微分方程。

例如

$$\frac{dy}{dx}-\frac{y}{x}=\sin x,$$

$$(x-2y)dx+y(y-2x)dy=0,$$

$$y''-3y'+4y=e^x,$$

等都为常微分方程。而方程

$$\frac{\partial^2 z}{\partial x^2}+\frac{\partial^2 z}{\partial y^2}=z$$

为偏微分方程。

本章只介绍常微分方程及其解法，为方便起见，以后将常微分方程简称为微分方程。

定义 9.2　常微分方程中出现的未知函数的最高阶导数的阶数，称为微分方程的阶。

例如，方程 $3y'+4y=0$，$y''-3y'+4y=e^x$ 分别为一阶和二阶微分方程。

n 阶微分方程的一般形式表示为

$$F(x,y,y',y'',\cdots,y^{(n)})=0 \tag{9.1}$$

如果方程（9.1）左端函数 F 为 $y,y',y'',\cdots,y^{(n)}$ 的线性函数，则称方程（9.1）为 n 阶线性微分方程，其一般形式为

$$y^{(n)}+a_1(x)y^{(n-1)}+\cdots+a_{n-1}(x)y'+a_n(x)y=f(x) \tag{9.2}$$

其中 $a_i(x),i=1,2,\cdots,n$ 和 $f(x)$ 均为 x 的已知函数。不是线性方程的微分方程，统称为非线性微分方程。

例如 $\frac{dy}{dt}=3y$ 和 $\frac{d^2y}{dx^2}+x\frac{dy}{dx}+x^2y=e^x$ 均为线性的微分方程。而 $\left(\frac{dy}{dx}\right)^2+\frac{dy}{dx}=8y$ 为非线性的微分方程。

9.1.2　微分方程的解

定义 9.3　如果将函数 $y=f(x)$ 代入方程（9.1），能使其成为恒等式，则称 $y=f(x)$ 为方程（9.1）的解（显式解），如果由关系式 $\varphi(x,y)=0$ 所确定的隐函数 $y=f(x)$ 是方程（9.1）的解，则称 $y=f(x)$ 为方程（9.1）的隐式解。以后对隐式解和显式解不加区别，统称为微分方程的解。

定义 9.4　如果含有 n 个（独立的）任意常数 $C_1,C_2,\cdots,C_n$ 的函数 $y=f(x,C_1,C_2,\cdots,C_n)$ 是方程（9.1）的解，则这样的解称为微分方程的通解；在确定了通解中的任意常数 $C_1,C_2,\cdots,C_n$ 以后得到的解，称为微分方程的特解。

例 9.1　设曲线在点 (x,y) 处的切线斜率为 $3x^2$ 且曲线通过点（1，2），试确定此曲线方程。

解：设所求曲线为 $y=f(x)$，由已知条件有

$$\begin{cases} y'=3x^2, \\ y|_{x=1}=2, \end{cases}$$

积分得 $y=x^3+C$，再考虑到该曲线过点（1，2），可确定 $C=1$。$y=x^3+C$ 称为通解，而 $y=x^3+1$ 称为特解。

通常为了确定 n 阶方程（9.1）的某个特解，需给出该特解应满足的附加条件，常称为定解条件。一般地说，n 阶微分方程应有 n 个定解条件，才能确定某个特解。n 阶方程（9.1）的常见定解条件有用来确定任意常数的初始条件：

$$\begin{cases} y|_{x=x_0}=y_0, \\ y'|_{x=x_0}=y_1, \\ y''|_{x=x_0}=y_2, \\ \cdots\cdots\cdots \\ y^{(n-1)}|_{x=x_0}=y_{n-1} \end{cases}$$

其中，$x_0, y_0, y_1, \cdots, y_{n-1}$ 为 $n+1$ 个给定的常数。

求方程满足某初始条件的解的问题，称为方程的初值问题。一阶方程的初值问题通常表示为

$$\begin{cases} y' = f(x, y), \\ y\big|_{x=x_0} = y_0 \end{cases} \tag{9.3}$$

二阶方程的初值问题通常表示为

$$\begin{cases} y'' = f(x, y, y'), \\ y\big|_{x=x_0} = y_0, \\ y'\big|_{x=x_0} = y_1 \end{cases} \tag{9.4}$$

例 9.2 验证 $y = C_1\cos x + C_2\sin x + x$ 为方程 $y'' + y = x$ 的通解。

解：因为

$$y' = -C_1\sin x + C_2\cos x + 1,$$

$$y'' = -C_1\cos x - C_2\sin x。$$

将 y、y''代入方程，容易验证微分方程两边为恒等式，同时 y 中含两个任意常数，因此 y 为该微分方程的通解。

§9.2 一阶微分方程

在有关微分方程的实际问题中，一阶微分方程是最基本的微分方程的模型。为此，先讨论一阶微分方程的解法，一阶微分方程的一般形式为

$$F(x, y, y') = 0, \tag{9.5}$$

也可化为

$$y' = f(x, y), \tag{9.6}$$

进一步，式（9.6）还可化为

$$P(x, y)dx + Q(x, y)dy = 0 \tag{9.7}$$

其中 $F(x, y, y')$是 x, y, y'的已知函数；$f(x, y), P(x, y), Q(x, y)$，是 x, y 的已知函数。

本节只讨论几种特殊类型的一阶微分方程及其解法。

9.2.1 可分离变量的一阶微分方程

形如

$$g(y)dy = f(x)dx, \tag{9.8}$$

的一阶微分方程，称为**分离变量方程**，而形如

$$y' = \varphi(x)\psi(y) \tag{9.9}$$

的一阶微分方程，称为**可分离变量方程**。因为式（9.9）可改写为

$$\frac{1}{\psi(y)}dy = \varphi(x)dx, \psi(y) \neq 0 \tag{9.9'}$$

的分离变量方程。

若 $g(y)$, $f(x)$ 以及 $\varphi(x)$, $\psi(y)$ 都是连续函数，将方程（9.8）和（9.9'）两端分别对 x 和 y 积分，得

$$\int g(y)\,dy = \int f(x)\,dx + C, \tag{9.10}$$

和

$$\int \frac{1}{\psi(y)}dy = \int \varphi(x)\,dx + C, \tag{9.11}$$

其中 C 为任意常数。

（9.10）和（9.11）分别为方程（9.8）和（9.9）的通解。

例 9.3　求微分方程 $\dfrac{dy}{dx}=2xy$ 的通解。

解：将原方程分离变量，得

$$\frac{dy}{y}=2xdx,$$

两边同时积分，得

$$\int \frac{1}{y}dy = \int 2xdx + C_1,$$

其中 C_1 为任意常数，即

$$\ln|y| = x^2 + C_1,$$

于是，通解为

$$y = \pm e^{C_1}e^{x^2} = Ce^{x^2},\ (C = \pm e^{C_1})$$

其中 C 为任意常数。

例 9.4　求微分方程 $x^2ydx=(1-y^2+x^2-x^2y^2)dy$ 的通解。

解：将原方程化为可分离变量方程形式

$$x^2ydx=(1-y^2)(1+x^2)dy,$$

再分离变量，得

$$\frac{x^2}{1+x^2}dx=\frac{1-y^2}{y}dy,$$

两边积分，得

$$\int \frac{x^2}{1+x^2}dx = \int \frac{1-y^2}{y}dy + C$$

即

$$\int \left(1-\frac{1}{1+x^2}\right)dx = \int \frac{1}{y}dy - \int ydy + C,$$

因此，通解为

$$x - \arctan x = \ln y - \frac{1}{2}y^2 + C$$

其中 C 为任意常数。

例 9.5　求微分方程 $\dfrac{dy}{dx}=\dfrac{1+y^2}{xy(1+x^2)}$ 的通解，以及满足 $y|_{x=1}=2$ 的特解。

解：将所给方程分离变量后，得

$$\frac{y}{1+y^2}dy=\frac{1}{x(1+x^2)}dx=\left(\frac{1}{x}-\frac{x}{1+x^2}\right)dx,$$

两边积分，得

$$\frac{1}{2}\ln(1+y^2)=\ln x-\frac{1}{2}\ln(1+x^2)+\frac{1}{2}\ln C,$$

化简后，得

$$\ln(1+x^2)(1+y^2)=\ln(Cx^2),$$

因此，通解为

$$(1+x^2)(1+y^2)=Cx^2$$

将 $y|_{x=1}=2$ 代入通解中，可确定 $C=10$，于是，所求的特解为

$$(1+x^2)(1+y^2)=10x^2$$

9.2.2 齐次线性微分方程

形如

$$\frac{dy}{dx}=f\left(\frac{y}{x}\right) \tag{9.12}$$

的一阶微分方程，称为齐次微分方程，令

$$\frac{y}{x}=u \quad 或 \quad y=ux \tag{9.13}$$

其中 u 为新的变量，两边求导，得

$$\frac{dy}{dx}=u+x\frac{du}{dx}$$

然后，将其代入方程（9.12），得关于 x 和 u 的分离变量方程

$$u+x\frac{du}{dx}=f(u)$$

再将此微分方程化为关于 x 和 u 的可分离变量方程，得

$$\frac{1}{f(u)-u}du=\frac{1}{x}dx$$

两边积分，得

$$\int\frac{1}{f(u)-u}du=\ln|x|+C \tag{9.14}$$

求出（9.14）左端的一个原函数后，再将 $u=\frac{y}{x}$ 代入，即得（9.12）的通解。

例 9.6 求微分方程 $\frac{dy}{dx}=\frac{2y^2-xy}{x^2-xy+y^2}$ 的通解。

解：将所给方程改写为齐次方程：

$$\frac{dy}{dx}=\frac{2\left(\frac{x}{y}\right)^2-\frac{x}{y}}{1-\frac{x}{y}+\left(\frac{x}{y}\right)^2},$$

令 $u=\frac{y}{x}$，有 $dy=xdu+udx$，则上式变为

$$\frac{dy}{dx}=u+x\frac{du}{dx}=\frac{2u^2-u}{1-u+u^2},$$

分离变量后，得

$$\left[\frac{1}{2}\left(\frac{1}{u-2}-\frac{1}{u}\right)-\frac{2}{u-2}+\frac{1}{u-1}\right]du=\frac{1}{x}dx,$$

两边积分，得

$$\ln(u-1)-\frac{3}{2}\ln(u-2)-\frac{1}{2}\ln u=\ln x+\ln C,$$

由此可得

$$\frac{u-1}{\sqrt{u}(u-2)^{\frac{3}{2}}}=Cx$$

于是，将 $u=\frac{y}{x}$ 代入上式，得原方程的通解为

$$(y-x)^2=Cy(y-2x)^3,$$

其中 C 为任意常数。

例 9.7　求微分方程 $y^2+x^2\frac{dy}{dx}=xy\frac{dy}{dx}$ 的通解。

解：将原方程改写为齐次微分方程，得

$$\frac{y^2}{x^2}+\frac{dy}{dx}=\frac{y}{x}\frac{dy}{dx},$$

设 $u=\frac{y}{x}$，并将其代入化简后的方程，得

$$\left(1-\frac{1}{u}\right)du=\frac{1}{x}dx,$$

两边积分，得

$$u-\ln u=\ln x+C_1,$$

即

$$u=\ln(ux)+C_1,$$

其中 C_1 为任意常数。于是，将 $u=\frac{y}{x}$ 代入上式，得原方程的通解

$$y=Ce^{\left(\frac{y}{x}\right)}$$

其中 C 为任意常数。

9.2.3　一阶线性微分方程

形如

$$\frac{dy}{dx}+P(x)y=Q(x) \tag{9.15}$$

的一阶微分方程，称为一阶非齐次线性微分方程。其中 $P(x)$，$Q(x)$ 为 x 的已知函数，且

$Q(x)\neq 0$。特别地，当 $Q(x)\equiv 0$ 时，方程（9.15）相对应的方程

$$\frac{dy}{dx}+P(x)y=0 \tag{9.16}$$

称为一阶齐次线性微分方程。一阶齐次线性微分方程（9.16）与一阶非齐次线性微分方程（9.15）统称为一阶线性微分方程。

（1）一阶齐次线性微分方程的通解

不难看出，方程（9.16）是一个可分离变量方程，因此可通过分离变量，求出其通解，先分离变量，得

$$\frac{dy}{y}=-P(x)dx,$$

两边积分，得

$$\int \frac{1}{y}dy=\int -P(x)dx,$$

即

$$\ln y=-\int P(x)dx+\ln C,$$

由此可得（9.16）的通解为

$$y=Ce^{-\int P(x)dx} \tag{9.17}$$

其中 C 为任意常数。

（2）一阶非齐次线性微分方程的通解

方程（9.16）是方程（9.15）的特殊情况，两者在形式上既有区别又有联系，因此，它们的通解也应该有一定的关系，通过方程（9.16）的通解的形式（9.17）可求出方程（9.15）的通解。为此，引出求线性微分方程通解的另一常用方法——常数变易法。如果将（9.17）中的常数 C 变易为 x 的待定函数 $C(x)$，则相应的函数为方程（9.15）的解，在此假定前提下确定待定函数 $C(x)$。

事实上，利用这种设想可求出方程（9.15）的通解，并称这种将任意常数 C 变易为待定函数 $C(x)$的求解线性微分方程的方法为常数变易法。

用常数变易法求解一阶非齐次线性方程（9.15）的方法如下：

先求出方程（9.15）对应的齐次线性方程（9.16）的通解（9.17），然后施行常数变易，将方程（9.17）中的 C 变为 $C(x)$，即设

$$y=C(x)e^{-\int P(x)dx}, \tag{9.18}$$

为方程（9.15）的解，其中 $C(x)$为待定函数。为确定 $C(x)$，对（9.18）的两边求导，得

$$\frac{dy}{dx}=\frac{dC(x)}{dx}e^{-\int P(x)dx}-C(x)P(x)e^{-\int P(x)dx} \tag{9.19}$$

将（9.18）和（9.19）代入（9.15）中化简，得

$$\frac{dC(x)}{dx}=Q(x)e^{\int P(x)dx},$$

上式两边积分，得

$$C(x)=\int Q(x)e^{\int P(x)dx}dx+C,$$

由此得一阶非齐次线性微分方程（9.15）的通解为

$$y = e^{-\int P(x)dx}\left[\int Q(x)e^{\int P(x)dx}dx + C\right] \tag{9.20}$$

下面介绍变量代换法求一阶非齐次线性方程（9.15）的通解，设方程（9.15）的解为

$$y = u(x)v(x), \tag{9.21}$$

其中 $u(x)$，$v(x)$为待定未知函数，将（9.21）代入（9.15）中，可得

$$v(x)u'(x) + u(x)[v'(x) + P(x)v(x)] = Q(x),$$

先令

$$v'(x) + P(x)v(x) = 0 \tag{9.22}$$

则有

$$v(x)u'(x) = Q(x) \tag{9.23}$$

解（9.22），得 $v(x) = e^{-\int P(x)dx}$，将其代入（9.23）并积分，得

$$u(x) = \int Q(x)e^{\int P(x)dx}dx + C$$

于是，方程（9.15）的通解为

$$y = u(x)v(x) = \left[\int Q(x)e^{\int P(x)dx}dx + C\right]e^{-\int P(x)dx} \tag{9.24}$$

显然与用常数变易法解得的结果相同。

例 9.8 求微分方程$(x+1)\dfrac{dy}{dx} - ny = e^x(x+1)^{n+1}$的通解，其中 n 为常数。

解： 将原方程化为

$$\frac{dy}{dx} - \frac{n}{x+1}y = e^x(x+1)^n$$

先求对应的一阶齐次线性微分方程

$$\frac{dy}{dx} - \frac{n}{x+1}y = 0$$

的解，得其通解为 $y = C(x+1)^n$

再应用常数变易法求原方程的通解，设 $y = C(x)(x+1)^n$ 为原方程的解，其中 $C(x)$为待定函数，则

$$\frac{dy}{dx} = \frac{dC(x)}{dx}(x+1)^n + nC(x)(x+1)^{n-1}$$

代入原方程得

$$\frac{dC(x)}{dx} = e^x$$

由此即得 $C(x) = e^x + C$，其中 C 为任意常数。所以，原方程的通解为

$$y = (e^x + C)(x+1)^n$$

例 9.9 求微分方程 $ydx + (x - y^4)dy = 0$ 的通解。

解： 如果将原方程化为

$$\frac{dy}{dx} + \frac{y}{x - y^4} = 0$$

显然此方程不是线性微分方程。如果换一种方式将原方程化为

$$\frac{dx}{dy}+\frac{x-y^4}{y}=0 \text{ 或 } \frac{dx}{dy}+\frac{1}{y}x=y^3$$

当视 x 为因变量，y 为自变量时，则上式化为

$$\frac{dx}{dy}+P(y)x=Q(y)$$

的一阶非齐次线性微分方程的形式，其中 $P(x)=\frac{1}{y},Q(y)=y^3$，直接运用公式（9.24），得原方程的通解为

$$x=e^{-\int\frac{1}{y}dy}\left[\int y^3 e^{\int\frac{1}{y}dy}dy+C\right]=\frac{y^4}{5}+\frac{C}{y}$$

常数变易法或变量替换法都是求解一阶非齐次线性微分方程常用的有效方法，所以，在实际求解某个具体的一阶非齐次线性微分方程时，往往采用常数变易法或变量替换法，也可直接利用公式（9.24）。

下面，将利用变量替换法求解一些简单的一阶非线性微分方程的问题。

（3）利用变量替换求微分方程的解

例 9.10 求 $\frac{dy}{dx}=(x+y)^2$ 的通解。

解：作变量替换 $u=x+y$，则 $\frac{dy}{dx}=\frac{du}{dx}-1$，将其代入原方程，得

$$\frac{du}{dx}=1+u^2 \text{或} \frac{du}{1+u^2}=dx$$

两边积分，得

$$\arctan u=x+C$$

其中 C 为任意常数。代回变量替换 $u=x+y$，得

$$\arctan(x+y)=x+C$$

因此，原方程的通解为

$$y=\tan(x+C)-x$$

例 9.11 用适当的变量替换解微分方程 $2y\frac{dy}{dx}+2xy^2=xe^{-x^2}$。

解：作变量替换 $z=y^2$，则 $\frac{dz}{dx}=2y\frac{dy}{dx}$，将其代入原方程，得

$$\frac{dz}{dx}+2xz=xe^{-x^2}$$

由一阶非齐次线性微分方程的通解公式（9.24），得

$$z=e^{-\int 2xdx}\left[\int xe^{-x^2}e^{\int 2xdx}dx+C\right]$$

因此，原方程的通解为

$$y^2=e^{-x^2}\left(\frac{x^2}{2}+C\right)$$

（4）伯努利（Bernoulli）方程

形如

$$\frac{dy}{dx}+P(x)y=Q(x)y^n \tag{9.25}$$

的方程，称为伯努利方程，其中 n 为常数。

显然，当 $n=0,1$ 时，方程（9.25）为线性微分方程；当 $n\neq 0,1$ 时，方程（9.25）为非线性微分方程，由上述可知，利用变量替换法求出方程（9.25）的通解。为此，将方程（9.25）变化为

$$(1-n)y^{-n}\frac{dy}{dx}+(1-n)P(x)y^{1-n}=Q(x)(1-n)$$

通过变量替换 $z=y^{1-n}$，可将伯努利方程（9.25）化为关于变量 z 的线性方程

$$\frac{dz}{dx}+(1-n)P(x)z=Q(x)(1-n)$$

于是，方程（9.25）的通解为

$$y^{1-n}=z=e^{-\int(1-n)P(x)dx}\left[\int(1-n)Q(x)e^{\int(1-n)P(x)dx}dx+C\right] \tag{9.26}$$

例 9.12　求方程 $x\frac{dy}{dx}+2y=3x^3y^{\frac{4}{3}}$ 的通解。

解：原方程可化为 $\frac{dy}{dx}+\frac{2}{x}y=3x^2y^{\frac{4}{3}}$，这是 $n=\frac{4}{3}$ 的伯努利方程，作变量替换 $z=y^{1-\frac{4}{3}}=y^{-\frac{1}{3}}$，可将原方程化为关于变量 z 的一阶非齐次线性微分方程为

$$-3\frac{dz}{dx}+\frac{2}{x}z=3x^2$$

即

$$\frac{dz}{dx}-\frac{2}{3x}z=-x^2 \tag{9.27}$$

解对应的一阶齐次线性微分方程 $\frac{dz}{dx}-\frac{2}{3x}z=0$，得通解为 $z=Cx^{\frac{2}{3}}$，利用常数变易法，设 $z=C(x)x^{\frac{2}{3}}$，代入方程（9.27），得

$$C'(x)x^{\frac{2}{3}}=-x^2,\ \text{即}\ C(x)=-\frac{3}{7}x^{\frac{7}{3}}+C$$

因此，原方程的通解为

$$y^{-\frac{1}{3}}=-\frac{3}{7}x^{\frac{14}{9}}+Cx^{\frac{2}{3}}$$

其中 C 为任意常数。

§9.3　高阶线性微分方程

形如

$$y^{(n)}+a_1(x)y^{(n-1)}+\cdots+a_{n-1}(x)y'+a_n(x)y=f(x) \tag{9.28}$$

的方程称为 n 阶线性微分方程的一般形式，其中 $a_1(x),a_2(x),\cdots,a_n(x)(n\geqslant 2)$，$f(x)$都为已知连续函数。若$f(x)\equiv 0$，则（9.28）可变为

$$y^{(n)}+a_1(x)y^{(n-1)}+\cdots+a_{n-1}(x)y'+a_n(x)y=0 \tag{9.29}$$

称为方程（9.28）对应的 n 阶齐次线性微分方程。相应地，称方程（9.28）为 n 阶非齐次线性微分方程。

一般地，要求出方程（9.28）的解的解析表达式非常不容易。因此，本节只讨论 n 阶线性微分方程的一些特殊形式——常系数线性微分方程的求解问题。为简便起见，仅研究二阶常系数线性微分方程的情形。

设二阶非齐次线性微分方程为

$$y''+P(x)y'+Q(x)y=f(x) \tag{9.30}$$

其对应的二阶齐次线性微分方程为

$$y''+P(x)y'+Q(x)y=0 \tag{9.31}$$

其中 $P(x),Q(x),f(x)$都为已知连续函数。

9.3.1 线性微分方程的解的结构

(1) 二阶齐次线性微分方程解的结构

因篇幅限制，下面介绍的线性方程解的基本定理的证明均从略。

定理 9.1 如果函数 $y_1(x)$与 $y_2(x)$是方程（9.31）的两个解，那末 $y=C_1y_1(x)+C_2y_2(x)$ 也是（9.31）的解，其中 c_1,c_2 为任意常数。

问题 上面得出的 $y=C_1y_1(x)+C_2y_2(x)$是否一定是方程（9.31）的通解？为解决这一疑问，先介绍线性相关性的概念。

定义 9.5 设 $y_1(x),y_2(x),\cdots,y_n(x)$，为定义在同一区间$(a,b)$上的 n 个函数，如果存在 n 个不全为零的常数 k_1，k_2，$\cdots$，k_n，使得当 x 在该区间内时，恒有

$$k_1y_1(x)+k_2y_2(x)+\cdots+k_ny_n(x)=0 \tag{9.32}$$

成立，则称函数组 $y_1(x),y_2(x),\cdots,y_n(x)$在区间$(a,b)$上线性相关。否则，若在区间$(a,b)$上等式（9.32）仅当 $k_1,k_2,\cdots,k_n$ 全为零时才成立，则称函数组 $y_1(x),y_2(x),\cdots,y_n(x)$在区间$(a,b)$上线性无关。

例如，函数 $y_1=1$，$y_2=\tan^2x$，$y_3=\sec^2x$ 在$\left(-\dfrac{\pi}{2},\dfrac{\pi}{2}\right)$上是线性相关的，因为，当取 $k_1=1$，$k_2=1$，$k_3=-1$ 时，能使

$$1+\tan^2x-\sec^2x=0$$

成立。

特别地，若在(a,b)上有$\dfrac{y_1(x)}{y_2(x)}\neq$常数，则函数组 $y_1(x),y_2(x)$在(a,b)上线性无关。

下面用线性无关的概念推出关于二阶齐次线性微分方程的解的结构的定理。

定理 9.2 二阶齐次线性微分方程（9.31）一定存在两个线性无关的解。

定理 9.3 如果 $y_1(x)$与 $y_2(x)$是方程（9.31）的两个线性无关的特解，则 $y=C_1y_1(x)+C_2y_2(x)$就是方程（9.30）的通解，其中 C_1,C_2 为任意常数。

注意 由定理 9.2 和定理 9.3 可知，只要求它的两个线性无关的特解，就能求出方程

(9.31) 的通解。

例如，易证 $y_1=e^{2x}$ 和 $y_2=e^x$ 是二阶齐次线性微分方程

$$y''-3y'+2y=0 \tag{9.33}$$

的两个特解，由于 $\frac{y_1}{y_2}=e^x$ 不为常数，可知 y_1 与 y_2 是线性无关的，所以

$$y=C_1e^x+C_2e^{2x}$$

是方程 (9.33) 的通解。

(2) 二阶非齐次线性微分方程解的结构

定理 9.4 若 y^* 是二阶非齐次线性微分方程 (9.30) 的一个特解，$\tilde{y}$ 是与 (9.29) 对应的二阶齐次线性微分方程 (9.31) 的通解，则 $y=\tilde{y}+y^*$ 是二阶非齐次线性微分方程 (9.30) 的通解。

定理 9.5 （解的叠加原理）设二阶非齐次线性微分方程 (9.30) 的右端 $f(x)$ 是几个函数之和，如

$$y''+P(x)y'+Q(x)y=f_1(x)+f_2(x)$$

而 y_1^*, y_2^* 分别是方程

$$y''+P(x)y'+Q(x)y=f_1(x)$$
$$y''+P(x)y'+Q(x)y=f_2(x)$$

的特解，则 $y_1^*+y_2^*$ 是方程 (9.30) 的特解。

对于 n 阶线性微分方程解的结构也有类似结论。

9.3.2　二阶常系数线性微分方程

二阶常系数非齐次线性微分方程的一般形式为

$$y''+Ay'+By=f(x) \tag{9.34}$$

其中 A，B 为已知实常数，$f(x)$ 为已知函数，方程 (9.34) 的对应的齐次方程

$$y''+Ay'+By=0 \tag{9.35}$$

称为常系数齐次线性微分方程。根据定理 9.4，下面将分别讨论求方程 (9.35) 的通解和方程 (9.34) 的特解的方法。

(1) 二阶常系数齐次线性微分方程的解法——特征方程法

根据定理 9.3，只需求出方程 (9.35) 的两个线性无关的特解就可求出 (9.35) 的通解。本节将寻找如何求得这两个线性无关的特解的方法。注意到方程 (9.35) 的左端系数 A,B 均为常数，故解 y 可能具有 y' 和 y'' 均为 y 的常数倍的特点。由于指数函数 $e^{\lambda x}$ 具有导数为它自己的倍数的特点，因此，可设想方程 (9.35) 有形式为 $y=e^{\lambda x}$ 的解，其中 λ 为待定常数，将 $y=e^{\lambda x}, y'=\lambda e^{\lambda x}, y''=\lambda^2e^{\lambda x}$，代入方程 (9.35)，得

$$e^{\lambda x}(\lambda^2+A\lambda+B)=0$$

由于 $e^{\lambda x}\neq0$，故 λ 必须满足方程

$$\lambda^2+A\lambda+B=0 \tag{9.36}$$

故当 λ 是方程 (9.36) 的一个根时，$y=e^{\lambda x}$ 就是方程 (9.35) 的一个解。

定义 9.6 方程 (9.36) 称为方程 (9.35) 的特征方程，它的根 λ_1, λ_2 称为方程

（9.36）的特征根。由特征方程（9.36）的根确定二阶常系数齐次线性微分方程（9.34）的通解的方法称为特征方程法。

由一元二次方程的求根公式，解方程（9.35）的特征方程（9.36），其特征根为

$$\lambda_{1,2}=\frac{-A\pm\sqrt{A^2-4B}}{2} \tag{9.37}$$

对特征根 λ_1,λ_2分三种情形讨论。

① 特征根为相异的实根

当 $A^2-4B>0$ 时，方程（9.36）有两个相异实根为

$$\lambda_1=\frac{-A+\sqrt{A^2-4B}}{2},\ \lambda_2=\frac{-A-\sqrt{A^2-4B}}{2}$$

此时 $y_1=e^{\lambda_1 x}$，$y_2=e^{\lambda_2 x}$为方程（9.35）的两个特解，又$\frac{y_2}{y_1}=e^{(\lambda_2-\lambda_1)x}$不恒等于常数，所以 y_1、y_2 线性无关，因此方程（9.35）的通解为

$$y=C_1e^{\lambda_1 x}+C_2e^{\lambda_2 x}$$

其中 C_1,C_2 均为常数。

② 特征根为相等实根

当 $A^2-4B=0$ 时，方程（9.35）有二重根为 $\lambda_1=\lambda_2=-\frac{A}{2}$，则有 $y_1=e^{\lambda_1 x}$为方程（9.35）的一个解，可验证，另一个与 y_1 线性无关的解为 $y_2=xe^{\lambda_1 x}$，故方程（9.35）的通解为

$$y=(C_1+C_2x)e^{\lambda_1 x}$$

③特征根为共扼复根

当 $A^2-4B<0$ 时，方程（9.36）有一对共扼虚根为

$$\lambda_1=\alpha+i\beta,\lambda_2=\alpha-i\beta，其中\ a=-\frac{A}{2},\ \beta=\frac{\sqrt{4B-A^2}}{2}$$

可验证 $y_1=e^{\alpha x}\cos\beta x$，$y_2=e^{\alpha x}\sin\beta x$ 为方程（9.35）的两个线性无关的特解，因此方程（9.35）的通解为

$$y=C_1y_1+C_2y_2=e^{\alpha x}(C_1\cos\beta x+C_2\sin\beta x)$$

根据以上讨论，求二阶常系数齐次线性微分方程（9.35）的通解的基本方法为，先写出相应的特征方程（9.36），并求出特征根（9.37），然后根据特征根的三种情况分别确定方程（9.35）的通解。

例 9.13 求方程 $y''-2y'-3y=0$ 的通解。

解：原方程对应的特征方程为 $\lambda^2-2\lambda-3=0$，其特征根为 $\lambda_1=-1$，$\lambda_2=3$，故原方程的通解为

$$y=C_1e^{-\lambda_1 x}+C_2e^{-\lambda_2 x}=C_1e^{-x}+C_2e^{3x}$$

其中 C_1，C_2 为任意常数。

例 9.14 求方程 $y''-2y'+y=0$ 的通解。

解：原方程的特征方程为 $\lambda^2-2\lambda+1=0$，解出其特征根为（重根）$\lambda_1=\lambda_2=1$，故原方程的通解为

$$y=(C_1x+C_2)e^{\lambda_1 x}=(C_1x+C_2)e^x$$

其中 C_1,C_2 为任意常数。

例 9.15　求微分方程 $y''-2y'+5y=0$ 的通解。

解：原方程的特征方程为 $\lambda^2-2\lambda+5=0$，其特征根为（共扼复根）$\lambda_1=1+2i$，$\lambda_2=1-2i$，故所求的通解为

$$y=e^x(C_1\cos2x+C_2\sin2x)$$

其中 C_1,C_2 为任意常数。

（2）二阶常系数非齐次线性微分方程的解法——待定系数法

由定理 9.4 和二阶齐次线性微分方程解的结构可知，方程（9.34）的通解为 $y=\tilde{y}+y^*$，这里 $\tilde{y}$ 为（9.34）对应的齐次方程（9.35）的通解，y^* 为（9.34）的一个特解。因此，求解方程（9.34）的关键在于求出它的一个特解。当（9.34）的非齐次项函数 $f(x)$ 的形式为常见的 $P_m(x)$，$e^{\alpha x}P_m(x)$，$\alpha_1\cos\omega x+\alpha_2\sin\omega x$，$(\alpha_1\cos\omega x+\alpha_2\sin\omega x)e^{\alpha x}$ 类型时，可以利用待定系数法求出方程（9.34）的特解。以上几种常见类型的函数 $f(x)$ 的待定系数试解函数见表 9－1。下面通过几个具体例子说明用待定系数法求解（9.34）的特解的过程。

表 9－1

$f(x)$ 的形式	特解 y^* 的试解形式	取试解的条件
$f(x)=P_m(x)$ $P_m(x)$ 为 x 的 m 次多项式	$y^*=Q_m(x)$ $=A_0+A_1x+\cdots+A_mx^m$ $A_0,A_1,\cdots,A_m$ 为待定常数	$b\neq0$ （$b=0$ 时，方程（9.33）可化为一阶线性方程）
$f(x)=e^{\alpha x}P_m(x)$ α 为实常数 $P_m(x)$ 为 x 的 m 次多项式	$y^*=Q_m(x)e^{\alpha x}$ $Q_m(x)$ 同上	α 不是特征根
	$y^*=xQ_m(x)e^{\alpha x}$ $Q_m(x)$ 同上	α 为单特征根
	$y^*=x^2Q_m(x)e^{\alpha x}$ $Q_m(x)$ 同上	α 为重特征根
$f(x)=a_1\cos wx+a_2\sin wx$ a_1,a_2,w 为实常数	$y^*=A_1\cos wx+A_2\sin wx$ A_1,A_2 为待定常数	$\pm iw$ 不是特征根
	$y^*=(A_1\cos wx+A_2\sin wx)x$ A_1,A_2 为待定常数	$\pm iw$ 是特征根
$f(x)=(a_1\cos wx+a_2\sin wx)e^{\alpha x}$ a_1,a_2,w,a 为实常数	$y^*=(A_1\cos wx+A_2\sin wx)e^{\alpha x}$ A_1,A_2 为待定常数	$\alpha\pm iw$ 不是特征根
	$y^*=x(A_1\cos wx+A_2\sin wx)e^{\alpha x}$ A_1,A_2 为待定常数	$\alpha\pm iw$ 是特征根

例 9.16　求方程 $y''+y'=x^2+x$ 的一个通解。

解：对应的齐次方程 $y''+y'=0$ 的特征方程为 $\lambda^2+\lambda=0$，特征根为 $\lambda_1=0$，$\lambda_2=-1$。对应齐次方程的通解为

$$\tilde{y}=C_1+C_2e^{-x},$$

其中 C_1,C_2 为任意常数，由于原方程的非齐次项函数 $f(x)=x^2+x$，故根据表 9－1，设原方程特解的形式为

$$y^*=x(b_0x^2+b_1x+b_2)$$

将 y^* 代入原方程，整理后，得

$$3b_0x^2+(6b_0+2b_1)x+(2b_1+b_2)=x^2+x$$

比较 x 的同次幂系数，得

$$3b_0=1,6b_0+2b_1=1,2b_1+b_2=0$$

故解得

$$b_0=\frac{1}{3},b_1=-\frac{1}{2},b_2=1,$$

所以，原方程的通解为

$$y=\tilde{y}+y^*=C_1+C_2e^{-x}+\frac{1}{3}x^3-\frac{1}{2}x^2+x$$

其中 C_1,C_2 为任意常数。

例 9.17 求方程 $y''-3y'+2y=xe^{2x}$ 的通解。

解：对应齐次方程 $y''-3y'+2y=0$ 的特征方程为 $\lambda^2-3\lambda+2=0$，其特征根为 $\lambda_1=1,\lambda_2=2$，由此，得对应齐次方程的通解为

$$\tilde{y}=C_1e^x+C_2e^{2x}$$

其中 C_1,C_2 为任意常数。由于原方程非齐次项函数 $f(x)=xe^{2x}$，根据表 9－1，因为 $\alpha=2$ 为特征单根，故设原方程特解的形式为

$$y^*=x(Ax+B)e^{2x}$$

将 y^* 代入原方程，整理后，得

$$2Ax+B+2A=x$$

比较 x 的同次幂系数，得 $A=\frac{1}{2},B=-1$，于是

$$y^*=x(\frac{1}{2}x-1)e^{2x}$$

所以，原方程通解为

$$y=\tilde{y}+y^*=C_1e^x+C_2e^{2x}+x(\frac{1}{2}x-1)e^{2x}$$

例 9.18 求方程 $y''+y=4\sin x$ 的通解。

解：对应齐次方程 $y''+y=0$ 的特征方程为 $\lambda^2+1=0$，其特征根为 $\lambda_1=i,\lambda_2=-i$，由此，得对应齐次方程的通解为

$$\tilde{y}=C_1\cos x+C_2\sin x$$

其中 C_1,C_2 为任意常数。由于原方程非齐次项函数 $f(x)=4\sin x$，且 $\pm i$ 是特征值，故根据表 9－1，设原方程特解的形式为

$$y^*=x(A\cos x+B\sin x)$$

将 y^* 代入原方程，整理后，得

$$-2A\sin x+2B\cos x=4\sin x$$

比较方程两边 $\sin x$ 和 $\cos x$ 的系数，得 $A=-2, B=0$，于是

$$y^{*}=-2x\cos x$$

则原方程的通解为

$$y=\tilde{y}+y^{*}=C_1\cos x+C_2\sin x-2x\cos x$$

§9.4　微分方程的应用

为了研究经济变量之间的联系及其内在规律，常需要建立某经济函数及其导数或微分所满足的关系式，此为建立微分方程模型，再由该模型确定所研究函数的形式，并根据初始条件确定函数的表达式，此为求解微分方程。然后根据所求的解对实际问题进行数量分析研究。建立微分方程数学模型内容十分丰富，限于篇幅，本节主要介绍微分方程在经济学中的一些应用。

9.4.1　分析商品的市场价格与需求量之间的函数关系

例 9.19　已知某商品的需求量 Q（件）对价格 P（元）的弹性为 $-P\ln 8$，假定该商品的最大需求量为2000，试求：①需求量 Q 与价格 P 的关系；②当价格 $P=2$ 时，市场对商品的需求量 Q；③分析当 $P\to+\infty$时，Q 的变化趋势？

解：①由已知条件可知

$$\frac{dQ}{Q}\frac{P}{dP}=-P\ln 8,$$

分离变量，得微分方程$\frac{dQ}{Q}=-\ln 8dP$，两边积分，得

$$\ln Q=-P\ln 8+\ln C,$$

所以，解得 $Q=Ce^{-P\ln 8}$，其中 C 为任意常数。再由初始条件 $Q|_{P=0}=2000$，得 $C=2000$，故所求的需求函数为

$$Q=2000\times 8^{-P}$$

②当价格 $P=2$ 时，市场上对该商品的需求量为

$$Q=2000\times\frac{1}{64}=31.25\text{（件）}$$

③当 $P\to+\infty$，$Q=\frac{2000}{8^{P}}\to 0$。表明随着价格 P 无限上升，市场上对该商品的需求量几乎为0。

9.4.2　关于国民收入、储蓄与投资的关系

例 9.20　在宏观经济研究中，发现某地区的国民收入 Y，国民储蓄额 S 和投资额 K 均是时间 t 的函数，且在任一时刻 t，储蓄额 S 为国民收入 Y 的$\frac{1}{100}$倍，投资额 K 是国民收入增长

率$\frac{dy}{dt}$的$\frac{1}{6}$倍，且知当 $t=0$ 时，国民收入为 $Y|_{t=0}=20$（亿元），假定在时刻 t 的储蓄额全部用于投资，试求国民收入函数的表达式。

解：由题意知

$$S=\frac{1}{100}Y,K=\frac{1}{6}\frac{dY}{dt}$$

由假定，在 t 时刻，有 $S=K$，即

$$\frac{1}{100}Y=\frac{1}{6}\frac{dY}{dt}$$

解此微分方程，得

$$Y=C_1e^{\frac{6}{100}t}$$

由初始条件 $Y|_{t=0}=20$，得 $C_1=20$。故所求的国民收入函数为

$$Y=20e^{\frac{6}{100}t}=20e^{0.06t}$$

9.4.3 分析产量、收入、成本及利润之间的函数关系

例 9.21 已知某厂的纯利润 L 对广告费 x 的变化率与常数 A 和利润 L 之差成正比，当 $x=0$ 时，$L=L_0$，试求纯利润 L 与广告费 x 之间的关系。

解：由题意建立微分方程，

$$\frac{dL}{dx}=k(A-L),L|_{x=0}=L_0,$$

对方程分离变量后，得到$\frac{dL}{A-L}=kdx$，两边积分，得

$$-\ln(A-L)=kx-\ln C,$$

即

$$A-L=Ce^{-kx}，(C\text{ 为任意常数})，$$

故纯利润 L 与广告费 x 之间的关系式为

$$L=A-Ce^{-kx},$$

由初始条件$L|_{x=0}=L_0$，解得 $C=A-L_0$。所以纯利润与广告费之间的函数关系为

$$L=A-(A-L_0)e^{-kx}$$

9.4.4 关于动态资产净值问题

例 9.22 设某公司的净资产 K 在营运过程中，以年 6% 的连续复利产生利息而使总资产增长，同时，公司还必须以每年 2000 万元连续支付职员的工资。试求：①公司净资产 K 应满足的方程；②假设公司的初始净资产为 8000 万元，求公司净资产？

解：①由于，净资产的增长率 = 利息盈取的速率 - 工资支付速率，由题意知

$$\frac{dK}{dt}=0.06K-20000000$$

即为所求的净资产 K 应满足的微分方程。

②利用一阶非齐次线性方程的通解公式解出方程的通解为

$$K = e^{0.06t}\left[\int(-20000000)e^{-0.06t}dt + C\right]$$

$$= e^{0.06t}\left[\frac{2\times10^7}{0.06}e^{-0.06t} + C\right] = \frac{10^9}{3} + Ce^{0.06t}$$

由初始条件，可知 $K|_{t=0} = 8\times10^7, C = 8\times10^7 - \frac{10^9}{3} = -\frac{76}{3}\times10^7$

故当公司初始净资产为 8000 万元时，公司的净资产为

$$K = \frac{10^9}{3} - \frac{76}{3}\times10^7 e^{0.06t}$$

习 题 九

1. 请指出下列微分方程哪些是常微分方程？哪些是偏微分方程？

（1）$\left(\frac{dy}{dx}\right)^2 + x\left(\frac{dy}{dx}\right) - y = 0$；

（2）$y'' + 3y' - y = \cos x$；

（3）$\frac{\partial^2 f}{\partial x^2} + \frac{\partial^2 f}{\partial y^2} = f(x,y)$；

（4）$xy''' + 2y'' + x^2 y = 0$。

2. 请指出下列微分方程的自变量，未知函数及阶数？

（1）$y' = x^2 + 5$；

（2）$x^2 dy + y^2 dx = 0$；

（3）$\frac{d^2 x}{dy^2} = xy$；

（4）$t(x')^2 + 2tx' + t = 0$。

3. 试验证下列函数是否是所给方程的解？是否为通解？

（1）$(x+y)dx + xdy = 0$，$\left(y = \frac{C^2 - x^2}{2x}, C \text{ 为常数}\right)$；

（2）$y'' + y = 0$，($y = 3\sin x - 4k\cos x$) k 为常数。

4. 试验证 $y = Cx^3$ 是方程 $xy' - 3y = 0$ 的通解并分别求此方程满足下列初始条件的特解。

（1）$y|_{x=1} = 1$；

（2）$y|_{x=2} = 4$。

5. 求一条曲线，使该曲线上每一点的切线斜率都等于该点横坐标的倒数，且曲线经过点 $P(1,0)$。

6. 求解下列方程：

（1）$(1+x^2)dy = (1+y^2)dx$；

（2）$xdy + dx = e^y dx$；

（3）$xy' = y\ln y$。

7. 求解下列方程：

（1） $y'=e^{2x-y}$，$y|_{x=1}=0$；

（2） $(1+e^x)yy'=e^x$，$y|_{x=1}=1$。

8. 解下列方程：

（1） $y'=\frac{y}{x}+\tan\frac{y}{x}$；

（2） $t\frac{ds}{dt}=s\ln\frac{s}{t}$。

9. 解下列方程：

（1） $\frac{dy}{dx}+y=e^{-x}$；

（2） $y'+y\cos x=e^{-\sin x}$；

（3） $y'+2xy=xe^{-x^2}$。

10. 求下列方程的特解：

（1） $\begin{cases}\frac{dy}{dx}-y\tan x=\sec x\\ y|_{x=0}=0\end{cases}$

（2） $\begin{cases}xy'-y=2\\ y|_{x=1}=3\end{cases}$

11. 已知某曲线过原点，并且它的每一点处的切线斜率等于该点的横坐标与纵坐标之和，求该曲线方程。

12. 求下列方程的通解：

$$y''=x$$

13. 求下列方程的特解：

$$\begin{cases}y''=e^x\\ y|_{x=0}=4\\ y'|_{x=0}=2\end{cases}$$

14. 求下列方程的通解：

（1） $y''+4y'+4y=0$；

（2） $y''-2y'+10y=0$；

（3） $y''-y'-2y=0$。

15. 求下列方程的特解：

$$\begin{cases}y''+25y=0\\ y|_{x=0}=2\\ y'|_{x=0}=5\end{cases}$$

16. 设某公司办公用品的周平均成本 y 与公司雇员人数 x 的关系为

$$y'=y^2e^{-x}-2y$$

且知 $y|_{x=0}=1$，试求 $y=y(x)$。

17. 已知某商品的收益 R 随需求量的增加而增加，其增长率为

$$R' = \frac{2(R^3 - x^3)}{3xR^2}$$

且知 $y|_{x=10} = 0$，试求收益函数 $R = R(x)$。

18. 设 $Z = Z(t)$ 为国民债务，$y = y(t)$ 为国民收入，它们的关系为

$$\frac{dZ}{dt} = ay + b$$

$$\frac{dy}{dt} = ky$$

其中 a, b, k 为大于零的已知常数，试解答下列问题：

（1）若 $Z|_{t=0} = Z_0$，$y|_{t=0} = y_0$，求 $Z(t)$ 和 $y(t)$；

（2）求 $\lim\limits_{t \to +\infty} \frac{Z(t)}{y(t)}$。

第10章
差 分 方 程

在科学技术和经济管理的许多实际问题中，经济变量的数据一般按等间隔时间周期统计，因此，各有关变量的取值是离散变化的，差分方程正是讨论如何寻求它们之间的关系和变化规律及研究这类离散数学模型的有力工具。本章将对差分方程的概念、计算和应用作简要介绍。

§10.1 差分方程的基本概念

10.1.1 差分的概念

给定函数 $y_t=f(t)$，其中变量 t（通常表示时间）的取值为整数。即 $t=0, \pm1, \pm2\cdots$，称

$$y_{t+1}-y_t=f(t+1)-f(t) \tag{10.1}$$

为函数 $y_t=f(t)$ 在 t 时刻的一阶差分，简记为 Δy_t。根据一阶差分的定义，有

$$\Delta y_{t+1}=y_{t+2}-y_{t+1}=f(t+2)-f(t+1),$$
$$\Delta y_{t+2}=y_{t+3}-y_{t+2}=f(t+3)-f(t+2),$$

称一阶差分 Δy_t 的一阶差分为函数 $y_t=f(t)$ 在 t 时刻的二阶差分，记为 $\Delta^2 y_t$，即

$$\begin{aligned}\Delta^2 y_t=\Delta(\Delta y_t)&=\Delta y_{t+1}-\Delta y_t\\&=(y_{t+2}-y_{t+1})-(y_{t+1}-y_t)\\&=y_{t+2}-2y_{t+1}+y_t\\&=f(t+2)-2f(t+1)+f(t)\end{aligned}$$

根据二阶差分的定义，有

$$\Delta^2 y_{t+1}=y_{t+3}-2y_{t+2}+y_{t+1},$$
$$\Delta^2 y_{t+2}=y_{t+4}-2y_{t+3}+y_{t+2},$$
$$\cdots\cdots$$

其中 Δ^2 的上标 2 表示差分运算 Δ 重复进行了两次，在第一次差分的基础上再一次进行差分运算。

依此类推，计算二阶差分的一阶差分，使可得到三阶差分，记作 $\Delta^3 y_t$，即

$$\begin{aligned}\Delta^3 y_t = \Delta(\Delta^2 y_t) &= \Delta^2 y_{t+1} - \Delta^2 y_t \\ &= (y_{t+3} - 2y_{t+2} + y_{t+1}) - (y_{t+2} - 2y_{t+1} + y_t) \\ &= y_{t+3} - 3y_{t+2} + 3y_{t+1} - y_t, \\ &\cdots\cdots\end{aligned}$$

更一般地，定义函数 $y_t = f(t)$ 在 t 时刻的 k 阶差分 $\Delta^k y_t$（k 为正整数）为其 $k-1$ 阶差分的一阶差分，即

$$\Delta^k y_t = \Delta(\Delta^{k-1} y_t) = \sum_{i=0}^{k} (-1)^i C_k^i y_{t+k-i}$$

二阶及二阶以上的差分统称为高阶差分。

例 10.1　设 $y_t = t^2$，求 Δy_t，$\Delta^2 y_t$

解：由定义可知

$$\Delta y_t = y_{t+1} - y_t = (t+1)^2 - t^2 = 2t + 1$$

$$\begin{aligned}\Delta^2 y_t &= y_{t+2} - 2y_{t+1} + y_t \\ &= (t+2)^2 - 2(t+1)^2 + t^2 = 2\end{aligned}$$

差分有下述几个基本性质：

性质 1　常数函数的一阶差分为零，即 $\Delta C = 0$；

性质 2　$\Delta(y_t \pm x_t) = \Delta y_t \pm \Delta x_t$；

性质 3　$\Delta(y_t x_t) = (\Delta y_t) x_{t+1} + (\Delta x_t) y_t$；

性质 4　$\Delta\left(\dfrac{y_t}{x_t}\right) = \dfrac{(\Delta y_t) x_t - (\Delta x_t) y_t}{x_t x_{t+1}}$。

10.1.2　差分方程

定义 10.1　含有自变量 t、未知函数 y_t、未知函数的差分或表示未知函数不同时期值的方程称为差分方程。

差分方程的一般形式为：

$$F(t, y_t, y_{t+1}, \cdots, y_{t+n}) = 0 \tag{10.2}$$

或

$$G(t, y_t, \Delta y_t, \cdots, \Delta^n y_t) = 0 \tag{10.3}$$

差分方程中未知函数脚标的最大值与最小值之差称为该方程的阶。

不同形式的差分方程（10.2）、（10.3）之间可以相互转换。

例如　差分方程 $\Delta^3 y_t - \Delta y_t = t^2 + 2$

因为 $\Delta^3 y_t - \Delta y_t = (y_{t+3} - 3y_{t+2} + 3y_{t+1} - y_t) - (y_{t+1} - y_t)$

$\qquad\qquad\qquad = y_{t+3} - 3y_{t+2} + 2y_{t+1}$

所以原差分方程可转换为

$$y_{t+3} - 3y_{t+2} + 2y_{t+1} = t^2 + 2$$

这是一个二阶差分方程。

定义 10.2 如果将已知函数 $y_t=\varphi(t)$ 代入差分方程（10.2）（或（10.3））使其成为恒等式，则称函数 $y_t=\varphi(t)$ 为差分方程的**解**。若差分方程的解中含有 n 个（独立的）任意常数 $C_1,C_2,\cdots,C_n$ 则称为 n 阶差分方程的**通解**。在通解中给任意常数 $C_1,C_2,\cdots,C_n$ 以确定的值而得到的解称为**特解**。确定特解的条件称为**初始条件**。

例如，对于一阶差分方程 $y_{t+1}-y_t=2$，容易验证函数 $y_t=C+2t$ 是该方程的通解。$y_t=15+2t$ 是满足初始条件 $y_0=15$ 一个特解。

10.1.3 线性差分方程及其解的结构

形如

$$y_{t+n}+a_1(t)y_{t+n-1}+\cdots+a_{n-1}(t)y_{t+1}+a_n(t)y_t=f(t) \tag{10.4}$$

的差分方程称为 n 阶线性差分方程。其中 $a_1(t),a_2(t),\cdots a_n(t)$ 和 $f(t)$ 均为 t 的已知函数，且 $a_n(t)\neq 0$。

特别地，如果 $f(t)\equiv 0$，则称方程（10.4）的相应方程

$$y_{t+n}+a_1(t)y_{t+n-1}+\cdots+a_{n-1}(t)y_{t+1}+a_n(t)y_t=0 \tag{10.5}$$

为 n 阶齐次线性差分方程。

如果 $f(t)$ 不恒等于 0，则称方程（10.4）为 n 阶非齐次线性差分方程。

如果 $a_i(t)=a_i$ （$i=1,2,\cdots,n$）为常数，则方程

$$y_{t+n}+a_1y_{t+n-1}+\cdots+a_ny_t=f(t),$$

和

$$y_{t+n}+a_1y_{t+n-1}+\cdots+a_ny_t=0,$$

分别称为 n 阶**常系数**非齐次线性差分方程和 n 阶**常系数**齐次线性差分方程。

与线性微分方程类似，对线性差分方程也有如下解的结构定理。

定理 10.1 如果 $y_1(t),y_2(t),\cdots,y_n(t)$ 为方程（10.5）的 n 个线性无关的特解，则方程（10.5）的通解为

$$y_t=C_1y_1(t)+C_2y_2(t)+\cdots+C_ny_n(t)$$

其中 $C_1,C_2,\cdots,C_n$ 为任意常数。

定理 10.2 如果 $y^*(t)$ 是方程（10.4）的一个特解，$\tilde{y}(t)$ 是其对应的齐次方程（10.5）的通解，则

$$y_t=\tilde{y}(t)+y^*(t)$$

是方程（10.4）的通解。

例 10.2 求非齐次线性差分方程 $y_{t+2}-4y_{t+1}+4y_t=5+t$ 的通解。

解： 可以验证函数

$$y_1(t)=2^t \text{ 与 } y_2(t)=t2^t$$

为原方程对应的齐次方程

$$y_{t+2}-4y_{t+1}+4y_t=0$$

的两个线性无关的特解，因此，对应齐次方程的通解为

$$\tilde{y}(t)=C_12^t+C_2t2^t,$$

同样，还可验证函数

$$y^*(t)=7+t,$$

为原方程的一个特解，于是原方程的通解为

$$y(t)=\tilde{y}(t)+y^*(t)=C_1 2^t+C_2 t 2^t+(7+t)$$

§10.2　一阶常系数线性差分方程

一阶常系数线性差分方程的一般形式为

$$y_{t+1}+ay_t=f(t) \tag{10.6}$$

其中，$f(t)$ 为 t 的已知函数，a 为已知的非零常数，方程（10.6）相应的齐次方程为

$$y_{t+1}+ay_t=0 \tag{10.7}$$

下面，首先讨论齐次方程（10.7）的解法，再讨论方程（10.6）的解法。

由于差分方程实际上建立的是有关未知函数的一个递推关系式，因此，求解差分方程的最基本的方法之一为迭代法，通过多次迭代可归纳方程（10.7）的解的一般形式。为此，先改写方程（10.7）为

$$y_{t+1}=-ay_t,$$

假设在初始时刻($t=0$)，函数 y^t 取值为 C（C 为任意常数），经逐次迭代，得

$$y_1=-ay_0=-aC,$$
$$y_2=-ay_1=(-a)^2C,$$
$$y_3=(-a)^3C,\ \cdots\cdots$$

于是，可得方程（10.7）的通解为

$$y_t=C(-a)^t \tag{10.8}$$

求解非齐次方程（10.6）的常用方法有“迭代法”和“待定系数法”。

10.2.1　迭代法

将方程（10.6）改写为

$$y_{t+1}=-ay_t+f(t),$$

则有

$$y_1=-ay_0+f(0),$$
$$y_2=-ay_1+f(1)=(-a)^2y_0+(-a)f(0)+f(1),$$
$$y_3=-ay_2+f(2)=(-a)^3y_0+(-a)^2f(0)+(-a)f(1)+f(2),$$
$$\cdots\cdots$$

一般地，由数学归纳法，可证得

$$\begin{aligned}y^*(t)&=(-a)^ty_0+(-a)^{t-1}f(0)+(-a)^{t-2}f(1)+\cdots+(-a)f(t-2)+f(t-1)\\&=(-a)^ty_0+\sum_{k=0}^{t-1}(-a)^kf(t-k-1)\end{aligned} \tag{10.9}$$

为方程（10.6）的一个特解，因此，方程（10.6）的通解为

$$y(t) = y_t + y^*(t) = C(-a)^t + (-a)^t y_0 + \sum_{k=0}^{t-1}(-a)^k f(t-k-1)$$

例 10.3 求方程 $y_{t+1}-\frac{1}{3}y_t=3^t$的通解。

解：原方程为一阶常系数非齐次方程，其中 $a=-\frac{1}{3}$，$f(t)=3^t$。于是，由公式（10.8）得相应的齐次方程的通解为

$$\tilde{y}(t)=C\left(\frac{1}{3}\right)^t,$$

再由公式（10.9），得原方程的特解为

$$y^*(t)=\frac{1}{8}\left(\frac{1}{3}\right)^{t-1}(3^{2(t-1)}-1),$$

因此原方程的通解为

$$y(t)=y^*(t)+\tilde{y}(t)=\frac{1}{8}\left(\frac{1}{3}\right)^{t-1}(3^{2(t-1)}-1)+C\left(\frac{1}{3}\right)^t。$$

10.2.2 待定系数法

与常微分方程类似，针对一些特殊形式的函数 $f(t)$，求非齐次方程的特解的一种较为简便的方法为待定系数法。下面就函数 $f(t)$ 的几种特殊形式，讨论用待定系数法求方程（10.6）的特解的方法。

情形一：当 $f(t)$ 为常数时，设 $f(t)=B$，其中 B 为非零常数。方程（10.6）成为

$$y_{t+1}+ay_t=B, \tag{10.10}$$

若 $a\neq -1$，则设 $y(t)=D$ 为方程（10.10）的特解，其中 D 为待定常数，将其代入方程（10.10），得 $D+aD=B$，解得 $D=\frac{B}{1+a}$，

若 $a=-1$，则设 $y^*(t)=Dt$ 为方程（10.10）的特解，其中 D 为待定常数，将其代入方程（10.10）中，得 $D(t+1)-Dt=B$，解得 $D=B$，于是 $y^*(t)=Bt$。

综上所述，方程（10.10）的通解为

$$y(t)=\begin{cases} C+Bt, a=-1 \\ C(-a)^t+\dfrac{B}{1+a}, a\neq -1 \end{cases} \tag{10.11}$$

例 10.4 某客户在银行开了 1 万元的账户，年利率为 4%，并计划以后每年年终再连续加存 800 元，试问 t 年末该客户账户有多少存款。

解：设 t 年末该客户账户存款为 y_t 元，依题意，有

$$\begin{cases} y_0=10000, \\ y_{t+1}=1.04y_t+800, \end{cases}$$

将方程

$$y_{t+1}=1.04y_t+800,$$

改写为

$$y_{t+1}-1.04y_t=800,$$

其中 $a=-1.04\neq -1, B=800$，因此，由公式（10.11）得通解为

$$y(t)=C(-a)^t+\frac{B}{1+a}=1.04^tC-\frac{800}{0.04}=1.04^tC-20000$$

将初始条件 $y_0=10000$ 代入通解中，可得 $C=30000$。因此 t 年末该客户的存款为 $30000\times 1.04^t-20000$（元）。

情形二：当 $f(t)$ 为 t 的多项式时，仅以一次多项式为例讨论。

设 $f(t)=B_0+B_1t$，其中 B_0，B_1 为常数，$B_1\neq 0$，这时，方程（10.6）成为

$$y_{t+1}+ay_t=B_0+B_1t \tag{10.12}$$

若 $a\neq -1$，则设 $y^*(t)=A_0+A_1t$ 为方程（10.12）的特解，其中 A_0，A_1 为待定常数，将此 $y^*(t)$ 代入方程（10.12）中，得

$$[A_0+A_1(t+1)]+a(A_0+A_1t)=B_0+B_1t,$$

比较两边系数，得

$$\begin{cases}A_1(1+a)=B_1,\\ A_0(1+a)+A_1=B_0,\end{cases}$$

解方程组，可得

$$\begin{cases}A_1=\dfrac{B_1}{1+a},\\ A_0=\dfrac{(1+a)B_0-B_1}{(1+a)^2},\end{cases}$$

故方程（10.12）的一个特解为

$$y^*(t)=\frac{B_1}{1+a}t+\frac{(1+a)B_0-B_1}{(1+a)^2}$$

若 $a=-1$，则设 $y^*(t)=(A_0+A_1t)t$ 为方程（10.12）的特解，其中 A_0，A_1 为待定常数，将该 $y^*(t)$ 代入方程（10.12）中，得

$$(t+1)[A_0+A_1(t+1)]-t(A_0+A_1t)=B_0+B_1t$$

将上式化简，得

$$2A_1t+A_1+A_0=B_0+B_1t$$

比较两边系数，得

$$\begin{cases}2A_1=B_1,\\ A_0+A_1=B_0,\end{cases}$$

解方程组，得

$$\begin{cases}A_1=\dfrac{B_1}{2},\\ A_0=\dfrac{2B_0-B_1}{2},\end{cases}$$

故方程（10.12）的一个特解为

$$y^*(t)=t(A_0+A_1t)=t\left(\frac{B_1}{2}+\frac{2B_0-B_1}{2}\right)$$

综上所述，方程（10.12）的通解为

$$y(t)=\begin{cases}C+t\left(\dfrac{B_1}{2}+\dfrac{2B_0-B_1}{2}\right), & a=-1,\\ C(-a)^t+\left(\dfrac{B_1}{1+a}t+\dfrac{(1+a)B_0-B_1}{(1+a)^2}\right), & a\neq -1。\end{cases}$$

例 10.5 求方程 $y_{t+1}+2y_t=t$ 的通解。

解：由于方程中 $a=2\neq -1$，$B_0=0, B_1=1$，由公式得原方程的通解为

$$y(t)=C(-2)^t+\left(\frac{1}{3}t-\frac{1}{9}\right)$$

其中 C 为任意常数。

情形三：当 $f(t)$ 为指数函数时，设 $f(t)=bd^t$，其中 b,d 为非零常数，且 $d\neq 1$，方程（10.6）成为

$$y_{t+1}+ay_t=bd^t \tag{10.13}$$

若 $a+d\neq 0$，则设 $y^*(t)=Ad^t$ 为方程（10.13）的特解，其中 A 为待定常数。将该 $y^*(t)$ 代入方程（10.13）中，得

$$Ad^{t+1}+aAd^t=Ad^t(a+d)=bd^t，即 A=\frac{b}{a+d},$$

于是

$$y^*(t)=\frac{b}{a+d}d^t$$

若 $a+d=0$，则设 $y^*(t)=Atd^t$ 为方程（10.13）的特解，其中 A 为待定常数，将该 $y^*(t)$ 代入方程（10.13）中，得

$$A(t+1)d^{t+1}-dAtd^t=Ad^{t+1}=bd^t，即 A=\frac{b}{d}$$

于是

$$y^*(t)=\frac{b}{d}td^t=btd^{t-1}$$

综上所述，方程（10.13）的通解为

$$y(t)=\begin{cases}C(-a)^t+btd^{t-1}, a+d=0,\\ C(-a)^t+\dfrac{b}{a+d}d^t, a+d\neq 0。\end{cases}$$

例 10.6 求方程 $3y_{t+1}-6y_t=2^t$ 的通解。

解：将原方程变形为

$$y_{t+1}-2y_t=\frac{2^t}{3}$$

由于方程中 $a=-2, b=\dfrac{1}{3}, d=2$ 且 $a+d=0$，由公式推导知，原方程的通解为

$$y(t)=C\cdot 2^t+\frac{1}{3}t2^{t-1}$$

§10.3　二阶常系数线性差分方程

二阶常系数线性方程的一般形式为

$$y_{t+2}+ay_{t+1}+by_t=f(t),\qquad(10.14)$$

其中 $f(t)$ 为 t 的已知函数，a,b 为已知常数，且 $b\neq 0$，对应的齐次方程为

$$y_{t+2}+ay_{t+1}+by_t=0\qquad(10.15)$$

与一阶常系数线性方程类似，先讨论齐次方程（10.14）的解法，再讨论非齐次方程（10.15）的解法。

10.3.1　二阶常系数齐次线性方程的通解

求方程（10.15）的通解的关键是如何求得其两个线性无关的特解，由一阶常系数线性差分方程，可知 $y_{t+1}+ay_t=0$ 的通解为 $y_t=C(-a)^t$。

考虑到指数函数 $y_t=\lambda^t$，对于任何整数 k，都有 $y_{t+k}=\lambda^{t+k}$，可分解出因子 λ^t 的特点，设想方程（10.15）也有这种指数形式的特解，其中 λ 为非零的待定常数。

将 $y_t=\lambda^t$ 代入方程（10.15）中，得

$$\lambda^t(\lambda^2+a\lambda+b)=0,$$

因 $\lambda^t\neq 0$，故有

$$\lambda^2+a\lambda+b=0\qquad(10.16)$$

由此可见，只要常数 λ 满足方程（10.16），则函数 $y_t=\lambda^t$ 就满足方程（10.15），称方程（10.16）为方程（10.15）或（10.14）的特征方程，特征方程的根称为特征根或特征值。

设特征方程（10.16）的两个特征根为 λ_1，λ_2，于是有

$$\lambda_1=\frac{-a+\sqrt{a^2-4b}}{2}=\frac{-a+\sqrt{\Delta}}{2},\quad \lambda_2=\frac{-a-\sqrt{a^2-4b}}{2}=\frac{-a-\sqrt{\Delta}}{2},$$

下面，分三种情形讨论方程（10.15）的通解。

情形一：当 $\Delta=a^2-4b>0$ 时，$\lambda_1\neq\lambda_2$ 为相异实根。

由上面的讨论可知，$y_1(t)=\lambda_1{}^t$，$y_2(t)=\lambda_2{}^t$ 为方程（10.15）的两个特解，且有

$$\frac{y_1(t)}{y_2(t)}=\left(\frac{\lambda_1}{\lambda_2}\right)^t,$$

不是常数，因此 $y_1(t)=\lambda_1{}^t$ 与 $y_2(t)=\lambda_2{}^t$ 是线性无关的，所以，方程（10.15）的通解为

$$y(t)=C_1\lambda_1^t+C_2\lambda_2^t$$

其中 C_1,C_2 为任意常数。

情形二：当 $\Delta=a^2-4b=0$ 时，$\lambda_1=\lambda_2=-\frac{a}{2}$ 为二重实根。

此时，函数 $y_1(t)=\left(-\frac{a}{2}\right)^t$ 为方程（10.15）的一个特解，同时，可验证函数 $y_2(t)=$

$t\left(-\frac{a}{2}\right)^t$ 也为方程（10.15）的一个特解，且$\frac{y_1(t)}{y_2(t)}=\frac{1}{t}$不是常数，因此，$y_1(t)=\left(-\frac{a}{2}\right)^t$ 与 $y_2(t)=t\left(-\frac{a}{2}\right)^t$ 是线性无关的，所以，方程（10.15）的通解为

$$y_t=(C_1+C_2t)\left(-\frac{a}{2}\right)^t$$

情形三：当 $\Delta=a^2-4b<0$ 时，$\lambda_1=-\frac{a}{2}+i\frac{\sqrt{-\Delta}}{2}$，$\lambda_2=-\frac{a}{2}-i\frac{\sqrt{-\Delta}}{2}$为一对共扼复根。

此时，设 $r=\sqrt{b},\tan\theta=-\frac{1}{a}\sqrt{-\Delta}$，$\theta\in(0,\pi)$，可以验证函数，$y_1(t)=r^t\cos\theta t$ 与函数 $y_2(t)=r^t\sin\theta t$ 是方程（10.15）的两个特解，且$\frac{y_1(t)}{y_2(t)}=\cot\theta t$ 不是常数，因此，$y_1(t)=r^t\cos\theta t$ 与 $y_2(t)=r^t\sin\theta t$ 是线性无关的，所以方程（10.15）的通解为

$$y_t=r^t(C_1\cos\theta t+C_2\sin\theta t)$$

其中 C_1,C_2 为任意常数。

综上所述，求二阶常系数齐次方程（10.15）的通解的过程为

（1）写出方程（10.15）的特征方程（10.16）；

（2）求出特征方程（10.16）的两个特征根 λ_1、λ_2；

（3）根据两个根 λ_1、λ_2的不同情形写出方程（10.15）的通解。

例 10.7 求方程 $y_{t+2}-4y_{t+1}+4y_t=0$ 的通解

解：解原方程的特征方程 $\lambda^2-4\lambda+4=0$，得两个特征根为 $\lambda_1=\lambda_2=2$，属于前面的情形二，故原方程的通解为

$$y_t=(C_1+C_2t)2^t$$

其中 C_1,C_2 为任意常数。

例 10.8 求方程 $y_{t+2}-y_{t+1}+y_t=0$ 的通解

解：解原方程的特征方程 $\lambda^2-\lambda+1=0$ 得两个特征值为 $\lambda_1=\frac{1}{2}(1-i\sqrt{3})$，$\lambda_2=\frac{1}{2}(1+i\sqrt{3})$，属于前面的情形三，故原方程通解为

$$y_t=C_1\cos\frac{\pi}{3}t+C_2\sin\frac{\pi}{3}t$$

10.3.2 二阶常系数非齐次方程的通解

在已经求得齐次方程（10.15）的通解后，再求非齐次方程（10.14）的通解的关键是如何求其一个特解 $y^*(t)$，基本方法是待定系数法，下面，仅就 $f(t)$为常数，多项式函数，指数函数等重要形式列出 y^* 的待求一般形式，见表 10-1，再代入方程（10.14），求出待定系数，进一步，求出（10.14）的一个特解。

表 10－1　　　　方程（10.14）的特解 $y^*(t)$ 的形式

$f(t)$ 的形式	特解 $y^*(t)$ 的形式	
常数函数 C	$y^*(t)=A$（当 1 不是特征根）	$A=\frac{C}{1+a+b}$
	$y^*(t)=At$（当 1 是单特征根）	$A=\frac{C}{a+2}$
	$y^*(t)=At^2$（当 1 是重特征根）	$A=\frac{C}{2}$
$P_m(t)$（关于 t 的 m 次多项式函数）	$y^*(t)=Q_m(t)$（当 1 不是特征根）	$Q_m(t)=A_0+A_1t+A_2t^2+\cdots+A_mt^m$（$A_i$ 为待定常数）
	$y^*(t)=tQ_m(t)$（当 1 是单特征根）	
	$y^*(t)=t^2Q_m(t)$（当 1 是重特征根）	
指数函数 Cq^t（$C,q\neq0,q\neq1$）	$y^*(t)=Aq^t$（当 1 不是特征根）	$A=\frac{C}{q^2+aq+b}$
	$y^*(t)=Atq^t$（当 1 是单特征根）	$A=\frac{C}{q(2q+a)}$
	$y^*(t)=At^2q^t$（当 1 是重特征根）	$A=\frac{C}{2q^2}$

例 10.9　求方程 $y_{t+2}-2y_{t+1}+y_t=6$ 的通解。

解：首先求相应的齐次方程

$$y_{t+2}-2y_{t+1}+y_t=0$$

的通解 $\tilde{y}(t)$，设其特征方程为 $\lambda^2-2\lambda+1=0$，易得其特征根为 $\lambda_1=\lambda_2=1$，故相应的齐次方程的通解为

$$\tilde{y}(t)=C_1+C_2t$$

由于 1 是二重特征根，由表 10.1 中的结论，可知原方程的某一特解为

$$y^*(t)=\frac{6}{2}t^2=3t^2$$

于是，原方程的通解为

$$y(t)=\tilde{y}(t)+y^*(t)=\mathrm{C}_1+\mathrm{C}_2t+3t^2$$

习 题 十

1. 求下列函数的一阶和二阶差分

（1）$y_t=t^2$；（2）$y_t=a^t$；（3）$y_t=\log_a t$。

2. 计算下列差分：

（1）$y_t=t^2+3t+1$，求 Δy_2，$\Delta^2y_{t+1},\Delta^3y_t$；

（2）$y_t=t^3$，Δ^3y_t。

3．确定下列方程的阶

（1）$3y_{t+2}-2y_{t+1}=5t+1$；

（2）$5y_{t+5}-8y_t=9$。

4．试证下列函数是所给方程的通解：

（1）$y_t=C_1+C_2 2^t$，$y_{t+2}-3y_{t+1}-2y_t=0$；

（2）$y_t=C_3 3^t+C_2 2^t+C_1$，$y_{t+3}-6y_{t+2}+11y_{t+1}-6y_t=0$。

5．试证函数：$y_1(t)=(-2)^t$ 和函数 $y_2(t)=t(-2)^t$ 是方程 $y_{t+2}+4y_{t+1}+4y_t=0$ 的两个线性无关的特解，并求方程的通解。

6．求下列方程的通解：

（1）$5y_{t+1}-25y_t=20$；（2）$y_{t+1}+y_t=2^t$；（3）$2y_{t+1}+y_t=3+t$。

7．求下列方程的特解：

（1）$\begin{cases} y_{t+1}+3y_t=-1 \\ y_0=1 \end{cases}$，

（2）$\begin{cases} y_{t+1}=y_t+2^t-1 \\ y_0=5 \end{cases}$。

8．已知函数 $y_t=4t$ 为方程

$$y_{t+1}+ay_t=12t+b$$

的一个特解，求 a,b 以及方程的通解。

9．设 a,b 为非零常数，且 $1+a\neq 0$，试证：通过变换 $u_t=y_t-\dfrac{b}{1+a}$可将非齐次方程

$$y_{t+1}+ay_t=b$$

变为关于 u_t 的齐次方程。

10．某校的扇形教室的座位是这样安排的，每一排比前一排多两个，已知第一排有 30 个座位。

（1）若用 y_n 表示第 n 排的座位数，试写出用 y_n 表示 y_{n+1}的公式并求 y_n；

（2）第 10 排有多少座位。

11．假设某湖中开始有 10 万条鱼苗，且鱼苗年增长率为 25%，而且每年捕鱼量为 3 万条。

（1）列出每年鱼苗的条数的差分方程，并求解。

（2）多少年后，湖中的鱼将捕捞完？

12．某大学生计划在四年上学期间，每年申请助学贷款 1000 元，并计划毕业后用两年时间还清，设贷款的年利率为 5%，问平均每月要还款多少？

13．设 y_t 为 t 期国民收入，S_t 为 t 期储蓄，I_t 为 t 期投资，三者之间的关系为

$$\begin{cases} S_t=\alpha y_t+\beta, \\ I_t=\theta(y_t-y_{t-1}), \\ S_t=\delta I_t, \end{cases}$$

其中 $0<\alpha<1$，$\beta\geqslant 0$，$\theta>0$，$\delta>0$，且已知基期（即当 $t=0$ 时）国民收入为 y_0，试求 y_t，S_t，I_t 的表达式。

14. 设某商品在 t 时期的供给量与需求量分别为 S_t，D_t，且 P_t 为同时期的价格，三者之间的关系为

$$\begin{cases} S_t = 3P_t - 2, \\ D_t = 4 - 5P_t, \\ P_t = P_{t-1} - \dfrac{1}{16}(S_{t-1} - D_{t-1}), \end{cases}$$

试求商品的价格 P_t 的表达式?

15. 在农业生产中，种植先于产出及产品出售在一个适当的时期，由 t 时期的产品价格 P_t 决定着生产者在下一个时期愿意提供给市场的产量 S_{t+1}，同时还决定本时期该产品的需求量 D_t，因此有关系式为

$$\begin{cases} D_t = a - bP_t, \\ S_t = -c + dP_{t-1}, \end{cases}$$

其中 a,b,c,d 均为正的常数。假设每一时期的价格总是确定在市场售清的水平上（即 $S_t = D_t$），试求价格 P_t 的表达式?

习题参考答案

习 题 一

1. (1) $(-7,-1)$；(2) $(-\infty,-4]\cup[6,+\infty)$；(3) $(-\infty,-2)\cup(0,+\infty)$；
(4) $[-2,2]$；(5) $\left(-\dfrac{\delta+b}{a},-\dfrac{b}{a}\right)\cup\left(-\dfrac{b}{a},\dfrac{\delta-b}{a}\right)$。

2. (1) 定义域不同；(2) 相同；(3) 对应法则不同；(4) 定义域不同；(5) 相同。

3. (1) $[-2,0)$；(2) $(1,+\infty)$；(3) $[-1,0)\cup(0,1]$；(4) $[1-e^2,0)\cup(0,1-e^{-2}]$；
(5) $(-\infty,0]\cup[2,+\infty)$；(6) $(-5,-\pi)\cup(0,\pi)$。

4. (1) $f(-1)=-1$，$f(0)=1$，$f\left(\dfrac{1}{2}\right)=e^{\frac{1}{2}}$，$f(3)=e^3$；

(2) $f(-1)=0$，$f(0)=1$，$f\left(\dfrac{1}{2}\right)=\dfrac{\sqrt{3}}{2}$，$f(3)=\ln3$。

5. $f\left(\dfrac{\pi}{6}\right)=\dfrac{1}{2}$，$f\left(\dfrac{\pi}{4}\right)=\dfrac{\sqrt{2}}{2}=f\left(-\dfrac{\pi}{4}\right)$，$\varphi(-2)=0$，图略。

6. $(-3,3)$，图略。

7. $f(x+2)=\begin{cases}2x+4 & x<-1\\ x^2+4x+3 & x\geqslant-1\end{cases}$，$f(-x)=\begin{cases}x^2-1 & x\leqslant-1\\ -2x & x>-1\end{cases}$。

8. $f(x)=\dfrac{1}{3}(x^2+2x-1)$

9. $f(x)=\dfrac{1}{x}\left(1+\sqrt{1+x^2}\right)$，$f(e^x)=e^{-x}\left(1+\sqrt{1+e^{2x}}\right)(x\in R)$。

14. (1) 奇；(2) 奇；(3) 偶；(4) 非奇非偶；
(5) n 为奇数时为奇函数，n 为偶数时为偶函数。

16. (1) 不是；(2) π；(3) $\dfrac{\pi}{3}$；(4) $\dfrac{\pi}{2}$；(5) 2π。

18. $f(x)=\begin{cases}x^2 & x\in[0,2)\\ (x-2)^2 & x\in[2,4)\\ (x-4)^2 & x\in[4,6)\end{cases}$

19. 证明略。周期为 $2|a-b|$。

20. (1) $y=\dfrac{2x+2}{x-1},x\neq1$；(2) $y=\dfrac{1}{2}(1-e^{-x}),x\in R$；

(3) $y=9-x^2, x\in[0,+\infty)$；(4) $y=\begin{cases}\sqrt{x-1} & x>1\\ 0 & x=0\\ -\sqrt{-1-x} & x<-1\end{cases}$；

(5) $y=\begin{cases}\frac{1}{2}(x+1) & -1<x\le 1\\ 2-\sqrt{2-x} & 1<x\leqslant 2\end{cases}$。

21. $x=\arccos y-2\pi$

22. (1) $y=3^{x^2+2x+3}$；(2) $y=\arctan e^{\sqrt{x}}$。

23. (1) $y=\sin u$, $u=\sqrt{v}$, $v=2x-1$；(2) $y=\ln u$, $u=v^2+1$, $v=\tan x$；

(3) $y=u^2$, $u=\ln v$, $v=\frac{x}{3}$；(4) $y=\arcsin u$, $u=2^v-1$, $v=\sqrt{x}$。

24. (1) 能 (2) 能 (3) 能 (4) 不能

25. $\varphi(x)=\arcsin(1-x^2)$, $-\sqrt{2}\leqslant x\leqslant\sqrt{2}$。

26. $g(x)=\sqrt{\ln(1-x)}$, $D_g=(-\infty,0]$。

27. $y=f(f(x))=\begin{cases}2+x & x<-1\\ 1 & x\geqslant -1\end{cases}$

28. $f(g(x))=\begin{cases}0 & |x|\neq 1\\ 1 & |x|=1\end{cases}$

29. (1) $f(x)=\frac{1}{x^2+2}$；(2) $\varphi(x)=\frac{x+1}{x-1}$。

习 题 二

1. (1) $y_n=1+(-1)^n\frac{1}{n}$, $y_n\to 1$；(2) $y_n=\begin{cases}n & n\text{ 为奇数}\\ \frac{1}{n} & n\text{ 为偶数}\end{cases}$，发散；

(3) $y_n=\begin{cases}0 & n\text{ 为奇数}\\ \frac{1}{n} & n\text{ 为偶数}\end{cases}$，$y_n\to 0$；(4) $y_n=\sin(n\pi+x)$，发散；

(5) $y_n=0.999\cdots 9$, $y_n\to 1$；(6) $y_n=\frac{1+n^2}{n}$，发散。

2. (1) 发散；(2) 收敛于1；(3) 收敛于1；(4) 收敛于0；

(5) 发散；(6) 收敛于$\frac{1}{2}$。

3. (1) $A=0, N=\left[\frac{1}{\varepsilon}\right], N=1000$；(2) $A=1, N=\left[\sqrt{\frac{1}{2\varepsilon}}\right], N=10$。

6. $f[g(x)]=\begin{cases}-x^3 & x\le 1\\ 2+2x & x>1\end{cases}$，$\lim\limits_{x\to 1}f[\varphi(x)]$不存在。

7. (1) $f(0+0)=1$, $f(0-0)=-1$, $\lim\limits_{x\to 0}f(x)$不存在；

（2）$f(0+0)=0$，$f(0-0)=-1$，$\lim\limits_{x\to 0}f(x)$不存在；

（3）$f(0+0)=1$，$f(0-0)=1$，$\lim\limits_{x\to 0}f(x)=1$；

（4）$f(0+0)$不存在，$f(0-0)=0$，$\lim\limits_{x\to 0}f(x)$不存在；

（5）$f(1-0)=2$，$\lim\limits_{x\to 1}f(x)$不存在；

（6）$\lim\limits_{x\to 1}f(x)=3$，$f(2+0)=7$，$f(2-0)=5$，$\lim\limits_{x\to 2}f(x)$不存在；

（7）$\lim\limits_{x\to 0}f(x)$不存在。

8.（1）当 $x\to-\infty$或 $x\to 1^-$时为无穷小，当 $x\to 0$ 时为无穷大；

（2）当 $x\to 3^+$时为无穷小，当 $x\to 3^-$时为无穷大；

（3）当 $x\to\infty$或 $x\to 1$ 时为无穷小；

（4）当 $x\to\left(k\pi+\dfrac{\pi}{2}\right)^-$ 或 $x\to(k\pi)^+$（k 为整数）时为无穷小，当 $x\to n\pi+\dfrac{\pi}{4}$（n 为正整数）时为无穷大；

（5）当 $x\to 0$ 时为无穷小，当 $x\to-\infty$或 $x\to\left(\dfrac{1}{2}\right)^-$ 时为无穷大；

（6）当 $x\to-\infty$时为无穷大。

10. 无界变量。

11.（1）0；（2）$\dfrac{\pi}{2}$；（3）$\dfrac{1}{2}$；（4）∞；（5）2；（6）$-\dfrac{1}{4}$；（7）0；

（8）$\dfrac{2}{3}\sqrt{2}$；（9）$\dfrac{2}{3}$；（10）-1；（11）3；（12）1。

12.（1）$-\dfrac{2}{3}$；（2）2；（3）$\dfrac{1}{2}$；（4）1；（5）e；（6）e^{-1}；（7）e^{-2}；（8）2。

13. 1。

14. 0。

16.（1）$-\sqrt{3}$；（2）2；（3）2；（4）$\dfrac{1}{2}$；（5）e^2；（6）$e^{\frac{1}{1-2a}}$。

17. $a=-\ln 2$

19.（1）$x=1$ 是无穷间断点；（2）$x=0$ 是跳跃间断点；

（3）$x=2$ 是无穷间断点，$x=0$ 是可去间断点；

（4）$x=0$ 是可去间断点，$x=\pm 1$ 是无穷间断点；

（5）$x=0$ 是可去间断点。

20.（1）$x=0$ 是可去间断点；（2）$x=0,x=1$ 都是跳跃间断点；

（3）$x=0$ 是跳跃间断点；（4）$x=0$ 是跳跃间断点；

（5）$x=0$ 是震荡间断点；（6）$x=0$ 是可去间断点。

21. $\beta=-1,\alpha>0$ 时连续。

22. $f(x)=\begin{cases}-1 & 0<|x|<1\\ 0 & |x|=1\\ 1 & |x|>1\end{cases}$，$|x|=1$ 点是跳跃间断点。

23. $a=0,b=e$。

24. $f[g(x)]=\begin{cases} x^2 & x\le 1 \\ -2-x & x>1 \end{cases}$，在 $x=1$ 点不连续。

25. 略

习 题 三

1. 略

2. $\left(-\dfrac{b}{2a},\dfrac{4ac-b^2}{4a}\right)$。

3. $2x-y=0$；　$x+2y=0$。

4. (1) $\alpha>0$；　(2) $\alpha>1$；　(3) $\alpha>2$。

5. $a=0,b=1$。

6. $f(0)=1$，可导；7、8、9 略。

10. (1) $6^x\ln 6$；　(2) $y'=3x^2+8x+2$；　(3) $e^x x^e+e^{x+1}x^{e-1}$；

(4) $2x\operatorname{arccot}x-\dfrac{x^2}{1+x^2}$；　(5) $4^x\ln 4\log_3 x+\dfrac{4^x}{x\ln 3}$；

(6) $3\sec x+(3x+1)\sec x\tan x$；　(7) $\dfrac{1}{\sqrt{x}}\tan x+(2\sqrt{x}+5)\sec^2 x$；

(8) $-\dfrac{\csc x}{x}\left(\dfrac{1}{x}+\cot x\right)$；　(9) $\dfrac{2}{(1-x)^2}$；

(10) $\dfrac{\sin x-\cos x-1}{(1+\cos x)^2}$；　(11) $-\sin x-\cos x$；

(12) $\dfrac{\pi}{1+\cos x}$；　(13) $\dfrac{x+3(\arctan x+\operatorname{arccot}x)}{4x^4}$；

(14) $3x^2\tan x\ln x+x^3\sec^2 x\ln x+x^2\tan x$；　(15) $\dfrac{3x^2+24x+1}{(x+4)^2}$；

(16) $\dfrac{(16x^3\cot x-4x^4\csc^2 x)\arcsin x}{(4\arcsin x)^2}-\dfrac{x^4\cot x}{4(\arcsin x)^2\sqrt{1-x^2}}$。

11. (1) $\dfrac{1}{2x}\left(1+\dfrac{1}{\sqrt{\ln x}}\right)$；　(2) $\sec x$；　(3) $\dfrac{1}{\sqrt{x^2-a^2}}$；

(4) $\dfrac{2x+1}{(x^2+x+1)\ln a}$；　(5) $-(3n+1)\sin x\cos^{3n}x$；　(6) $n(\sec x^n)^2x^{n-1}$；

(7) $5(3x+\sin 4x)^4(3+4\cos 4x)$；　(8) $-\dfrac{2x^{-2}}{\sqrt{x^2-1}}$；

(9) $\dfrac{y}{2\sqrt{x}(1+x)}$；　(10) $\dfrac{-1}{\sqrt{2x(1-x)}(1+x)}$；

(11) $\dfrac{x\arccos x}{(1-x^2)\sqrt{1-x^2}}-\dfrac{1}{1-x^2}$；　(12) $\dfrac{2}{a}\left(\sec^2\dfrac{x}{a}\tan\dfrac{x}{a}-\csc^2\dfrac{x}{a}\cot\dfrac{x}{a}\right)$；

(13) $\dfrac{-2^{-x}\ln 2-3x^{-4}+4^x\ln 4}{2^{-x}+x^{-3}+4^x}$；　(14) $-\dfrac{2\tan\sqrt{1-2x}\sec^2\sqrt{1-2x}}{\sqrt{1-2x}}$。

12. （1）$y\left[\frac{2}{x}+\frac{1}{1-x}-\frac{1}{2(3-x)}-\frac{1}{3+x}\right]$；（2）$y\left(\ln\frac{x^2}{x^2-1}+2-\frac{2x^2}{x^2-1}\right)$；

（3）$(1-\ln x)x^{\frac{1}{x}-2}$；（4）$y(\cos x\cot x-\sin x\ln\sin x)$。

13. （1）$e^{f(x)}[e^x f'(e^x)+f(e^x)f'(x)]$；（2）$-\frac{|x|}{x^2\sqrt{x^2-1}}f'\left(\arcsin\frac{1}{x}\right)$；

（3）$\sin 2x[f'(\sin^2 x)-f'(\cos^2 x)]$；（4）$4x^3 f(x^2)f'(x^2)+2x[f(x^2)]^2$；

（5）$\frac{2f(x)f'(x)}{[1+f^2(x)]}$。

14. （1）$\frac{2x-x^2-y^2}{x^2+y^2-2y}$；（2）$\frac{y^2}{xy+1}$；（3）$\frac{-\sin x-e^{xy}y}{xe^{xy}+2y}$；（4）$-\frac{1}{2+\sin y}$。

15. $y''=-\frac{\cos y}{(2+\sin y)^3}$

16. $y'\Big|_{\substack{x=0\\y=-1}}=-\frac{1}{2\pi}$，$y''\Big|_{\substack{x=0\\y=-1}}=-\frac{1}{4\pi^2}$。

17. （1）$\frac{(-1)^{n-1}(n-1)!}{x^n}$；（2）$\frac{(-1)^n n!}{x^{n+1}}$；（3）$(n+x)e^x$；

（4）若 $m\geqslant n$ 为 $m(m-1)\cdots(m-n+1)x^{m-n}$，若 $m<n$ 为 0；

（5）$(-1)^n a^{-x}(\ln a)^n$。

18. $y^{(n)}(0)=(-1)^n n!\ (3)^{-(n+1)}2^n$

19. $2e^3$

20. （1）$\frac{1}{2\sqrt{x-x^2}}dx$；（2）$\frac{1}{x(1+\ln y)}dx$；

（3）$\frac{1}{\sec^2 y-1}dx$；（4）$e^{f(x)}\left[\frac{f'(\ln x)}{x}+f'(x)f(\ln x)\right]dx$。

21. （1）$\ln|x|+c$；（2）$\frac{1}{2}e^{x^2}+c$；（3）$\frac{1}{2}\ln(1+x^2)+c$；（4）$\frac{2}{3}(x+1)^{\frac{3}{2}}+c$。

22. （1）0.99；（2）0.01；（3）0.458；（4）0.9；（5）0.7754。

23. 30.301m^3，30m^3。

24. $0.03355g$

25. $Ae^{(a-r)x}$

26. $p=3$，如果政府收税需求函数不变，供给函数变为 $p=\frac{q-10}{4}+1$，新的均衡价格为 3.4。

27. （1）$\bar{c}(x)=\frac{1000}{x}+7+\frac{50\sqrt{x}}{x}$，$c'(x)=7+\frac{25}{\sqrt{x}}$；

（2）$c(100)=2200$，$\bar{c}(100)=22$，$c'(100)=9.5$；

（3）$\frac{c(100)-c(90)}{10}$。

28. （1）$R(q)=10q-\frac{q^2}{5}$，$\bar{R}(q)=10-\frac{q}{5}$，$R'(q)=10-\frac{2}{5}q$；

（2）$R(20)=120$，$\bar{R}(20)=6$，$\bar{R}(20)=2$。

29. (1) $\varepsilon = -P\ln4$;　(2) $\varepsilon_{p=4} = -4\ln4$;　$\varepsilon_{p=5} = -5\ln4$。

30. (1) $\varepsilon = -\dfrac{P}{24-P}$;　(2) $\varepsilon_{p=10} = -\dfrac{5}{7}$,　$\varepsilon_{p=14} = -\dfrac{7}{5}$;

(3) $\dfrac{ER}{EP} = 0.29\%$,　$\dfrac{ER}{EP} = -0.4\%$。

31. $\dfrac{ds}{dt} = 0.024\%$

习　题　四

1. (1) 不满足，$f(x)$在 $x=1$ 点不连续；　(2) 不满足，$f(x)$在 $x=0, \pm\dfrac{\pi}{2}$处不可导；

(3)、(4) 满足。

2—8 略

9. (1) $\dfrac{n}{m}$;　(2) 2;　(3) $\dfrac{1}{6}$;　(4) $\dfrac{a}{b}$;　(5) 1;　(6) $\ln a - \ln b$;

(7) -2;　(8) 1;　(9) 1;　(10) 1;　(11) 1;　(12) $\dfrac{1}{2}$;

(13) $-\dfrac{1}{2}$;　(14) 1;　(15) $-\dfrac{1}{8}$;　(16) $\dfrac{3}{2}$;　(17) 1;　(18) 0。

10. (1) 单调增区间$(-\infty,1]$,$[2,+\infty)$单调减区间$[1,2]$；(2) 单调增区间$(-\infty,+\infty)$；

(3) 单调增区间$(-\infty,+\infty)$；(4) 单调增区间$(-\infty,-1]$,$[1,+\infty)$单调减区间$[-1,0)$, $(0,1]$；

(5) 单调增区间$(-\infty,+\infty)$；(6) 单调增区间$[0,2]$单调减区间$(-\infty,0]$, $[2,+\infty)$；

(7) 单调增区间$\left[\dfrac{1}{4},+\infty\right)$单调减区间$\left(-\infty,\dfrac{1}{4}\right]$；

(8) 单调增区间$[-1,0)$,$[1,+\infty)$单调减区间$(-\infty,-1]$, $(0,1]$。

11—13 略

14. (1) 极小值 $y(-3) = -13$；(2) 极大值 $y(2) = \dfrac{19}{3}$ 极小值 $y(3) = 6$；

(3) 极小值 $y(0) = 0$；(4) 极大值 $y(0) = 1$。

15. (1) 最大值 $y(4) = 120$,最小值 $y(2) = 100$；(2) 无最大值，最小值 $y\left(\dfrac{1}{e}\right) = e^{-\frac{1}{e}}$；

(3) 无最大值，最小值 $y\left(\arctan\dfrac{1}{2}\right) = 7$；

(4) 最大值 $y(1) = 0$，最小值 $y\left(\dfrac{1}{2}\right) = -\ln2\cdot\left(\dfrac{1}{2}\right)^{\beta}$；

(5) 最大值 $y(5) = \dfrac{\pi}{2}$，最小值 $y(2) = \operatorname{arccot}(3)$；

(6) 最大值 $y(-1) = 4$，最小值 $y(-2) = y(1) = 0$。

16. 略

17. 20 个单位。18. (1) 50 个单位；(2) 两者相等，均为 143。

19. 10 元。20. 100.5 元。

21. （1）$0<p<\sqrt{\frac{b}{c}}(\sqrt{a}-\sqrt{bc})$时，销售额随着 p 的增加而增加，

$p>\sqrt{\frac{b}{c}}(\sqrt{a}-\sqrt{bc})$时，销售额随着 p 的增加而减少；

（2）$p=\sqrt{\frac{b}{c}}(\sqrt{a}-\sqrt{bc})$，$(\sqrt{a}-\sqrt{bc})^2$。

22. $2ab$

23. 所剪扇形圆心角为 $\alpha=\frac{2}{3}\sqrt{6}\pi$ 时，最大圆锥体积 $V=\frac{2\sqrt{3}}{27}\pi R^3$。

24. 极大值 $y\left(\frac{1}{2}\right)=\frac{1}{2}$。

25. 设 $x_0=\sqrt[3]{\frac{a+b}{2(a-b)}}$，当 $a>b$ 时，$f(x)$有极小值$f(x_0)$，$a<b$ 时，$f(x)$有极大值$f(x_0)$。

26. （1）$\left(-\infty,\frac{1}{3}\right)$内凹，在$\left(\frac{1}{3},+\infty\right)$内凸，拐点$\left(\frac{1}{3},\frac{2}{27}\right)$；

（2）$(-\infty,-2)$内凹，在$(-2,+\infty)$内凸，拐点$\left(-2,-\frac{2}{e^2}\right)$；

（3）$(0,e^{-\frac{3}{2}})$内凸，在$(e^{-\frac{3}{2}},+\infty)$内凹，拐点$\left(e^{-\frac{3}{2}},-\frac{3}{2}e^{-\frac{3}{2}}\right)$；

（4）$(-\infty,0)$，$(2,+\infty)$内凹，在$(0,2)$内凸，拐点$\left(0,\frac{1}{4}\right)$，$\left(2,\frac{1}{4}\right)$；

（5）$(-\infty,4)$内凹，在$(4,+\infty)$内凸，拐点$(4,2)$；

（6）$\left(-\infty,\frac{1}{2}\right)$内凹，在$\left(\frac{1}{2},+\infty\right)$内凸，拐点$\left(\frac{1}{2},e^{\arctan\frac{1}{2}}\right)$。

27. $a=-1$，$b=3$。

28. （1）垂直渐近线 $x=2$，$x=-2$，水平渐近线 $y=1$；

（2）垂直渐近线 $x=-1$，水平渐近线 $y=0$；（3）垂直渐近线 $x=0$；

（4）垂直渐近线 $x=0$，斜渐近线 $y=\frac{e}{e-1}x+\frac{e(e-2)}{(e-1)^2}$。

29. 略

习 题 五

1. $\frac{2}{x^3}$　2. $y=x^3+3$　3. $C(Q)=\frac{2}{3}Q\sqrt{Q}+2Q+100$　4. $f(x)=x-\frac{1}{2}x^2$

5. （1）$\frac{1}{3}x^3+2x^2+4x+C$；　（2）$\frac{1}{3}x^3+\frac{4}{5}x^{\frac{5}{2}}+\frac{1}{2}x^2+C$；　（3）$\frac{8}{15}x^{\frac{15}{8}}+C$；

（4）$\frac{18^x}{\ln 18}+C$；　（5）$-\frac{1}{5^x\ln 5}-\frac{1}{2^x\ln 2}+C$；　（6）$3\arctan x-\frac{1}{2}\arcsin x+C$；

(7) $\tan x-\sec x+C$; (8) $-\cot x+\frac{1}{2}\sin x-\frac{1}{2}+C$; (9) $-\frac{1}{x}-\arctan x+C$;

(10) $2\arctan x+\ln|x|+C$; (11) $e^x-x+\sin x+\cos x+C$。

6. (1) $-\frac{1}{2}\ln(3-2x)+C$; (2) $\frac{1}{100}(2x-3)^{50}+C$; (3) $\frac{1}{3}\sqrt{(x^2+1)^3}+C$;

(4) $\frac{1}{3}\arctan\frac{x+2}{3}+C$; (5) $\arcsin(1-2x)+C$; (6) $\frac{1}{4}\ln\left|\frac{x-1}{x+3}\right|+C$;

(7) $-\frac{5}{x-2}-\frac{4}{(x-2)^2}+C$; (8) $\arctan e^x+C$; (9) $2\arctan\sqrt{x}+C$;

(10) $-\cos(\ln x)+C$; (11) $e^{\sin x}+C$; (12) $\frac{1}{2}(\arcsin x)^2+C$;

(13) $\ln(\arctan x)+C$; (14) $-\cos x+\frac{1}{3}\cos^3x+c$;

(15) $\frac{1}{6}(\sqrt{(2x+3)^3}+\sqrt{(2x-1)^3})+C$; (16) $x-\frac{1}{2}\ln(1+3e^{2x})+C$;

(17) $\frac{1}{5}\cos^5x-\frac{1}{3}\cos^3x+C$; (18) $\frac{1}{8}x-\frac{1}{32}\sin 4x+C$;

(19) $\frac{1}{2}\arcsin\frac{2x}{3}-\frac{1}{4}\sqrt{9-4x^2}+C$;

(20) $\frac{3}{2}\ln|x^2+2x+3|-\frac{2}{\sqrt{2}}\arctan\frac{x+1}{\sqrt{2}}+C$;

(21) $\frac{3}{8}x+\frac{1}{4}\sin 2x+\frac{1}{32}\sin 4x+C$; (22) $\tan x-\frac{1}{\cos x}+C$;

(23) $(\arctan\sqrt{x})^2+C$; (24) $\frac{1}{2}\left(\ln\frac{1+x}{1-x}\right)^2+C$;

(25) $a\arcsin\frac{x}{a}+\sqrt{a^2-x^2}+C$; (26) $\frac{3}{2}\sqrt[3]{(\sin x-\cos x)^2}+C$。

7. (1) $\sqrt{2x}-\ln(1+\sqrt{2x})+C$; (2) $6(\sqrt[6]{x}-\arctan\sqrt[6]{x})+C$;

(3) $\ln\left|\frac{\sqrt{e^x+1}-1}{\sqrt{e^x+1}-1}\right|+c$; (4) $-\frac{(a^2-x^2)3/2}{3a^2x^2}+C$;

(5) $\arcsin\frac{x}{\sqrt{2}}-\frac{1}{2}x\sqrt{x-x^2}+c$; (6) $\frac{x}{\sqrt{1+x^2}}+C$;

(7) $\frac{1}{a^2}\cdot\frac{\sqrt{x^2+a^2}}{x}+c$; (8) $\sqrt{x^2-9}-3\arccos\frac{3}{x}+C$;

(9) $\sqrt{1+x^2}+\ln\left|\frac{\sqrt{1+x^2}-1}{x}\right|+C$; (10) $\frac{1}{2}[x\sqrt{1+x^2}\ln(\sqrt{1+x^2}+x)+-x^2]+C$;

(11) $\frac{x^2}{2}-\frac{x}{2}\sqrt{x^2-1}+\frac{1}{2}\ln\left|x+\sqrt{x^2-1}\right|+C$;

(12) $\frac{1}{2}\ln(\sqrt{1+x^4}+x^2)+\frac{1}{2}\ln\left(\frac{\sqrt{1+x^4}}{x^2}-\frac{1}{x^2}\right)+C$

8. (1) $xe^x - e^x + C$; (2) $-x^2\cos x + 2x\sin x + \cos x + C$;

(3) $\frac{1}{n+1}x^{n+1}\left(\ln x - \frac{1}{n+1}\right) + C$;

(4) $\frac{1}{2}x^2\arcsin x + \frac{1}{4}x\sqrt{1-x^2} + \frac{1}{4}\arcsin x + C$;

(5) $-\frac{1}{2}\frac{\arctan x}{x^2} + \frac{1}{2x} - \frac{1}{2}\arctan x + C$; (6) $x\tan x + \ln|\cos x| + C$;

(7) $x\arctan x - \frac{1}{2}\ln(1+x^2) + C$; (8) $x\ln(1+x^2) - 2x + 2\arctan x + C$;

(9) $\frac{ae^{ax}\cos bx + be^{ax}\sin bx}{a^2+b^2} + C$; (10) $2\sin\sqrt{x} - 2\sqrt{x}\cos\sqrt{x} + C$;

(11) $\frac{1}{2}(1+\sqrt{1+2x})\arctan\sqrt{1+2x} - \frac{1}{2}\sqrt{1+2x} + C$;

(12) $\frac{1}{6}x^3 + \frac{1}{4}x^2\sin 2x + \frac{1}{4}x\cos 2x - \frac{1}{4}\sin 2x + C$;

(13) $\frac{1}{2}(\sec x\tan x + \ln|\sec x + \tan x|) + C$; (14) $\frac{x}{2}[\sin(\ln x) - \cos(\ln x)] + C$;

(15) $-\frac{x^3e^x}{x+3} + e^x(x^2-2x+2) + C$。

9. (1) $\frac{1}{2}x^2 + \frac{3}{2}\ln|x^2-1| + C$; (2) $2\ln|x-4| + \ln|x+2| + C$;

(3) $\ln|x| + \frac{2}{x} + 2\ln|x-2| + C$; (4) $\frac{1}{2}\ln(x^2-6x+25) + \arctan\frac{x-3}{4} + C$;

(5) $\frac{1}{6}\ln\frac{(x+1)^2}{x^2-x+1} + \frac{\sqrt{3}}{3}\arctan\frac{2x-1}{\sqrt{3}} + C$; (6) $\frac{3}{4}\ln\left|\frac{x^2-1}{x^2+1}\right| + C$;

(7) $\ln|x| - \frac{1}{4}\ln(x^4+1) + C$; (8) $\frac{1}{4}\arctan x^4 + C$;

(9) $\frac{1}{2}\left(\arctan x - \frac{x}{1+x^2}\right) + C$; (10) $\ln|x| + \frac{1}{8}\frac{1}{1+x^8} + C$。

习 题 六

1. (1) $\int_3^4 \ln x\,dx < \int_3^4 (\ln x)^2 dx$; (2) $\int_0^1 e^{-x}dx < \int_0^1 (1+x)dx$。

2. (1) $0 < \int_0^2 \frac{x}{x^2+1}dx < 1$; (2) $\frac{1}{2} < \int_{\frac{\pi}{4}}^{\frac{\pi}{2}} \frac{\sin x}{x}dx < \frac{\sqrt{2}}{2}$。

3. 略 4. (1) $(1+\sin^2 x)\cos x$; (2) $2x\arctan x^2 - \frac{\sqrt{x}\arctan\sqrt{x}}{2x}$。

5. (1) $\frac{1}{4}$; (2) $\frac{1}{2e}$; (3) 0; (4) 2。

6. (1) $\frac{b^4-a^4}{4}$; (2) $\frac{7\pi}{12}$; (3) $e^2 - e + \ln 2$; (4) 15; (5) $\frac{\pi}{12} + \sqrt{3} - 1$; (6) $4\sqrt{2} - 4$。

7. (1)$6\frac{2}{3}$; (2)$\frac{1}{2}-\frac{1}{2}\cos\frac{\pi^2}{4}$; (3)$\frac{\pi}{4}-\frac{2}{3}$; (4)$2(\sqrt{2}-1)$;

(5)1; (6)$\frac{1}{2a^3}\arctan\frac{1}{a}+\frac{1}{2(1+a^2)a^2}$; (7)$\frac{\sqrt{2}}{2a^2}$; (8)$\frac{3\pi a^4}{16}$;

(9)$\frac{\pi}{16}$; (10)arctan6 − arctan4; (11)$\frac{4}{5}$; (12)$\frac{1-e^{-2}}{4}$;

(13)$\frac{\pi}{4}$; (14)$e-1$; (15)$\frac{3\pi}{32}$; (16)$\frac{5\ln2-\ln17}{4}$。

8. (1)$\frac{\pi}{4}$;(2)$\left(\frac{1}{4}-\frac{1}{3\sqrt{3}}\right)\pi+\frac{1}{2}\ln\frac{3}{2}$;(3)$\frac{\pi}{2}+\ln2-2$;(4)$2e^2+6$;(5)$\ln(\sqrt{2}+1)-\sqrt{2}+1$;

(6)$18-42e^{-1}$;(7)$\frac{\pi}{2}$;(8)$\frac{4}{3}\pi-\sqrt{3}$;(9)$\frac{1}{3}\ln2$;(10)$\frac{\pi}{4}-\frac{1}{2}$。

9. (1)0;(2)$\frac{4}{3}\pi-2\ln(2+\sqrt{3})$;(3)$-\frac{\sqrt{2}\pi}{4}+\sqrt{2}$;(4)$\frac{1}{2}e-1$;(5)$\frac{1}{3}$;

(6)$\frac{1}{2\sqrt{e}}\left(\arctan\sqrt{e}-\arctan\frac{1}{\sqrt{e}}\right)$;(7)$\frac{\pi}{4}$;(8)$\frac{3}{2}e^{\frac{5}{2}}$;(9)$\frac{\sqrt{3}}{2}+\ln(2-\sqrt{3})$;(10)0;

(11)$2-\frac{\pi}{2}$;(12)$\frac{\pi}{\sqrt{2}}$。

10. 略 11. 略 12. 略 13. $\frac{\pi^2}{4}$ 14. $\frac{\pi\ln2}{8}$。

15. (1)发散;(2)$1-\ln2$;(3)3;(4)发散;(5)π;(6)0。

16. (1)$\frac{\pi}{8}$;(2)$\frac{\pi}{2}-1$;(3)0;(4)$\frac{\sqrt{2}}{2}\pi$;(5)$\frac{\pi^2}{4}$;(6)$\frac{3}{2}-\frac{1}{\ln2}$。

17. 略 18. 略 19. 略

20. (1) $\frac{1}{3}$;(2) $21\frac{1}{3}$;(3) $13\frac{83}{96}$;(4) $2\frac{1}{2}$;(5) $\frac{1}{2}\left(\mathrm{e}-\frac{1}{4\mathrm{e}}-1-\ln2\right)$;

(6) $\mathrm{e}-\frac{1}{\mathrm{e}}$。

21. 3 22. $a=\sqrt[4]{2}$,最小值为$\frac{2}{3}(\sqrt[4]{2}-1)$。

23. (1) $\frac{32\pi}{5}, 8\pi$;(2) $\left(\frac{\mathrm{e}^2}{6}-\frac{1}{2}\right)\pi$;(3) $\frac{20}{3}(\sqrt{2}+\sqrt{5})\pi$;(4) $\frac{2}{3}abc$。

24. (1) 5655;(2) 50000。 25. (1) $\frac{1-\cos b}{b}$;(2) 0。

习 题 七

1. (1) 级数收敛,和为 p;(2) 级数收敛,和为 4;(3) 级数收敛,和为$\frac{3}{4}$;(4) 发散。

2. 略

3. (1) 发散; (2) 发散; (3) 发散; (4) 发散。

4. （1）收敛；（2）发散；（3）发散；（4）收敛；
（5）收敛；（6）发散；（7）发散；（8）收敛；
（9）收敛；（10）收敛；（11）收敛；（12）收敛。
5. 略
6. 略
7. （1）发散；（2）收敛；（3）发散；（4）发散；
（5）收敛；（6）当 $a>1$ 时收敛；当 $0<a\leqslant 1$ 时发散；
（7）当 $0<a<e$ 时收敛；当 $a\geq e$ 时发散；（8）收敛；
（9）当 $0<x<3$ 时收敛；当 $a\geq 3$ 时发散；（10）发散；
（11）收敛；（12）收敛。
8. 略
9. （1）错误，$u_n=(-1)^n$；（2）错误，$u_n=(-1)^n$；（3）错误，$\sum\limits_{n=1}^{\infty}\frac{1}{n}$；
（4）错误，$\sum\limits_{n=1}^{\infty}\frac{1}{n}$；（5）正确，证明略；（6）错误，理由略；
（7）错误，$\sum\limits_{n=1}^{\infty}u_n^2$ 发散；（8）正确，证明略；（9）错误，$\sum\limits_{n=1}^{\infty}(-1)^n\frac{1}{n}$。
10. 略
11. （1）绝对收敛；（2）绝对收敛；（3）绝对收敛；
（4）当 $|x|\leqslant 1$ 时绝对收敛；当 $|x|>1$ 时发散；（5）条件收敛；（6）发散；
（7）绝对收敛；（8）当 $0<a^2<1$ 时绝对收敛；当 $a^2=1$ 时条件收敛；当 $a^2>1$ 时发散；
（9）当 $|x|\neq 1$ 时绝对收敛；当 $|x|=1$ 时发散。
12. 略
13. （1）$[-1,1]$；（2）$(-2,2)$；（3）$[-1,1)$；（4）$[-2,2)$；
（5）$(-2,2)$；（6）$\left(-\frac{\sqrt{3}}{3},\frac{\sqrt{3}}{3}\right)$；（7）$[4,6)$；（8）$[-4,0]$；
（9）$(-3,3]$。
14. （1）$\frac{x(x+1)}{(1-x)^2},x\in(-1,1)$；（2）$\begin{cases}\frac{1}{2}, & x=0\\ -\frac{x+\ln(1-x)}{x^2}, & x\in[-1,0)\cup(0,1)\end{cases}$；
（3）$\frac{x(1+x^2)}{(1-x^2)^2},x\in(-1,1)$；（4）$\frac{1+x}{(1-x)^3},x\in(-1,1)$；
（5）$\begin{cases}0, & x=0\\ 1+\frac{x}{2}+\frac{\ln(1-x)}{x}-\ln(1-x), & x\in[-1,0)\cup(0,1)\end{cases}$；
（6）$\frac{e^x+e^{-x}}{2},x\in(-\infty,+\infty)$；
（7）$(1+2x^2)e^{x^2},x\in(-\infty,+\infty)$；

(8) $2\ln 2-2\ln(2-x),x\in[-2,2)$;

(9) $\frac{1}{4}\ln\frac{1+x}{1-x}+\frac{1}{2}\arctan x,x\in(-1,1)$

15. $\frac{3x-x^2}{(1-x)^2},x\in(-1,1),5$。

16. $\frac{x}{(1-x)^3},x\in(-1,1),8$。

17. $\frac{1}{2}\ln\frac{1+x}{1-x},x\in(-1,1),\frac{1}{4}\ln 3$

18. (1) $\sum_{n=0}^{\infty}\frac{[1-(-1)^n2^n]}{3}x^n,x\in\left(-\frac{1}{2},\frac{1}{2}\right)$;

(2) $\sum_{n=1}^{\infty}\frac{[(-1)^{n-1}2^n-1]}{n}x^n,x\in\left(-\frac{1}{2},\frac{1}{2}\right]$;

(3) $x+\sum_{n=1}^{\infty}(-1)^n\frac{1\cdot 3\cdot\cdots\cdot(2n-1)}{2^nn!(2n+1)}x^{2n+1},x\in[-1,1]$;

(4) $\frac{1}{2}+\frac{1}{2}\sum_{n=0}^{\infty}(-1)^n\frac{2^{2n}}{(2n)!}x^{2n},x\in(-\infty,+\infty)$;

(5) $\sum_{n=0}^{\infty}(-1)^n\frac{2^n}{n!}x^{2n+2},x\in(-\infty,+\infty)$

(6) $\frac{\pi}{4}+\sum_{n=0}^{\infty}\frac{(-1)^n}{2n+1}x^{2n+1},x\in[-1,1]$;

(7) $x+\sum_{n=1}^{\infty}(-1)^n\frac{4n}{4n^2-1}x^{2n+1},x\in[-1,1]$;

(8) $\sum_{n=0}^{\infty}(-1)^n\frac{1}{(2n+1)(2n+1)!}x^{2n+1},x\in(-\infty,+\infty)$;

(9) $\sum_{n=1}^{\infty}\frac{n}{(n+1)!}x^{n-1},x\in(-\infty,+\infty)$。

19. (1) $\frac{1}{2}\sum_{n=0}^{\infty}(-1)^n\frac{(x-2)^n}{2^n},x\in(0,4)$;

(2) $e\sum_{n=0}^{\infty}\frac{(x-1)^n}{n!},x\in(-\infty,+\infty)$;

(3) $\sum_{n=0}^{\infty}\left(\frac{1}{2^{n+1}}-\frac{1}{3^{n+1}}\right)(x+4)^n,x\in(-6,2)$;

(4) $\sum_{n=0}^{\infty}\frac{\sin\left(\frac{(n+1)\pi}{2}-2\right)}{n!}(x+2)^n,x\in(-\infty,+\infty)$;

(5) $\ln 2+\sum_{n=1}^{\infty}(-1)^{n-1}\frac{(x-2)^n}{n\cdot 2^n},x\in(1,3]$;

(6) $\sum_{n=0}^{\infty}(-1)^n\frac{(n+1)}{2^{n+2}}(x-1)^n,x\in(-1,3)$。

20. $1+\sum_{n=1}^{\infty}\frac{(-1)^n 2}{1-4n^2}x^{2n}, x\in[-1,1], \frac{\pi}{4}-\frac{1}{2}$。

21. （1）$\frac{1}{2}(\sin 1+\cos 1)$；　（2）$\frac{5}{8}-\frac{3}{4}\ln 2$。

习　题　八

1. （1）开集　无界集　边界 $x=0, y=0$；
   （2）区域　无界集　边界 $y=x^2$；
   （3）闭集　有界集　边界 $x^2+(y-1)^2=1, x^2+(y-2)^2=4$。

2. （1）$\{(x,y)\mid y^2-2x+1>0\}$；
   （2）$\{(x,y)\mid y^2-1<x<y^2+1\}\cap\{(x,y)\mid x^2+4y^2<1\}$；
   （3）$\{(x,y)\mid y^2\leqslant 4x\}\cap\{(x,y)\mid 0<x^2+y^2<1\}$；
   （4）$\{(x,y)\mid 0\leqslant x<y\}\cap\{(x,y)\mid x^2+y^2<1\}$；
   （5）$\{(x,y)\mid x>-y\}\cap\{(x,y)\mid x>y\}$。

3. $f(x,y)=\frac{x^2(1+y)}{1-y}$

4. $f(tx,ty)=t^2 f(x,y)=t^2\left(x^2+y^2-xy\tan\frac{y}{x}\right)$

5. （1）$F(1,0)=0$；（2）$F(x,y)=\begin{cases}4(x+1), & -1\leqslant x\leqslant 0, -2\leqslant y\leqslant 2\\ 4(1-x), & 0<x\leqslant 1, -2\leqslant y\leqslant 2\end{cases}$。

6. （1）3 次；　（2）-1 次；　（3）3 次；　（4）-1 次。

7. （1）0；　（2）$\frac{1}{2}$；　（3）不存在；　（4）不存在。

8. 略

9. （1）1；　（2）1，-1；　（3）$-\frac{2}{5}, \frac{1}{5}$；　（4）$-1$，1。

10. （1）$\frac{\partial z}{\partial x}=\frac{1}{2x\cdot\sqrt{\ln(xy)}}, \frac{\partial z}{\partial y}=\frac{1}{2y\cdot\sqrt{\ln(xy)}}$；

   （2）$\frac{\partial z}{\partial x}=y\cos(xy)-y\sin(2xy), \frac{\partial z}{\partial y}=x\cos(xy)-x\sin(2xy)$；

   （3）$\frac{\partial z}{\partial x}=\frac{x^2-y^2}{y^2\sqrt{x^2+y^2}}, \frac{\partial z}{\partial y}=\frac{2x}{y\sqrt{x^2+y^2}}$；

   （4）$\frac{\partial z}{\partial x}=\frac{1}{x\ln y}, \frac{\partial z}{\partial y}=-\frac{\ln x}{y(\ln y)^2}$；

   （5）$\frac{\partial z}{\partial x}=\cot\frac{x}{\sqrt{y}}\cdot\sec^2\frac{x}{\sqrt{y}}\cdot\frac{1}{\sqrt{y}}, \frac{\partial z}{\partial y}=\cot\frac{x}{\sqrt{y}}\cdot\sec^2\frac{x}{\sqrt{y}}\cdot\frac{1}{2}xy^{-\frac{3}{2}}$；

   （6）$\frac{\partial z}{\partial x}=2xe^{x^2+y^2}, \frac{\partial z}{\partial y}=2ye^{x^2+y^2}$；

   （7）$\frac{\partial u}{\partial x}=\frac{z(x-y)^{z-1}}{1+(x-y)^{2z}}, \frac{\partial u}{\partial y}=-\frac{z(x-y)^{z-1}}{1+(x-y)^{2z}}, \frac{\partial u}{\partial z}=\frac{(x-y)^z\ln(x-y)}{1+(x-y)^{2z}}$；

(8) $\frac{\partial u}{\partial x}=yz\cdot x^{yz-1},\frac{\partial u}{\partial y}=x^{yz}\cdot z\cdot \ln x,\frac{\partial u}{\partial z}=x^{yz}\cdot y\cdot \ln x$;

(9) $\frac{\partial u}{\partial x}=y^{z}\cdot x^{(y^{z}-1)},\frac{\partial u}{\partial y}=x^{y^{z}}\ln x\cdot z\cdot y^{z-1},\frac{\partial u}{\partial z}=x^{y^{z}}\ln x\cdot y^{z}\cdot \ln y$;

(10) $\frac{\partial u}{\partial x}=\frac{1}{y}e^{\frac{x}{y}}-\frac{y}{x^{2}}\cdot z^{\frac{y}{x}}\cdot \ln z,\frac{\partial u}{\partial y}=-\frac{x}{y^{2}}e^{\frac{x}{y}}+\frac{1}{x}\cdot z^{\frac{y}{x}}\cdot \ln z,\frac{\partial u}{\partial z}=\frac{y}{x}z^{(\frac{y}{x}-1)}$;

(11) $\frac{\partial u}{\partial x}=\frac{x}{\sqrt{x^{2}+y^{2}+z^{2}}},\frac{\partial u}{\partial y}=\frac{y}{\sqrt{x^{2}+y^{2}+z^{2}}},\frac{\partial u}{\partial z}=\frac{z}{\sqrt{x^{2}+y^{2}+z^{2}}}$;

(12) $\frac{\partial z}{\partial x}=\left[y^{2}\cos x\ln(2x^{2}+3y)+y^{2}\sin x\frac{4x}{2x^{2}+3y}\right](2x^{2}+3y)^{y^{2}\sin x}$。

11. $f'_{x}(0,0)=1,f'_{y}(0,0)=-1$。

12. 不连续，$\left.\frac{\partial z}{\partial x}\right|_{(0,0)}=0,\left.\frac{\partial z}{\partial y}\right|_{(0,0)}=0$，不可微。

13. (1) $\frac{y}{1+(xy)^{2}}dx+\frac{x}{1+(xy)^{2}}dy$;　(2) $-\frac{1}{2x^{2}}\sqrt{xy}dx+\frac{1}{2\sqrt{xy}}dy$;

(3) $yz\cdot x^{yz-1}dx+x^{yz}\cdot z\cdot \ln xdy+x^{yz}\cdot y\cdot \ln xdz$;

(4) $-\frac{xy}{\sqrt{(x^{2}+y^{2})^{3}}}dx+\frac{x^{2}}{\sqrt{(x^{2}+y^{2})^{3}}}dy$;　(5) $\frac{1}{x\ln y}dx-\frac{\ln x}{y(\ln y)^{2}}dy$;

(6) $(y+3z)dx+(x+2z)dy+(2y+3z)dz$。

14. $\frac{1}{3}dx+\frac{2}{3}dy$　15. -0.2　16. $0.25e$　17. 2.95　18. 2.0393

19. $\frac{\partial u}{\partial x}=f'_{1}+yf'_{2},\frac{\partial v}{\partial x}=(1+y)g'$。

20. $\frac{\partial z}{\partial x}=vu^{v-1}\cdot\frac{x}{x^{2}+y^{2}}-u^{v}\ln u\cdot\frac{y}{x^{2}+y^{2}},\frac{\partial z}{\partial y}=vu^{v-1}\cdot\frac{y}{x^{2}+y^{2}}+u^{v}\ln u\cdot\frac{x}{x^{2}+y^{2}}$。

21. $\frac{\partial z}{\partial u}=e^{u}(y\cos v+x\sin v),\frac{\partial z}{\partial v}=e^{u}(x\cos v-y\sin v)$。

22. $\frac{\partial u}{\partial x}=f'_{1}+f'_{2}(\varphi'_{1}+\varphi'_{2}\psi'_{1}),\frac{\partial u}{\partial z}=f'_{2}\varphi'_{2}\psi'_{2}+f'_{3}$。

23. (1) $\frac{-2x|y|}{(x^{2}+y^{2})^{2}}$，$\begin{cases}\frac{x^{2}-y^{2}}{(x^{2}+y^{2})^{2}}, & y>0\\ \frac{y^{2}-x^{2}}{(x^{2}+y^{2})^{2}}, & y<0\end{cases}$，$\begin{cases}\frac{2xy}{(x^{2}+y^{2})^{2}}, & y>0\\ \frac{-2xy}{(x^{2}+y^{2})^{2}}, & y\leqslant 0\end{cases}$;

(2) $\frac{12x^{2}y^{2}-4y^{4}}{(x^{2}+y^{2})^{3}},\frac{8xy(y^{2}-x^{2})}{(x^{2}+y^{2})^{3}},\frac{4x^{4}-12x^{2}y^{2}}{(x^{2}+y^{2})^{3}}$;

(3) $\frac{2}{x^{3}}f(xy)-\frac{2y}{x^{2}}f'(xy)+\frac{y^{2}}{x}f''(xy)+yf''(x+y)$，$yf''(xy)+f'(x+y)+yf''(x+y)$，

$xf''(xy)+2f'(x+y)+yf''(x+y)$。

(4) 略

24. $-2f''(2x-y)+xg''_{12}+g'_{2}+xyg''_{22}$。　25. $-2e^{-(xy)^{2}}$。

26. $\frac{\partial z}{\partial x}=\frac{yz}{e^z-xy},\frac{\partial z}{\partial y}=\frac{xz}{e^z-xy},\frac{\partial^2 z}{\partial x\partial y}=\frac{-xye^z}{(e^z-xy)^3}$。

27. $f_1'-\frac{y}{x}f_2'+f_3'\left[1-\frac{e^x(x-z)}{\sin(x-z)}\right]$。

28. 驻点(0,0),(0,2),(2,0),(2,2)，极小值点(2,2)，极大值点（0,0)，非极值点(0,2)(2,0)。

29. (1)（2，-2)为极大值点，极大值为 8；(2)（3,2)为极大值点，极大值为 36；

(3)（$\frac{1}{2}$，-1)为极小值点，极小值为 $-\frac{1}{2}e$；

(4) $a>0$ 时(a,a)为极小值点，极小值为 $-a^3$，$a<0$ 时(a,a)为极大值点，极大值为 $-a^3$。

30. (-2,0)为极小值点，($\frac{16}{7}$,0)为极大值点。

31. $p_1=80,p_2=120$ 时，厂家的总利润最大，最大总利润为 605 万元。

32. $x_1=6\left(\frac{p_2\alpha}{p_1\beta}\right)^{\beta},x_2=6\left(\frac{p_1\beta}{p_2\alpha}\right)^{\alpha}$ 时，投入的总费用最小。

33. (1) $Q_1=4,Q_2=5$ 对应 $P_1=10,P_2=7$ 时，最大利润为 52 万元；

(2) $Q_1=4,Q_2=5$ 对应 $P_1=P_2=8$ 时，最大利润为 49 万元。

34. (1) $\int_{-1}^{1}dx\int_{x}^{1}f(x,y)dy,\int_{-1}^{1}dy\int_{-1}^{y}f(x,y)dx$；

(2) $\int_{-R}^{R}dx\int_{-\sqrt{R^2-x^2}}^{\sqrt{R^2-x^2}}f(x,y)dy,\int_{-R}^{R}dy\int_{-\sqrt{R^2-y^2}}^{\sqrt{R^2-y^2}}f(x,y)dx$；

(3) $\int_{0}^{\frac{1}{2}}dx\int_{-\sqrt{2x}}^{\sqrt{2x}}f(x,y)dy+\int_{\frac{1}{2}}^{\frac{9}{8}}dx\int_{4x-3}^{\sqrt{2x}}f(x,y)dy,\int_{-1}^{\frac{3}{2}}dy\int_{\frac{y^2}{2}}^{\frac{y+3}{4}}f(x,y)dx$。

35. (1) $\int_{1}^{2}dx\int_{0}^{1-x}f(x,y)dy$；　(2) $\int_{0}^{1}dx\int_{0}^{x^2}f(x,y)dy+\int_{1}^{\sqrt{2}}dx\int_{0}^{\sqrt{2-x^2}}f(x,y)dy$；

(3) $\int_{0}^{\frac{1}{2}}dx\int_{x^2}^{x}f(x,y)dy$；　(4) $\int_{0}^{1}dy\int_{\pi-\arcsin y}^{\pi}f(x,y)dx$。

36. (1) $\frac{1}{2}$；(2) $\frac{1}{2}(1-e^{-4})$；(3) $\frac{3}{2}$；　(4) $\frac{1}{2}e-1$；　(5) $\frac{2}{9}$；(6) $\frac{\pi}{4}-\frac{1}{3}$；

(7) $\frac{\pi}{2}\ln 2$；　(8) $\frac{8}{15}$；　(9) $\frac{\pi}{2}(\ln 2-\frac{1}{2})$；(10) $\frac{\pi}{8}(1-e^{-R^2})$。

37. $\frac{5}{144}$。

习 题 九

1. (1)、(2)、(4) 是常微分方程；(3) 是偏微分方程。
2. 略
3. (1) 是通解；　(2) 是解但非通解。

4. (1) $y=x^3$; (2) $y=\frac{1}{2}x^3$。

5. $y=\ln x$

6. (1) $y=\tan(\arctan x+C)$; (2) $x=C-e^y$; (3) $y=ce^x$。

7. (1) $y=\ln(\frac{1}{2}e^{2x}+1-\frac{e^2}{2})$; (2) $y^2=2\ln(e^x+1)-2\ln(e+1)+1$。

8. (1) $y=x-\arcsin(Cx)$; (2) $S=ete^{Ct-1}$。

9. (1) $y=e^{-x}(x+C)$; (2) $y=e^{-\sin x}(x+C)$; (3) $y=e^{-x^2}(\frac{x^2}{2}+C)$。

10. (1) $y=(x+C)\sec x$; (2) $y=5x-2$。

11. $y=e^{-x}[-e^{-x}(x+1)+1]$。

12. $y=\frac{x^3}{6}+C_1x+C_2$。

13. $y=e^x+x+3$。

14. (1) $y=e^{-2x}(C_1+C_2x)$; (2) $y=e^x(C_1\cos 3x+C_2\sin 3x)$;
(3) $y=C_1e^{-x}+C_2e^{2x}$。

15. $y=-2\cos 5x+\sin 5x$

16. $y(x)=3e^x(1+2e^{3x})^{-1}$ 17. $R(x)=(20x^2-2x^3)^{\frac{1}{3}}$

18. (1) $y(t)=y_0e^{kt}$, $Z(t)=\frac{ay_0}{k}e^{kt}+bt+Z_0-\frac{ay_0}{k}$; (2) $\frac{a}{k}$。

习 题 十

1. (1) $\Delta y_t=2t+1$, $\Delta^2 y_t=2$;
(2) $\Delta y_t=(a-1)a^t$, $\Delta^2 y_t=(a-1)^2a^t$;
(3) $\Delta y_t=\log_a\frac{t+1}{t}$, $\Delta^2 y_t=\log_a\frac{t(t+2)}{(t+1)^2}$。

2. (1) $\Delta y_2=8$, $\Delta^2 y_{t+1}=2$, $\Delta^3 y_t=0$; (2) $\Delta^3 y_t=6$。

3. (1) 1阶; (2) 5阶。

4. 略 5. 略

6. (1) $y_t=C5^t-1$; (2) $y_t=C(-1)^t+\frac{1}{3}\times 2^t$;
(3) $y_t=C(-1)^t+\frac{7}{9}+\frac{1}{3}t$。

7. (1) $y_t=\frac{5}{4}\times(-3)^t-\frac{1}{4}$; (2) $y_t=2^t-t+4$。

8. $a=2$, $b=4$, $y_t=C(-2)^t+4t$。

9. 略

10. (1) $y_{n+1}=y_n+2, n=1,2,\cdots$ $y_n=28+2n, n=1,2,\cdots$; (2) 48个。

11. (1) $y_n=12-2\times 1.25^n$; (2) 约为8年; 12. ≈198.55元。

13. $y_t=(y_0+\frac{\beta}{\alpha})A^t-\frac{\beta}{\alpha}, A=\frac{\delta\theta}{\delta\theta-\alpha}, S_t=(\alpha y_0+\beta)A^t$，$I_t=\frac{1}{\delta}(\alpha y_0+\beta)A^t$。

14. $P_t=C\left(\frac{1}{2}\right)^t+\frac{3}{4}$

15. $P_t=\frac{a+c}{b+d}+A\left(-\frac{d}{b}\right)^t$（$A$ 为任意常数）。